André Glucksmann
Philosophie der Abschreckung

André Glucksmann

Philosophie der Abschreckung

Aus dem Französischen
übertragen von Thomas Dobberkau
und Barbara Henninges

Mit einem Vorwort von
Jürg Altwegg

Deutsche Verlags-Anstalt
Stuttgart

Die Originalausgabe erschien 1983 unter
dem Titel »La Force du Vertige« bei Grasset.

Aus dem Französischen übersetzt von Thomas Dobberkau
und Barbara Henninges

CIP-Kurztitelaufnahme der Deutschen Bibliothek

Glucksmann, André:
Philosophie der Abschreckung / André Glucksmann.
Aus d. Franz. übertr. von Thomas Dobberkau
u. Barbara Henninges.
Mit e. Vorw. von Jürg Altwegg. –
3. Aufl. – Stuttgart: Deutsche Verlags-Anstalt, 1984.
Einheitssacht.: La force du vertige ‹dt.›
ISBN 3-421-06201-3

1. Auflage Mai 1984
2. Auflage Juni 1984
3. Auflage September 1984

Verantwortlicher Lektor: Ursula Locke
Satz: Setzerei Lihs, Ludwigsburg
Druck und Bindearbeit:
Mohndruck Graphische Betriebe GmbH, Gütersloh
Printed in Germany

Für Vladimir Dantchev

Als Journalist bei Radio Moskau International
wagte er es zweimal, am 18. und am 23. Mai 1983,
am Mikrophon von den »Widerstandskämpfern«
und »der Bevölkerung« Afghanistans zu sprechen,
die sich erhoben hatten, um ihr Land gegen
die sowjetischen Besatzer zu verteidigen.
Er wurde festgenommen, und ist zur Zeit,
in der ihm dieses Buch gewidmet wird,
in einer psychiatrischen Klinik in Taschkent
(UdSSR) inhaftiert.

Inhalt

Jürg Altwegg:
André Glucksmann – ein existentieller und intellektueller Dialog mit Deutschland 9

Das Evangelium der Rakete 25

Die Bedingungen des Eurofriedens 71

»Ich liebe den Frieden« 71
Europa unter amerikanischem Vorzeichen 79
Ein begrenzter Krieg von Berlin bis Lissabon 85
Ein zweites Kuba? 93
Blick von einer nuklear gerüsteten Halbinsel 99
Der Fuchs und die Truthähne 107
Gedanken in letzter Minute: Die Stärke des Schwachen und die Schwächen des Starken 115
Friede und Spiritualität 121

Beschreibung eines Anschauungskriegs 132

Das Kaninchen kommt nicht aus dem Hut 133
Definition des Pazifismus 139
Ende der Ideologien oder Absage an den Intellekt? 141
Das Bild der Gewalt 148
Wesen und Grenzen des Antikolonialismus 153
Hiroshima oder Auschwitz? 166
Was ist eine moralische »Wiedergutmachung«? 177

Radikalität und Schwindel 185

Zwischen Berlin und Warschau 187
Schwindelerregende Kämpfe 193
Strategie der Tragödie 203
Der radikale Abgrund 209
Die klassische Leere 214
Die Versuchungen des Nihilismus 221

Brief an die amerikanischen Bischöfe, um sie auf den zweiten Tod vorzubereiten 234

Post-Scriptum 270

Eine Reform des Begriffsvermögens 274

Entmystifizieren wir 274
Die europäische Erfahrung mit der Zerstörungsgewalt 279
Die neue Welt der Abschreckung 282
Das dreifache Verständnis der Abschreckung 288
Homogenisierung 290
Verallgemeinerung 291
Verinnerlichung 293
Der nukleare Hamlet 297

Vom natürlichen Recht auf Abschreckung 303

Nach den Kreuzzügen – das Recht 305
Die kopernikanische Revolution der Rechtsgelehrten 309
Vom Krieg zum Recht 313
Der Bürgerfrieden 318
Wie der Anstand das Recht verzehrte 323
Das Verbrechen der Nicht-Abschreckung 329

Proust oder die innere Erfahrung der Abschreckung 332

Die Kehrtwendungen der Angst 349

Die Angst als kollektives Phänomen 350
Das Hörnchen der Madame Verdurin 352
Die Feuerlinie 356
Überschwang oder Solidarität? 360

Die Proust-Apokalypse 364

Ohne länger zu warten 381

Anmerkungen 389

Jürg Altwegg:
André Glucksmann – ein existentieller und intellektueller Dialog mit Deutschland

„Einst, im Bierkeller zu Göttingen,
äußerte ein junger Altdeutscher, daß man Rache
an den Franzosen nehmen müsse
für Konradin von Staufen, den sie zu Neapel geköpft.
Ihr habt das gewiß längst vergessen.
Wir aber vergessen nichts. Ihr seht, wenn wir
mal Lust bekommen, mit Euch anzubinden,
so wird es uns nicht an triftigen Gründen fehlen.
Jedenfalls rate ich Euch, daher auf Eurer Hut zu sein.
Es mag in Deutschland vorgehen, was da wolle,
es mag der Kronprinz von Preußen oder der Doktor Wirth
zur Herrschaft gelangen, haltet Euch immer gerüstet,
bleibt ruhig auf Eurem Posten stehen,
das Gewehr im Arm. Ich meine es gut mit Euch,
und es hat mich schier erschreckt,
als ich jüngst vernahm, Eure Minister beabsichtigen,
Frankreich zu entwaffnen. –
Da Ihr, trotz Eurer jetzigen Romantik,
geborene Klassiker seid, so kennt Ihr den Olymp.
Unter den nackten Göttern und Göttinnen,
die sich dort, bei Nektar und Ambrosia, erlustigen,
seht Ihr eine Göttin, die, obgleich umgeben
von solcher Freude und Kurzweil, dennoch immer
einen Panzer trägt und den Helm
auf dem Kopf und den Speer in der Hand behält.
Es ist die Göttin der Weisheit.“

HEINRICH HEINE,
„ZUR GESCHICHTE DER RELIGION UND PHILOSOPHIE IN DEUTSCHLAND“

Am Tag nach der großen Bonner Friedensdemonstration des Herbstes 1981 waren in einem Leitartikel der Pariser kommunistischen Tages- und Parteizeitung »L'Humanité«, die sich seit dem Ende des Zweiten Weltkriegs durch penetrant deutschfeindliche Töne ausgezeichnet hatte, erstaunliche Weisen zu vernehmen: »Dank ihr (der Demonstration) ist Bonn für einen Tag nicht ein Symbol der internationalen Spannung, sondern wieder die Stadt Beethovens geworden, dessen ›Neunte‹ mit Schillers Versen den universellen Aufruf verkündet: ›Seid umschlungen Millionen‹. Am Samstag hat in Bonn dieses humanistische Deutschland seine Stimme erhoben. Jene des Philosophen Herder, der proklamierte, die Glorie eines Vaterlandes könne nicht auf wilde Eroberungen bauen. Jene des Poeten Klopstock, der am Tag nach unserer Revolution die auferstehende Sonne der Freiheit und die morgendliche Brise, die er aus Frankreich verspürte, begrüßte. Jene des großen Goethe, der nach Valmy ›die Hoffnung, die unsere Blicke auf die neuen eröffneten Wege lenkte‹, pries. – Das Deutschland, das den Krieg ablehnt. Eine Weigerung, welche die französische Demonstration vom 25. Oktober noch verstärken wird. Das Deutschland, welches wir ermutigen müssen, für den Frieden und unsere nationalen Interessen. Das Land, das Romain Rolland liebte, als er schrieb, eine ›Heirat des deutschen und unseres Volkes wäre für den menschlichen Fortschritt fruchtbar‹ – in Erinnerung an die revolutionären Jahre, die glücklichen Jahre, da die Genies Frankreichs und Deutschlands in der Religion und der Freiheit kommunizierten.«

Diese journalistische Lyrik, die in ihrer Deutschtümelei jeder französischen Anthologie faschistischer Texte der Kriegs- wie Vorkriegszeit gut anstehen würde, mußte den Leser hellhörig machen. Geradezu als Musterbeispiel illustriert sie die wechselnde Dynamik der deutsch-französischen Beziehungen und die politische Verwendung des Deutschlandbildes, welche in Frankreich Tradition hat und als genauer Gradmesser innerer Zustände genommen werden darf – vor allem in fiebrigen Zeiten. Es war, links wie rechts, ein totales Feind- oder absolutes Idealbild und wird bei

Bedarf – heute müßte man vielleicht einschränkend sagen: im Falle der Ratlosigkeit – zwar nach wie vor gezeichnet, doch geht von ihm keinerlei mobilisierende Wirkung mehr aus. Der »Humanité«-Prosa aber kommt im spezifisch französischen Kontext zumindest das Verdienst zu, mit ihrer kulturellen Topologie, die sich in ihren Spalten wie nach einem reinigenden Erdbeben präsentiert, nicht nur die politischen Fronten der französischen Friedens- und Pazifismusdiskussion abzustecken, sondern im Titel – »Wenn die ›Münchner‹ den Boden unter den Füßen verlieren« – auch gleich noch den historischen Horizont, vor dem sie stattfindet, zu eröffnen:

Seit Emile Zolas Plädoyer »J'accuse« den Umschwung in der Dreyfus-Affäre brachte, sind sich die französischen Dichter ihres Einflusses auf die öffentliche Meinung bewußt. Im Ersten Weltkrieg, der unter ihnen viele Opfer forderte – Péguy, Apollinaire … –, riefen Romain Rolland und Henri Barbusse zu Pazifismus wie Versöhnung auf: Nie mehr! Beide standen am Ausgangspunkt des Kongresses gegen den Krieg von 1932, der unter dem Schock der Mißerfolge bei den Genfer Abrüstungsgesprächen und der japanischen Invasion in China stand. Er bekam die Unterstützung prominentester Intellektueller aus der ganzen Welt. Die französischen Schriftsteller nahmen angesichts der erneuten Kriegsgefahr unterschiedliche, politisch aber nicht sehr wirkungsvolle Haltungen ein, und auf das Abkommen von München reagierte zum Beispiel Jean-Paul Sartre »mit Erleichterung«.

Während der deutschen Besatzung schlossen sich verschiedene pazifistische Dichter der Résistance an; andere wurden zu Kollaborateuren oder warteten ab. Am spektakulärsten ist der Fall von Jean Giono, der nach der Kriegserklärung von 1939 für eine »Revolte der Völker« gegen die kriegswütigen Regierungen kämpfte und als einziger prominenter Unterzeichner des Manifests »Une paix immédiate« als Saboteur der französischen Kriegsvorbereitungen eingesperrt wurde – bis ein Telegramm André Gides an Premierminister Daladier seine Freilassung bewirkte. Wegen verschiedener Äußerungen steckte man Giono zur Zeit der Säuberungen nochmals ins Gefängnis – von ihm stammt der Spruch »Lieber deutsch leben als französisch sterben«.

Nach dem Zweiten Weltkrieg dominierten Marxismus und Kommunismus die französische Kultur. Hinter ihrer ideologischen Herrschaft wurde nach der ziemlich willkürlich verlaufenen Phase der »épuration« auch die Tatsache verdrängt, daß die glorreiche französische Kultur ganz schön in die Kollaboration mit den Deutschen verstrickt war. Nicht zur Kenntnis genommen wurde aber auf eine subtile Weise auch der stalinistische Horror, um den die französische Intelligenz zwar wissen mußte, dem sie aber erst unter dem »Schock Solschenizyn« voll ins Auge zu sehen bereit war. Ehemalige »Gauchistes«, Angehörige einer anarcho-maoistischen – wie Glucksmann – oder libertär-anarchistischen Linken, fast ausnahmslos Ehemalige des Mai 68, der bereits gegen den Marxismus und Kommunismus in Gang gekommen war, verarbeiteten ihre pessimistischen politischen Erfahrungen zu einer radikalen Totalitarismus- und globalen Utopiekritik. Dieses Denken des Widerstands wurde als »Neue Philosophie« bezeichnet (und mit viel Erfolg verkauft). Zu ihren prominenten Vertretern gehörte André Glucksmann.

In einer zweiten Phase dieser »Nouvelle Philosophie« rückte Bernard-Henry Lévy, auch er ein jüdischer Autor, in seinem Buch »Idéologie française« die französische Kultur- und Geistesgeschichte als Wegbereiterin des Pétain-Faschismus, der kein importierter war, ins Zentrum der Debatte. Damit waren die verdrängte Okkupationszeit und die tragende Rolle, die Dichter und Denker im Vichy- Frankreich gespielt hatten, ins aufgerüttelte Bewußtsein der intellektuellen, ja sogar tagespolitischen Auseinandersetzung zurückgekehrt – nachdem seit ungefähr 1968 zahlreiche Ereignisse und Manifestationen den Résistance-Mythos angekratzt, schließlich abgebaut hatten und die nie bewältigte Vergangenheit via Film, Literatur, Chansons ins Bewußtsein der Öffentlichkeit zurückgekehrt war.

In diesem gleichzeitig antimarxistischen und vergangenheitsbezogenen Kontext kamen – und die intellektuelle Entwicklung spielte dabei eine nachweisbare Rolle – Mitterrand und die Sozialisten an die Macht. Ihre Politik – nicht zuletzt auch ihre Schwierigkeiten mit den »schweigenden Linksintellektuellen« – bestätigen seither die antitotalitäre Konjunktur. Ein Höhepunkt wurde zur Zeit der Polenkrise erlebt. Frankreich reagierte unter dem Schock der zurückgekehrten historischen Wahrheiten, als wollte es diesmal für Danzig sterben – und nach wie vor hat man den Eindruck, als würde es zumindest rhetorisch jetzt gegen den sowjetischen Totalitarismus jenen Widerstand leisten, den es 1940 nicht zu leisten vermochte und der ab 1943 die Angelegenheit einer kleinen Minderheit war. Das Stichwort der Stunde heißt tatsächlich »München« – durch diese historische Optik werden die aktuellen weltpolitischen Ereignisse gesehen. Zu den Irrtümern, die man dabei mit einer nicht zu verkennenden Zwangsläufigkeit vermeiden will, gehört in erster Linie der Pazifismus. Das erklärt die zumindest ebenso emotionale wie politische Ablehnung des »pacifisme allemand« – die es entsprechend zu relativieren gilt. Um so mehr, als in der Bundesrepublik heute jene Versuchungen locken, die Frankeich vor zwanzig und mehr Jahren kannte – nicht einmal nur das Postulat der Ostpolitik oder gar der Wiedervereinigung Deutschlands. Es sind nicht die einzigen Beispiele, an denen sich die Phasenverschiebungen im Prozeß der Vergangenheitsbewältigung, der in beiden Ländern anders abläuft, aber erstaunliche Parallelen aufweist, veranschaulichen läßt.

André Glucksmann verkörpert diese Entwicklung in einer Weise, die betroffen machen muß – existentiell wie intellektuell. Er entstammt einer jüdischen Familie, die nach Frankreich emigrierte – und Widerstand leistete. Geboren wurde Glucksmann, dessen Vater 1940 auf der Flucht starb, kurz vor dem Krieg, den er als kleines Kind erlebte. Die Mutter war eine Résistance-Kämpferin und ihre Wohnung ein Zentrum des proletarischen Antifaschismus. In diesem Milieu wurde André Glucksmann Kommunist: »1945 habe ich mit dem KPF-Organ ›L'Humanité‹ zu lesen begonnen. Ich wollte den Stimmenanteil der Partei kennen.«

In Konflikt mit den Genossen kam Glucksmann in den fünfziger

Jahren. Er kritisierte ihre Haltung im Algerienkrieg und schluckte auch den Einmarsch in Ungarn nicht; 1957 wurde er ausgeschlossen. Nach dem Abschluß des Philosophiestudiums machte ihn Raymond Aron zu seinem Assistenten. Politisch verband die wohl einzigen französischen Clausewitz-Experten außer dem intellektuellen Interesse an Krieg und Strategie damals überhaupt nichts, und Glucksmann schrieb sein erstes Buch (»Le Discours de la Guerre«) »um zu zeigen, daß die Amerikaner in Vietnam in einem Volkskrieg von einer Guerilla besiegt werden könnten«. Das plötzliche Interesse von Jacques Lacan und der Philosophen François Chatelet wie Louis Althusser an dieser Schrift machte Glucksmann am Vorabend des Mai 68 zu einem der jungen rebellischen Intellektuellen, auf die man hörte.

Nach dem Aufstand, bei dem er eine führende Rolle spielte, war André Glucksmann aktiv in der illegalen »Gauche Prolétarienne«, mit der auch Sartre sympathisierte, tätig. So explosiv die Lage damals war – ein Terrorismus ist aus dem Studentenprotest, dem sich die Arbeiter anschlossen und der gesellschaftspolitische Folgen hatte, nicht entstanden. Einen Grund sieht Glucksmann in der Beteiligung der Bevölkerung am revolutionären Mythos – 200000 Menschen waren zum Begräbnis des erschossenen Renault-Arbeiters Pierre Overney gekommen. Das Abgleiten der militanten Minderheit in die Gewalt hätte diese Solidarität zerstören müssen – Glucksmann: »Für die gleichen Taten, nach deren Begehen Baader zum Volksfeind Nummer eins gestempelt wurde – nämlich das Anzünden von Möbeln in einem Kaufhaus und das Plündern von Fressalien-Läden, deren Luxusprodukte man in den Elendsvierteln verteilte – wurde in Frankreich eine der Anführerinnen vom Gericht freigesprochen. Die Presse blieb überaus gelassen und empfand dieses Tun eher als Schabernack. Es gab stets eine große Verbundenheit zwischen der Bevölkerung und den Protestierenden, was diese vor der Versuchung des Terrorismus, die bestand, bewahrte.«

Mit dem Mai 68, den man eine »symbolische Revolution« genannt hat, datiert Glucksmann im nachhinein aber auch den Abschied von den revolutionären Perspektiven im politischen Denken und Handeln: »Alle, die am Mai 68 beteiligt waren, lebten und dachten im Begriff der Revolution. Es gab zahlreiche historische Anspielungen – Wiederholung, aber auch Distanzierung, was man allerdings erst nachträglich gemerkt hat: Im Mai fand das Überschreiten des revolutionären Horizonts statt. Wir wurden uns bewußt, daß es keine Revolution mehr geben kann. Für das französische Denken war der Mai ein großes Abenteuer. Wenn man Jaurès liest, Lenin oder die Surrealisten, gibt es stets den Horizont des Extremismus, der Avantgarde, des linken Überholens – des Anspruchs, noch revolutionärer zu sein als der Nachbar: Diese Bewegung, die etwa mit der ersten Versammlung der Revolution von 1789 begonnen hat, ist im Mai 68 gestoppt worden. Damals gab es die historischen Anspielungen noch – aber nach drei oder vier Jahren sektiererischer Gruppierungen, marxistischer Neu- und Uminterpretationen hat man gemerkt, daß das völlig sinnlos ist – ›insensé‹. Damit ist auch gesagt, warum das sozialistische Regierungsprogramm nicht mobilisiert. Es gibt keinen Versuch, es links zu überholen. Anläßlich der Volksfront war das anders: Kaum war die Linksregierung im Amt, wurden die Fabriken besetzt. Die Arbeiter setzten zum Endkampf an und sahen längst den ›Grand Soir‹ gekommen. Als Mitterrand gewählt wurde, kam es – zur Überraschung aller Theoretiker des Marxismus wie der Selbstverwaltung – zu keinerlei sozialen Bewegungen. Im Mai 68 hat Frankreich von der Perspektive einer verlängerten, immer stärker radikalisierten Revolution Abschied genommen.«

Diese Einsicht, die er lange nicht so kategorisch formulieren konnte, hat Glucksmann seit dem Aufstand von 1968 kontinuierlich befragt und theoretisch ausgeweitet – schließlich abgestützt. In »La Cuisinière et le Mangeur d'hommes« (deutsch »Köchin und Menschenfresser«) macht er die Abkehr von den totalitären Systemen deutlich. Er forscht nach den Wurzeln des Totalitarismus und kommt über Analogien zwischen Platons »Republik« und der Sowjetunion auch auf die »Große Einschließung« der Armen, Kranken, Außenseiter, mit der die bürgerliche Ordnung Europas begann – im Spiegel der Lager, deren Grauen uns Glucksmann verdienstvollerweise mit gleichbleibender Empörung permanent entgegenhält, sind immer auch die Schatten unserer Ideen, die Spuren unserer Geschichte zu erkennen. Der Text bekommt in seiner politischen Philosophie ein ganz besonderes Gewicht – die fruchtbare Beeinflussung durch Denker wie Lacan, Barthes oder Lévi-Strauss, auch Foucault, welche die Strukturen und Mechanismen der Machtausübung in der Sprache wie in den »primitiven« Gesellschaften – oder in unseren Gefängnissen – untersuchen, ist unverkennbar.

»Was brauchen jene, die heute zur Macht aufsteigen, außer einer guten Truppe, Schnaps und Wurst? Sie brauchen Text« – den Text, der ihre Machtausübung legitimiert und kaschiert, schreibt Glucksmann in »Les Maîtres-Penseurs« (»Die Meisterdenker«), mit denen nun weniger die marxistisch-leninistischen Ideologen gemeint sind als vielmehr die großen Philosophen – Kant, Fichte, Hegel, auch Nietzsche. Bereits ist die Rede vom tragischen »Auseinanderklaffen von Text und Territorium« der Deutschen. Doch man darf hier nicht unterschlagen, daß das Werk mit Dutzenden von Seiten beginnt, auf denen der Verfasser eine beißende Kritik an Rabelais' gleichmacherischer Abtei Thélème entwickelt. Sie war ebenso neu und ketzerisch wie die neue Deutung des deutschen Denkens gerade da, wo es sich auf die Revolution von 1789 bezieht.

Diese beiden Essays erschienen in deutscher Übersetzung und wurden in linken Kreisen recht intensiv gelesen. Doch dann bricht die Rezeption ab, und das folgende Buch von Glucksmann, »Cynisme et Passion«, an dem er fünf Jahre arbeitete und auf dessen Umschlag ein Dürer-Selbstporträt abgebildet ist, wurde hierzulande überhaupt nicht zur Kenntnis genommen. Der Verfasser hält sich darin an literarische Beispiele – Texte – und widmet einen wesentlichen Teil des Werks etwas so Undankbarem wie den Wahlsystemen. Nach der Kritik der vorangehenden Schriften sucht er in »Zynismus und Passion«, das Hans Christoph Buch als »Kontrastprogramm zu Sloterdijk« empfahl, nach jenen Werten, auf die sich eine antitotalitäre, freiheitliche Gesellschaft – und ihre

Kultur der Menschenrechte – stützen könnte: Montaignes Skepsis, Aischylos, Diogenes …

Einen Einblick in Glucksmanns geopolitisches Argumentieren ermöglicht sein Aufsatz für eine bereits dem Pazifismus gewidmete Sondernummer der Zeitschrift »Esprit«, in der er sich mit Hannah Arendts »Apologie der angelsächsischen Revolutionen«, welche friedlicher verlaufen und nicht zwangsläufig in einen offensiven Krieg gegen außen münden würden, auseinandersetzt. Der Autor bezeichnet die »angelsächsischen Situationen« gleichsam als »Ausnahmen, die zudem zur Regel zurückkehren«: »Die Vereinigten Staaten haben auf einer Insel gelebt (zwei Ozeane und sehr schwache Nachbarn). Sie hatten keine Außenpolitik, bis sich 1960 die Sowjetunion als fähig erwies, sie zu zerstören. Die Kuba-Krise bedeutete für die USA die Entdeckung bedrohlicher Nachbarn – welche Europa im Neolithikum gemacht hatte. Wenn also der Vorteil der Inselposition ein leichtes Unterscheiden zwischen dem inneren Oppositionellen und dem Feind an der Grenze ist, so besteht sein Nachteil in der Unfähigkeit, die Außenpolitik anders denn als zu überwindende Unordnung zu denken. Daraus resultiert der amerikanische Imperialismus, der ein kultureller ist. Sein Merkmal: die Logik einer nationalen Existenz im Herzen einer Mehrzahl von Staaten nicht zu begreifen. Die USA verwalten ihre Verbündeten in der Einbildung, diese hätten nicht eingesehen, daß sie einer gemeinsamen Familie angehören und die Grenzen überschritten sind.«

Glucksmann analysiert die Inselposition, die auf eine Utopie ausgerichtet ist, und den »neoplatonischen Diskurs« der Amerikaner: Das Böse als »Fußspuren der Vergangenheit«, der Friede als normale Ordnung der Dinge, Streit als Folge einer obskurantistischen Barbarei – »das Böse (in Zeit, Raum und Geist) als Schatten der Geschichte«. Damit erklärt er den missionarischen Eifer, die Absicht – und Anmaßung –, die anderen zu erziehen: »Die europäischen Nationen stürzten sich im Gegenteil auf die Verteidigung ihrer Existenz, was für den Bürger Zwänge, für den Staat Risiken brachte – aber ebenso Privilegien für die Regierenden und einen

Zynismus, der durch den Zynismus der Nachbarn gedämpft wurde. Diese Situation motiviert die Bewunderung eines Kissingers für Metternich und macht die Imitation lächerlich.«

Gerade in Frankreich, fährt Glucksmann fort, werde Politik nicht als Moral oder Pädagogik, sondern eben »als Politik gedacht (und nicht zu Ende, wie Marx sagte, denn es gibt kein Ende), weil es Denker, Politiker und schlicht Menschen gab, welche von dieser Chance des ersten kontinentaleuropäischen Staates (mit Nachbarn an den Grenzen) zu profitieren wußten. (...) Die Chance wurde genutzt, als sie zu verschwinden drohte: während der Religionskriege« – von Jean Bodin bis Montaigne. Mit dieser Tradition begründet Glucksmann die Modernität des französischen politischen Denkens. Als Beispiel der Faszination, die es seit Jahrhunderten auf nichtfranzösische Philosophen ausübt, nennt er Fichte und Hegel. Gleichzeitig entwickelt er die Überzeugung, daß die Vision – und Imitation – Frankreichs durch die Nationen des 19. Jahrhundert zur »karikaturistischen Erstarrung des Modells« beitrug und dessen »verknöcherter Gebrauch« Europa schließlich in den Ersten Weltkrieg stürzte.

Auch von da aus erweist sich Glucksmanns Vorstoß ins Trauma der deutschen Geschichte durchaus als logische Fortsetzung seines bisherigen Wegs. Thematisch ist er den Anliegen der Friedensbewegung viel näher, als es den Anschein hat – er stellt jedenfalls ganz ähnliche Fragen, rationaler allerdings, vielleicht auch radikaler, und gelangt zu anderen strategischen Schlußfolgerungen. Den »grünen Pazifismus« untersucht er mit den unerbittlichen Methoden der Ideologiekritik – und wird fündig. Auschwitz, wirft er ihm vor, wird mit Hiroshima gleichgestellt und durch Hiroshima erst erklärt: Er nennt das eine (nicht nur zeitlich) »umgekehrte Lesart«, eine »Neuschreibung der Geschichte«, wie sie den Ideologien eigen ist – als Flucht aus unerträglichen Realitäten.

Die – gewiß provozierenden – Zusammenhänge, Einsichten und Wahrheiten, die Glucksmann seinen deutschen Zeitgenossen entgegenhält, haben hierzulande noch vor dem Erscheinen der deutschen Ausgabe von »La Force du vertige« einen beträchtlichen

Wirbel ausgelöst. »Ein Gekippter eben«, ein »Renegat«: Mit dieser Reaktion wurde die Weigerung, auf seine Argumente einzugehen, zur Frage der eigenen Standhaftigkeit erhoben – und basta. Ein Kritiker, der es sich so leicht nicht machen konnte, schrieb vom »Bonus des Dissidenten«, der dem »reuigen Ex-Stalinisten und Ex-Maoisten« gutgeschrieben werde, und beförderte ihn gleich noch zum »inoffiziellen Regierungssprecher« – neben anderem die Tatsache unterschlagend, daß Glucksmann zusammen mit Foucault und Montand zum Zeitpunkt der Demonstration für Polens »Solidarität« von Kulturminister Jack Lang als »Clown« beschimpft worden war.

Im gleichen Zug holt der Frankreich-Experte zu einer Attacke auf die Pariser Medienszene aus: »Der Hallodri ist jetzt, wer liest und über das Gelesene reflektiert ohne das Fernsehen einzuschalten« – das Lesen des Buches sei geradezu zum »Handicap« geworden. Listig, listig, diese Gedankenpirouette des Rezensenten »nach alter Manier« – denn in der Pose des selbsternannten Schrift-Heiligen drischt er vor allem – und ohne den »Text« zu rekapitulieren, geschweige denn in seiner Substanz zu kritisieren – auf die von den Medien präsentierte Synthese der »Glucksmannschen Botschaft«, auch »Platzkonzert« genannt, los. Besonders intensiv befaßt er sich mit dem am Fernsehen gedrehten Deal der Juden Glucksmann und Simone Veil, welche den Deutschen um den Preis der Raketen das »große Pardon« für Auschwitz zu erteilen versprochen hätten.

Gerade diese Konstruktion, die übrigens mit dem Sachverhalt besagter Sendung wenig zu tun hat, müßte eigentlich Anlaß sein, sich etwas intensiver mit Glucksmanns Motivation zu befassen – und generell mit dem Prozeß der historischen Aufarbeitung. In den letzten Jahrzehnten hat Frankreich Ereignisse provoziert und Phasen durchgemacht – den manipulierten Pazifismus der fünfziger Jahre, den kulturellen wie politischen Antiamerikanismus, die Loslösung vom westlichen Bündnis, de Gaulles Ostpolitik, die kollektive Blindheit einem ideologischen System gegenüber wie die neutralistische Versuchung – die mit dem, was heute in der Bundesrepublik geschieht, durchaus vergleichbar sind und auch die Kritik an den Deutschen nicht zuletzt als Überreaktion begreifbar machen. Das bedeutet schließlich, daß Erscheinungen wie die Friedensbewegung Symptome sein und als solche relativ schnell wieder verschwinden können – Ausdruck eines Konflikts, einer Situation, die überwindbar sind. Das sollten jene bedenken, die aus Glucksmann ausschließlich ideologischen Profit zu ziehen versuchen und über seine nie verleugnete Herkunft wie seine sonstigen Anliegen so hartnäckig hinwegsehen, wie es seine ehemaligen Gesinnungsgenossen auf den Barrikaden heute mit seinen strategischen Folgerungen wie Forderungen tun. Eine etwas intensivere – und weniger voreingenommene – Beschäftigung mit den Vorgängen in Frankreich würde zudem jene Linken, die sonst zu den französischen Zuständen eine durchaus engagierte, kritisch-schöpferische Beziehung unterhalten, davor bewahren, die »République des Lettres« nun ziemlich unvermittelt wie eine audio-kulturelle Bananenrepublik zu behandeln – denn in der Tat argumentieren heute alle nichtkommunistischen Schriftsteller, Philosophen, Wissenschaftler (und marxistische gibt es praktisch keine mehr) in der Linie Glucksmanns. Edgar Morin wie Alain Touraine, von André Gorz bis ... ja sogar Sartre, mit dem die Faszination der deutschen Nachkriegsgeneration für Frankreich einsetzte, hat am Ende seines Lebens die Anfänge dieser Entwicklung zu einem Antitotalitarismus, der heute den Pazifismus verwirft, mit Sympathie verfolgt, zum Teil sogar noch mitgemacht (indem er zum Beispiel den Boykott der Moskauer Olympiade forderte).

Ein Argument der Denkfaulheit ist ebenfalls der Einwand, Glucksmann und die Franzosen würden die Bundesrepublik schlicht als »Glacis« betrachten. Die Bereitschaft, den »Erbfeind« in eine nukleare Abwehrstrategie einzubeziehen, signalisiert bereits eine erstaunliche Veränderung in der Mentalität – Glucksmann plädiert nun sogar für die deutsche Atombombe: Man kann, argumentiert er, von einem Staat nicht politische Mündigkeit verlangen und ihm gleichzeitig die entsprechenden Mittel zu seiner Verteidigung vorenthalten. Dieses Argumentieren ist kein »Glacis«-Taktieren um Pufferzonen.

Gewiß, die totalitäre Gefahr – verschärft, und ein bißchen verzerrt durch die Analogie zu 1938 – wird heute in der Sowjetunion lokalisiert. Aber die französischen Beziehungen zum osteuropäischen Raum sind von erfreulicher Vitalität. Der Teil des Kontinents, welcher am stärksten unter der europäischen Teilung leidet, ist in Frankreich in mancherlei Hinsicht präsent – nicht nur durch die aktive Sympathie zu den Dissidenten, welche für die Freiheit kämpfen und dafür große persönliche Risiken in Kauf nehmen. Kundera, Gombrowicz – François Bondy hat in der »Weltwoche« vom 13. Februar 1984 auf ihre Präsenz in Frankreich hingewiesen und eine »nirgends so starke Gegenwart Ost- und Mitteleuropas« diagnostiziert, »Rußland inbegriffen«. Das hat, wie Bondy feststellt, auch mit der wenig schöpferischen Phase, in der sich die französische Literatur befindet, zu tun – in der Rezeption polnischer Autoren überschneiden sich kulturelles Bedürfnis und politische Aktualität. Sie fördert ein europäisches Bewußtsein – und beweist, daß Frankreich, bei aller politischen Entschlossenheit in der Kultur, keineswegs einen kalten Krieg gegen Osten, Deutschlands inbegriffen, führt.

Seit dem intellektuellen Schock der siebziger Jahre ist Frankreich um jene Öffnung bemüht, die es als absolute Notwendigkeit erkannt hat. Das zeigen deutlich die vielgeschmähten sukzessiven »kulturellen Moden« von Paris, bei denen es eben doch um mehr geht als um die mediengerechte Präsentation des »dernier chic« – als ob André Glucksmanns Buch und die Kampagne zu seiner Verbreitung die französische Stimmung gegen den Pazifismus erzeugt hätten! Wesentlicher ist wohl die Frage, warum Mitterrand mit vier Kommunisten in der Regierung eine Außenpolitik betreibt, die atlantischer ist als jene de Gaulles und seiner Nachfolger. Oder warum Glucksmann am Ende von Giscards Septennat am französischen Fernsehen mit einem Auftrittsverbot belegt war. Man stelle sich einmal vor, das »kommunistisch-sozialistische Frankreich« könnte – wie es eigentlich »logisch« zu erwarten war – heute ebenfalls neutralistischen Neigungen frönen, zumindest pazifistische Tendenzen entwickeln ...

Zu den merkwürdigen Phasenverschiebungen innerhalb der deutsch-französischen Beziehungen gehört die späte Rezeption der Frankfurter Schule, deren Vertreter das erlebt und durchdacht – eben: geistig, theoretisch verarbeitet – hatten, was in Frankreich mit der Kollaboration hinter den neuen Imperativen und Orientierungen der Nachkriegsepoche auch intellektuell verdrängt worden ist – der nazistische Horror, der Zusammenbruch der Demokratie, die Erfahrung des Exils, die erst in den siebziger Jahren zu intensiv behandelten französischen Themen wurden. Daß hier unbewußte Mechanismen eine Rolle spielten, deutet Glucksmann zumindest indirekt an, wenn er sagt, mit Solschenizyn sei nicht der Gulag, sondern eine Form der Résistance gegen die Tyrannei entdeckt worden – »eine Form des Widerstands, der nicht über die klassischen Wege der Revolution führt, aber erlaubt, die Ideologie der Revolution in Frage zu stellen, den Marxismus also.« Der Marxismus, der noch in den dreißiger Jahren in Frankreich keine bedeutende Rolle spielte, war vor allem die unverbrauchte Ideologie der französischen Vergangenheitsverdrängung. Nur deshalb konnte der Abschied von ihm gelegentlich geradezu hysterische Züge annehmen.

Fast gleichzeitig – 1974 – erschien die Übersetzung von Horkheimers und Adornos »Dialektik der Aufklärung«, deren Einfluß in der Utopie- und Totalitarismuskritik »Nouvelle Philosophie« aufgegangen ist. An ihrem Anfang steht gerade bei Glucksmann deutsche Philosophie auch thematisch im Zentrum der Debatte. Dann dehnte sie Lévy auf die »Idéologie française« aus – und unternahm gleichzeitig einen kaum beachteten Versuch zur Aufwertung des deutschen Denkens. »L'Allemagne« der Franzosen ist nicht mehr nur der Zerr- und Gegenspiegel französischer Verhältnisse – mit der Aufarbeitung der unbequemen Vergangenheit ist das Bedürfnis nach seiner kollektiven Karikierung als Funktion eigener Zustände geringer, vor allem aber wirkungsloser geworden. Daß ausgerechnet auf dem Höhepunkt der Polen-Krise mit ihren historischen Reminiszenzen nochmals alle Register der dümmlichsten publizistischen Polemik – mit Darstellungen von

Kniefällen und Stiefelleckerei – gezogen wurde, und sich das Deutschlandbild der Kommunisten gleichzeitig in sein Gegenteil verklärte, ist nicht verwunderlich und mutet wie ein letzter Fieberanfall an. Es war schließlich auch der Moment, in dem die linken Intellektuellen – der Wahlsieg vom Mai und Juni 1981 war im Gegensatz zum Triumph der Volksfront von 1936 ohne ihr Mitwirken, ohne ihr »Engagement« zustande gekommen, hatte sie aber umgehend in einen Zustand der Euphorie versetzt – eine erste Standortbestimmung im sozialistisch gewordenen Frankreich vornahmen.

Seither hat sich die Beschäftigung mit deutschen Themen weitgehend auf die Ebene der – zum Teil bissigen, oft ungerechten – publizistischen Diskussion beschränkt. Doch das Bild, das die Franzosen von Deutschland zeichnen, ist ohne jeden Zweifel nicht nur kompetenter, sondern auch freundlicher als je in der Zeit seit 1945. Im Februar 1984 veröffentlichte der »Nouvel Observateur« – nach anderen Magazinen und Zeitschriften – ein von den Bedenken bezüglich des Pazifismus inspiriertes Dossier mitsamt der obligaten Umfrage. »Muß man vor den Deutschen Angst haben?«, lautete der Titel, und die demoskopischen Statistiken wie der Tenor der journalistischen Berichte gaben eine gleichlautende Antwort: Nein, die Franzosen haben keine Angst.« Das ist eine historische, politische, militärische Premiere«, kommentierte Jacques Julliard den Befund.

In der Tat verstehen sich heute die Offiziere der beiden Länder am besten, während das Verständnis der Linken, vor allem der Intellektuellen, die am meisten zu dieser spektakulären Verbesserung der Beziehungen beigetragen haben, »am absoluten Nullpunkt angelangt ist« (Hans Christoph Buch). In sträflicher Verkennung vieler Gemeinsamkeiten und in frappierender Ermangelung jeglicher historischer Gelassenheit entzünden sich hierzulande die Emotionen, welche die Argumente zum Schweigen verurteilen, um Person und Buch des André Glucksmann. Der emigrierte Jude in Frankreich bezeichnet seine deutschen Altersgenossen, deren Haltung er mit einer Weigerung zum Widerstand gleichsetzt, als

»Juden des Dritten Weltkriegs« – und freut sich auf nicht weniger provozierende Weise, sogar ein bißchen hämisch-ironisch, am Beispiel des »grünen Pazifismus« die Entstehung einer Ideologie beobachten zu können: »Ich jubiliere, wenn ich eine Ideologie sehe – ich bin entzückt, wenn ich Mechanismen vorfinde, von denen ich eigentlich ziemlich entfernt war, denn ich habe gelebt, als der Marxismus unterging und der Nationalsozialismus nicht mehr zur Debatte stand. Jetzt, endlich, eine Ideologie, die ich analysieren kann. Europa wird draufgehen und ich wahrscheinlich auch. Aber ich war bereits einmal drauf und dran zu krepieren, im Alter von vier Jahren, während der Okkupation. Das ist nicht neu – ich werde das ja wohl nicht fürchten oder beweinen.«

Zu diesem Hauch retrospektiver Rache paßt die verführerische Koketterie, mit der sich André Glucksmann zum Schluß unseres Gesprächs, als die Frage nach seinen persönlichen Beziehungen zu Deutschland, den Deutschen und der deutschen Vergangenheit nicht mehr länger zu umgehen war, doch ohne jede Perfidie als »Kind deutscher Kultur« bezeichnete: »Irgendwelche Haßgefühle gegen die Deutschen habe ich nie empfunden. Meine Familie hat das Land 1936 verlassen und lebte während der Okkupation in Frankreich, wo sie an der Résistance teilnahm. Ich war nie antideutsch – während des Kriegs, als ich noch klein war, erzählte mir meine Mutter, wie gut die Deutschen zu ihren Kindern seien. Meine Schwestern – und das war damals äußerst gefährlich – verteilten deutsche Flugblätter an die Soldaten, welche Frankreich besetzten. Sie diskutierten mit ihnen und forderten sie zum Desertieren auf. Während der ganzen Dauer des Krieges führte meine Mutter Schallplatten von Beethoven mit sich. Was mich betrifft – mein Lieblingsmusiker ist Wagner.«

Das Evangelium der Rakete

Ich protestiere. Es hagelt Beleidigungen. Man legt mir Eure künftigen Kriege zu Last. Die Vergangenheit, die nichts von mir wußte, verurteilt mich. Bin ich denn nicht die Frucht aller im Laufe der Jahrhunderte verübten Gewalt? Rudolf Bahro, Christ gewordener Marxist – oder Marxist gebliebener Christ? – hat mich zur Richterin über die Geschichte erkoren; ich gedeihe giftstrotzend auf den Untaten und Klassenkämpfen von zwei Jahrtausenden; ich bin der Spiegel einer unheilvollen Zukunft, den zu durchschreiten sich die Alice der Neuzeit anschickt. Zwecklos, zu meiner Verteidigung anzuführen, daß ich bei näherem Hinsehen nichts bin als ein Machwerk aus Edelmetallen, Schaltkreisen und Nieten; obwohl ich unleugbar nur ein Ding bin, schaffen sich alle Fanatiker in mir den Widersacher, der ihrem verlorenen Glauben angemessen ist. Luzifer, bar seiner menschlichen oder tierischen Gestalt, an den niemand mehr glaubt, das bin ich. Ihr behauptet, Gott brauche die Menschen. Ich stelle fest, daß die Menschen sehr große Stücke auf den Teufel halten und ihn sich klar umschrieben, abgegrenzt, manipulierbar und konkret wünschen. Wenn sich alles Dämonische unseres Planeten auf wunderbare Weise in einem Haufen Raketen mit Atomsprenköpfen konzentriert, vereinfacht sich das Geschäft des Teufelsaustreibens allerdings in einem Maße, das schon an sich, ohne Beigeschmack von Blasphemie, etwas von einem Heilsversprechen hat.

Ihr tut mich lauthals als nutzlos und gefährlich ab. Das zweite Attribut will ich nicht leugnen, das erste bestreite ich, ebenso wie die Argumentation, die vom einen auf das andere schließt: Ein Risiko kann nutzbringend sein. Ihr Menschen, die Ihr mich verteufelt, achtet auf Eure Worte, schon jetzt besetze ich Euer Denken. Die Theologen finden nicht, daß es unter ihrer Würde sei, auf meine Nichtswürdigkeit hinzuweisen, die Pädagogen legitimieren ihre Pläne zur Umerziehung des modernen Menschen und zur Entmilitarisierung der Kindesseele schlicht durch meine Existenz. Aus Bescheidenheit erspare ich es mir, auf die wichtigen Funktionen einzugehen, die mir Wirtschaftsexperten und Politiker zuschreiben. Mag sein, daß sie übertreiben, dennoch steht außer Frage, daß die Investitionen, die ich einheimse, und die technologischen Durchbrüche, die ich herbeiführe, zählen. Weit davon entfernt, nutzlos zu sein, mache ich Euch mit der Fülle meiner Verwendungsmöglichkeiten zu schaffen.

Ihr wäret nie auf mich verfallen, wenn Ihr mich nicht gesucht hättet. Alle Welt beschimpft mich, und dennoch unterlassen es die wenigsten, mir in ihren Reden unfreiwillig Respekt zu zollen. Bin ich nicht das schlagkräftigste Argument, das die Pazifisten einsetzen, um jegliches militärische Weltbild zunichte zu machen? Hätten sie, wenn es mich nicht gäbe, noch einen einzigen Grund vorzubringen, um den ewigen Kampf der Gesinnungstüchtigen und der Zweckoptimisten wieder anzufachen? Die Militärs wiederum berufen sich auf meine außerordentlichen Fähigkeiten und führen unermüdlich die Schreckensvorstellung vor Augen, einseitig abgerüstet einer Weltmacht gegenüberzustehen, die über das Monopol meiner Anwendung und des erpresserischen Einsatzes dieser Anwendung verfügt. Ohne mich würden die in ihren uralten Fehden festgefahrenen Friedenskämpfer und Kriegsbefürworter erlahmen. Und obwohl beide Lager das Gros ihrer geistigen Munition von mir beziehen, glaube ich kaum, daß sie mir wirklich gerecht werden.

Ich entstamme glücklosen Friedenshoffnungen und dauere fort, indem ich Kriegshoffnungen enttäusche. Durch mich wird das Pokerspiel des Sieges um jeden Preis ungewiß, ohne daß dafür die internationale Sicherheit gewährleistet schiene. Ich verkörpere die Vergänglichkeit der Dinge dieser Welt, die Fragwürdigkeit der Versprechen, das schillernde Wesen der guten Absichten und das nicht minder unstete der bösen. Ich zeige mit Fingern auf die Labilität weltlicher Gleichgewichte und die Brüchigkeit unverbrüchlicher Glaubenshaltungen. Ich schaffe Unbehagen, indem ich demjenigen, der mich anwendet, der mir ausgesetzt ist, oder der mich noch nicht einmal von ferne gesehen hat, die allen gemeinsame Sterblichkeit vor Augen führe. Freud, von dem man mir allerlei vorgehalten hat, hob gern hervor, daß der Narzißmus der Menschheit drei unheilbare Wunden erlitten habe. Betrachten Sie mich als das vierte Trauma des modernen Narziß.

Ich bedränge, mache mich breit, greife um mich. Man unterstellt mir, ich hätte scheinheilig eine unübersehbare Nachkommenschaft gezeugt, imstande, den Planeten mehrmals in die Luft zu jagen. Einspruch, Euer Ehren, ein Haufen Metall vermehrt sich nicht von selbst, durch Parthenogenese. Stellen Sie sich nicht naiv, meine Übervernichtungskapazität, der sogenannte »Overkill«, ist lediglich das Abfallprodukt einer Vorentscheidung, verwerfen Sie nicht im Detail, was Sie en bloc akzeptieren. Anfänglich war ich ein Unikat; DIE BOMBE besiegelte als Schlußpunkt den Krieg, den man sich weltweit und apokalyptisch vorstellte. Dann miniaturisierte und vervielfältigte man, um die sogenannten begrenzten, beispielsweise die innereuropäischen Konflikte abzudecken. So wurde ich zur Rakete, einer Waffe, die nach Einschätzung meiner strategischen Taufpaten immerhin so beachtenswert ist, daß jedes Lager nicht nur davor zurückschreckt, sie einzusetzen, sondern auch davor, den Gegner zu einem derart schmerzlichen äußersten Schritt zu nötigen. Wir werden noch auf diese Rechtfertigungen zurückkommen: Sie weisen weder die Klarheit, noch die Präzision, noch die zwingende Logik mathematischer Beweisführungen auf. Lassen Sie diese Sehnsucht nach Konsequenz. Was ich in der Vorstellung berühre, zeigt sich als denkbar, ebenso wie sich das, was ich tatsächlich anziele, als zerstörbar erweist. Ich begründe das Endlose, halte die Diskussion offen und spreche jedem Hohn, der glaubt, das letzte Wort zu haben.

Abschrecken ist das Gegenteil von Überreden. Ich eröffne einen Raum, in dem die Argumente der Gewalt absolut zwingend sind, während die Gewalt der Argumente in der Schwebe bleibt, unfähig, mit Gewalt Zustimmung herbeizuführen. Das ist der Grund, weshalb die überzeugten Anhänger jeglicher Glaubensrichtung mich verabscheuen, ich verunsichere ihre radikalsten Aktionen und setze hinter ihre Überzeugungen, die so schlagend sind, daß sie sich gegenseitig entkräften, unweigerlich Fragezeichen. Ich tauche Schläge, Worte und Umarmungen in den Zustand der Schwerelosigkeit. Wenn ein Atomgeneral einem anderen Atomgeneral gegenübertritt, gibt es für ihn nur noch eine Wahrheit, er erkennt, daß das Zeitalter der Kreuzzüge seinem Ende entgegengeht. Ihr braucht Euch nicht mehr zu fragen, warum es mit meiner Vermehrung zugeht wie mit dem Brezelbacken; wenn nicht so viele Konflikte aufträten, müßte ich sie nicht einfrieren; wenn es nicht so viele potentielle Kreuzfahrer gäbe, würde man mich nicht dazu auffordern, ihnen Einhalt zu gebieten. Ich existiere, weil die Kriege zunächst einmal *sind*, und da sie vor meiner Zeit bereits weltweit waren, schwärme ich über die ganze Welt aus.

Ich bin entlang von Bruchrändern stationiert, beidseits von willkürlichen und verhängnisvollen Grenzen, verschanze mich in den Löchern der pazifistischen Logik ebenso wie in den Widersprüchen der militärischen Tugenden. Ich wage anzunehmen, daß Freud mich, wenn er mich gekannt hätte, weder für töricht noch für absurd gehalten hätte. Ich tabuisiere extreme Gewalt auf ähnliche Weise wie die menschliche Gesellschaft den Inzest tabuisiert hat: Ich beschwöre eine vergleichbare Bedrängnis herauf. Wenn das Ende der Welt mit einem Tabu belegt werden muß, dann doch nur, weil es in Reich- und Sehweite gerückt ist. Die Perspektiven, die der Schlußakt eröffnet, sind nicht minder ablesbar als die, die der rückwärts, auf die »Urszene« gerichtete Blick bietet. Der Weg in die Apokalypse wie in den Inzest steht weit offen, sonst fühlte sich ja niemand bemüßigt, ihn zu versperren. Ich mache das Unmögliche möglich, ich sorge für Vernunft, indem ich unermüdlich vor Augen führe, daß die Vernunft abhanden kommen kann. Für die, die sich daran berauschen, daß der Mensch gut sei, gibt es die Wege der Zerstörung nicht mehr, sie brauchen sich nicht vor sich selbst zu schützen – sie halten sich ja für makellos – noch vor den anderen, weil sie sie für gut halten. Ich verstöre diese zarten Gemüter gleich dem Meteoriten, der auf die Erde stürzt, ausgeglühter Zeuge eines fernen Sterns, auf dem die Gewalt existiert. Ich habe mich vor den Pforten der Hölle niedergelassen, und je mehr ich den Zugang zu ihr verbarrikadiere, desto deutlicher offenbare ich den Vergeßlichen ihre unmittelbare Nähe.

Ihr werft mir einen vernichtenden Blick zu und sagt, nicht ohne ein gewisses hartnäckiges Pathos: »Ich kann mir kaum vorstellen, daß ...« Habe ich ein Ereignis angekündigt, das Euch aus dem seelischen Gleichgewicht bringt? »Ich kann es einfach nicht glauben.« Erzittern Eure tiefsten Überzeugungen, weil sie sich widerlegt finden? »Ich hätte nie gedacht ...« Welches Wunder bewirkt, daß diese offenkundige Unfähigkeit zur Reflektion allgemein als redliches Argument gilt? Der optimistische Entschluß, den schlimmsten Befürchtungen gar nicht erst nachzugehen, klärt die Hindernisse nicht auf, denen es sich zu stellen gilt, er zeigt lediglich eine eingeschränkte Denkbereitschaft. Und dennoch gibt sich diese Denkverweigerung voller Stolz als begründetes Denken, fast schon als ontologischen Beweis aus. Einst waren die Theologen bestrebt, die Existenz Gottes aus der bloßen Gottesdefinition zu beweisen – Er ist vollkommen, und das Sein ist eine Vollkommenheit, also *ist* er –, und so schließt Ihr von dem für Euch Undenkbaren auf das Unmögliche an sich – was du dir nicht vorstellen willst, kann nicht eintreten.

Eure »Anständigkeit« erhebt sich zum Maß aller Dinge, des allgegenwärtigen Guten wie des nirgends wahrgenommenen Bösen: Wer an Schlechtes denkt, denkt falsch, wer irgendein Übel erkennt, sollte lieber seine Brille wegwerfen. Warum konzentrieren sich so viele Haßgefühle auf mich? Ich bin nur eine Rakete, eine Maschine aus Metallen und Chemikalien, aber in einer Welt, in der die Idylle regiert, erzeuge ich Mißklang. Ohne mich wären demnach alle Beziehungen liebevoll, lebten alle Liebespaare in schönster Eintracht? Ich störe. Ich bin eine Waffe. Ich beantworte eine Bedrohung mit einer Drohung. Der Idealist fühlt sich ausschließlich vom Gedanken des Bedrohtseins bedroht. Ihr braucht nur den Begriff abzuschaffen, schon überkommt ihn der Friede. Ihr braucht mich nur zu verbieten, schon ist er von seinen unguten Gedanken befreit. Entsagt der Flasche, verhüllt schamhaft Eure Körper, rüstet einseitig ab, und Ihr werdet als Engel unter Engeln leben: Die Rakete ist auf dem besten Wege, in dieser letzten Phase des 20. Jahrhunderts zum einzigen wirklich pornographischen Gegenstand zu werden.

*

Apologeten wie Verleumder überschätzen mich. Gestern noch galt ich als Friedensgarant. Es genügte, Atomsprengköpfe abzuzählen, um militärische Vorteile oder ausgewogene Kräfteverhältnisse festzulegen und mithin die Weltordnung zu erhalten. Heute bin ich der Inbegriff des Dämonischen. So manche, die mir früher Kränze gewunden haben, exkommunizieren mich jetzt. Ganz zu schweigen von den Generälen und Admirälen, die von einer Position zur anderen, kaum daß die Pensionierung naht, ihren Kurs ändern.

Ich entsinne mich eines amerikanischen Verteidigungsministers namens McNamara, der auf das Zählen schwerer Bomber und Polarisraketen eingeschworen war; wenn es nach ihm gegangen wäre, hätte etwas mehr Kriegsmaterial genügt, den Vietnamkrieg zu gewinnen. Ein Jahrzehnt darauf plädiert dieser martialische Verfechter der »Eskalationsdominanz« für die »De-Eskalation«, die nicht minder einseitig angelegt ist als die einst gehegte Lieblingsidee. Hat er sich geändert? Was seine Politik anbelangt, ja. Aber nicht was die Qualität seiner Argumentation angeht. Ob er zu massiven Bombenabwürfen neigt oder zum Einfrieren der Rüstungspotentiale, ob er behauptet, derjenige sei im Vorteil, der am heftigsten droht, oder der Sanftmütige, der verspricht, nicht als erster eine Atomwaffe einzusetzen, er führt nur Selbstgespräche. Man stockt das eigene Arsenal einfach um ein paar Rüstungsgegenstände auf oder schränkt sie ein wenig ein, schon lösen sich die geopolitischen Probleme in Wohlgefallen auf, sind die Gegner wie verwandelt.

Welcher alchimistische Zaubertrick macht aus quantitativen Änderungen qualitative Umschwünge, und aus einseitigen Modifikationen bilaterale Spielregeln? Welches Hexeneinmaleins gewährleistet, daß ein auf sich selbst bezogenes Tun die Pläne der anderen umkehrt und den Erdball revolutioniert? Ein paar Raketen mehr oder weniger sollen die politischen, wirtschaftlichen und weltanschaulichen Konflikte bereinigen, die die Welt in Schutt und Asche legen können! Was für ein seltsamer Aberglaube, der annimmt, daß etwas bewirkt sei, wenn man mit Nadeln in eine Puppe sticht. Ich schätze weder übermäßiges Lob noch grenzenlose Verachtung. Bei meiner Raketenehre sind der übertriebene Militarist und der unverbesserliche Pazifist von ein und demselben atomaren Fetischismus infiziert. Und ich bin das Objekt ihrer ungeteilten Aufmerksamkeit, beziehungsweise ihres ungeteilten Abscheus.

Man lastet mir zu Unrecht die Labilität der vom Pazifismus befallenen Kriegsbefürworter an. Das umgekehrte Wunder ist nicht weniger wahrscheinlich. Im Herbst 1981 demonstrierten in London dreihunderttausend für den Frieden. Im Frühjahr 1982 gingen nur noch dreitausend gegen den Krieg auf den Falkland-Inseln auf die Straße. Das ist nicht neu. 1914 begeisterten sich die sozialistischen Arbeiterparteien, seit jeher Kriegsgegner, im einen wie im anderen Lager für die nationale Verteidigung. Diese staunenswerte Fähigkeit, Standpunkte in ihr Gegenteil zu verkehren, entwickelten auch die Bolschewiken, die im Namen des Friedens eine Revolution machten, um prompt einen Bürgerkrieg zu betreiben, den sie seither praktisch ununterbrochen führen. Kann man mit Kautsky, dem einstigen Papst des europäischen Sozialismus, folgern, daß die Internationale nicht für den Krieg geschaffen ist? Mit der gleichen Berechtigung könnte man feststellen, daß Offiziere und Soldaten in ruhigen Zeiten kaum Verwendung finden. In einen starren Rahmen gepreßt, leidet der Ehrenmann an einer zweifachen, jeweils halbseitigen Lähmung: Er lebt in Friedensphasen, ohne an den Krieg zu denken, und er führt Krieg, ohne einen Gedanken an den Frieden zu verschwenden; sein Militarismus wie sein Pazifismus erweisen sich als widerstreitende und einander wechselseitig ergänzende Symptome einer umgreifenden geistigen Lähmung. Dieses Durcheinander war vor mir da, ich gedenke, es abzustellen.

Ich führe die altgewohnten Sprüche, die im Brustton eines unerschütterlich guten Gewissens Konflikte und Aussöhnungen wie einen Rosenkranz herunterbeten, ad absurdum. Welcher Mensch tut nicht laut und deutlich seine Friedensbereitschaft kund? Allen voran, wie Thomas von Aquin und Karl von Clausewitz mit einem zeitlichen Abstand von fünf Jahrhunderten bemerken, der Eroberer: Er wünscht nichts sehnlicher, als den Sieg friedlich davonzutragen. Ich kratze voller Tücke an dieser verlogenen Fassade. Aus beruflichen Gründen plaudern die Diplomaten über Vereinbarungen und Bündnisse, ich zwinge sie zu größerer Aufrichtigkeit, künftig werden sie potentielle Entladungen kaum noch unterschlagen können. Aus Berufsblindheit hüteten die Militärs die blutrünstigen Prognosen, die die Politiker lieber übergingen, wie einen Trumpf. Ich werfe diese Arbeitsteilung über den Haufen: Wer Raketen unterhält, kann nicht den Frieden propagieren, ohne den Krieg ins Auge zu fassen, noch Kriegsvorkehrungen treffen, ohne sich ein gegenseitiges Hochschaukeln in den Selbstmord auszumalen, angesichts dessen längere Phasen des Waffenstillstands an Reiz gewinnen. Der Friedensbefürworter besäße keine atomare Rüstung, wenn er um jeden Preis für den Frieden wäre; der Kriegsbefürworter kann nicht, koste es, was es wolle, für den Krieg sein, wenn er auf einen Gegner trifft, der genau wie er imstande ist, den großen Trumpf auszuspielen. Angesichts der Raketen verlieren die Militärs ihre einfache Denkstruktur, die Politiker ihre Leichtfertigkeit und die Staatsbürger ihre fatale Einäugigkeit. Es reicht nicht mehr aus, die Vernunft der Friedensstunden mit der Risikobereitschaft kriegerischer Abenteuer abwechseln zu lassen, es geht darum, Risikobereitschaft im Frieden und Vernunft im Kriege zu begründen.

Meine apokalyptischen Eigenschaften lösen Eure Probleme und problematisieren Eure Lösungen. Seit meinem Bestehen erscheint der Krieg »leibhaftig« in jedem Frieden. Durch mich offenbart sich mitten im Krieg unablässig die Notwendigkeit eines Friedens. Ebensogut wie man sagen kann, daß ich Eure elementaren Denkstrukturen blockiere, bringe ich Absichten miteinander in

Berührung, die vorgaben, nichts voneinander zu wissen: Ich schaffe eine brenzlige Gefühlsverwirrung. Sollte ich etwa der letzte Aberwitz sein, von dem eine hinfort mitteilsame und vernünftige Menschheit befallen ist? Seht in mir vielmehr das außergewöhnliche Heilmittel einer heillosen Situation oder die Vernunft einer unvernünftigen Zeit. Ich bin weder Gott noch der Teufel, ich bringe keinerlei Welt oder Anti-Welt hervor, ich schaffe nichts, ich entlarve. Eure Feindseligkeiten haben nicht auf mich gewartet, um aufeinanderzuprallen, Eure immerwährenden Konflikte sind meine Wegbereiter, Eure Missetaten haben mich vorprogrammiert, Eure weltweiten Blutbäder leiten meine Herrschaft ein. Rechnet Euch Eure Genozide selbst zur Ehre an, ich bin nur ein langes Rohr, weiter nichts. Meine Unschuld führt nicht einmal in Versuchung. Eure altväterlichen Büchsen oder Kanonen reizten immerhin zum Schießen, während ich mich unterschiedslos als Pfeil und Zielscheibe anbiete, als Gefahr schlechthin, als ein für allemal unteilbares Risiko, das inmitten der schwierigsten Kontroversen stillschweigend für Lastenausgleich sorgt. Ich bin zwar nicht moralisch, man schmückt meine Megatonnen nicht mit weißem Linnen und argloser Reinheit. Aber ebensowenig bin ich unmoralisch, ich drücke den Großmächten hienieden den Stempel der Ohnmacht auf. Mein Geheimnis findet sich nicht in den Gefilden des Guten oder Bösen, noch in den Randzonen des Schönen oder Niederen; es enthüllt sich auf befremdlichere Weise: Ich bin wahr.

Erkennt wenigstens an, daß die Raketen das Geschäft der Lüge erschweren. Vorbei die fröhlichen Aufmärsche, die das Glück der Menschheit durch die bedingungslose Vernichtung des Feindes verheißen. Es dürfte künftig schwerfallen, in einem Wechselbad von paradiesischen Seelenzuständen und mörderischen Regungen zu leben, ohne nach ihrer heimlichen Verwandtschaft zu fragen. Die Raketen würden kein derartiges Entrüstungsgeschrei auslösen, wenn sie nicht an kolossale Schamgefühle rührten. Der moderne Mensch scheint zwischen seinem Friedenswillen und seiner Kampfbereitschaft hin- und hergerissen zu sein, wobei sich diese beiden Bedürfnisse untereinander nur mühsam verständigen, obwohl er schon tausendfach seine unbestreitbar virtuose Fähigkeit bewiesen hat, vom einen zum anderen zu springen. Nennen wir das Phänomen, sich selbst fremd zu bleiben, einmal Irrsinn. Es gibt keinen schlimmeren im zwanzigsten Jahrhundert als den, der die Wechselbeziehung der bedingungslosen Siege und der wohlfeilen Ruhezeiten beherrscht. Eine Tugend besitzen die Raketen auf jeden Fall: Sie zwingen die beiden Personen, die mit dem Olivenzweig und die mit dem mordlüsternen Blick, die jedem Menschen innewohnen, mit einer Stimme zu sprechen.

*

Erlauben Sie mir einen kleinen Gedankenausflug. Ich kann mir vorstellen, daß La Rochefoucauld angetan wäre von meinen Methoden, die Schliche der Eigenliebe anzuprangern, und daß Stendhal meine Art, bestimmte Heucheleien zu vereiteln, gefiele. Einige wenige Jahre trennen mich für immer von dem, den ich, wenn ich so vor mich hin phantasiere, gern als meinen Vasallen betrachte: Ich meine damit Dr. Sigmund Freud, Professor an der Medizinischen Fakultät von Wien. Wir sind alle Pazifisten, antwortete er in einem Brief an Einstein, und deutete sachte an, daß eine derartige Äußerung nichts Tröstliches habe. Ein denkendes Wesen kann nicht gegen den Frieden an sich sein, ebensowenig wie es sinnvollerweise das Gesetz vom zu vermeidenden Widerspruch glattweg ablehnen kann, obwohl dies weder die Widersprüche abschafft, noch Auseinandersetzungen verhindert. Beim Menschen läßt sich eine gleichsam unwiderstehliche und fast »organische« Friedensliebe nachweisen, und, wie Freud anmerkt: In den ärgsten Schlachten standen sich seit eh und je die Pazifisten des einen Lagers und die Pazifisten des anderen gegenüber. Unsere kriegerischen Antriebe laufen offenkundig der »utopischen Hoffnung« auf die endgültige Ausrottung zerstörerischer Antagonismen zuwider. Hier führt Freud den entscheidenden Stoß: Wäre es nicht angebracht, anstatt jeglichen Streit für absurd zu erklären, der Redlichkeit von guten und ehrenwerten Absichten, die nie ihre Ohnmacht angesichts von Konflikten hinterfragen, zu mißtrauen?

Wie kommt es, daß die Massenmorde, die niemand wünscht, begeistert von der großen Mehrheit verübt werden? Die Kriege sind zwar absurd, aber dennoch sind sie. Sie mit einem frommen Wunsch und einem Federstrich aus der Welt schaffen zu wollen, ist die Absurdität in Potenz. Freud bewies damals prophetische Gaben: Sein Freund Einstein, über dessen arglose Gutgläubigkeit er sich gelinde mockierte, zählte wenige Jahre danach zu denjenigen, die Roosevelt zuredeten, die Vereinigten Staaten mit den ersten Atombomben auszurüsten.

Es gibt eine Gattung Mensch, der ich, die fühllose Rakete, nicht in die Hände fallen möchte. Freud skizziert sie in seiner Studie des Falles Thomas Woodrow Wilson. Dieser Präsident eines Amerika, das sich zum ersten Mal an den europäischen Völkermorden beteiligte, vereinnahmte am Ende des Ersten Weltkrieges die Hoffnungen der Alten und der Neuen Welt. Als er den Vertrag von Versailles paraphierte, der im Keim einen zweiten Krieg enthielt, machte sich rasch Enttäuschung breit, aber Wilson pries ihn unbeirrt als »beispiellose Verwirklichung der Menschheitshoffnungen. ... eine neunundneunzigprozentige Versicherung gegen den Krieg«. Heuchelei? Böse Absicht? Keineswegs: Seiner frommen und strengen Erziehung getreu schwelgte Wilson zeitlebens in Aufrichtigkeit und Durchschaubarkeit, er sagte, was er dachte, aber er dachte kurzsichtig. Seine letzten Erklärungen zeugen von einer derartigen Fehleinschätzung der Tatsachen und Informationen, daß sie Freud veranlaßten, eine Psychose zu diagnostizieren. Wilson brüstete sich, den Frieden der Völker ohne Annexion oder Ungleichheit (!) begründet zu haben, er sprach von einer »vollständigen Umgestaltung der Regierungssysteme, die einander im Laufe der Weltgeschichte abgelöst hatten ...«

Dieser Trugschluß ist erklärlich. Wilson zog schon längst die Beziehung nur zu sich selbst der Beziehung zur Welt vor, und er hielt sich von Anfang an für fähig, die Regierungssysteme von Grund auf umzugestalten. Die Psychoanalyse wertet ein Denken, das so von der eigenen Allmacht durchdrungen ist, daß es Signale und Berichtigungen von außen bis zum totalen Realitätsverlust übergeht und verschleiert, als *Narzißmus*. Wilson hat den Vertrag von Versailles mit sich selbst unterzeichnet, er lügt keineswegs, wenn er ihn rühmt; als alleiniger Kenner der Klauseln, die er mit seinem Gewissen ausgehandelt hat, sieht er sich als einziger imstande, die verborgene Absicht zu entschlüsseln, die für Nichteingeweihte unsichtbar ist. Nachdem er in der Zwischenzeit auch noch die Nymphe Echo verstoßen hat, löst er sich in seinem Spiegelbild auf. Tausende von historisch begründeten Klagen veranlaßten den Doktor aus Wien, das Wilson-Syndrom ohne allzuviel Zartgefühl zu zerpflücken, und er befindet zu guter Letzt: »Viele Umstände seines öffentlichen Tuns legen fast den Eindruck nahe, daß er in der Politik die Methode der Christlichen Wissenschaft anwendete. Gott ist gut, die Krankheit wurzelt im Bösen. Krankheit steht im Widerspruch zum Wesen Gottes. Da Gott existiert, kann infolgedessen die Krankheit nicht existieren. Es gibt keine Krankheit. Kann man erwarten, daß ein Heiler dieser Schule sich für Symptomatologie und Diagnostik interressiert?« Wenn ich mir die Schlagzeilen Eurer Tageszeitungen ansehe, kommt mir manchmal der Verdacht, daß Ihr nur die Verlängerung des Zweikampfes Freud-Wilson austragt.

In einem kristallklaren Satz, der seinen Lobrednern, und ihre Zahl ist Legion, bis heute undurchsichtig geblieben ist, liefert Freud den Schlüssel zu dem Porträt, das er im Laufe eines Jahrzehnts schuf: »Wenn ein Mensch, wie in Wilsons Fall, fast das Gegenteil bewirkt von dem, was er erreichen wollte, wenn er bewiesen hat, daß er die eigentliche Antithese der Kraft ist, die stets das Böse will und stets das Gute schafft, wenn ein solcher Anspruch, die Welt vom Bösen zu befreien, lediglich einen neuen Beweis für die Gefahr liefert, die ein Fanatiker für das Gemeinwohl bedeutet, dann darf man sich nicht wundern, daß den Beobachter ein Mißtrauen befällt, welches Sympathie unmöglich macht.« Wilson strebt so beharrlich das Gute an, daß er stets die Augen vor dem Unheil verschließt, welches dieser Wunsch erzeugt. Diese Grundaussage bestimmt den Aufbau des Porträts, aus dem sich nach und nach die Gestalt aus Fleisch und Blut herausschält. Als sanftmütiger Homosexueller gab er seinen Körper einigen Mutter-Frauen hin, während er den Männern seine Seele streitig machte; als Sohn seines Vaters, Hochwürden Ruggles Wilson, machte Thomas Woodrow das Weiße Haus zur Kanzel und stellte seiner Gemeinde die Frage: »Was hätte Christus heutzutage, an unserer Stelle und mit den Möglichkeiten, über die wir verfügen, getan?« Seine Identifikation mit dem Heiland ersetzte ein fundiertes politisches Konzept; mit nur einem Arzt und zwei Stenographen im Gefolge reiste er zur Friedenskonferenz, die Neuordnung der Welt zu bewerkstelligen. »Seine Methode, über einen Gegenstand nachzudenken, bestand anscheinend darin, im Geiste einen Vortrag darüber zu halten.« Im politischen Alltag mied er Unannehmlichkeiten, sorgte jedoch ständig für Gelegenheit, sich als Friedensfürst zu gebärden; er machte seinen Krieg zum Kreuzzug. Um weiterhin in gutem Einvernehmen mit seinen Verbündeten zu leben, ließ er sie den Gegner zermalmen und ausbluten; um den eigenen Seelenfrieden zu wahren, vertuschte er. Als Kriegsbefürworter aus Friedensliebe oder Pazifist aus Aggressionslust bestätigte er die von Montaigne hervorgehobene Verwandtschaft des »überhimmlischen Denkens« und der »unterirdischen Sitten«.

Ich will stets das Gute, ich liebe die Menschheit: Dieser Satz enthält die ganze Person. Er bezeichnet mehr als einen Charakterzug, auch wenn es sich um den Charakter eines Präsidenten handelt, der mit dem ganzen historischen Ballast befrachtet ist, den man ihm gern zuschreibt. Die Antithese von Mephisto (»ich bin ein Teil von jener Kraft, die stets das Böse will und stets das Gute schafft«) ist Faust, von dem Wilson in seiner guten Absicht, die stets das Böse bewirkt, nur ein schwächliches Abbild ist.

Der geistige Verfall, der die Nöte des Präsidenten überschattet, erinnert an den eindrucksvollen Epilog, in dem der greise Faust das gigantische, von seinen Helfershelfern, den Lemuren, vollbrachte Werk der Umgestaltung der Erde kommandiert und kommentiert; blind und in seherischer Trance schwärmt er davon, den Planeten zu revolutionieren, während unter dem Lärm der Hacken und Spaten nur sein Grab geschaufelt wird. Goethe rettete seinen

Helden im Augenblick des Todes durch das Einschreiten einer femina ex machina, aber Wilson strampelt sich hoffnungslos im Sumpf ab. Ebenso ist Iwan Denissowitsch nach Solschenizyn zu guter Letzt in dem Gefängnis eingesperrt, das er selber in einem wahrhaft faustischen Schaffensrausch gemauert hat.

Der Mißbrauch der guten Absichten wirkt vergiftend, die Atomraketen erweisen sich als heilsames Gegenmittel und beugen einer allzu bequemen Vergeßlichkeit vor. Wilson verleugnete, nachdem er schamhaft den Schleier des idealen Friedens über die Welt gebreitet hatte, die Realität gleich zweimal: 1) die Konflikte, die unsere anfälligen Friedensschlüsse ständigen Zerreißproben aussetzen, existieren nicht, sie warten manierlich im Verborgenen aufs Stichwort, das sie augenblicks zerstreut 2) Kriegselend ist bloßer Schein, denn es gibt keinen Krieg, lediglich Friedensmaßnahmen, die das Übel ausrotten, auch zum Wohle des Gegners selbst.

Der Krieg ist, bezeugen die Raketen, er ist in Gegenwart, Vergangenheit und Zukunft, als etwas mehr oder weniger Umgehbares, aber permanent Denkbares. Schon allein aufgrund ihrer Augenfälligkeit machen sie die riskanten Verbalmanöver angreifbar, die die Wilsonschen Winkelzüge bestimmen. Die glücklichen Besitzer dieser kostspieligen Waffen können nicht verhehlen, daß sie diese, und sei es zu einem noch so unwahrscheinlichen Zeitpunkt, auch zu zünden gedenken. Was nützt ihre aufwendige Zurschaustellung, wenn ausgemacht ist, daß sie moralisch für immer an den Boden geschmiedet sind; wären sie von vornherein und endgültig zum Nicht-Gebrauch bestimmt, würden sie nicht mehr abschrecken als ein Kinderspielzeug.

Wer sein Waffenarsenal demonstrativ ausbreitet, gibt zu, daß er auf komplizierten gedanklichen Umwegen zu dem Entschluß kommen könnte, die Menschheit aus Liebe zur Menschheit in die Luft zu sprengen. Wer jegliche Berührung mit diesen zweideutigen Geräten von sich weist, überläßt sowohl die Sünde als auch die Macht besser gerüsteten Freunden; es sei denn, er sündigte seinerseits aus Liebe zu einer Menschheit, die er schutzlos sich selbst überläßt und zum Spielball ungeahnter Einflüsse macht, welche er gar nicht erst in den Griff zu bekommen sucht. Die Wilsonsche Liebe, so rein, so grenzenlos, will die Existenz der Atomraketen nicht wahrhaben, die in letzter Konsequenz vor die Alternative stellen, sie abzuschießen oder von ihresgleichen getroffen zu werden. Angesichts der Frage, ob man die Hälfte der Menschheit umbringen oder umbringen lassen soll, um die andere Hälfte – oder auch nur die Ehre – zu retten, zerplatzt die ja so menschliche Liebe zur Menschheit wie eine Seifenblase oder fällt schlicht in sich zusammen und stellt die Leere wieder her, die sie verhüllte.

Üblicherweise gesteht man dem Kernwaffenfaktum das Verdienst zu, die Kriegsbereitschaft teilweise gegen sich selbst gekehrt zu haben: In Anbetracht des Preises, den bestimmte Einsätze fordern, muß extreme Aggressivität nicht von vornherein extreme Aggression bedeuten: Selbst Hitler hätte zögern können. Und, noch kurioseres Wunder, der Friedenswille liegt plötzlich auch umgekehrt da, Bauch nach oben, wie ein Fisch. Gute Absichten wirken, mit atomarem Nachdruck vorgetragen, sicherlich zweifelhaft und zweifellos verunsichernd. Desto besser. Es war früher nicht besser um sie bestellt, nur waren sie besser getarnt. Indem sie die Naiven unvorbereitet trifft und die Scheinheiligen auf dem falschen Fuß erwischt, ist die wichtigste Wirkung der Rakete die, daß sie die Wahrheit an den Tag bringt.

*

Lassen wir einmal meine Bewunderer und Verleumder beiseite, sie halten mich beide gleichermaßen für eine Vernichtungswaffe unter anderen, die sie – je nach Gemütsart – von allen Waffen am meisten hinreißt oder abstößt. Sie unterschätzen meine Originalität. Auf den Feldern der bisherigen Vernichtungsschlachten hat man bereits vor meiner Zeit und ohne mich beachtliche Siege eingeheimst. Wenn man dem Knüppel, dem Messer, der Kalaschnikow genug Zeit läßt, schlagen sie mühelos die Rekorde von Hiroshima und Nagasaki. Allzu fasziniert von meiner massiven Schlagkraft überseht ihr die subtilere Konkurrenz, die seit Jahrzehnten tobt: Meine Megatonnen ziehen die in Bann, die keine Atomwaffen besitzen; sie bemühen sich, Minderwertigkeitskomplexe durch einen Übereifer zu kompensieren, dessen Auswirkungen – man denke an Biafra, an Kambodscha – nicht der Größe entbehren. Die ständig fortschreitende Miniaturisierung der Vernichtungswaffen zeugt von dem Willen, bis ins Detail die Präzision wiederherzustellen, die die konventionellen Kriegsgeräte auszeichnet. Überlegen, was die bloße Quantität betrifft, qualitativ aber unterlegen, läßt meine Vernichtungskapazität im Grunde zu wünschen übrig. Um meine Vorzüge zu sehen, muß man bedenken, daß ich nicht nur die Körper treffe, sondern das Fühlen und Denken: Ich bin die erste wahrhaft psychologische Waffe.

Untertreibend bezeichnet man eine bestimmte Art geistiger Beeinflussung als »psychologische Waffe«, deren praktischer Effekt sich jedoch mit der verheerenden Wirkung des Feuers vergleichen läßt.

Ein Beispiel für diese Unterschätzung ist Stalin: »Der Papst? Wieviele Divisionen?« Nicht eine einzige, Genosse. Aber wenn der Heilige Vater imstande ist, Polen in Aufruhr zu versetzen, kann man sich ausrechnen, was sein apostolischer Segen militärisch wert ist, indem man untersucht, wievieler Panzer und Polizisten es bedarf, um dessen Folgen zu vereiteln. Die sowjetischen Strategen teilen die Ansicht Stalins offenkundig nicht und scheinen die »psychologischen Divisionen«, mit denen der Vatikan aufwartet, zwar stärker einzuschätzen als die polnische Armee (die, auf sich gestellt, vor den Russen Reißaus nehmen würde), halten sie aber doch für weniger mächtig als die Gesamtheit der sowjetischen Divisionen. Diese summarische Gleichsetzung des Gewichts der Seelen und der kalten Macht der Waffen dient dem traditionellen militärischen Denken als willkommenes Alibi, aber es verändert seine Strukturen nicht im geringsten. Die Annahme einer militärisch-psychologischen Parallelität gestattet, die Moral der Truppen und die Truppen der Moral in einem großen allgemeinen Kalkül gegeneinander aufzurechnen. Das geistige Leben und der profane Tod werden so zu vergleichbaren Größen, an die sich, zum Zwecke befremdlicher Vergleiche und spitzfindiger Kalkulationen, derselbe Maßstab legen läßt. Indem sie sich auf diese vereinfachende Formel einigen, ist die Antwort der militärischen Spezialisten der psychologischen Kriegführung zwar intelligenter, aber die Frage, auf die sie antworten, bleibt nach wie vor dumm, denn nichts deutet darauf hin, daß sich mit Gefühlen operieren läßt wie mit Divisionen, noch daß Begriffe wie Manöver, Schlag, Waffe sich gleich gut und unzweideutig auf die kämpfenden Truppen wie auf das, was man vorsichtig als Seele bezeichnet, anwenden lassen.

Es gibt Menschen, die ohne die geringste Siegesaussicht kämpfen und sterben; es heißt, sie befänden sich in einer militärisch verzweifelten Lage, womit diskret angedeutet wird, daß die sakrosankte militärisch-psychologische Parallelität in diesem Falle aufgehoben ist, sofern es sie jemals gab. In solchen Augenblicken kommt es zu eben den tollkühnen Tapferkeitsbezeugungen, von denen jeder rechtschaffene Soldat träumt, um seinen gewöhnlichen Mut aufrechtzuerhalten. »Uns konnte nichts geschehen ... Es ging immer ums Sterben, nie ums Leben, alles war vorbestimmt«, berichtet ein Überlebender, als er sich an die seelische Verfassung der Aufständischen im Warschauer Getto zu erinnern sucht. Er fügt hinzu, daß ihnen jenseits des ausgeschlossenen militärischen Sieges eines blieb: »der Unterschied zwischen einem würdigen und einem unwürdigen Leben, zwischen einem würdigen und einem unwürdigen Tod«. Daß man seinen Tod wählen kann, übersteigt das militärische Kalkül der Kräfteverhältnisse und der Gewinn- und Verlustchancen. Wenn Ihr wollt, nennt dies Psychologie, aber seid Euch klar darüber, daß es mit dieser Psychologie bis jetzt nur keine Waffe aufnehmen konnte.

Außer mir. Ich bin die psychologische Waffe der dritten Art, keine Waffe mit psychologischen Nebenwirkungen, nicht einmal beides in einem: Ich hebe die psycho-militärische Parallelität auf. Meine Wirkung zielt in erster Linie auf die Köpfe. Niemand, der willens ist, mich ins Auge zu fassen, wird die Vorstellung einer Grenzsituation wieder los, die in der Wahl seines Todes gipfelt: schießen und/oder erschossen werden. Wer versucht, mich zu umgehen, wird Zeit seines Lebens damit beschäftigt sein, mir auszuweichen. Vertreibt er mich aus seinem Garten, gedeihe ich um so besser im Garten gegenüber, und lehnt er es ab, sich auf seinen Tod einzulassen, wird er sich in seinem Wolkenkuckucksheim vergeblich nach der Unsterblichkeit verzehren. Ich bin durch und durch psychologisch. Ich muß meine Wirksamkeit beweisen ohne zu schießen. Aufgrund der bloßen Vorstellung des Möglichen greifen Maßnahmen Platz, deren Wirkung ihrer Ursache vorausgeht, und deren Resultat wiederum nur zählt, wenn die Tat, aus der sie resultiert, noch nicht stattgefunden hat. Die Abschreckung ist wie die Malerei nach der Definition von Leonardo »eine geistige Angelegenheit«. Die Lektionen eines Nuklearkrieges kommen nicht nach, sondern vor vollendeter Tat zum Tragen, und die siegreichen Generäle, die geschlagenen Admiräle, die Kriegsopfer und Ordensträger der letzten Menschheitsstunde müssen schon im voraus aufmarschiern, sich ungeschehener Heldentaten rühmen, ihre Rentenansprüche und die damit verbundenen Leistungen unverzüglich geltend machen, weil sie sonst nie in deren Genuß kommen werden. Dennoch bin ich eine Waffe im eigentlichen Sinn, ich habe im Rahmen Eurer Geschichten getötet, und mein weltweiter Einsatz würde Eurer Geschichte den Garaus machen. Ich stelle alles auf den Kopf. Steinschleudern und Flammenwerfer zwingen zur Kraftprobe. Ideologien, nicht minder gefährlich, binden in eine Ideenwelt ein. Als Waffe der dritten Generation setze ich die Einheit von Körper und Seele einer Zerreißprobe aus.

Meine primäre Sprengwirkung ist geistiger Natur. Meine primären Opfer sind Eure Tabus, die Initialzündung sprengt Eure Verdrängungen. Deshalb vergrabt ihr Eure Raketen diskret, aus Gründen der Kirchturmspolitik: Was tut's, daß der Feind die Silos ausfindig macht, Hauptsache, die Nachbarn wissen nichts davon. Der Tod ist für ehrbare Staatsbürger kein Gesprächsstoff, Ihr schiebt Eure Alten in Altersheime ab, Eure Krankenhäuser sind eingefriedet wie Eure Gefängnisse und psychiatrischen Einrichtungen, weniger um die Insassen einzusperen, als um Eure Ungestörtheit zu erhalten. An einem Strand von Florida habe ich Milliardäre beobachtet, die einen chemischen Lebensabend uferlos in die Länge zogen; unweit von ihnen zerschellte ein Flugzeug, sie wandten kaum den vom allmorgendlichen Valium euphorieschweren Kopf. Auf den Intensivstationen erhalten Angestellte Körper am Leben, denen sie keine Chance einer Wiederbelebung einräumen; aus gutem Grund weiß kein Mensch, wie weit das Leiden im Endstadium des Komas geht, niemand fragt, ob es angebracht wäre, die Überlebensmaschinerie abzustellen, es sei denn, man schafft irgendeine andere lebende Leiche herbei, um sie an dasselbe Gerät anzuschließen und womöglich der gleichen, stillschweigend weitergeführten, endlosen und nutzlosen Quälerei auszusetzen. In mehreren Ländern haben Eure Psychologen bereits den Kindern Kriegsspielzeug verboten, und Eure Soziologen erklären nimmermüde, daß die Mörder die Opfer seien: die individuelle Gewalt sei lediglich die Folge äußerer Umstände. Ihr errichtet eine Welt, in der der Tod weder zugefügt noch erlitten wird, und in der jegliche Form von Gewalt weniger gewaltsam erscheint als die Tatsache, von ihr zu reden. Ihr bejubelt abwechselnd den Militaristen, der in mir das nützliche technische Werkzeug einer endgültigen Sicherheit sieht, und den Pazifisten, der mich als nutzlosen Firlefanz verdammt, durch den die unverbrüchliche Brüderlichkeit der anständigen Leute gestört wird. Ihr könnt mich nicht so tief in die Hinterstübchen Eurer Gehirne verbannen, daß Ihr meiner pascalschen Möglichkeit entrinnt: »Der Schlußakt wird blutig sein, so schön das Stück auch gewesen sein mag.« Ihr müßt euch wieder zu der Erkenntnis durchringen, daß das Individuum bekanntlich sterblich ist und mörderisch, und daß die Menschheit sich aus Individuen zusammensetzt.

Ich habe es mit einiger Anmaßung gewagt, mich als »psychologische Waffe der dritten Art« zu bezeichnen, in der Hoffnung, daß dieses Wort Euren pazifistischen Ohren leichter eingehen wird. Mich »philosophische Waffe« zu nennen, wäre ein Skandal und eine Zumutung gewesen. Seltsam, denn die Philosophie verstand sich ursprünglich als »Auseinandersetzung mit dem Tod«. Diese Definition stammt von den mythischen Weisen des alten Griechenlands. Ist niemandem aufgegangen, daß meine hauptsächliche

Wirkung darin besteht, diese Auseinandersetzung neu zu beleben? Ich habe kaum Hoffnung, daß man meine Identität anerkennen wird, die denkende Elite wird mich der Blasphemie bezichtigen. Was hat die Liebe zur Weisheit – was »Philosophie« eigentlich heißt – mit einer Vernichtungsmaschine zu schaffen, dem Nonplusultra einer Technologie, die schon längst ihre metaphysischen Ankertaue gekappt hat? Sollte der göttliche Platon etwa irgendeine geistige Verwandtschaft mit Geschöpfen namens Crotal, Polaris oder SS 20 haben?. Seines Zeichens widmet sich der Philosoph dem Schönen, dem Guten und dem Wahren. Keine Rede von Erst- oder Vergeltungsschlag. Nichts von flexibler Vergeltung oder Städtestrategie. Es gibt saubere und schmutzige Dinge. Wenn man jedoch die schmutzigen Dinge sich selbst überläßt, was wird dann aus den sauberen? Und wenn der Philosoph von vornherein, ohne weitere Infragestellung, die althergebrachte Einteilung in »sauber« und »schmutzig« hinnimmt, was bleibt dann von der Philosophie übrig? Eine langweilige Erörterung vorgefaßter Meinungen? Die Pflege von Voreingenommenheit und die Verherrlichung von Kurzschlüssen? Wo bleibt die »Auseinandersetzung mit dem Tod«? Schöne neue Philosophie, die sich keinen Deut um die nukleare oder totalitäre Kollektivierung des absoluten Nicht-Seins schert!

Angenommen, ein philosophierender Geist könnte, ohne sich zu erniedrigen, die profanen Geheimnisse der Abschreckung erforschen. Was nützte ihm seine philosophische Bildung? Ist Platons *Staat* nicht Lichtjahre von dem Countdown entfernt, der das ausgehende 20. Jahrhundert in Atem hält? Es gab einen Mittag für die Sonne der Weisheit, vielleicht wird es eine atomare Mitternacht geben – eher lichterloh denn erleuchtend. Welches andere Band gäbe es zwischen den beiden als eine rückwärts gerichtete Sehnsucht? Eine Frage durchzieht wie ein roter Faden Platons *Staat*: Was ist ein guter Mensch? Sie scheint schwierig und erschließt sich auf dem Umweg über eine andere: Was ist ein guter Staat? Sie muß jedoch nicht notwendigerweise unlösbar sein, Platons Zeitgenossen hatten eine Vorstellung vom guten Menschen: Es war der Edle, der Gute, der Kaloskagathos, der ideale Athener. Sie hatten auch einen Namen für die vornehmste Tugend: Gerechtigkeit. Platon reflektierte das Beispiel des Sokrates. Die Abschreckung erhebt die Reflektion keineswegs in solche Höhen. Sie zielt bescheidener darauf ab, ein Mindestmaß an Einverständnis mit einem Gegner herzustellen, den sie wohlweislich nicht als edel und gut sieht. Von der philosophischen Anschauung bis zum Abschreckungsdenken ist es ein steiler Abstieg. Aus der Sicht einer mit Idealen überfrachteten Philosophie fehlt es der Abschreckung, in ihrer bewußt prosaischen Art, am Ideal. Wer weiß? Hegel, unverbesserlicher Platoniker, mahnte jedenfalls, daß sich die Philosophie davor hüten müsse, erbaulich sein zu wollen. Fernes sokratisches Echo, negativ, nicht positiv von dessen innerer Stimme inspiriert, und niemals vorwärtsdrängend, Sittlichkeit und Zurückhaltung lehrend. Sollte sich am Ende die Philosophie als abschreckender erweisen als die Abschreckungspolitik, welche wiederum erbaulicher wirkt als jene, indem sie die Krieger zwingt, miteinander zu reden und die Kriege zwischen den Alter egos einzufrieren? Oder sind die beiden einander weniger fremd als angenommen, weil die Gedankengebäude der Philosophie sich nirgends anders errichten lassen als an den Geburtsstätten der Abschreckung?

*

Es heißt, Platon sei weit entfernt von den profanen Beschäftigungen eines Nuklearstrategen. Hie Philosophie, hie Raketen. Es heißt aber auch »von Natur nämlich, sagen sie, sei das Unrechttun gut, das Unrechtleiden aber übel; das Unrechtleiden aber zeichne sich aus durch größeres Übel als durch Gutes das Unrechttun.« *Der Staat* ist ein Dialog, in dem es um das Recht geht. Der Satz fällt, als Glaukon, einer der beiden Dialogpartner, versucht, ein Recht zu definieren das keinen Nutzen bringt (wohingegen jeder bekennt, daß das Unrecht für jeden, auch für einen selber, nutzbringend ist), das man aber trotzdem nicht für belanglos erklären kann. Glaukon denkt an eine Vereinigung von grundsätzlich ungerechten Wesen, die wechselseitig das Nutzenkalkül respektieren, um sich auf das kleinstmögliche Übel zu einigen, das sie im Nachhinein als Recht bezeichnen. Seltsamerweise wird in dem Satz nicht das Recht, sondern das Unrecht angesprochen. Er ersetzt den Definitionsgegenstand durch das Definitionsmittel und leistet sich den Kunstgriff, auf diese Weise einen Gedanken durch seinen Gegensatz hervorzubringen. Er erweist sich jedoch nicht als sophistische Finte, indem er schlicht Recht gleich Unrecht setzt. Die Formel ist raffinierter, sie verweist auf das, was Marx die verborgenen Werkstätten der Geschichte nannte. Sie liefert uns ein Produktionsgeheimnis, nämlich das Rezept, wie sich aus Unrecht Recht ableiten läßt.

Welches Recht eigentlich? Es bleibt ausgeklammert, suspekt: Wenn der Satz »Unrecht ist nutzbringend« zutrifft, sind wir dann nicht berechtigt anzunehmen, daß das Recht, weil nicht nützlich, etwas kaum Erstrebenswertes ist? Nein, mitnichten, denn in diesem Chaos der vorjuristischen Zeit, die Glaukon zu analysieren unternimmt, gibt es noch kein Recht. Keine Loblieder, keine Verrisse, noch kennen wir vom Recht weder Glanz noch Elend, wir werden uns auf nichts einlassen, solange wir aus diesem Nichts nicht irgendwelche Regeln herauskristallisieren. Die Strategen sprechen, ausgehend von weniger radikalen Prämissen, dieselbe Sprache: Dem »Gegner« wird unterstellt, daß er andere Werte hat als wir. Aus unserer Sicht begeht er Unrecht. Seinerseits behauptet er: Mir nützt es. Wohl wissend, daß er uns gegenüber die gleiche Überlegung anstellen kann, müssen wir zu dem Schluß kommen, daß wir auf keinerlei gemeinsame Vorstellung von Recht bauen können. Jegliche Abschreckungsargumentation findet ihr logisches Grundgerüst in diesem Satz von Glaukon. Jede Atommacht erhofft für sich den Sieg und vermeidet die Niederlagen (»Unrechttun ist gut, das Unrechtleiden aber übel«); jede will handeln und nicht erleiden; jede geht ein Risiko ein, das größer eingeschätzt wird als die zu erwartenden Gewinne (»das Unrechtleiden aber zeichne sich aus durch größeres Übel als durch Gutes das Unrechttun«). Diese doppelte Verneinung (ich kann mein gerechtfertigtes Unrecht nicht durchsetzen, ich will sein ungerechtfertigtes Recht nicht erleiden) untermauert die Projekte gegenseitiger Kontrolle, begrenzter Übereinkünfte und nüchterner Unterredungen oder nichtiger Palaver, vorgegeben durch die Abschreckung, welche im Detail das Bild ausführt, mit dem Glaukon, laut Platon, seinen Satz illustriert: »Von Natur nämlich, sagen sie, sei das Unrechttun gut, das Unrechtleiden aber übel; das Unrechtleiden aber zeichne sich aus durch größeres Übel als durch Gutes das Unrechttun, so daß, wenn sie unrecht einander getan und voneinander gelitten und beides gekostet haben, es denen, die nicht vermögend sind, das eine zu vermeiden und nur das andere zu wählen, vorteilhaft erscheint, sich gegenseitig darüber zu vertragen, weder Unrecht zu tun noch zu leiden.« Hier haben die zwischenmenschlichen Gesetze und Übereinkünfte ihren Ursprung, und die Gesamtheit der gesetzlichen Vorschriften nannte man Legalität und Justiz. Dies ist der Quell und das Wesen der Rechtsprechung. Sie nimmt den Raum ein zwischen dem größtmöglichen Nutzen, das heißt der Straflosigkeit im Unrecht, und dem größtmöglichen Übel, das heißt der Unfähigkeit, sich für erfahrenes Unrecht zu rächen. Zwischen diese beiden Extreme gestellt, wird die Rechtsprechung nicht als eine Errungenschaft geliebt, sondern wegen der Unrechtsohnmacht geachtet, die sie allen auferlegt. Diese Ohnmacht herzustellen ist das Wesen der Abschreckung!

Ich bin nicht so vermessen zu glauben, daß es mir, der Atomrakete, gelingen wird, die Akademikergehirne umzukrempeln, mein Anspruch auf philosophischen Rang wird mit Sicherheit umstritten sein. Böse Zungen setzten das Gerücht in Umlauf, Glaukon sei eine fragwürdige Figur, die in die Fußstapfen der Sophisten, der Feinde der wahren Philosophie, trete. Ich höre schon die Lästermäuler: Weit davon entfernt, gerechtfertigt zu werden, wird die Abschrekkung kurzerhand in den Bereich der Täuschungen verwiesen! Nebenbei bemerkt: Es erscheint fast schmeichelhaft für eine Rakete, Geschöpf dieses Jahrhunderts, von einem großen Geist fünf Jahrhunderte vor Christus gedacht und verworfen worden zu sein.

Glaukon hat sich die Mühe gemacht, im vorhinein die gehässigen Attribute, mit denen er überschüttet wurde, zu widerlegen. Was ist eigentlich ein Sophist? Ein Mann, der öffentlich seine Originalität demonstriert, schockierende Paradoxa ausspricht, welche beim traditionsverpflichteten Bewußtsein Anstoß erregen. Hätte Glaukon ihnen ohne Umschweife an den Kopf geworfen: »Recht ist Unrecht«, hätte man aufgeschrien: »Ein Sophist!« und heute: »Ein Klugscheißer!« Betrachten wir den Satz noch einmal: Glaukon betont »sagen sie«, er denkt sich also nichts Neues aus, er bringt ein allgemeines und uraltes Gefühl zum Ausdruck, aus seinem Mund spricht die Weisheit, wenn nicht der Nationen, so doch der Athener und der Griechen generell. Glaukon unterstreicht das Wort »von Natur«. Auf Griechisch leitet dieses »naturgemäß« den Satz ein und bestimmt ihn. Es geht nicht darum, zwei separate Bereiche einander gegenüberzustellen, die »Natur«, deren Wesen Ungerechtigkeit ist, und das Gesetz, das im nachhinein die Kunstfigur einer illusorischen Gerechtigkeit entwirft. Überlassen wir den Sophisten diese rücksichtslose Methode der sezierenden Betrachtung, das ist seit jeher ihre Art. Indem er sich auf »die Natur« beruft, entdeckt Glaukon sowohl das Unrecht, das die Menschen einander zufügen, als auch das zweifelhafte Recht, das sie daraus ableiten, und den Übergang vom einen zum anderen. Alles fügt sich auf »natürliche« Weise in dem Satz von Glaukon, Einleitung, Schluß und Zwischensatz. Ganz anders als die Sophisten, die Natur und Recht gegeneinanderstellen, ist Glaukon Vorläufer der Juristen, die sich später, in der Anfangsphase des modernen Europa, bemühen sollten, ein »Naturrecht« auszuarbeiten. Sie antworteten auf Glaukons Frage, welche durch die Religionskriege zugespitzt wurde: Wie soll man miteinander leben, ohne an den gleichen Gott zu glauben, ohne die gleiche Sprache zu sprechen, wenn man verschiedenartige Sitten pflegt und damit ebenso verschiedene Unrechtsgewohnheiten?

Nehmen wir einmal an, es handelte sich um Wesen mit unterschiedlichen Überzeugungen, nur auf sich bezogen und ungerecht im Umgang miteinander: Wie soll man vermeiden, daß sie sich gegenseitig umbringen? Bei dieser Problemstellung bieten sich mehrere Lösungen an. Man kann zunächst einmal reinen Tisch machen, radikal individuelle Meinungen ausrotten und eine allgemeingültige, unteilbare, tyrannische und anfangs notwendig terroristische Wahrheit setzen. Man kann es zweitens mit dem freien Spiel der Kräfte und Anschauungen versuchen, und aus dem Wirrwarr der Einzelmeinungen eine Ordnung ableiten, die dessen Widersprüche konzertiert; indem jede beteiligte Gruppe ihre jeweilige Karte beitrüge, entstünde ein zerbrechliches Kartenhaus. Man kann schließlich mit Glaukon und Grotius ein Recht der Abschreckung entwerfen, das die weitverbreiteten, auf Überzeugung basierenden Unrechtssysteme überlagert und sich ihnen gegenüber durchsetzt. Das erste Rezept machte sich McNamara in seinen kriegerischen Jahren zu eigen, er segnete eine atomare Überlegenheit ab, die nach und nach überall die amerikanische Norm durchsetzte, selbst in internen, lokalen politisch-militärischen Konflikten, wie zum Beispiel in Vietnam. Das zweite propagierte kurz darauf Kissinger, der sich auf das Vorbild des von Metternich und dem Wiener Kongreß geschaffenen europäischen Gleichgewichts bezog. Offenkundig wird in beiden Fällen den nuklearen Waffen im politisch-militärischen Kräftespiel der Stellenwert gewöhnlicher, lediglich quantitativ überlegener Waffen zugeschrieben. Lediglich eine dritte Lösungsvariante trägt der Neuartigkeit einer hochgradig abschreckenden Waffensammlung Rechnung, die ihr Objekt nicht besiegen, sondern nur auslöschen kann. Glaukon bewies Weitsicht: Er setzt nicht Recht gleich Unrecht, indem er eine Überbewaffnung des Gerechten ersinnt, die ihm gestattete, durch Unrecht über den unrecht Handelnden den Sieg davonzutragen; noch stellt er sich vor, nach Art der dialektischen Entstehungsgeschichte das Recht an die Stelle seines Gegensatzes zu setzen, etwa mit der Überheblichkeit eines Hegel-Jüngers, der über seinen Ursprung hinausgeht, indem er ihn »aufhebt«. Das auf Abschreckung basierende Recht stellt sich nicht als ein Gut dar, das sich von einem gewesenen oder künftigen äußeren Übel löst und abwendet, es verharrt vielmehr inmitten eines auf die Spitze getriebenen Unrechts, das all diejenigen peinigt, die es heraufbeschworen haben (»das Unrechtleiden aber zeichne sich aus durch größeres Übel als durch Gutes das Unrechttun«). Die Abwehr des Bösen und keinesfalls die hypothetische Anziehungskraft des

Guten ist, bei meiner Raketenehre, die Basis, auf der der Versuch einer ungesicherten Koexistenz zwischen unterschiedlichen und potentiell feindlichen Sterblichen gründet.

Platon unterscheidet zwei Erwartungshaltungen (elpis): Furcht (phobos) und Zuversicht (tharsos). Er definiert Furcht als Schmerzerwartung, Zuversicht als Erwartung des Gegenteils. Glaukon schließt, mittels einer Art Einmaleins der Furcht, daß die Menschen im Bewußtsein der Bedrohung, die unaufhaltsam auf sie zukommt, zum Recht finden.

Die Abschreckung ist doppelgesichtig. Reines, unkontrolliertes Spiel der Kräfte, Rüstungswettlauf in den Tod? Oder Reglementierung der Macht durch die Macht, bedrohter Friede in unmittelbarer Nachbarschaft zur »Neutralität, die dem Abgrund gleichkommt« (Mallarmé)? Glaukon wartet mit der gleichen Doppeldeutigkeit auf. In einem ersten Schritt (»Unrechttun (ist) gut, das Unrechtleiden aber übel«), segnet er anhand eines *Lustprinzips* die Herrschaft der Starken ab und huldigt den Gesetzen der freien Wildbahn mit einem Zynismus, den die Modernen als machiavellistisch, ja sadistisch bezeichnen. In einem zweiten Schritt (... »das Unrechtleiden aber zeichne sich aus durch größeres Übel als durch Gutes das Unrechttun«) nimmt Glaukon im Namen des *Schmerzprinzips* zurück, was er einzuräumen schien, er verläßt die freie Wildbahn nicht, er bekämpft sie von innen her, um Schneisen der Abschreckung zu schlagen.

Diese zweite Phase folgert nicht von selbst, sie setzt voraus, daß man das Unrecht, das man begeht, vergleicht mit dem, das man erleidet. Warum? Einerseits verübe ich meine Verbrechen – wie de Sades Juliette –, andererseits riskiere ich – wie Justine –, willkürlich beraubt, gerädert, gehängt zu werden. Was für ein Zusammenhang besteht zwischen diesem lustvollen Tun und diesen demütigenden Folterungen? »Das Verbrechen ist meine Lust«, verkündet Juliette. »Dein Verbrechen ist meine Qual«, entgegnet Justine. De Sade frönt unaufhörlich diesen parallellaufenden Erfahrungen und schließt – im Gegensatz zu Glaukon – von vornherein ein etwaiges Zusammentreffen von beiden aus. Juliette,

Tochter des Glücks und der Aufklärung, versucht, ihre obskurantistische Schwester zu bekehren; die Starrsinnige geht zugrunde, ohne bekannt oder geglaubt zu haben, daß die Lust, zu der man sie zwingt, den Schmerz dieser Nötigung aufwiegt oder übertrifft. Justine stirbt gewaltsam, durch eine ganz und gar äußere Gewalteinwirkung, die Eigensinnige ist innerlich unberührt. Sie erniedrigt sich nicht selbst wie Faust, sie endet nicht, indem sie sagt, daß diese Katastrophe der schönste Tag ihres Lebens sei. Juliette und Justine bleiben ein unauflöslicher Antagonismus, es ist nie ein und dieselbe Person, die bekennt: ich empfinde Lust am Unrecht, und die erwidert: ich leide am Unrecht.

Die Erfahrung der Abschreckung schafft ein unwiderruflich gespaltenes Bewußtsein. Ich kann nacheinander oder abwechselnd Juliette und Justine sein: Solange ich die eine bin, bin ich nicht die andere. Dennoch zwingt mich die Abschreckungserfahrung, sowohl die eine als auch die andere zu denken, in unheilbarer Spaltung zu leben, künftig ein anderer zu sein.

*

Die Abschreckung ist die Verständigung derer, die sich nicht miteinander verständigen können. Sie ist nur deshalb nicht das Thema einer Geschichte der Bewußtwerdung oder die Geburtsstunde eines absoluten Guten, weil sie zwischen Ich und Ich einen Riß und zwischen Wir und Wir eine Kluft aufdeckt. Sie setzt eine Unrechtsvorstellung voraus, die bei jeder Form von Unrecht durchscheint. Die Gegner einigen sich, selbst wenn sie keine positiven Gemeinsamkeiten haben, »negativ« über die Existenz von Leiden, welche tiefer sind als die Freuden, von denen sie überdeckt werden, und infolgedessen über ein Rechtsprinzip, das durch Abschreckung vom (... »bösen«) Handeln abhält, anstatt durch überzeugende Vorschriften zum (... »guten«) Handeln zu ermutigen. Wenn man das Erlittene und das Begangene gegeneinanderhält, stellt sich heraus, daß die guten Dinge individuell erlebt werden und die schlechten mitteilbar sind, ihre Mitteilung begründet jegliche Kommunikation. Wenn die Abschreckung a priori Bedingung dafür ist, daß die nicht Verständigungswilligen überhaupt miteinander umgehen, so ist die Sichtbarkeit des Bösen conditio sine qua non eines abschreckenden Verhaltens. Denn wenn der Böse sich getarnt und ungreifbar fortbewegt, wird jegliches Recht unmöglich, folgert Glaukon und versinnbildlicht seinen Satz mit einer Fabel, der Fabel vom Ring des Gyges.

Der Urahn des Krösus, der Hirte Gyges, ein armer Schlucker, entdeckte eines Tages einen Ring, der mit der Zauberkraft ausgestattet war, nach Belieben unsichtbar zu machen. Er drang in den Palast ein, verführte die Königin, tötete den König und raffte im Schutze der Dämmerung ein Vermögen an sich, dem sein Enkel später zur Sprichwörtlichkeit verhelfen sollte. Die offenkundige Moral dieser Geschichte: Unrecht Gut gedeiht allemal; man braucht dem Schlechten nur Straflosigkeit zuzusichern, schon wird es um uns und in uns unbesiegbar. Ironischerweise offenbart die unmoralische Moral, daß die Fabel die Fragestellung verlagert und nicht mehr danach fragt, ob das Gute oder das Böse gewinnt, sondern zu welcher für beide gültigen Bedingung das eine oder das andere obsiegt. Wenn das Abenteuer des Gyges nichts weiter vor Augen führte als die statistisch nachgewiesene Tatsache, daß der Starke mächtiger ist als der Schwache, verdiente sie keine weitere Aufmerksamkeit. Unterschwellig sagt sie mehr aus, sie hinterfragt die Stärke des Starken und die Schwäche des Schwachen, sie spielt mit dem Gegensatz zwischen dem Sichtbaren und dem Unsichtbaren, den sie über den Gegensatz zwischen Gut und Böse setzt: Gyges verkörpert nicht wie de Sades Juliette die Vorzüge des Lasters, sondern die der Unsichtbarkeit.

Mit welcher List, welchem Ersatz für den Ring, könnte man mit der Zauberkraft des Gyges konkurrieren? Indem man sich in Glaubwürdigkeit hüllt: »So muß auch der Ungerechte, weil er seine Taten verständig unternimmt, mit seinen Ungerechtigkeiten verborgen bleiben, wenn er uns recht tüchtig ungerecht sein soll: ... Denn die höchste Ungerechtigkeit ist, daß man gerecht scheine, ohne es zu sein.« Der Unterschied zwischen Sein und Schein oder sichtbar und unsichtbar bedingt die Möglichkeit des Widerspruchs zwischen Recht und Unrecht. Anders ausgedrückt (und diese Lektion beherrscht die zehn Bücher von Platons *Staat*): Die Frage nach der Wahrheit kommt vor der Frage nach dem Guten. Solange eine geistige und soziale Verfinsterung jegliche Fähigkeit zunichte macht, das lasterhafte und das tugendsame Leben zu unterscheiden, ist es zwecklos, ihre jeweiligen Vorzüge zu vergleichen. Solange Wahrheit und Lüge sich vermischen, stellt sich die Frage nach der Moral schlechterdings nicht.

Das Abenteuer des Gyges bestimmt die Aufgabe, die sich Sokrates stellt: ein Gemeinwesen zu entwerfen, in dem die Tugend erkennbar ist. Von Platon bis Solschenizyn beherrscht dieses Konzept das ganze politische Denken des Abendlandes, sofern es sich um authentisches Denken handelt, und nicht das Zerrbild eines Denkens in Gestalt eines selbstherrlichen politischen Weltbildes – das nach stalinscher Methode die Moral der Politik unterordnet – oder einer unseligen moralischen Sicht der Welt – die die Wirklichkeit der Konflikte nach Wilsonschem Muster auf die Unwirklichkeit der hehren Absichten einengt. Die Tugendfrage – wer ist gut, wer ist böse? – setzt voraus, daß Tugend möglich ist: Unter welchen Bedingungen werden Laster und Tugend sichtbar, unterscheidbar und vermischen sich nicht mehr? Diese Bedingungen in uns (»inneres« Leben) und um uns herum (»politisches« Leben) sind ausschlaggebend dafür, ob ein sittliches Leben möglich ist. Auch wenn er nicht ursprünglich affirmativ festlegt, was gut und was schlecht ist, muß dieser Primat der Offenkundigkeit der aufgeklärten Tugenden nicht notwendigerweise als unmoralisch oder womöglich amoralisch angesehen werden. Solschenizyn legt dem Sowjetmenschen in seinem »Testament« nur eine Regel nahe: nicht zu lügen. Damit will er nicht etwa sagen, daß er ansonsten trinken, vergewaltigen, töten, rauben oder ausgesuchtere Perversionen begehen könne. Er betont, daß die Einstellung zur Wahrheit und zur Lüge in uns und um uns die Gesamtheit unserer Haltungen bestimmt. Er bekräftigt, wie Platon es getan hätte, daß die sichtbare Äußerung des Falschen und des Wahren die Voraussetzung jedes sittlichen, ästhetischen oder wissenschaftlichen Verhaltens ist; ohne sie wäre die Moral nur leeres Wortgeklingel, belanglose Anhäufung unhaltbarer Versprechen und einschläfernder Parolen.

Wo der Verbrecher in den Genuß der perfekten Verschleierung kommt, triumphiert die sophistische These, die Recht und Unrecht gleichsetzt. Die Abschreckungsformel von Glaukon wird gegenstandslos. Was tut's, daß das erfahrene Unrecht qualvoller empfunden wird als das verübte Unrecht Annehmlichkeiten verschafft? Das Wahrgenommene – das Erleiden – und das unter Zuhilfenahme des Ringes von Gyges nicht mehr Wahrnehmbare – das Tun – können dann nicht mehr verglichen werden. Man meint, es sei das A und O der Abschreckung, eine Aggression durch eine Strafe, eine Drohung durch eine Gegendrohung, einen Erstschlag durch einen Vergeltungsschlag aufzuwiegen. Mitnichten! Bevor sie dieses Gleichgewicht des Schreckens herstellt, muß die Abschrekkung sichtbar machen, was sie auszugleichen vorgibt. Kein Übergriff erscheint als solcher, solange es keine deutlich sichtbaren Grenzen auf beiden Seiten gibt. Die abschreckenden Demarkationslinien grenzen die Lager voneinander ab, trennen aber auch die Lager vom Abgrund. Jede versuchte Grenzverletzung setzt nicht nur voraus, daß die Grenzen überhaupt existieren, sondern legt einen neuen Verlauf nahe, der sowohl die Lager als auch den angrenzenden Abgrund neu absteckt. Die auf Abschreckung setzenden Gegner sind unverbesserliche Kartographen, sie suchen nicht nur die Konfrontation auf dem Kriegsschauplatz, jedes taktische Manöver erfordert neue Landmarken. Bevor man sich als Sieger oder Besiegter erweist, muß man Zeichen setzen. Die Abschreckung ist der Modus vivendi, innerhalb dessen die einen den anderen als Fremde oder Rivalen erscheinen, die ihr jeweiliges Außenbild zum Mittel machen, sichtbar zu werden.

Gehen wir noch ein letztes Mal den Satz von Glaukon durch, der nun schon zwei Jahrtausende alt ist. Er weist den Weg zu einer besonnenen Kommunikation ohne Wunder. Erstens: Das »Juliette«-Prinzip der Lust am Unrecht enthüllt einen Antagonismus, der gutgläubige Prognosen zunichte macht, denn wenn Menschen derlei Lüsten frönen, existiert das Gemeinwohl entweder überhaupt nicht oder zu sehr im Verborgenen, als daß sich daraus Umgangsregeln ableiten ließen. Zweitens: Das »Justine«-Prinzip vergleicht erlittenes und begangenes Unrecht und zeigt beide in ein- und demselben Licht, zum großen Verdruß menschenverachtender Dogmatiker, die die Sterblichen gern der Rechtsnorm des perfekt verschleierten Verbrechens unterwerfen würden. Weder höchstes Gut noch Ring des Gyges, das sind die beiden Grundsätze, die eine illusionslose Rechtsprechung beherrschen. Indem sie mit Schreckenswaffen drohen, demonstrieren die Großmächte, wozu die Menschen fähig sind – die idealistischen Blütenträume sind ausgeträumt. Mit diesen Drohgebärden stellen sie Öffentlichkeit her – vorbei die Herrlichkeit einer absoluten, weil absolut verschleierten Macht.

Was bezwecken die Atomraketen? Den Krieg durch den Krieg und seine gegenwärtige Härte durch seine mögliche Zukunftslosigkeit zu beherrschen. Sie entlarven Macht und schränken sie durch die Umstände ihrer Sichtbarkeit ein. Es gibt zwei Arten, einen Konflikt in den Griff zu bekommen: 1) von außen her durch eine Autorität, die ihre Überlegenheit durch Waffengewalt oder durch die Unbesiegbarkeit ihrer Gedanken dokumentiert; 2) von innen her, wenn die Beteiligten imstande sind, sich gegenseitig die Hände zu binden und ihre jeweiligen Vorhaben in Schach halten. Die Wunderlösungen, die die Anwärter auf die Herrschaft über Körper und Seelen propagieren, ergeben sich aus der erstgenannten Methode. Waffenstillstandsabkommen und Frieden durch Abschreckung entspringen der zweiten. Die Raketen entlarven die Macht, die sie als potentiell begrenzbar – weil berechenbar – hinstellen. Der Ring des Gyges ist die einzige totale Waffe, da die zivilisierten Völker sich nicht gegen eine Gefahr verwahren können, die sie nicht kennen, noch einem Feind wehren können, der sich nicht zu erkennen gibt. Die Atomraketen stellen die nuklearen Großmächte einander von Angesicht zu Angesicht gegenüber und zwingen sie zu der stillschweigenden Einsicht – unabdingbare Voraussetzung des Dialogs –, daß sie nicht ohne Blamage beliebige Versprechungen abgeben, noch sich ohne Wahnwitz alles erlauben können.

*

Eine Atomrakete ist eine Wahrheitswaffe. Die Sowjets klassifizieren die ihren allen Ernstes als »Friedens«-Waffen und setzen denen der Gegenseite mit wenig schmeichelhaften Komplimenten zu; und die gegnerischen Experten geben die Liebenswürdigkeiten mit der Naivität dessen zurück, der sich Prämissen zueigen macht, um dann die Schlußfolgerungen abzustreiten. Eine nukleare Streitmacht ist nicht bedingungslos »Werkzeug einer Politik«, sie kann sich einer Politik nicht dienstbar machen, ohne sie teilweise bloßzustellen. Als moderne Antithese zum Ring des Gyges unterzieht sie die gängigen Parolen der Nagelprobe, indem sie allein durch ihre Existenz die Friedensredner dazu zwingt, vom Krieg zu sprechen, und die Kriegspropheten nötigt, ihren Überschwang zu mäßigen. Man sieht das Militär allzu bedenkenlos als den verlängerten Arm der Politik an, was den bescheidenen Wunschvorstellungen des Waffentechnikers und den großspurigen Visionen des moralisierenden Staatsmannes schmeichelt. Mit einigem Scharfsinn läßt sich diese Idylle zerstören: Die militärischen Mittel sind den politischen Zwecken nicht bloß »dienstbar«, wenn sie sich als fähig erweisen, diesen Zwecken ein Ende zu bereiten.

Die Fragen: wer siegt? wer verliert? der Gute? der Böse? greifen zu kurz, um eine »Weltuntergangs«-Rüstung zu bewerten, die in der Lage ist, das Spiel ein für allemal platzen zu lassen. Anstatt sich zu fragen, ob die Partie gut oder schlecht ausgehen wird, muß man klar sagen, ob man mitspielt oder nicht und wobei. Indem sie die große Konfrontation mit dem Untergang eröffnet, mißt die Abschreckung das Sein daran, worum es ganz offensichtlich geht: Was hast du zu verteidigen, was wiegt unabdingbar mehr als jedes Leben? Angesichts dieses apokalyptischen Horizonts gibt sie Anstoß zur Wiederbesinnung auf die »Betrachtung des Todes oder den Umgang mit dem absoluten Nichts, um jedem Ding seinen Wert abzugewinnen« (Valéry). Bevor sie in Aktion tritt macht sie sichtbar. Bevor sie ihren Zweck erfüllt enthüllt sie. Sie eröffnet das Räuber-und-Gendarmespiel oder die Partie zwischen dem Teufel und dem lieben Gott nicht, ohne zuvor bereits auf noch rätselhaftere Weise das Verlogene und das Wahrhafte, das Verschleierte und das Publikgewordene, das Offene und das Besiegelte miteinander zu konfrontieren.

Die angedeuteten Haltungen gegenüber der Atomrüstung haben Zeugnischarakter: So unterschiedlich sie auch sein mögen, so gelten sie doch eingestandenermaßen als Bekundungen Eures letzten Willens. Das Spiel mit dem Tod wird zum Wahrheitsspiel. Man fragt sich: Wird die Menschheit, die zum ersten Mal imstande ist, sich restlos zu vernichten, den Selbstmord wählen? Handelt es sich um ein rein quantitatives Novum? Bis jetzt hat das 20. Jahrhundert der sogenannten Menschheit gestattet, mit Hilfe »konventioneller« Mittel die Mehrzahl der Armenier in der Türkei, der Juden Europas, der Krimtataren, der Biafraner, einen Großteil der Kambodschaner, der Tutsis usw. auszurotten. Meint man, die Menschheit habe sich durch diese Summierung von Völkermorden lediglich ein paar Finger, einen Arm, ein Bein abgehackt, und die Bezeichnung »Verbrechen gegen die Menschheit« müsse dem letzten Augenblick vorbehalten bleiben, in dem diese moralische Gestalt die Waffe des absoluten Verbrechens mit majestätischer Gebärde gegen sich selbst richtet? Nichts da! Die Möglichkeit begrenzter Nuklearkriege ist nicht ausgeschlossen, jeder beschuldigt seine Gegner, mit dem Gedanken an sie zu spielen; durch derartige chirurgische Eingriffe könnte die »Menschheit« fortfahren, sich um eine Völkerschaft oder einen Kontinent zu amputieren, um so den berühmten Schicksalsmoment in lauter Teilentscheidungen aufzulösen, damit der Schreckensakt nur ja nicht als solcher erkennbar wird.

Die nämliche Menschheit würde sich so nach einigen Vorstufen mit einem Raketen-Schlag in den Rücken selber umbringen, ohne es zu merken. Die Sprengstoffmenge allein ändert nicht alles. Vor der Nukleärära konnte sich die menschliche Spezies mit der Zeit Stück für Stück selbst zugrunde richten. Die unaufhaltsamen Errungenschaften der Technologie gestatten, Zeitspannen zu verkürzen und Gemetzel zu beschleunigen, aber sie verurteilen nicht zwangsläufig dazu, mit einem Schlag Schluß zu machen. Dank des Einfallsreichtums der Zeitgenossen läßt sich der

Schlußakt zeitlich und räumlich zerstreuen. Stellt Euch vor, im Moment des Untergangs offenbarte ein letzter Rückblick, daß die Menschheit von Anbeginn auf ihr Ende zumarschierte und ihre Gangart im Gleichschritt mit ihrem wissenschaftlichen Fortschritt beschleunigte; die Natur der verwendeten Sprengstoffe läßt sich beliebig variieren, wenn man seinen ganzen Geist mobilisiert, um eben diesem Geist den Garaus zu machen.

Die Weltmächte verfügen über Megatonnen, aber in erster Linie stellen sie sie voreinander zur Schau. Trotzdem wird ihre Außenpolitik dadurch nicht zur Innenpolitik einer Menschheit, die zum Dialog mit sich selbst befähigt wäre. Das Vis-à-Vis der tödlichen Waffen zeigt, mit welcher Selbstverständlichkeit die Menschen sich für fähig halten, einander bis auf den letzten Mann umzubringen. Obwohl sie das Zustandekommen der Situation auf unterschiedliche Weise erklären – Laster und Sünden der einen, Egoismus der anderen, Dummheit oder schädliche Lektüre –, wähnen sie sich von potentiellen Mördern umzingelt und fassen das Ende der menschlichen Spezies ins Auge, ohne es als Selbstmord anzusehen; allenfalls als einen Unfall, eher noch ein Verbrechen, dessen sie sich gegenseitig bezichtigen. Die Abschreckung existiert, die Menschheit offenkundig nicht. Diese überdimensionale Moralgestalt, die die Wahrheitsverkünder zu bekehren und die Professoren zu bilden wünschen, wird ihren letzten Atemzug nicht mit ansehen. Ihr rechter Arm meint, gute Gründe zu haben, sich unter Einsatz seines Lebens gegen seinen linken Arm zu bewaffnen und umgekehrt, und Ihr müßt zugeben, daß alle beide den schönen, festen Körper, den Ihr seinen auseinanderstrebenden Gliedern andichtet, schnöde übergehen. Wer mit Raketen droht, bekräftigt, daß er, wenn es darum geht, Frieden zu stiften oder den Gegner zurückzuhalten, nicht auf die Menschheit baut, sondern nur auf sich selbst. In den Augen des Abschreckungsideologen ist die Spezies Mensch eine Kollektion menschlicher Kreaturen, weiter nichts. Die Bestandteile dieser Sammlung machen sich, ebensowenig wie der Schmetterling von der Schmetterlingsgattung, eine Vorstellung von einer sie alle umfassenden Menschheit; dagegen bekunden sie einander die unbestreitbare Überzeugung ihrer jeweiligen Unmenschlichkeit und treiben die Aufrichtigkeit manchmal so weit, daß sie nicht einmal sich selbst vor einer allgemeinen Gewalttat retten. Wenn ich auch Zweifel an der Menschlichkeit anmelde, so stelle ich immerhin die Unmenschlichkeit außer Zweifel.

*

Die Abschreckung ist unmenschlich. Der Abschreckende gibt von vornherein schon allein durch die Beschaffenheit seiner Waffen zu verstehen, daß er den Tod des anderen wollen kann, ebenso wie der andere den seinen, und daß er sogar in Erwägung zieht, alle beide zu töten, indem er eine globale Explosion auslöst. Seine Rüstungsvorbereitungen haben in der Tat die Aufgabe, einer schmerzlichen, quälenden und vorstellbaren Entscheidung im Hier und Jetzt ein Minimum an Glaubwürdigkeit zu gewährleisten (denn wenn er jegliche Form von Einsatz ausschlösse, wäre sein Waffenarsenal ja keinen Pfifferling wert). Das hat nichts zu tun mit den Appellen, die eine naive und übervorsichtige »Menschheit« an sich selber richtete, indem sie sich selbst unermüdlich beschwor, ihren Verpflichtungen nachzukommen, sich zu achten und dafür Sorge zu tragen, sich selbst kein absurdes Ende zu bereiten. Hütet Euch, auf das nukleare Aug' in Aug' irgendein gemeinsames und mißverstandenes Ideal zu projizieren. Wähnt Ihr Euch womöglich auf der hegelianischen Bühne, wo man auf Leben und Tod kämpft, um sich zu bescheinigen, daß man mehr Mensch sei als der Gegner? Wenn für den Besiegten das einzige Risiko darin bestünde, zum Knecht zu werden und sich in dieser Knechtschaft ein neues und angemesseneres Bild von der Menschheit zu schaffen als das, dessen Besitz und Mißbrauch der Herr sich angemaßt hat, wozu dann noch Abschreckung? Der Herr ist der Idiot, der Knecht erklärt sich zum Salz der Erde und zum Sinn der Geschichte, man muß sich nur weigern, sich zu schlagen, um alles zu retten, nicht nur die eigenen Siebensachen.

Die berühmte Dialektik von Herr und Knecht findet eine Neuauflage in der Dialektik von Eroberer und Pazifist. Der erste bringt den Frieden, der zweite empfängt ihn, und durch die Gewaltfreiheit seiner unterwürfigen Arbeit verwandelt er seinen Besieger, domestiziert ihn, flößt ihm eine Milde ein, der sich der Letztere (nichts ist offensichtlicher als das) seit eh und je zu befleißigen wünschte. General de Bollardière tat sich höchst ehrenhaft hervor, indem er die Anwendung der Folter durch das französische Militär öffentlich mißbilligte und ablehnte. Neuerdings, als frischgebackener Pazifist, bekennt er sich zur Gewaltlosigkeit: »Es wäre selbstredend illusorisch anzunehmen, daß diese Haltung keine Opfer forderte. Für die Freiheit kämpfen zu wollen bedeutet, Risiken einzugehen. Aber immerhin würde dieser Kampf ohne Waffen und ohne Haß nicht die gleichen Massenmorde verursachen wie die Gewalt, nicht die gleichen Trümmerberge auftürmen und nicht den Zivilisationsstandard senken. Angreifern, die sich nicht mehr persönlich angegriffen fühlten, dürfte es schwerfallen, eine erbarmungslose Unterdrückung anzuordnen ...«

Ein wahres Paradebeispiel für die Omnipotenzgefühle des narzißtischen Denkens: Der General hat einmal im Leben Zeitung gelesen und sich über einige »Angreifer« dieses Jahrhunderts und ihr Maß an »Erbarmungslosigkeit« und ihren »Zivilisationsstandard« informiert. Nichtsdestoweniger steht für ihn von vornherein und für alle Zeit fest, daß der Pazifist zum Eroberer des Eroberers wird wie der Sklave, der nach hegelianischem Muster zum Herrn des Herrn wird. Wenn Ihr genau hinseht, dürftet Ihr hinter jeder Ablehnung der Kernwaffen eine blaue Philosophenblume entdecken.

Die Abschreckung ist unmenschlich, sie stellt sich offen als solche dar und will als solche begriffen werden. Darin liegt ihr Verdienst. Sie fügt ihre anachronistische Grausamkeit nicht verträumten Gemeinwesen zu, die sich rund um sie her munter entfalten und gedeihen. Sie setzt ihre unverhohlene Brutalität den Schrecken entgegen, die sich auf unterirdischen Schleichwegen ausbreiten. Sie erfindet die Unmenschlichkeit nicht, sie demonstriert sie, indem sie sie veranlaßt, demonstrativ zu existieren. Seltsam: Eroberer und Pazifist sprechen die gleiche Sprache, ohne daß einer den anderen im geringsten beeinflußte. Ihrer beider ideologische Interessen stimmen überein und überdecken die übliche Härte der Beziehungen zwischen vergänglichen Wesen mit einem schamhaften Schleier. De Bollardière, einst aktiver Offizier, quittierte öffentlich den Dienst; er hatte sich den Folterknecht zur Zielscheibe erkoren und die demokratische Öffentlichkeit mobilisiert, um ihm das Handwerk zu legen. Inzwischen hat er seine Zielscheibe vergrößert, indem er den Gefolterten auffordert, die Folterknechte durch seine Gewaltlosigkeit in Schach zu halten. Die Entscheidungen der Individuen sind frei, wie sie entstehen, entzieht sich unserem Wissen, wobei die Entscheidung des Märtyrers sicher ein besonderer Nimbus umgibt. Aber das ist es ja gerade: Sobald dieselben Entscheidungen sich im Vollgefühl ihrer individuellen Rechtfertigung als kollektive Lösungen oder womöglich als einziger Ausweg anbieten, schützt sie der hohe Moralanspruch, den sie erheben, nicht gegen den Verdacht intellektueller Eilfertigkeit und Unredlichkeit.

Als die türkischen Nachwuchsoffiziere die Endlösung des armenischen Problems planten, wurden sie da von der Waffenlosigkeit der Zivilisten, die sie abschlachten wollten, in ihrem Vorhaben bestärkt oder aufgehalten? Die deutschen oder polnischen Juden waren seit zwei Jahrtausenden nach alter Väter Sitte gewaltlos, kein Ex-General, kein gallischer Jüngling könnte so viele Nachweise angeborener Unfähigkeit für das Soldatenhandwerk erbringen; die Nazis, die darüber genau im Bilde waren, ließen sich davon eher anreizen als bremsen, sie redeten sich allenfalls ein, daß ihre Opfer hinterrücks irgendwelche Anschläge planten.

Der Abbé Jean Toulat zitiert seinen Freund de Bollardière und nur wenige Seiten darauf mit ungeschmälerter Begeisterung Solschenizyn. Schade, daß er es unterläßt, die Vorhaben des ersten durch das Zeugnis des zweiten zu veranschaulichen. Wer würde nicht gern das Märchen von den Kindern des Gulag hören, die ihre Schergen mit leeren Händen dazu bewegten, Knüppel und Peitschen fallenzulassen. Wenn niemand von der wunderbaren Erhaltung des »Zivilisationsstandards« auf dem Archipel zu berichten weiß, obwohl der General dessen Unverzichtbarkeit nachgewiesen hat, dann muß man das zweifellos dem unbekannten Kind anlasten, welches, unbeleckt von hehren Prinzipien, unter dem Absatz seines Henkers eine letzte Abwehrgeste andeutete. Beweist man denn geistigen und sittlichen Mut, Herr General, wenn man in Gedanken die Hindernisse, zu deren Überwindung man auffordert, verharmlost und die Gefahr leugnet, der man sich zu stellen vorgibt?

Ich empfinde Respekt für Priester und waffenlose Generäle, ohne deshalb meine Bewunderung auf geistig entwaffnende Theorien auszudehnen. Sämtliche Völkermorde dieses Jahrhunderts galten Zivilbevölkerungen, deren einwandfreie gedankliche und praktische Friedfertigkeit verbürgt war. Man erweist ihnen eine fragwürdige Ehre, wenn man verkündet, daß sie gerettet worden wären, wenn sie sich »ohne Waffen und ohne Haß« präsentiert hätten. Wie sagt doch der General: »Auch im Falle einer feindlichen Besetzung des Staatsgebietes erscheint bewaffneter Widerstand unangebracht. Er dient lediglich harten Strafmaßnahmen als Vorwand. Oradour war ein – scheußlicher – Vergeltungsakt als Reaktion auf Aktionen des Widerstands. Die Foltern der Gestapo, die Verschleppungen nahmen mit jedem Attentat um ein Vielfaches zu.« Diese liebenswert egoistische und treuherzig kurzsichtige Argumentation läßt sich schlecht auf die Menschen anwenden, deren Ausrottung schon vor dem ersten Attentat beschlossene Sache war: auf die Juden (ein weiteres Mal von der Karte in Mademoiselle de Scudérys Reich der Sanftmut gestrichen); noch auf den Restaurateur, dessen Frau es Barbie angetan hatte (man setzte den Störenfried hinter Gitter, wo er sang- und klanglos starb); noch auf die fünf Prozent Volksfeinde, deren Liquidation eine Handvoll Volkskommissare anordneten. Das Überrumpelnde der Brutalität und die Willkür des Massenmörders wegwischen zu wollen, um für alles eine Antwort zu finden, ist ein probates aber wenig überzeugendes Verfahren: Es läuft darauf hinaus, sich damit abzufinden, daß diese Menschheit, die man angeblich als Ganzes zu retten gedenkt, Stück für Stück ausgerottet wird. Wozu sich aufregen, es geht ja nur die Juden aus dem 4. Arrondissement an, beschwichtigt sich der Jude aus dem 11. Arrondissement, es sind bloß die Ausländer, fährt der alteingesessene Franzose fort. Es waren bloß Europäer, flüstert der letzte Eskimo seinem Priester zu, während sie auf ihrer pazifistischen Eisscholle dahintreiben.

Der gewaltfreie Mensch bewahrt sich die Eleganz einer relativen Logik, um die ihn vermutlich zahllose Gutwillige beneiden, die angetreten sind, den Stab über die Nuklearrüstung, und nur über sie allein, zu brechen. Der Erste Weltkrieg kostete fünf Millionen Menschenleben, der Zweite fünfzig (die russische Revolution zwischen dreißig und sechzig), der Dritte ließe, wenn er mit den nämlichen konventionellen Kriegswerkzeugen, unter Zuhilfenahme elektronischer Gadgets geführt würde, keine Menschenseele übrig. Es ist schwer zu begreifen, wie manche Strategen und die Mehrheit der Anhänger der Friedensbewegung mit ihrer Fixierung auf die Atomrüstung es fertigbringen, eine derart selektive Sorge an den Tag zu legen. Weshalb wäre eine vergleichbare Verwüstung, wenn sie mit Hilfe der tradierten Mittel und Wege erzielt würde, vorzuziehen? Weshalb sollten die Streitkräfte, die ein »atomwaffenfreies« Europa unter sich aufteilen, mehr Gelassenheit beweisen als 1914 und mehr Milde walten lassen als 1939? Herrscht heute zwischen Ost und West etwa weniger Unverständnis als vorgestern beidseits der blauen Höhen der Vogesen? Sind die Spannungen zwischen den totalitären Regimen und den europäischen Demokratien weniger tiefgreifend als die Streitigkeiten zwischen dem wilhelminischen Reich und der Dritten Republik? Bei kritischer Prüfung hätte eine rein nukleare Abrüstung lediglich den einen Vorzug, das Beweismittel aus dem Weg zu räumen, um das Bewiesene zu vertuschen. Der gedachte Raketenkrieg zwingt die beiden Lager, sich endlich die unvermeidlichen Verwüstungen auszumalen, denen die, die über den Krieg entscheiden, künftig ins Auge sehen müssen. Richtig gehandhabt, offenbart die Abschreckung das verborgene Gesicht des Kriegs, sie zwingt dazu, sich das Schauspiel schon vor der Premiere anzusehen, sie führt im großen Maßstab vor, was jeder Krieg im Detail bewirkt, und was ein nächster Krieg en bloc besorgen würde. Sie öffnet die Augen für die Katastrophe.

*

Aufgrund welcher sonderbaren Eigenschaft erzeugt die atomare Rüstung so viel Aufruhr? Wären ohne sie die Kriege, die sie ankündigt, weniger wahrscheinlich? Sie kündigt sie an, darum geht es ja. Es ist unmöglich, in Frieden zu sterben, sich mit einer Nelke im Knopfloch dem Frieden zu widmen, mit blumenbekränztem Gewehr in den Krieg zu ziehen. Der Friede, den die Abschreckung vereitelt, ist nichts weiter als der Seelenfriede, den geschlossene Augen, angehaltener Atem, verstopfte Ohren, gefaltete Hände verbürgen. Homers Dichtungen sowie einige historische Großtaten führen Individuen und Völker von nie erlahmendem Vernichtungswillen vor; diese wohlweislich vergessene Wahrheit wird künftig selbst die unbedeutendste Atomrakete in Erinnerung rufen. »Alles geht gut aus«, »alles wird ein böses Ende nehmen«, die Märchen und die Prophezeiungen des Nostradamus beruhigten durch den massiven Nachweis eines geordneten Geschicks. Das Fernsehen wirkt da beunruhigender, indem es die Leute unermüdlich damit berieselt, daß diese Berieselung eines Tages aufhören könnte, und keiner wüßte wie, wann, oder weshalb.

Da die Atomraketen, was ihre zerstörerische Funktion betrifft, keinerlei Anspruch auf Exklusivität erheben, hat die Abneigung, die sie erwecken, wenig mit ihrer physischen Wirkung zu tun, aber sehr viel mit dem, was sie vor jeglichem kriegerischen Einsatz heraufbeschwören: Die Abschreckung lenkt den Blick schonungslos auf das, was ist, sie zwingt dazu, den Krieg in seiner ganzen Wahrheit zur Kenntnis zu nehmen. Das Unrecht existiert, stellt Glaukon einleitend fest. Das Unrecht existiert, greift Sokrates seinen Satz auf, er sollte ihn leitmotivisch bis zuletzt begleiten. Da die Gefängnispforten offenstanden, hätte er das Exil dem Schierlingsbecher vorgezogen, wenn er es nicht für notwendig erachtet hätte, das Unrecht in Athen laut und vernehmlich publik zu machen. Aus dieser gemeinsam erkannten Wahrheit abstrahiert Glaukon ein auf dem Abschreckungsprinzip basierendes Recht (besser das Unrecht nicht begehen, als es unter Umständen erleiden müssen), das sich allerdings vom sokratischen Recht (besser Unrecht erleiden als es begehen) unterscheidet. Der Unterschied ist immens, aber er definiert eher eine Rangordnung als einen Widerspruch. Der erste Schritt ist bei beiden identisch, er nimmt Abstand von dem Namenlosen, ohne sich davor drücken zu wollen, um nie die krasse Absage an das Recht aus dem Auge zu verlieren, an der sich jedwede Rechtsnorm mißt.

Abschreckendes und philosophisches Recht konkurrieren nur im gemeinsamen Rahmen des Vorsatzes miteinander, das ursprüngliche und immer wieder neu entstehende Rechtschaos unter Kontrolle zu halten. Wenn jedermann Philosoph wäre, könnte die zweite Rechtsart ungeteilt herrschen: »Denn wenn ihr … uns von Jugend auf so überredet hättet, so dürften wir nicht einer den anderen hüten, kein Unrecht zu tun; sondern jeder würde sein eigener bester Hüter sein, aus Furcht, wenn er unrecht handelte, mit dem ärgsten Übel behaftet zu sein.« Dennoch ist die Hypothese, alle Menschen seien Philosophen, denkbar unphilosophisch, die abendländischen Denker benutzen sie allenfalls als scherzhafte Randbemerkung. Oder um ihrer überwältigenden Hochherzigkeit den Gegenentwurf eines Gyges gegenüberzustellen, zum Beweis, daß »das vollkommene Böse darin besteht, von Grund auf schlecht zu sein und dabei den Anschein des Guten zu wahren« (Patocka). Das Böse gelangt zu höchster Vollkommenheit, wenn es die Gegenprobe seiner eigenen Nicht-Existenz liefert. Keine Wahrheit, die nicht ihrer Schattenseite entrissen worden wäre, kein Philosoph, der sich nicht mit dem Sophisten in sich herumschlüge, kein Christ, der nicht im Widerstreit mit dem Antichrist (in sich) stünde. Trotz seiner Überlegenheit kommt das philosophische Recht nicht ohne das Abschreckungsprinzip aus, wenn es nicht der Weltfremdheit anheimfallen will. Selbst der Meister der Selbstbeobachtung, als den Platon ihn beschreibt, selbst Sokrates begibt sich hinab in die Höhle, um die »Beobachter der anderen«, die Wachsoldaten, zu unterrichten. Ihr könnt sie als Vorläufer, als frühe Meister der Abschreckungslehre betrachten, die aufgrund ihrer Erziehung zum Widerstand gegen Staatsfeinde Leben und Tod handhaben, indem sie das erstere aufs Spiel setzen, um den zweiten zu bringen.

Eine unterschwellige Zusammengehörigkeit verknüpft höchste

Kultur und Abschreckungspraxis und lebt seit zweieinhalbtausend Jahren immer dann wieder auf, wenn die schwierige und notwendige Hellhörigkeit der Wächter zur inneren Angelegenheit des abendländischen Denkers wird.

Als simple Rakete, schäbiger Schrotthaufen, habe ich keine eigene Stimme, lasse nur Gedanken anklingen, die langsam unterzugehen drohen, und weise darauf hin, daß man nicht mich meint, sondern daß sie es sind, die man auszumerzen wünscht. Eine wachsame Philosophie erfand die Pädagogik des Blicks, der sich auf die eigene innere Verrücktheit richtet und eine Politik, derzufolge »wir einander bewachen, damit wir kein Unrecht tun«. Ich fürchte, daß Ihr, da Ihr einer Moral huldigt, die an sich glaubt, und einer Politik, die glaubt, nicht mehr wißt, was Ihr tun sollt, weder mit den Raketen noch mit Euren Köpfen, die sich als immer weniger brauchbar erweisen. Falsch? Es geht doch nur um mich? Ein paar Raketen weniger sollten die Rettung der Welt sein? Ich jage Euch einen Schauder ein, der Euch so heftig schüttelt, weil Ihr Euch an eine liebgewordene Unwissenheit klammert, mit der Ihr die vielen Male, in denen Ihr meine Unvermeidlichkeit andeutungsweise erkannt habt, verdrängt.

Drei Gestalten umschwirren mich, die Überzeugte, die Eingeschüchterte, der Philosoph – Juliette, Justine und Sokrates. Die erstgenannte verführt durch Verve und Brillanz und hält wie eine Besessene an ihrem Vorhaben fest, sie ahnt nicht, daß ihre angeblich abergläubische Schwester die Dimension eröffnet, die Kafka später in die Literatur einbringen wird. Sokrates führt den Begriff der Wahrheit ein, die jeder in sich trägt, ohne sie zu besitzen. Justine hält sich für die Leidende, ihre offenkundige Leidensbereitschaft schafft sich dennoch eine Hellhörigkeit für das Leiden. Juliette handelt nicht, sie wird gehandelt, mitgerissen, ist angekettet, zwangsweise dazu ausersehen, Unrecht zu begehen durch die Verführungskraft der Lust, die umschlägt ins rechthaberische Vergnügen des Verführens. Ihre Gesellschaft der Freunde des Verbrechens, die sich zum heiligen Bund der Lust am grenzenlosen Unrecht bekennt, wird zur Partei des Verbrechens unter Freunden, zur monolithischen Vereinsamung, zur Religion des Außergewöhnlichen, zum Genuß am Untergang der anderen, den die Apokalypse einflüstert.

Als vollendetes Geschöpf de Sades überbietet Juliette die Ruhmestaten des Gyges. Ihre Kumpane agieren im Verborgenen, ihre Betätigungsfelder sind von hohen Mauern umgeben, und im Schoße eines von der Außenwelt abgeschirmten Schlosses, wo sie das gewöhnliche Maß an Qual steigert und auf die Spitze treibt, schleift sie ihr Opfer in eine »Geheimkammer«, wo die Erzählung abrupt endet vor dem Unsäglichen, das sich angeblich dort vollzieht. De Sade zeigt das Absonderliche der Lust des Gyges und macht deutlich, was für ein Irrtum es wäre, seinen Ring für ein schlichtes Werkzeug zu halten. Der Ring ist wie der Ring der Nibelungen nicht Mittel, sondern Selbstzweck: Er stellt sich nicht in den Dienst der Mächtigen. Indem er sie mit einem Mantel der Unsichtbarkeit umgibt, ist er die Macht an sich in ihrer uneingeschränkten Ausübung. Dadurch, daß er die größten Frevel in den Schlupfwinkeln des Ungesagten und in den Niederungen des Uneinsehbaren verbirgt, spiegelt sich seine Omnipotenz zuerst im Auge desjenigen, der sie erfährt. »Das Verbrechen verbirgt sich, und das, was sich unserer Kenntnis entzieht, ist das Gräßlichste. In der Nacht, die es unserer Angst entgegenhält, müssen wir uns das Schlimmste ausmalen« (G. Bataille).

Der Meister durchschreitet rasch diese erste Phase, er macht sich nicht zum Sklaven der Phantasie seines Sklaven, sondern der eigenen. Er ergötzt sich nicht in der Finsternis, sondern an der Finsternis. Seine Greuel, weit davon entfernt, nur die Wegbereiter der Lust zu sein, *sind* seine Lust. De Sade ist wie ein Konstrukteur, der eine Maschine zur Verwüstung des Universums erfindet, und zu dem Schluß kommt: Sie haben es nicht anders verdient. Warum Auschwitz? Warum Kolyma? Der ökonomische und politische Nutzen dieser Unterfangen ist zweifelhaft, beruhigen sich weltfremde Gemüter. Sie vergessen, den Nutzen zu erwägen, den das Herrschen um des Herrschens willen einbringt. Sie scheuen davor zurück, mit de Sade zu der Erkenntnis zu kommen, daß Zerstörung eine Lust an sich ist, oder mit Solschenizyn und Sinowjew zu entdecken, daß es sogenannte totalitäre Gesellschaften gibt, die nicht auf industrielle Expansion hin angelegt sind, und in denen die Machthaber verlernt haben, die Fähigkeit, die Bürger zufriedenzustellen, mitzureißen oder zu überzeugen, zu ihrem Maßstab zu machen und statt dessen nur die Willkür institutionalisieren, mit der sie ihnen privates Glück und Meinungsvielfalt verwehren. Eine Gesellschaft ist um so totalitärer, je zusammenhangloser sie ist, da die Nichtkommunikation zwischen den Staatsbürgern das oberste Ziel der Machthaber ist.

In *Zwanzig Monate in Auschwitz* erläutert Pelagia Lewinska den eigentlichen Sinn der Konzentrationslager, der darin bestand, den Menschen zu entmenschen (das nämliche Ziel, das sich die de Sadeschen Helden stecken): »Man hatte uns dazu verurteilt, im eigenen Dreck zu krepieren, in den eigenen Exkrementen zu ersaufen, man hatte die Absicht, in uns die menschliche Würde in den Schmutz zu treten, jegliche Spur von Menschlichkeit auszulöschen, uns zu Tieren zu machen, uns Ekel und Verachtung gegenüber uns selbst und unserer Umwelt einzuflößen.« »... Unzweifelhaft ist die von de Sade phantasierte und von seinen Personen (und warum nicht von ihm selber?) gewollte Welt eine wahnhafte Vorwegnahme der Welt, in der die Gestapo und die Konzentrationslager ihre Schreckensherrschaft ausüben. Die Massengräber vollenden die Philosophien, so unangenehm das auch sein mag«, urteilt Ramond Queneau.

Habt den Mut, Euch die Lüste des Gyges in den Verließen des Unaussprechlichen auszumalen und begreift, daß er sich dabei einem Vorgeschmack des Weltuntergangs hingibt. Da die globale Vernichtung der Menschheit für den, der sie heraufbeschwört, keine reine Sinnenfreude sein dürfte, muß man sich im Detail dessen bemächtigen, was sich einem im Großen entzieht: Die kleinen Verbrechen stellen ein verkürztes Modell des notwendigerweise unter Ausschluß der Öffentlichkeit stattfindenden Schlußaktes dar. Das gewöhnliche Treiben des de Sadeschen Folterknechtes verkörpert eine Apokalypse, die noch aussteht. Es besteht kein Anlaß, die Welt der Konzentrationslager – die die Vernichtung für das Gefühl faßbar macht – und die Welt der Nuklearwaffen – die die Vernichtung vollzieht, indem sie das Gefühl ausschaltet – einander gegenüberzustellen. Wer Konzentrationslager wie die von Dachau oder Kolyma anlegt, kostet sadistische Gelüste aus, von denen ein fiktiver Doktor Folamour nur träumen kann, wenn er das krönende Feuerwerk anordnet, um sich eine Art weltweites Hiroshima zu gönnen.

Ihr müßt die Vielschichtigkeit meines Wesens besser begreifen, ich bin eine Rakete, die in die Kontroversen Eures Jahrhunderts verwickelt ist, und die in zweifacher Hinsicht abschreckt. Zum einen rufe ich in meiner Anti-Hiroshima-Funktion den Unbelehrbaren zur Ordnung, falls er sich noch vormachen sollte, in gewohnter Weise als Sieger aus einem Krieg hervorzugehen, welcher sich dank meiner Existenz als nicht gewinnbar erweist. Zum anderen halte ich – in meiner Anti-Gulag-Funktion, d.h. aus meinem Wahrheitsauftrag heraus – die Herrschaft des Gyges in Schranken. Innerhalb ihres jeweiligen Einflußbereichs entziehen sich die totalitären Machthaber der Information und der Kontrolle, sie regieren außerhalb jeglichen Zugriffs und können sich nach Belieben unsichtbar machen. Mit der Undurchdringlichkeit der Kremlmauern können nicht einmal die düsteren de Sadeschen Schlösser mithalten. Durch meine bloße Anwesenheit setze ich Schwellen und Grenzen und bringe die Herren dazu, Risiken einzugehen, den Außenstehenden ihre Absichten kundzutun. Ich durchlöchere – wie lange noch? – den Mantel aus Nacht und Nebel, der die fünf Kontinente zuzudecken droht.

Ich bin das, was ihr eine »Koppelungs«-Waffe nennt. Ihr unterschätzt mich auch in dieser Hinsicht, indem Ihr die Beziehungen, die ich herstelle, geographisch interpretiert. Noch bevor ich, auf fragwürdige Weise im übrigen, die beiden Atlantikküsten einander annähere, zwinge ich Euch, die komplizierten Wahrheiten Eurer Zeit philosophisch auf einen Nenner zu bringen. Solange Ihr mich als Wächterin an den Grenzen der Nicht-Geschichte bewahrt, werdet Ihr den modernen Tyrannen zu verstehen geben, daß zwischen den »begrenzten« Völkermorden, die sie bedenkenlos inszenieren, und dem Ende der Menschheit eine Verbindung besteht. Ich bin der einzige und womöglich vergänglichste Beweis dafür, daß es »Verbrechen an der Menschheit« gibt, die noch zu Euren Lebzeiten geschehen könnten, und daß Euer Gefühl für Unmenschlichkeit sich nicht auf die eifrige Beschwörung einer genetischen und biologischen Ausrottung beschränkt. Ich kopple den Tod in der Gaskammer mit dem Nukleartod, ich rufe all denen, die es nicht hören wollen, in Erinnerung, daß es im einen wie im anderen Fall um Euer Schicksal geht.

Wer mich verleumdet, verurteilt sich freiwillig zur Blindheit. Wenn er meinen Anblick nicht erträgt, dann soll er seine Augen behandeln lassen, ich führe ihm lediglich ohne jede Ausschmükkung vor, was ihn bereits seine eigene Geschichte lehren würde, wenn er nur wagte, ihren grausamen Wortlaut zu entziffern. Ich bin weder gut noch schlecht, man kann mich mißbrauchen, ich bin wahr. Das ist eine seltene Eigenschaft, und ich erwarte, daß man sie würdigt und mich ohne falsche Scham, öffentlich, vor aller Augen, inmitten Eurer Städte aufstellt. Denkt an die Erinnyen, diese blutrünstigen Rachegöttinnen, die zu Mordlust und Rüstungswettlauf anstacheln, sie heizen blutige politische und familiäre Fehden an, sie pervertieren die zwischenmenschlichen Beziehungen. Eure stolzeste Tragödie, die *Orestie* des Aischylos, verurteilt sie weder zum Tod noch wirft sie sie in den Kehrichteimer der Geschichte. Am dritten und letzten Tag des tragischen Schauspiels applaudiert das Volk von Athen nicht, es erhebt sich und geleitet die gefräßigen Monster in andächtiger Prozession zu dem für sie ausersehenen Tempel. Als Mitbürgerinnen und umbenannt in Eumeniden, fungieren die Schreckensgöttinnen hinfort als Wächterinnen. Ich bin eine Tochter Eurer Nacht, habt Ihr mich nicht einst gelehrt, daß die Demokratie verteidigt werden muß? »Weder Despotie noch Anarchie«, flüstert Aischylos uns zu. Sollte ich etwa nichts weiter als das unnütze Überbleibsel einer vergessenen Kultur sein?

Die Bedingungen des Eurofriedens

»Wenn eine Mutter ihrem Kind häufig damit droht,
daß sie verrückt werden könnte, was für das Kind eine
Katastrophe wäre, dann gerät das Kind in Versuchung, alles,
was in seinen Kräften steht, zu tun, um sie
zum Wahnsinn zu treiben. Es versucht damit, den Faden,
der das Damoklesschwert über seinem Kopf noch zurückhält,
selbst zu zerschneiden. Denn wenn dieses Schwert
unweigerlich fallen wird, zieht das Kind
doch noch eine gewisse Befriedigung aus dem Gefühl,
daß es selbst es ist, das die Katastrophe herbeigeführt hat.
›Wir stellen bei unserer psychiatrischen Arbeit
jeden Tag fest, daß die Patienten dazu neigen,
eine Katastrophe, die sie als unvermeidlich empfinden,
auf sich zu ziehen, und so versuchen, die unerträglichen Gefühle
ratloser Ohnmacht und Ungewißheit im Angesicht
der Katastrophe zu vermindern.‹«

H. Searles

»Ich liebe den Frieden«

Diese Formel drängt sich dem Bewohner der westlichen Randzonen Eurasiens auf. Drei friedvolle Jahrzehnte haben ihm einen unerwarteten Wohlstand beschert. Europa hat, auch wenn es sich dies nicht eingesteht, noch nie eine so ungetrübte, bürgerliche Zeit genossen wie in diesem ausgehenden 20. Jahrhundert, – bürgerlich in dem Sinne, in dem man bestimmte Rechte, einen gewissen Wohlstand, Eßkultur und Komfort als bürgerlich bezeichnete, lange bevor Künstler oder Revolutionäre den Begriff zum Grundübel hochstilisierten und auf den Besitzenden von Anno dazumal ihre im übrigen recht widersprüchlichen Haßgefühle konzentrierten. Der befriedete Kontinent, den liberale und sozialistische Zeitgenossen um die Wette beschworen, breitet sich unter unseren Füßen aus. Noch vor fünfunddreißig Jahren hätte niemand gewagt, uns zu prophezeien, daß etwas derartiges möglich sei. Am Ende des Zweiten Weltkrieges hätte der Bewohner des Trümmerfelds, dessen Hauptstädten – London, Rom, Berlin, Paris – vom einstigen Glanz ihrer Namen nur noch die Erinnerung geblieben war, sich nicht einmal im Traum vorgestellt, innerhalb einer Generation den legendären Lebensstandard »des Amerikaners«, des Wohlstandsbürgers der Vereinigten Staaten, einzuholen. Die fernen Glückseligkeiten, die sich das 20. Jahrhundert von den Mechanismen des Weltmarktes oder der klassenlosen Gesellschaft erhoffte, kosten wir heute schon aus, aber als etwas Provisorisches, Erschütterbares, gleich dem Abschreckungsschild, dessen Löcher für aller Augen sichtbar sind, ob man sie nun als Achillesferse oder als moralische Schießscharten bezeichnet.

Als die Anarchisten des vergangenen Jahrhunderts behaupteten, daß die Revolution das alltägliche und konkrete Leben der großen Massen von Grund auf verändern würde, erwähnten sie unter anderem elektrischen Strom für alle, Automatisierung von Haushalts- und Schwerarbeit, Rolltreppen, Untergrundbahn und Förderbänder. Europa ist bei dieser Utopie angelangt, die dennoch in dem Maße, in dem sie Wirklichkeit wird, unweigerlich enttäuscht. In den Augen der Bewohner der Dritten Welt und – sofern sie informiert sind – der sozialistischen Länder, lebt der Westeuropäer sagenhaft gut. Und sagenhaft provisorisch, wie der tschechische Philosoph Jan Patočka meint, der im Alter von neunundsechzig Jahren an den Folgen eines langen Polizeiverhörs starb: »Den europäischen Gesellschaften ist es noch nie so gut gegangen. Und mehr noch. Noch nie im Verlauf ihrer Geschichte haben sie ein so gewaltiges soziales Werk geschaffen wie in der ›Nachkriegszeit‹ (d. h. seit Beendigung des Zweiten Weltkrieges), als sollte diese Errungenschaft ein Ausgleich dafür sein, daß Europa (ich meine damit das *alte* Europa, also Westeuropa als Nachfolger des Weströmischen Reiches) seine Vorrangstellung in der Geschichte eingebüßt hatte. Dennoch hat dieser insgesamt unerhörte Fortschritt den materiellen Ansprüchen nicht genügt, und die Gesellschaft, deren Gefüge sich diesen Ansprüchen zu widersetzen scheint, sieht sich wachsenden Forderungen gegenüber ...«

Das geistige Klima hat sich verändert. Der Westen besetzt die Träume des Ostens. Das bürgerliche Europa wird konkrete Utopie der Arbeiter, Bauern und Intellektuellen in den sowjetisch beherrschten, sozialistischen Ländern Europas. Im Jahre 1945 waren die Experten der Rechten in heller Verzweiflung und die linke Intelligentsia Feuer und Flamme bei dem Gedanken, daß die Werkhallen des Westens förmlich von revolutionären und kommunistischen Ideologien barsten, während die Bastionen des Privateigentums von Krisen und Katastrophen geschüttelt wurden. Nun ist es an den Kremlherren, über die fünfte Kolonne zu lamentieren, die sich in den Betrieben der Gehirne der Arbeiter bemächtigt und »aufrührerische« Streiks anstiftet wegen so überholter und formaler Motive wie dem Recht, Meinungen frei zu äußern, sich gewerkschaftlich zu betätigen und einen Glauben auszuüben. Gestern noch erschien das Los des Europäers wenig beneidenswert. Heute begehren drei Viertel der Bewohner des Erdballs seine Freiheiten, seinen Lebensstandard, aber er selbst ist unentschlossen und zutiefst besorgt; während er es sich im Schatten der Atomraketen relativ gut gehen läßt, trägt er sich trotz des Erreichten mit den düsteren Gedanken eines Bunkerinsassen.

Die Meinungsumfragen messen das An- und Abschwellen der Angst. 72 % der Franzosen sprechen sich gegen den Einsatz von Kernwaffen aus (IFOP, *le Point,* Mai 1980), 55 % befürworten Friedenskundgebungen (IFOP, *VSD,* November 1981), dennoch bekräftigen 61 % von ihnen, Frankreich solle das atlantische Bündnis im Falle eines Angriffs unterstützen (*Géopolitique,* Februar 1983). Dessenungeachtet würden 75 % von ihnen im Falle einer russischen Bedrohung lieber einen Kompromiß aushandeln, als es zum Konflikt kommen zu lassen (SOFRES, *Figaro,* November 1981), obwohl wir wiederum bereitwillig Pershing-Raketen auf französischem Territorium stationieren würden (45 % dafür;

35 % dagegen; 20 % unentschieden; Harris *Géopolitique,* Mai 1983). Ein ähnlich konfuses Bild bietet sich in England, wo 54 % der Bevölkerung die Stationierung von Marschflugkörpern ablehnt (*Sunday Times,* 23. Januar 1983), wohingegen 72 % sich gegen jede einseitige Abrüstung sträuben (*International Herald Tribune,* 14. Februar 1981). 57 % aller Westdeutschen befürworten eine Neutralitätspolitik im Ost-West-Konflikt (dagegen: 43 %, *Newsweek,* Gallup, Januar 1983), sie fordern (61 %) von ihrer Regierung die Ablehnung jeder weiteren Stationierung amerikanischer Raketen auf bundesdeutschem Boden und erklären gleichzeitig ihre Treue (80 %) zum Nordatlantikpakt. Durch die Aneinanderreihung von Ergebnissen, die sich gegenseitig ausschließen, beweisen die Umfragen immerhin, daß eine öffentliche Meinung innere Ungereimtheiten jederzeit verkraften kann, wenn sie nur willens ist, auf allen Hochzeiten zu tanzen. Diese Bereitschaft, sich selbst durch die Weigerung, Widersprüche zur Kenntnis zu nehmen, zu widersprechen, beruft sich auf die Friedensliebe, und wer wollte der Liebe vorwerfen, daß sie blind ist.

Das Bekenntnis »ich liebe den Frieden«, erweist sich im Wahlkampf wie auch im Familienleben als äußerst dankbarer Slogan. Denn niemand kann ernstlich widersprechen. »Ich liebe den Krieg« läßt sich zwar denken, aber nur im Stillen. Die Größe der de Sadeschen Helden beruht auf der uneingeschränkten Erprobung eines Vernichtungsprojekts, das zwangsläufig totgeschwiegen wird: Wenn ich dich vernichten will, werde ich mir das tunlichst nicht anmerken lassen, und sollte ich es im Zorn dennoch versehentlich aussprechen, wird man mich als makabren Witzbold abtun. Der Friedenswille wird allzu einmütig zur Schau getragen, um Vertrauen zu erwecken, der Angreifer überläßt demjenigen, der ihm Widerstand leistet, die unangenehme Entscheidung, die Feindseligkeiten zu eröffnen. »Ich liebe den Frieden« ist eine so pflichtschuldige Absichtserklärung, daß sie niemanden verpflichtet und alle Kriegserklärungen bemäntelt. Welcher Abenteurer würde es sich versagen, im Geiste Siege und Ruhm auszukosten? Er kämpft nach seiner Fasson für diese Art von Frieden.

Der Friede liegt im Interesse aller. Diese wenig originelle Erkenntnis drängt sich auf, sobald man die Konflikte der Sterblichen zu entschlüsseln sucht, ohne hinter schlichtweg menschlichen Aufwallungen immer Fingerzeige Gottes sehen zu wollen.

Dennoch leben die Feinseligkeiten immer wieder auf, Geschäftsleute, Mütter und Militärs sind einmütig bereit, den Tribut dafür zu bezahlen und bringen als Dreingabe noch ihre Begeisterung mit ein. Aristophanes und Thukydides weisen nach, daß dem Krieg nicht beizukommen ist durch die Einsicht in die Widerwärtigkeiten, die er nach sich zieht, sie zählen die »stärksten Beweggründe« auf, die Kriegsabenteuer anbahnen, als da sind: Ehre, Angst, Gewinnsucht. Unverbesserliche Optimisten wollen uns einreden, daß das Risiko, das seit Hiroshima ins Unermeßliche steigt, die kriegerischen Triebe aus der Welt schaffe. Sie übersehen ein pikantes Detail: Seit dem Neolithikum setzen die Kriegführenden ihr Leben und die Völker ihre Überlebenschancen aufs Spiel, weil sie den Gedanken nicht loswerden, daß der andere, der verhaßte Feind, der verfluchte Nachbar, als Sieger und Zerstörer allein in den Genuß der Früchte des Friedens gelangen könnte. Dieses Ärgernis entfällt heutzutage, ich kann unbesorgt sterben, niemand wird von meiner Niederlage profitieren. Gibt nun die Aussicht auf ein für beide Lager gleichermaßen mörderisches Ende Anlaß zur Trauer? Oder bietet sie Trost? Geht man allein oder gemeinsam freudiger in den Untergang? Eine Denksportaufgabe für den Moralisten.

Jeder meint, mitreden zu können, denn jedermann ist aufgerufen, den Preis für Irrtümer und Katastrophen zu zahlen. Nichts ist unter Europäern so weit verbreitet – und, seit geraumer Zeit, so umstritten – wie der gesunde pazifistische Menschenverstand. Der Soldat, der, allen anderen voran, sein Leben aufs Spiel setzte, hat lange Zeit das Recht beansprucht, in letzter Instanz über Umfang und Nutzen der Kriegsschäden zu entscheiden. In dem Maße, in dem Technologie und modernes Organisationswesen das Vernichtungspotential kriegerischer Unternehmungen um ein Vielfaches steigerten, wurden die Zivilisten immer unmittelbarer einbezogen, als Handelnde und Opfer zugleich. Es kommt zum Kompetenzgerangel, die Volksvertreter stellen den Primat der Generalstäbe in Frage, die Frauen, die die Kinder »auf die Welt bringen«, widersetzen sich den Männern, die sie mobilisieren wollen. Nach vier Jahrhunderten ständig sich ausweitender kriegerischer Konflikte stellt man fest, daß Mütter und Priester waffenstrotzende Aufmärsche ebenso anstandslos abgesegnet haben wie verheerende Kapitulationen; Offiziere und Abgeordnete haben gleichermaßen gezaudert und vorwärtsgedrängt, häufig einander in die Parade fahrend, niemand besitzt auf diesem Gebiet eine angeborene Kompetenz.

Es fehlt nicht an nationalen und internationalen Heilsbringern, aber die Zerwürfnisse, mit denen sie sich untereinander zerfleischen, verheißen wenig Gutes für die Übereinkünfte, die sie in Aussicht stellen. Ohne den Halt in der Gewißheit der Gefühle oder der Wissenschaften, muß man sich dazu durchringen, Wege zum Frieden ohne jede Garantie zu erkunden, allein kraft wohlfundierter, so weit wie möglich gesteckter Überlegungen. Unsere Friedenschancen hängen an einem seidenen Faden, das heißt, werden bedingt von der Bereitschaft, Einstimmigkeit über die Unstimmigkeiten herzustellen. Und so werden denn die Händel der Welt einstweilen am Tresen in der Eckkneipe und vor den Vereinten Nationen verhandelt.

Die universelle Unzulänglichkeit der Gefühle und des Wissens zum Beweggrund für die Schaffung des Friedens zu machen, heißt, den Frieden vom sokratisch-philosophischen Geiste aus anzugehen: 1.) Wir sind nicht imstande, uns miteinander zu verständigen; 2.) wir wissen, daß wir nicht imstande sind, uns zu verständigen; 3.) dieses Wissen enthält eine Chance, die allerdings winzig ist: sich im Nicht-Verstehen zu verständigen und sich beim Betreten des Porzellanladens nicht wie ein Elefant zu gebärden. Wer von der Philosophie mehr Zuversicht und die Grundlagen seines Seelenfriedens erwartet, wendet sich an die falsche Adresse, ihm entgeht die Ironie der Posaunen des Jüngsten Gerichts. Als Descartes den gesunden Menschenverstand oder die Vernunft zur weitestverbreiteten Sache der Welt erklärte, führt er zum Beweis die Tatsache an, daß niemand das Bedürfnis äußere, vernünftiger zu sein als er ohnehin schon sei, also noch der Dümmste oder der Närrischste sich in dieser Beziehung für ebenso gut gerüstet halte wie der Weise. Wir sind alle friedliebende Vernunftwesen. Angesichts einer in so holdseligem Gewande einherkommenden Menschheit bleibt nur noch, den Schattenseiten Rechnung zu tragen: Der Irrtum existiert, die Dummheit wächst, die Kriege toben, und die Nacht breitet sich überall da ungehindert aus, wo sie sich als Erleuchtung, Wahrheit, Intelligenz und Frieden ausgibt.

Da kein Verantwortlicher eingesteht, den Krieg zu wollen, ist es zwecklos, eine Friedensliebe zur Schau zu tragen, die sich in Tautologien gefällt. »Ich sage es nicht nur, nein, ich meine es sogar, ich sage nicht nur, daß ich es meine, nein, ich meine es wirklich, und ich sage nicht nur, daß ich ...« Was nützt es, sich in derart endlosen Gedanken über die Vorstellung von der Vorstellung zu ergehen, die erste Entscheidung mag wert sein, was sie will, dieses Herumtappen im Dunkeln führt nur in einen rhetorischen Morast. Seit 1945 sind rund einhundertdreißig Kriege auf der Erde ausgebrochen, die zwischen dreißig und fünfunddreißig Millionen Menschen das Leben gekostet haben, und zur Stunde, da ich dies schreibe, spalten vierzig mörderische Konflikte Völker und Staaten. Und alldieweil sind wir alle friedliebend.

Die Tautologie »Ich-will-den-Frieden« birgt einen Trugschluß: Was ich eigentlich will, ist *meinen* Friede zu haben. Immer. Sogar im Selbstmord: Ich will in Frieden sterben, vernehmt meinen friedfertigen Willen. Die Tautologie zielt vom Ich auf das Ich, von meinem Tun auf meinen Frieden. Der Trugschluß setzt da ein, wo ich nahtlos vom privaten Frieden auf den allgemeinen Frieden schließe. Der erste Friede ist das unumgängliche Korrelat meines eigenen Willens. Der zweite ist die allgemeingültige und hypothetische Wahrheit eines allgemeinen und kaum weniger hypothetischen Willens. Was gibt dir die Stirn, vom Frieden zu sprechen? Vom Frieden, der für dich ebenso wie für mich gilt, heute, gestern und morgen, und den noch niemand vor dir erlebt hat, denn die Geschichte ist nichts anderes als die Geschichte der Zerwürfnisse, die ein Begriff wie dieser auslöst. Hinter der Tautologie steckt ein Trugschluß, und im Kern des Trugschlusses ein Anspruch, der hart ist wie Granit: Wenn ich sage, ich liebe den Frieden, gebe ich zu verstehen, daß ich ohne die leiseste Spur von Zweifel weiß, was *der* Friede ist; dieser Dogmatismus nährt die erbarmungslosesten Waffenhändel.

Jeder Mensch verfolgt das Gute, da er eben für sich selber das Gute will. Diese tautologische Feststellung bedeutet nicht, daß jeder Mensch das Gemeinwohl anstrebt; das hat schon Platon gesagt, der die philosophische Erziehung eben als die Absicht definierte, den Zwischenraum auszuhalten – ohne ihn auszufüllen –, der die beiden Welten trennt: Die eine, in der die Wünsche, jeder für sich, auf eigenen Bahnen entlanggleiten, und die andere, in der sie aufeinanderprallen, was nicht ohne Scherben abgeht. Das »Wohl« durch etwas zu ersetzen, sei es Glück oder Friede, ist nichts weiter als Augenwischerei: Sich damit zu beruhigen, man wolle mit seinen Mitmenschen auskommen, und davon auszugehen, daß der eigene Friede notwendigerweise auch derjenige des Nachbarn sei, ist eine Sophisterei, die den hitzigsten Kämpfen immer wieder Zündstoff liefert. Zu glauben, Friede sei ein in sich klarer Begriff, der sich jedem mühelos erschließe, zeugt von einem Ungeist, der Sophokles und Shakespeare auf den Müll wirft, weil sie so schlecht beraten waren, sich öffentlich zu ihrer inneren Unruhe zu bekennen. Der Friede der Lady Macbeth ist nicht der Friede des Königreichs.

Die abendländische Kultur hinterfragt hartnäckig das kleine Wort *den* in dem Satz »Ich liebe den Frieden«. Aber vielleicht stellt sich die Frage ja gar nicht, vielleicht ist sie von vornherein klar? Weit gefehlt. Da ich bis hin zum Selbstmord sagen kann, daß ich meinen Frieden liebe, muß wohl eingeräumt werden: Dieser »Friedens«-Begriff kann alles enthalten, er wird zur reinen Worthülle meiner Feststellung, die sich auf nichts festlegt: Weder gebe ich damit einer Art zu leben vor der anderen den Vorzug, noch dem Leben vor dem Tod. Wenn ich den Frieden so sehr liebe, daß ich oft sogar bereit bin, für ihn zu sterben, beweist nur, daß ich ihn mehr lieben kann als mein Überleben, daß er also keineswegs damit identisch ist: Die Redensart »den Frieden« oder »meinen Frieden lieben« bietet sich zu so vielfältiger Verwendung an, daß sie letzten Endes für nichts mehr zutrifft. Sie kann sich dem gerechtfertigten Mißtrauen nicht entziehen, das die Philosophen seit eh und je anmelden, wenn sie zwischen echtem und falschem Frieden unterscheiden. Man darf sich von den automatischen und rein rhetorischen Bekundungen des guten Willens nicht davon abhalten lassen, die Verhaltensweisen in der Praxis zu überprüfen: Wie entstehen aus Worten Taten, wie werden Absichtserklärungen zu Maßnahmen? Sehen wir uns einmal die »Wahrheit der Sache« (Machiavelli) an, also Europa, nicht so, wie es sich in seinen Träumen sieht, sondern wie es sich real verhält.

Europa unter amerikanischem Vorzeichen

Die Geschicke Europas schienen in unverrückbare Bahnen gelenkt und die Aufteilung von 1945 für alle Ewigkeiten festgeschrieben, solange die Vereinigten Staaten durch die Drohung mit massiven Vergeltungsmaßnahmen die taktischen Vorteile – Menschenpotential und räumliche Nähe – ausglichen, die die UdSSR auf dem alten Kontinent genießt. Von 1957 an waren beide Supermächte in der Lage, sich gegenseitig zum Tod zu verurteilen. Die Vereinigten Staaten mußten nunmehr, absolutes Novum in ihrer Geschichte, der Möglichkeit der interkontinentalen Vernichtung Rechnung tragen. Die amerikanische Bevölkerung war erstmalig mit einbezogen. Sie vermeinte, einen katastrophalen technologischen Rückstand (»missile gap«) zu erkennen. Im Zeichen der neuen Ära wurden Intellektuelle, die sogenannten »egg heads«, allein aufgrund ihrer geistigen Kapazität, in den engeren Kreis um Präsident Kennedy berufen. Seltsamerweise war Europa in wesentlich geringerem Ausmaß besorgt; lediglich de Gaulle sah in diesem strategischen Umschwung die Legitimation für die Schaffung einer autonomen französischen Nuklearstreitmacht.

Zwanzig Jahre danach. Im September 1979 bricht Kissinger in Brüssel das Tabu und spricht unmißverständlich die Wahrheit der Supermächte aus: Im Falle eines Angriffs dürfen die Europäer nicht damit rechnen, daß die Vereinigten Staaten sowjetische Städte zerstören, wenn die Gefahr besteht, daß ihnen unmittelbar Gleiches mit Gleichem vergolten wird. »Verlangen Sie keine strategischen Sicherheitszusagen mehr von uns, ... die wir Ihnen unter keinen Umständen gewähren können.« Ein Sturm der Entrüstung erhob sich. Und doch war diese Wahrheit schon seit 1959, seit der Konferenz von Princeton, die die führenden Köpfe aus Forschung und Entwicklung auf dem Gebiet der atlantischen Verteidigung[1)] versammelte, von strategischen und diplomatischen Insidern mehrfach angesprochen, untersucht und hin- und herüberlegt worden. Westeuropa wurde als Sonderfall umrissen, es zeichnete sich als sogenannte »graue« Zone strategischer Unsicherheit[2)] ab, weder (wie das amerikanische »Allerheiligste«) abgedeckt von der glaubwürdigen Drohung mit einem atomaren Vergeltungsinferno, noch ungeschützt wie zahlreiche Regionen der Dritten Welt, die tagaus, tagein politischen Intrigen und rein »konventionellen« militärischen Abenteuern ausgeliefert sind. Eine lange Inkubationszeit war notwendig, bis die intellektuell erkannte Notlage zum praktisch-politischen Problem wurde. Welche Mechanismen gestatteten es, zwei Jahrzehnte lang die für jeden Europäer zentrale Frage nach den Bedingungen seines Überlebens totzuschweigen?

Zwei unverrückbare Konzeptionen würgten die Frage von vornherein ab: Die Vorstellung von der hegemonialen oder imperialistischen amerikanischen Vormachtstellung. Und die Vorstellung von der gemeinsamen amerikanisch-russischen Regie des Weltgeschehens.

1) Ein erster Versuch, die Unversehrtheit Westeuropas von neuem zu garantieren, wurde »Strategie der angemessenen Maßnahmen« (»flexible response«) getauft.

[1)] N.A.T.O. *and American Security,* Klaus Knorr ed., Princeton 1959

[2)] Glenn H. Snyder, *Deterrence and Defense,* Princeton 1961

Es sei natürlich zu bezweifeln, räumten die Strategen ein, daß die Bevölkerung von Dallas bereit sein würde, ihr Leben zu opfern, weil russische Panzer in Vororte von Frankfurt einrollten. Also entwarfen sie Einsatzmöglichkeiten, die die Mitte hielten zwischen dem »Nichts« der Kapitulation und dem »Alles« der nuklearen Entladung. Die Anwesenheit 300 000 amerikanischer Soldaten, Erfüllungsgehilfen eines in erster Linie deutschen Krieges, die Stationierung sogenannter taktischer Atomwaffen, sowie die der Verfügungsgewalt eines integrierten europäischen Kommandos unterstellten, mit Atomraketen bestückten U-Boote machen im Konfliktfall den Gebrauch nuklearer Waffen und ein amerikanisches Engagement von wachsender Intensität wahrscheinlich.

Eine derartige Strategie erfordert vom Ausführenden einen relativen atomaren Rüstungsvorsprung. Erste Phase: Es wird vorausgesetzt, daß der Osten konventionell angreift. Der Westen antwortet mit taktischen Kernwaffen. Zweite Phase: Der Osten gibt nach, oder er schlägt mit strategischen Nuklearwaffen (zum Beispiel mit einem sogenannten waffenstrategischen, gegen die Angriffsmittel des Gegners gerichteten Schlag) zurück. Da unterstellt wird, daß der Westen über eine differenziertere Technologie verfügt, bewahrt er auf dieser Stufe noch eine »Eskalationsdominanz«. Und so weiter und so fort. Die Strategie der sogenannten angemessenen Gegenaktive bezog ihre Wirksamkeit daraus, daß sie das Hauptproblem zurückverweist: befreit von dem Dilemma, entweder den Selbstmord zu wählen oder seine Verbündeten im Stich zu lassen, gibt die texanische Bevölkerung den Ball zurück ans andere Lager, der Aggressor muß in jeder Phase erneut wählen zwischen dem unaufhaltsamen Weg in den gemeinsamen Untergang, einem begrenzten Krieg, den er verliert, oder dem Rückzug auf die Ausgangsposition. Diese Leitidee – europäische Ausgabe der berühmten »Eskalations«-Dokrin, die den amerikanischen Sieg in Vietnam versprach – beruht gänzlich auf der Voraussetzung einer klaren und eindeutigen nuklearen Überlegenheit, die es gestattet, einseitig die verschiedenen Stufen des Hochschaukelns zu extremen Kampfverfahren in der Hand zu haben. Sobald die UdSSR eine gleichwertige Ausrüstung in Kurz-, Mittel- und Langstreckenraketen nachwies, brach dieses großartige Konstrukt in sich zusammen. Das Schicksal der Menschen im Herzen der Zitadelle und auf dem Vorfeld waren absolut nicht mehr vergleichbar. Wenn man sich in Chicago noch in einer hypothetischen Sicherheit wiegt, teilt sich das Gefühl nicht bis nach Hamburg mit.

2) Ende der sechziger Jahre trat an die Stelle dieser Politik die Lösung Nr. 2, die auf Steuerung und Begrenzung der Rüstungspotentiale setzte, und die versuchte, den erreichten Zustand in Europa auf beiden Seiten einzufrieren. Mit Hilfe einer von beiden Seiten aus freien Stücken – im Namen der Entspannung und der friedlichen Koexistenz – bejahten Disziplin bemühte man sich, die Schicksalsgemeinschaft zu besiegeln, die sich in Extremsituationen immer abzeichnet. Die schlußendliche Gleichwertigkeit vor dem Tod wurde umgemünzt in eine Gleichberechtigung im Leben, und das allgemeine Interesse an der Erhaltung der Existenz mußte als Legitimation für die Zementierung der erlangten Positionen herhalten. Der Status quo oder das Chaos! Das sah man als die letzte Wahrheit der europäischen Geschichte und die erste Wahrheit einer Nicht-Geschichte des Erdballs an, welcher sich die beiden Herren der Vernichtung – nunmehr eher Komplizen denn Feinde – für alle Zeiten gemeinsam verschrieben. Das Aufgebot zu dieser Vernunftheirat wurde anläßlich von SALT I und SALT II bekanntgegeben. Jeder der beiden Verbündeten breitete pflichtschuldigst die ganze Kollektion seiner Besitztümer aus, ein moderner Ehevertrag erfordert eine gleichwertige Mitgift von beiden Seiten. Man verglich die taktischen Waffen untereinander – um das Gleichgewicht der Kräfte auf dem nuklearen Schlachtfeld zu garantieren –, desgleichen die strategischen Arsenale, und beteuerte, daß eine qualitativ wie quantitativ identische Bedrohung von Washington auf Moskau und von Moskau auf Washington ausgehe.

Die Konsequenzen des Schiffbruchs, den der Versuch Nr. 2, dieses ausgeklügelte technologische Gleichgewicht des nuklearen Schreckens, erlitt, sind noch weithin unbemerkt. Beide Blöcke beschränken sich darauf, die andere Seite der Verletzung der Spielregeln zu bezichtigen. Ohne sich zu fragen, ob das Spiel überhaupt spielbar ist. Der Kreml scheint sich mit der Stationierung seiner SS 20 an die Spitze vorschummeln zu wollen. Dennoch bricht er mit seinem Schritt kein ausdrückliches Abkommen. Die NATO unterstreicht heute die außerordentlich schwerwiegende Bedrohung, die von eben diesen Raketen auf London, Rom, Lissabon und andere historische Hauptstädte ausgeht. Keiner der zahlreichen offiziellen Experten und Strategen hatte ein derartiges Ereignis vorausgesehen, in den langwierigen Verhandlungen war nie die Rede von möglichen Präzisionswaffen, die den europäischen Kontinent, und nur ihn, abdecken könnten. Unbegreiflicherweise hat niemand an eine derartige Eventualität gedacht. Wenn die UdSSR ihre Euroraketen aufstellen konnte, bevor jemand ihre Gefährlichkeit und Stärke ahnte, wenn die NATO derartig ins Hintertreffen geraten konnte und mit fünf- bis zehnjähriger Verspätung mühsam versucht, entsprechende Systeme aufzubauen, muß man zwangsläufig zugeben, daß intellektuelles Versagen den sowjetischen Pokereffekt begünstigte. Westeuropa ist schlagartig im Schatten von Waffen aus dem Schlaf hochgefahren, die imstande sind, es punktuell und global binnen fünfzehn Minuten auszulöschen. Hinterfragen wir die Überraschung der Westeuropäer, die höchst verwunderlich ist angesichts einer Welt, in der Scharen von Spezialisten beteuern, nicht restlos alles, aber doch immerhin das Wesentliche vorausberechnen zu können. Die SS 20 wurden klammheimlich, inmitten einer Phase rüstungskontrollpolitischer Anstrengungen aufgestellt: Auf dem geistigen Horizont, der die SALT-Verhandlungen beherrschte, verdeckte ein blinder Fleck ihr Kommen.

Der Nebel lichtet sich, sobald man es unternimmt, die neuen Raketen unter der Rubrik »taktische Waffen« oder »strategische Waffen« einzuordnen. Schmidt, der als erster die Aufmerksamkeit auf diese dritte Kategorie von Waffen lenkte, machte deutlich, worum es eigentlich bei der scheinbaren Wortklauberei geht: »Es war immer mein Ziel, seit meiner Londoner Rede im Herbst 1977, die euro-strategischen – also die in Europa stationierten – Mittelstreckenwaffen in die Rüstungsbegrenzung des Salt II – und des neuerdings angestrebten Start-Vertrages einzubeziehen. Die Neigung der Großmächte, die Waffen ›Theatre Nuclear Weapons‹ oder ›Tactical Nuclear Weapons‹ zu nennen, habe ich stets entschieden abgelehnt. Die Drohung der Sowjets, die Nationen der Belgier, der Holländer, der Deutschen oder anderer Westeuropäer auszulöschen, geht kategorisch über den Rahmen bloßer ›Taktik‹ oder über den Rahmen eines ›Kriegsschauplatzes‹ weit hinaus. Wenn die gegenseitige Bedrohung der beiden nuklearen Supermächte eine ›strategische‹ Bedrohung ist, dann ist selbstverständlich eine qualitativ gleiche Drohung gegen westeuropäische Nationen genau dasselbe. Es war deshalb stets mein Ziel, daß die beiden Supermächte nicht nur ihre gegenseitige Bedrohung begrenzen sollten, sondern ebenso die nukleare Bedrohung Westeuropas. Weder Präsident Carter noch Generalsekretär Breschnjew sind diesen Vorstellungen gefolgt. Vielmehr haben sie im Frühjahr 1979 Salt II abgeschlossen, ohne die euro-strategischen Waffen einzubeziehen.«[1)] Nur die Eröffnung einer dritten Rubrik gestattet, die Raketen von mittlerer Tragweite nicht mehr – nach dem Motto Unsichtbarkeit schützt vor Strafe – wie in einem Sandwich zwischen lokal einsetzbaren Waffen (taktischen Waffen) und Waffen von interkontinentaler Reichweite (strategischen Waffen) zu verstecken. Die neuen Waffen zeigen auf, was im westlichen Strategiekonzept vergessen wurde: die unvergleichbare Situation des alten Kontinents. Den Euroraketen »gesondert« Rechnung zu tragen, unterstreicht die besondere Qualität des europäischen Risikos. Die Amerikaner zollten ihr zwanzig Jahre lang verbal Anerkennung, vernachlässigten sie aber in der Praxis. Indem sie die Stationierung der SS 20 vorantreiben, lassen die Sowjets Europa als Operationsfeld existieren, um es als Rechtsperson zu leugnen.

[1)] Helmut Schmidt, »Der Doppelbeschluß ist nach wie vor richtig«, in: *Die Zeit,* Nr. 23, 3. Juni 1983. Obwohl Karl Heinz Harenberg im *Kursbuch* Nr. 71, 1983 sehr kritisch über den Altbundeskanzler schreibt, bestätigt er doch die grundlegende Bedeutung und die Originalität von Schmidts Standpunkt, die zeigt, daß er als einziger europäisch dachte.

Eine fromme Scheu – ureigenster europäischer Beitrag zur Ausschaltung Europas – lähmt die altehrwürdigen Regierungsämter und die jungen Ökologenzirkel, sobald die mörderischen Möglichkeiten angesprochen werden, die die Zukunft beherrschen. Eine kaum merkliche Verschiebung führt vom Schrecken, über den man spricht, zum Abscheu, darüber zu sprechen. Davon zeugt die rechtschaffene Entrüstung, die jedem, der die Denkbarkeit eines begrenzten Krieges in Europa feststellt, entgegenschlägt. Da er dieses Tabu mißachtete, und die Zuwiderhandlung sogar so weit trieb, in einer offiziellen Erklärung in Berlin das Schreckgespenst eines regionalen Nuklearkriegs an die Wand zu malen, zog sich Reagan den nachhaltigen Ruf zu, ein unverbesserlicher Kriegstreiber zu sein; ein Ruf, den er vielleicht aus einer Vielzahl von Gründen und in Anbetracht seiner Cowboyhüte verdient, keinesfalls jedoch aufgrund der Unverblümtheit, mit der er die Befürchtungen artikulierte, die seit einem Vierteljahrhundert durch die Strategengehirne spuken. Wenn der Kaiser nackt lustwandelt, ergehen sich die Höflinge in bewundernden Äußerungen über die Pracht der Gewänder, die er zur Schau trägt. Der Einzelgänger, der öffentlich kundtut, was er sieht, wird als gemeingefährlicher Erotomane beschimpft. Die von Schmeichlern umworbene Majestät ist in den westlichen Demokratien weniger der vorübergehend amtierende Regierungschef als vielmehr die beschwichtigungssüchtige Öffentlichkeit.

Es bedarf eines gerüttelten Maßes geschichtlicher Ignoranz, irgend jemandem weismachen zu wollen, daß die US-Administration in irgendeiner Weise neue Wege beschritte, und die »Verharmlosung der Aussicht eines begrenzten Nuklearkriegs durch die Reagansche Regierungsmannschaft«[1] anzuprangern. Die Leute, die sich üblicherweise zum Sprachrohr von derlei Schelte machen, scheren sich herzlich wenig um Logik und weisen selbst

[1] Alain Joxe, *Cahiers d'études stratégiques*, Nr. 1, S. 5 (1983)

darauf hin, daß diese angebliche »Wende« sich bereits unter dem demokratischen Präsidenten Carter (August 1980) »anbahnte« (ja sogar schon davor, unter dem amerikanischen Verteidigungsminister Schlesinger, der bereits 1974 die Möglichkeit eines »selektiven« waffenstrategischen Schlagabtausches zwischen den sowjetischen und amerikanischen Streitkräften voraussagte). Man muß die Zeit sogar noch weiter zurückdrehen, Reagan hat nichts verlautbart, was General Norstad nicht bereits am 12. November 1957 in Cincinnati (Ohio) zum Ausdruck gebracht hätte.

In einer berühmt gewordenen Rede zog Norstad, seinerzeit Oberbefehlshaber der nordatlantischen Allianz, die Konsequenz aus der völlig neuen Bilateralität der interkontinentalen Bedrohung. Um nicht in die Sackgasse des Alles-oder-Nichts – allgemeiner Selbstmord oder regionale Kapitulation – zu geraten, benötige die Allianz »die Mittel, einer nichtapokalyptischen Drohung mit einem entscheidenden, jedoch nichtapokalyptischen Gegenschlag zu begegnen, um durch den Besitz eines derartigen Potentials die Drohung abzuwenden und uns den absolut lebensnotwendigen politischen und militärischen Handlungsspielraum (›manoeuvrability‹) zu verschaffen«. Diese Erklärung läutete das Ende der Doktrin der »massiven Vergeltung« ein. Sie konfrontierte Europa, potentielles Objekt einer »nichtapokalyptischen« Drohung für die Gegenseite, mit der Aussicht auf einen geographisch begrenzten Einsatz von Nuklearwaffen, und ließ das unausweichliche Mißtrauen aufkommen, das ein Verbündeter weckt, wenn er das Glück hat, sich selbst außerhalb der Gefahrenzone zu befinden. Die spontanen Meinungsäußerungen zu dieser Kehrtwendung in der Militärdoktrin beweisen, daß Reagans Absichtserklärungen zwei Jahrzehnte danach keinerlei Originalität nachzuweisen ist: »Norstads Ankündigung unserer Bereitschaft, die Strategie begrenzter Kriege in Europa in Betracht zu ziehen, symbolisiert eine unleugbare Abmilderung unserer vorherigen starren Politik der massiven Vergeltung. Natürlich könnte man daraus ein Nachlassen unserer Entschlossenheit ablesen, aber die Möglichkeit, daß der Feind unsere grundlegende Strategiewende für seine Propaganda ausnützt, ist kein hinlänglicher Grund, derartige Änderungen nicht vorzunehmen. Wie General Norstad betont, bewirkt die Bereitschaft, auf nichtapokalyptische Weise auf Drohungen zu reagieren, die es selber auch nicht sind, daß der Feind von derartigen Drohungen Abstand nimmt. Unsere Entschlußkraft wird dadurch keineswegs geschmälert, sondern erhält im Gegenteil eine wirklichkeitsnähere Orientierung und muß infolgedessen glaubhafter erscheinen.«[1]

Eine Gefahr beschwören, um sie zu bannen, verpflichtet zu nichts. Die Wirklichkeitsnähe eines europäischen Nuklearkriegs hängt weniger von Worten ab als von den Waffen, welche Prognosen und Absichten in Handlungsmöglichkeiten umsetzen. Die Verfechter eines prosowjetischen Kurses (die bevorzugt die Pershing II verteufeln) und Vertreter der antisowjetischen Linie (die auf der vorrangigen Gefährlichkeit der SS 20 bestehen) sind beide der Meinung, daß die Raketen mit »mittlerer Reichweite« die zuvor bestehende strategische Situation tiefgreifend ändern und zum ersten Mal die praktischen Voraussetzungen für eine totale Nuklearisierung der kontinentalen Konflikte schaffen. Zuvor hatten beide Seiten entlang des Eisernen Vorhangs bereits Kernwaffen stationiert, sowohl sogenannte taktische Waffen mit kurzer Reichweite, deren Wirkung auf den jeweiligen Kriegsschauplatz begrenzt war, als auch strategische Waffen, die (wie die ursprünglichen sowjetischen SS 4 und SS 5 oder die Interkontinentalraketen) alles auf ihrem Weg dem Erdboden gleichmachen konnten. Die Raketensysteme der erstgenannten Kategorie bedrohten nicht die Schaltzentralen (Hauptstädte, Generalstäbe) der einander gegenüberstehenden Blöcke: Sie waren nicht entscheidend. Der Einsatz der zweiten Raketen-Kategorie hätte zur Vernichtung der Streitobjekte geführt, ohne Sieger oder Besiegte. Seit fünf Jahren wecken jedoch die sowjetischen Raketen – eine neue dritte Waffengattung – die »Hoffnung«, ein kriegerisches Unternehmen von kontinentalem Ausmaß zu gewinnen: Die bisher nicht dagewese-

[1] Bernard Brodie, *Strategy in the Missile Age*, Princeton, 1959, S. 340.

nen Einsatzmöglichkeiten dieser neuen Raketen machen einen Krieg, der mit einem Sieg endet, denkbar, und zum ersten Mal durchführbar.

Im Gegensatz zu den taktischen Waffen können die SS 20 sämtliche Lebensnerven Westeuropas erreichen (umgekehrt könnten die westlichen Raketen Moskau knapp streifen). Im Gegensatz zu den strategischen Interkontinentalraketen gestattet ihre außerordentliche Zielgenauigkeit (die SS 20 treffen mit einer Abweichung von plus/minus wenigen hundert Metern in ihr Ziel, die Pershing II nehmen es noch genauer) ein punktgenaues Angreifen, manchmal auch »chirurgischer Eingriff« genannt, der die Zerschlagung des gegnerischen Verteidigungssystems ermöglicht, ohne Bevölkerung und Vermögenswerte auszuradieren. Darüber hinaus macht ihre Beweglichkeit (das Trägerfahrzeug kann als Abschußvorrichtung dienen) sie praktisch unverwundbar. Wenn Zielgenauigkeit und Zuverlässigkeit diesen Raketen eine Erstschlagkapazität verleihen (mit der Wahrscheinlichkeit, einen Gegner, der nicht damit ausgerüstet ist, zu entwaffnen), so macht ihre relative *Unverwundbarkeit* sie als Vergeltungswaffe einsetzbar (der Gegner, der zuerst losschlägt, hat wenig Chancen, sie auszuschalten). Als drittes wesentliches Merkmal grenzt die rein kontinentale *Reichweite* den potentiellen Kriegsschauplatz eindeutig ein: Sie deckt Europa ab und nichts sonst.

Hier läßt sich, ganz nebenbei, ein großangelegter ideologischer Schwindel dingfest machen: In der Praxis sind es die SS 20, die einen begrenzten Nuklearkrieg in Europa technisch möglich machen, aber in den pazifistischen Gehirnen haben allein die Äußerungen, die Reagan einige Jahre danach von sich gab, den unheilvollen Eventualfall heraufbeschworen! Wie immer steht die Ideologie auf dem Kopf und denkt mit den Füßen.

Indem die Sowjets sich diese Waffensysteme zulegten, haben sie strenggenommen eine neue Kriegsform erfunden: den nuklear gewinnbaren kontinentalen Konflikt. Wenn der Westen gegenüber den SS 20 seine eigenen Mittelstreckenwaffen aufstellt (Pershing II und Marschflugkörper), wiederholt sich in Europa auf engem

Raum die globale Situation zwischen den Kontinenten: Die eurostrategischen Raketen stehen einander beidseits der Elbe gegenüber, wie die Interkontinentalraketen sich wechselseitig von Texas und Kamtschatka aus bedrohen.

Könnten andere Waffen an die Stelle der landgestützten Euroraketen treten? Verfügen die Amerikaner nicht über genügend Vernichtungspotential, um jedes beliebige sowjetische Ziel von ihrem eigenen Territorium aus zu erreichen? Stellen die Atom-Unterseeboote keine wirksame Gegendrohung dar, so daß es sich erübrigte, Boden-Boden-Raketen in Baden-Baden zu stationieren? Ergänzen die englischen und französischen Streitkräfte nicht diese bereits existierenden Schutzmaßnahmen? Der Hokuspokus, den Schmidt zurecht anprangert, fängt erst richtig an, wenn man diese Frage (im Verein mit den offiziellen Vertretern der Sowjetunion und zahllosen Anhängern der Friedensbewegung) bejaht. Wenn man Interkontinentalraketen, Seestreitkräfte und Euroraketen pauschal als »strategische« Waffen zusammenfaßt, läuft das darauf hinaus, die sachlich und rüstungsmäßig gegebene Möglichkeit eines rein europäischen Krieges zu unterschlagen. Der Atlantik läßt sich nicht einfach wegdenken, die Ungleichheit der Eigeninteressen der Nationen, die er voneinander trennt, wurde nie aufgehoben, die Todesmaschinen, die die einen mit der Ausrottung bedrohen und nicht die anderen, existieren nun einmal, ob man es will oder nicht. Indem er das Monopol der eurostrategischen Waffen an sich riß, hat der Kreml die Situation erneut umgekehrt und verschafft sich die »Eskalationsdominanz«, die die Vereinigten Staaten vor zwanzig Jahren geltend machten. Jeder Europäer kann sich eine Konstellation ausmalen, so unwahrscheinlich sie ihm auch vorkommen mag, in der Moskau Washington dazu auffordert, sich entweder »intra muros«, also auf dem alten Kontinent, auf das Kriegsspiel einzulassen (und zu verlieren), oder U-Boote und Interkontinentalraketen einzuschalten und sich dem sofortigen unabsehbaren Ausufern des Konflikts auszusetzen.

Die Erinnerung an den Abzug der britischen Truppen aus Frankreich im Jahre 1940 nährt bei den Franzosen die Schreckensvorstellung eines zweiten Dünkirchen, bei dem die UdSSR den Yankees gerade ein paar Stunden zum Räumen des Kontinents ließe. Die Deutschen wiederum können nicht vergessen, daß der amerikanische Botschafter sich in panischer Flucht aus dem von kommunistischen Truppen eingekreisten Saigon ausfliegen ließ. Derlei Phantasien sind stimmungs- und erinnerungsabhängig, veranschaulichen jedoch den Unterschied zwischen den europäischen und den außereuropäischen Raketen. Es erscheint kaum wahrscheinlich, daß die Amerikaner zu dem Entschluß kommen könnten, diese letzteren in den Kampf zu werfen, ob sie nun auf ausländischem Grund und Boden oder auf den Meeren ihre Basen haben. Denn es würde einem Selbstmord gleichkommen, den Amerika der schönen Augen eines halb verwüsteten Europa wegen beginge.

Sich vorzumachen, die innereuropäische, von der Sowjetunion aufgebaute Schlagkraft ließe sich ausgleichen, indem man die Raketensilos von Alaska den Unterseebooten in der Südsee hinzurechnet, ist Zeichen einer technikgläubigen, blauäugigen oder bewußt irreführenden Weltfremdheit. Wenn die europäischen Nationen auch für die hinterletzten Bundesstaaten noch zählten, deren Sterne auf der Flagge der Vereinigten Staaten prangen, wenn der Atlantik als eine Art Mare Nostrum fungierte, dessen Küsten von einem einzigen Volk bewohnt würden, das eine Kirche und die Knute eines einzigen Führers einte, wenn die historischen Unterschiede nur noch Vergangenheit wären, und wenn die widersprüchlichen ökonomischen Interessen nichts weiter als Hirngespinste der Wirtschaftswissenschaftler wären, ginge die Rechnung auf: Dann käme notfalls ein in Houston bereitstehender Raketensprengkopf einem in Mannheim gelagerten Pendant gleich. Man begreift leicht, daß die amerikanischen Strategen einst aus ihrer Technikgläubigkeit und ihrem imperialistischen Herrschaftsanspruch heraus derart schludrige Bilanzen aufstellten. Aber nicht einmal die kühnste Phantasie eines Molière hätte ausgereicht für die intellektuelle Farce, welche Politiker vollführen, die die Politik in den Wind schlagen, beziehungsweise Marxisten, die es sich erlauben, auf Geschichte und Wirtschaft zu pfeifen, oder eingefuchste Forscher, die sich nicht um Landkarten scheren, und die uns allesamt weismachen wollen, daß es ein eurostrategisches Problem nicht gibt, mit der Begründung, daß Europa im Grunde gar nicht existiert.

Die Krise der europäischen Verteidigung steht kurz vor ihrer entscheidenden Phase. Heraufbeschworen durch die Absage an die Konzeption der massiven Vergeltung, nachdem die UdSSR die nukleare Führungsrolle usurpiert hatte, vertiefte sie sich in zwei Phasen. In der ersten Etappe wurde die geopolitische Möglichkeit einer kriegerischen Auseinandersetzung eingeräumt, bei der die Vereinigten Staaten sich nicht vollständig engagieren würden. Heute versteht sich das von selbst. »Soll denn ein amerikanischer Präsident New York aufs Spiel setzen, um Hamburg zu verteidigen?« fragte die *Time* (31.1.83) und formuliert die Antwort erst gar nicht, weil sie so naheliegend ist. Als nächstes entdeckte man die technische Machbarkeit eines begrenzten Nuklearkrieges. Die Realität der auf westliche Städte gerichteten SS 20 überzeugte selbst die Widerstrebendsten. Sämtliche Gegebenheiten des Atomkriegs sind »im Kleinen« in Europa vereint, und die Alternative heißt: Entweder bemächtigt sich nur eine Seite der Euroraketen und kommt auf diese Weise in den Genuß einer strategischen Vormachtstellung, die die Abschreckung hinfällig macht; oder aber beide Lager verfügen darüber, und wir befinden uns wieder in der Situation der wechselseitigen gesicherten Zerstörung (MAD – mutual assured destruction). Dieses auf den innerkontinentalen Maßstab verkleinerte Modell würde in diesem Fall das Gleichgewicht des Schreckens wieder herstellen (durch die Sicherstellung eines Zweitschlages), das seit zwanzig Jahren die interkontinentale Abschreckungspolitik der Supermächte ausmacht. Indem sie für oder gegen die westlichen Raketensysteme optieren, entscheiden die Völker des alten Kontinents erstmalig seit 1945 über ihr eigenes Verteidigungssystem. Entweder wählen sie aus freien Stücken das atomare Abschreckungskonzept, das bis dahin ohne ihre eigentliche Zustimmung galt; oder aber sie lehnen es ab. Im einen wie im anderen Fall handeln sie auf eigenes Risiko. Die Europäer kommen allmählich ins Erwachsenenalter, das aber gleichzeitig das Alter der verrückten Anwandlungen und der Unsicherheiten ist.

*

Kritische Anmerkungen zum Gleichgewichts-Begriff

Zunächst erhebt sich die Frage nach dem Was, Wo, Warum, Wann, Wie. Die Experten jonglieren, als gälte es, einer einwandfreien Buchführung Fehler nachzuweisen. Die sowjetische Seite behauptet, der gegenwärtige Gleichgewichtszustand sei so ausgeklügelt und so prekär, daß das Hinzukommen von Pershing-Raketen ihn unwiderruflich stören würde. Dabei hatte sie sich zwei Jahre zuvor auf ein ebenso rigoroses Gleichgewicht berufen, als sie noch hundert SS 20 und dreihundert Atomsprengköpfe weniger aufzuweisen hatte. Die Gegenseite beruft sich auf die Notwendigkeit einer »Wiederherstellung des Gleichgewichts« und begnügt sich mit quantitativen Vergleichen. Der qualitative Nutzen der Waffen liegt in ihrer Verwendungsweise, das heißt in den mehr oder weniger überprüfbaren Geschichten, die über sie unter Richtkanonieren und Anvisierten kursieren: Waffensysteme, die für die Verteidigung des amerikanischen, englischen oder französischen »Allerheiligsten« bestimmt sind, entsprechen keineswegs den in einem »von außerhalb« angestifteten europäischen Krieg verwendbaren Euroraketen. Im vorliegenden Fall geht es darum, die Vernichtungskapazität der sowjetischen SS 20 auszugleichen, die Möglichkeit eines begrenzten europäischen Krieges zu eröffnen und sich dafür mit einer entsprechenden Vernichtungskapazität zu rüsten oder mit gar nichts, jede andere Rechnung wäre leeres Geschwätz. Es ist zwecklos, aufs Geratewohl Kriegsmaterial aufzubieten und sich eine Waffenkollektion nach der anderen zuzulegen, man muß einer geopolitisch spezifischen Drohung mit einer angemessenen Gegendrohung begegnen: Wenn die Bundesrepublik sich von den in den Vereinigten Staaten aufgestellten Raketen nicht genügend Rückendeckung verspricht, dann kann ihr die französische Atomstreitkraft gegenüber den SS 20 auch nicht die gewünschte Sicherheit bieten. Diese Tatsache gibt dem NATO-Doppelbeschluß (der die Stationierung »antisowjetischer« Raketen vorsieht, falls die SS 20 weiterhin ihre Bedrohung auf Berlin, Paris und Lissabon ausüben sollten) seine volle Berechtigung.

Ein zweites Kuba?

Was für einen Zweck hat es, sich um die relative nukleare Überlegenheit auf einem begrenzten Territorium zu bemühen, wenn ausgemacht scheint, daß der Nachweis dieser Überlegenheit denjenigen, der die Probe aufs Exempel macht, extrem teuer zu stehen kommt? Gibt man sich nicht der Lächerlichkeit preis, wenn man mit Waffen droht, von denen man so wenig Gebrauch machen will wie irgend möglich? Führt der »Overkill« der jeweiligen Waffenbestände nicht die Vorausberechnungen eines hypothetischen Gebrauchs ad absurdum? Diese Fragen mit ihrer echten oder gespielten Naivität würden völlig zurecht auf die Sinnlosigkeit einer genauen Argumentation hinweisen, wenn sie nicht von vornherein die Tatsache außer acht ließen, daß der primäre Zweck einer Waffe, welcher Gattung sie auch angehört, die Einschüchterung ist. Die meisten Kriege haben sich auf dem Weg von der Drohung über die Ausübung von Druck bis hin zur Kraftprobe aus Einschüchterungsversuchen heraus entwickelt, die sich zu wichtig nahmen.

Man kann sich schwerlich etwas Bedrohlicheres vorstellen als ein einseitiges atomares Vernichtungspotential. Im Vollgefühl ihrer militärischen Vorrangstellung auf dem Kontinent lassen es sich die Russen nicht nehmen, »Seelenmassage«[1] auf die westliche Öffentlichkeit, insbesondere die westdeutsche, auszuüben. Sie warnen: Im Falle einer schweren internationalen Krise wird die UdSSR nicht zögern, die in der BRD eingerichteten Raketenbasen

1) Fabrizio Tonello, *Le Monde diplomatique*, Februar 1983

mit einem nuklearen Erstschlag zu vernichten.[1] Wenige Tage vor den Bundestagswahlen in der BRD (März 1983) mischte Andrej Gromyko sich anläßlich seines Bonn-Besuches ohne zu zögern in den Wahlkampf ein, indem er seine Präferenzen mit rücksichtsloser Unverblümtheit kundtat. Der Chef der sowjetischen Diplomatie lieferte damit ein anschauliches Beispiel für die praktischen politischen Möglichkeiten des eurostrategischen Monopols.

Er deutete einen Schritt in Richtung eines Ausstiegs aus dem Abkommen von Jalta an, indem er seine historisch unangemessene Entschlossenheit bekanntgab, den Amerikanern die Stationierung ihrer Waffen auf dem Teil des Kontinents zu untersagen, den die Soldaten der Vereinigten Staaten einst von der Hitler-Herrschaft befreit haben. Und das, während die Sowjets sich gleichzeitig im Namen derselben, 1945 vereinbarten, Teilung ermächtigen, sämtliche Register der Unterdrückung in »ihrem« Stück von Europa zu ziehen. Steigt aus Jalta aus, aber immer schön rückwärts! legen die »Friedensraketen« nahe, die, bei entsprechender Handhabung, in der Lage sind, eine Willensprobe herbeizuführen, bei der der Kreml über sämtliche Trümpfe zu verfügen glaubt.

Der Osten fordert unzweideutig, Einblick in die atomare Rüstung Westeuropas (angefangen bei der Bundesrepublik) zu erhalten und schließlich ein Vetorecht eingeräumt zu bekommen, und zwar ohne Gegenleistung. Die Raketenkrise der achtziger Jahre läßt sich als eine zweite Kubakrise einstufen, nur spielt sie sich unter umgekehrtem Vorzeichen ab und ist von größerer Tragweite und längerer Dauer. Es ist erklärtes Ziel des Kreml, Westeuropa in Reichweite seiner Raketen zu behalten, ohne zuzulassen, daß das derart bedrohte Territorium ihn seinerseits bedrohe. Hat nicht Kennedy 1963 genau das von Castro und seinen russischen Beschützern verlangt und erhalten? Kein Raketensprengkopf darf von Kuba aus auf New York gerichtet sein, aber umgekehrt, für die andere Seite, gilt diese Forderung nicht.

[1] Novosti-Meldung vom 29. 11. 82 und Interview mit dem stellvertretenden Verteidigungsminister der UdSSR in *Frankfurter Rundschau,* 3. 11. 82

Auf die Kubakrise wird mit schöner Regelmäßigkeit verwiesen, wenn sowjetische Regierungsvertreter westliche Beobachter bei sich zu Gast haben: Ihr wart nicht einmal bereit, auch nur 10 ballistische Flugkörper auf Kuba in Kauf zu nehmen, wir werden jenseits der Elbe auch nicht mehr tolerieren.[1] Anläßlich eines Interviews mit den Moskauer Strategen mußte der Journalist Theo Sommer sich aufklären lassen:

»Ich betrachte die Stationierung der Pershing II als Provokation, was wäre die Reaktion der Amerikaner, wenn wir dieselbe Zahl von Raketen – sagen wir: in Mexiko stationierten? Ich erinnere Sie an die Kuba-Krise!«[2]

Seit die Andropowsche Eurostrategie im Lichte der Krise von 1963 an den Tag gekommen ist, wird sie ungeniert weiterentwikkelt. Zur Methode: Andropow führt keinen Krieg, stellt aber die Entschlossenheit der politischen Führer und der Bevölkerung auf die Probe, er führt einen Zermürbungsfeldzug. Im Jahre 1962 unternahm die amerikanische Marine die Blockade der »roten« Insel, heute macht Andropow sich geschickt die große Angstwelle der breiten Massen zunutze, um die bereits ins Wanken geratene Entschlußkraft der Regierungen zu blockieren und ihre Vertreter untereinander zu isolieren. Das Ziel: Im Falle eines Sieges wird der Lorbeer Kennedys einen unanfechtbaren und unabsetzbaren Ersten Sekretär krönen. Alle Macht dem Kreml, absolute Vormachtstellung in Euroasien, Weltgeltung, wovon sonst träumt ein Polizeichef, der die psychiatrischen Anstalten seines Landes mit Oppositionellen füllt!

Eine kubanische Lösung für Europa scheint um so wahrscheinlicher, als sie die auf Unabhängigkeit versessenen Gemüter verführt. Wie zum Beispiel den Admiral Sanguinetti, Pazifist und linksorientiert:

»Es gibt keinerlei Gemeinsamkeit zwischen den SS 20 und dem,

[1] *Newsweek,* 31. Januar 1983.

[2] Theo Sommer, »Wollen Sie auf einem Vulkan leben?«, in: *Die Zeit,* Nr. 12, 18. März 1983.

was beispielsweise die sowjetischen Raketen in Kuba dargestellt hätten ... im Gegenteil, die Pershing II, die imstande sind, das außereuropäische Rußland zu erreichen, sind eine Neuauflage von Kuba unter umgekehrtem Vorzeichen.«[1]

Man muß diese neue Geographie so verstehen: Das Rußland, das in Reichweite der Pershing II liegt, und das seit jeher als das europäische Rußland galt, muß künftig als »außereuropäische« Region eingeordnet werden, die zwar anvisiert werden darf, selber aber kein Recht auf Gegendrohung mehr hat; die Kubanisierung dieses künftigen Truppenübungsplatzes für Supermächte ist im Kopf des Admirals bereits so weit fortgeschritten, daß er nicht einmal das Bedürfnis verspürt, ein Wort über die Neudefinition der Kontinente zu verlieren, die er einführt. In welche himmlischen Gefilde verlegt er das Gebiet zwischen Kaliningrad-Königsberg und dem Ural? Politische Zugehörigkeiten spielen keine Rolle, ein diplomatischer Berater zweier Präsidenten einer »Rechts«-Republik ist auch der Ansicht, daß die sowjetische Forderung vom gleichen Kaliber sei wie »die Haltung, die vor zwanzig Jahren die Vereinigten Staaten einnahmen, als sie den Abzug der Raketen von Kuba verlangten«.[2]

Die Kubanisierung, die durch die Atomwaffenfreiheit des europäischen Westens (mit Ausnahme von England und Frankreich) eingeleitet wurde, wirkt sich nach und nach auf die militärische Situation insgesamt aus: »Für die Regierungsvertreter in Washington scheint es ein offenes Geheimnis zu sein, daß die Vereinigten Staaten nicht weiterhin eine Armee von über dreihunderttausend Mann in Europa unterhalten werden, wenn den Sowjets auch in Zukunft das Recht zugestanden wird, ihre Raketen auf den amerikanischen Generalstab und sämtliche Hauptstädte des Kontinents auszurichten, ohne daß die Vereinigten Staaten imstande wären, der Drohung durch dauerhaft stationierte amerikanische Nuklear-

[1] *Le Monde diplomatique,* Februar 1983, und *Cahiers du Forum pour l'indépendance et la paix,* Nr. 1, p. 22.

[2] Robin, *Le Monde,* 18. Januar 1983.

waffen zu begegnen.«[1] Diese Prognose ist so glaubhaft, daß sie mehr als ein diplomatischer Erpressungsversuch zu sein scheint. Eine GI-Truppe ohne strategische Waffen bildet kein Gegengewicht zu dem Angriffspotential der SS 20, sondern wird zu deren Faustpfand. Das russische Euroraketenmonopol vergrößert die Wahrscheinlichkeit der atomaren Abrüstung und infolgedessen der militärischen Neutralisierung des größten Teils von Westeuropa. Die sowjetischen Marschälle, die als einzige die Völker Europas mit einer »eurostrategischen« Vergeltung bedrohen können, sähen sich als kontinentale Polizeimacht bestätigt.

Es liegt ganz im Interesse der sowjetischen Seite, die Euroraketenkrise anzugehen, als handelte es sich um eine zweite Kubakrise. Nur wären die Konsequenzen eines russischen Sieges unvergleichlich einschneidender und beunruhigender, und das aus drei Gründen:

1) Westeuropa ist nicht Kuba, sondern die zweite Wirtschaftsmacht der Welt. Seine Kubanisierung, das heißt seine politisch-strategische Neutralisierung, würde die entscheidendste geopolitische Umwälzung der Erde seit 1945 bewirken.

2) In der Sowjetunion gelten andere Regeln als in der amerikanischen Demokratie. Die verstohlenen Eingriffe der USA in die inneren Angelegenheiten von Kuba können jederzeit von den Medien und von der Öffentlichkeit angeprangert und damit gebremst werden. Dem Kreml würde kein Riegel vorgeschoben, wenn er der vollkommen natürlichen Versuchung erlage, ein reiches und entwaffnetes Europa unter seinen Einfluß zu bringen. Das Abkommen, das die Kubakrise beendete, erwies sich als stabil. Ein für Moskau günstiger Ausgang der Europakrise würde sich zwangsläufig zutiefst destabilisierend auswirken.

3) Kuba ist eine Insel. Seine Geschlossenheit ist territorial vorgegeben. Die Einheit des alten Kontinents, die eher spiritueller Natur ist, wurzelt in einer Zivilisation, die seit Salamis und den Thermopylen voller Stolz ihre Unabhängigkeit behauptet und sich autori-

[1] J. Reston, *International Herald Tribune*, 16. Februar 1983.

tären oder von außen diktierten Einigungsbestrebungen widersetzt hat. Es ist wahrscheinlich und wünschenswert, daß der geopolitische Komplex Europa im Falle einer Kubanisierung erneut auseinanderbräche. In diesem Falle würde sich jedoch der Rhein anstelle von Elbe und Donau als Scheidelinie erweisen. Sind aller guten Dinge drei? Frankreich ging aus dem Ersten wie dem Zweiten Weltkrieg heil hervor. Es wurde von den Alliierten gerettet, weil es (durch de Gaulles Eingreifen 1940) Teil eines atlantischen Gefüges war, auch dann noch, als sich sein Hoheitsgebiet vollständig in der Hand der damals den Kontinent beherrschenden Macht befand. Deutschland setzte dagegen ganz auf Eurasien und bewertete zum eigenen Nachteil alles, was jenseits der Weltmeere liegt, als Quantité négligeable. Es wäre denkbar, daß es ein drittes Mal, diesmal unter pazifistischem Vorzeichen, dazu neigen könnte, Osteuropa den Vorzug zu geben, und damit der bereits angebahnten wirtschaftlichen und industriellen Eroberung, die noch durch den Versuch kultureller Vereinnahmung ausgebaut werden könnte. Ein derartiges Vorhaben setzt die stillschweigende Billigung des russischen Riesen voraus, dessen militärische Vorherrschaft Deutschland anerkennen würde, unter gleichzeitiger Nutzung von dessen technologischer Impotenz und geistiger Lähmung. Die Fata Morgana dieser unauffälligen Unterwanderung des sowjetischen Machtbereichs durch ein Deutschland, dessen Tatkraft mit den unter russischer Schirmherrschaft wachsenden Wiedervereinigungschancen sprunghaft zunähme, wird jenseits des Rheins in den unterschiedlichsten Kreisen gehätschelt, auch in solchen, die der Friedensbewegung ablehnend gegenüberstehen. Die unvollendete Kubanisierung eines solchermaßen entlang des Rheins in zwei Teile auseinandergebrochenen Europa würde zwischen »Atlantikern« und »Eurasiern« eine permanente Spannungszone schaffen, die für die Sicherheit des Kontinents außerordentlich riskant wäre. Auf die Kubakrise folgten zwanzig Jahre militärischen Friedens, eine kubanische Lösung der Euroraketenkrise trüge jedoch den Keim der Zwietracht und des erhöhten Risikos unterschiedlicher, unblutiger sowohl wie blutiger Konflikte in sich.

Blick von einer nuklear gerüsteten Halbinsel

Die Europäer haben »schon« zwei Weltkriege ausgelöst. Ihnen Waffen zu überlassen, die einen dritten entfachen könnten, stößt auf einige Einwände. Wenn diese vom Kreml erhoben werden, ist Vorsicht geboten. Wenn sie von ehemaligen Verantwortungsträgern des Pentagon formuliert werden, stellen sie eine Hypothek für die Zukunft dar: Diese Verfechter des »Einfrierens« der Nuklearpotentiale fordern von der NATO, für immer auf den nuklearen Erstschlag zu verzichten; auch auf einen Warnangriff im Falle einer gegnerischen Invasion: was gleichbedeutend ist mit der Aufgabe der atomaren Verteidigung, die seit dreißig Jahren Westeuropas Schutzschild war.[1)]

Die Sorge der amerikanischen Prälaten und Pazifisten, die das

[1)] Mac George Bundy, George F. Kennan, Robert S. McNamara und Gerard Smith, *Foreign Affairs*, Frühjahr 1982. Diese Autoren neigen dazu, den Verzicht eines Lagers auf die Möglichkeit, als erstes nukleare Verteidigungsmaßnahmen zu ergreifen (»first use«), mit dem strategischen Begriff des »Erstschlags« (»first strike«) zu verwechseln, wobei der letztere Begriff definiert wird als die Auslösung eines allgemeinen Atomkriegs durch einen den Gegner entwaffnenden »Präemptiv«-Schlag, mit der Absicht, das gesamte gegnerische Vergeltungspotential auf Anhieb zu vernichten. Das Konzept eines »first use« bestimmt seit 1947 das europäische Verteidigungsgefüge. Der »first strike« ist aus diesem Konzept ausdrücklich ausgeschlossen. Genau dieser Punkt wurde in der Entgegnung von K. Kaiser, G. Leber, A. Mertes und F. J. Schulz (*Foreign Affairs*) hervorgehoben. Bundy und seine politischen Freunde lassen einen entscheidenden Gesichtspunkt aus: Wenn es um Leben und Tod geht, ist die Beteuerung »Ich werde nicht als erster abdrücken« mit Vorsicht zu genießen. Nichts zwingt die Sowjets zu glauben, daß eine in die Enge getriebene westliche Armee moralische Verpflichtungen, zu denen sie sich in Friedenszeiten bekannte, einhalten würde. Entsprechend werden diese berufsmäßigen Atheisten zu nuklearen Kampfmaßnahmen greifen, als seien die Gelübde nicht ausgesprochen worden, und werden mit Feuereifer versuchen, der Gegenseite zuvorzukommen. Die einzige Methode, einen Gegner davon zu überzeugen, daß man seinen Revolver nicht ziehen wird, ist die, keinen Revolver bei sich zu tragen. Genau genommen ist die Konsequenz der Doktrin des »no first use« die atomare Abrüstung Westeuropas.

gesamte nukleare Verteidigungspotential »einfrieren« wollen, klingt aufrichtig, obwohl einige Bumerangeffekte abzusehen sind. Wenn Westeuropa nicht atomar verteidigt wird, wird es überhaupt nicht verteidigt werden. Noch nie hat ein wohlhabender und schutzlos dem erstbesten ausgelieferter Kontinent es verfehlt, Begierden zu wecken und erpresserische Streitigkeiten und Völkermorde auszulösen. Es ist keineswegs notwendig, die sowjetische Führung übermäßig zu dämonisieren, um die Wette zu wagen, daß es im Kreml nicht von kleinen Heiligen wimmelt. Andropow ist vermutlich nicht der Teufel, man braucht ihm nur die Durchschnittsmoral der Staatsmänner, die die Geschichtsbücher bevölkern, zuzugestehen, um zu ermessen, wie schwer es ihm fallen dürfte, den vielfältigen Versuchungen zu widerstehen, die von einem waffenlosen Europa ausgingen, das sich höchstwahrscheinlich vor lauter Hilflosigkeit seinen »friedfertigen« Forderungen beugen würde.

Man braucht nur einmal aufmerksam eine Weltkarte zu studieren, um zu begreifen, daß es außerhalb einer nuklearen Verteidigung keinen Schutz für Europa gibt:

– *Aus geographischen Gründen.* Die Überlegenheit der russischen Streitkräfte ist unanfechtbar, und zwar eher aus räumlichen Gründen als aufgrund der bereitstehenden Anzahl von Soldaten. Der Landstrich, der zwischen der potentiellen Frontlinie und dem Atlantik liegt, ist zu schmal, um die Wucht eines gegnerischen Überraschungsangriffs aufzufangen, der zwar aller Wahrscheinlichkeit nach »konventionell« geführt werden würde, aber unter Einsatz der modernsten technologischen Hilfsmittel (Schnelligkeit, Feuerkraft). Europa war Objekt und nicht Subjekt der Teilungsvereinbarungen von Jalta, militärisch konnte es den russischen und amerikanischen Armeen mit ihrem zwar noch immer klassischen aber doch kontinentalen Zuschnitt nicht mehr das Wasser reichen. Die elektronische und kybernetische Evolution vergrößert die Chancen eines Blitzdurchbruchs für den potentiellen Angreifer und eröffnet im gleichen Atemzug die Möglichkeiten einer »intelligenten« Verteidigung, vorausgesetzt, es bleibt genug Zeit dazu.

Das »Wunder der Marne« wiederholte sich 1940 nicht, die Motorisierung der deutschen Armee ließ den Franzosen nicht die Zeit, sich nach der anfänglichen Panik wieder zu fangen. Es gibt scharfsinnige Kenner der Materie,[1] die die Bauernguerilla von Mao Tsetung zur »Technoguerilla« der wissenschaftlichen Revolution umfunktionieren wollen, aber sie vergessen, daß deren Spiritus rector klar unterschied zwischen China, das einen lang anhaltenden Krieg verkraften kann, und einem Land wie Belgien, dessen verschwindend kleines Territorium eine derartige Möglichkeit ausschließt. Das kleine europäische »Kap« nähme sich in einem eventuellen computergesteuerten Krieg taschentuchklein aus, wie das zwischen seine Nachbarn eingeklemmte Belgien. Das Motto »sollen sie ruhig kommen, ich werde sie vom Fenster meines Salons auf »telematischem« Wege abschießen«, stellt eine ziemlich kurzsichtige Strategie dar... Zudem läßt sich eine Agrarwirtschaft in voneinander ziemlich unabhängige Mikroeinheiten aufteilen, die imstande sind, aus eigener Kraft einen Guerillakrieg von längerer Dauer durchzustehen. Die Zentralisierung des modernen Lebens, die Abhängigkeit von Energiequellen, die Dichte der Verteilungs- und Kommunikationsnetze machen aus dem aufgeklärten Homo technicus einen rasch erlahmenden Widerstandskämpfer, der sich, alleingelassen, an sein Zipfelchen Wissen klammert, weit entfernt vom einstigen Bauern, der sich breitbeinig auf seiner Scholle aufpflanzte wie eine Waffe, im Vertrauen auf die ihm von alters her vertraute Einsamkeit.

– *Aus gesellschaftlichen Gründen.* Die Entscheidung für Atomwaffen war zu Anfang ein Schritt, der gesellschaftliche Hintergründe hatte. Nach Beendigung des Zweiten Weltkriegs demobilisierten die Vereinigten Staaten unverzüglich ihre GIs, auf die Gefahr hin, in Europa ein militärisches Vakuum zu schaffen. Heute ist die amerikanische Regierung nicht mehr in der Lage, die allgemeine Wehrpflicht wieder einzuführen, die im sozialistischen Block mehrere Jahre dauert. Michael Howard, Militärhistoriker

[1] Horst Afheldt, *Verteidigung und Frieden*, Hanser, 1976, S. 225–288

aus Oxford, stellt fest[1], daß die abendländischen Nationen gegen 1953, als sie die Entscheidung für eine atomare Verteidigung fällten, die »preiswerteste« aller Lösungen wählten. Einige kritische Beobachter, die dies für eine Fehleinschätzung halten, meinen, daß geringfügige finanzielle Opfer ausreichen würden, um die westlichen Nationen mit ebenso üppig dimensionierten Armeen auszustatten wie die des Warschauer Pakts.[2] Derlei Ratschläge haben sich jeweils als fruchtlos erwiesen, denn die erforderlichen Investitionen sind in erster Linie existentieller Natur: Verlängerung des kasernierten Lebens, Pflege von Garnisonsmief und martialischem Liedgut, all der Unsinn, mit dem sich blühende Zivilisationen höchst selten abgeben. Die Demobilisierung der GIs im Jahr 1945 war kein Fehler von Truman sondern ein Zugeständnis an das Familienleben – das bald durch einen »Baby-Boom« honoriert wurde. Der Soldat wurde mit einer der Freuden belohnt, für die er sich soeben im Feld geschlagen hatte. Westeuropa zu militarisieren, um der Militarisierung des sowjetischen Lebens zu begegnen, wurde in den 50er Jahren als absurd und utopisch abgetan, und es hat nicht den Anschein, als entkräfteten die Neigungen und das bunte Glaubensspektrum der Atomgegner diese noch immer vernünftige Entscheidung.

Soll man lieber hinter einem ungewissen ballistischen Schutzschild in Frieden leben oder auf Dauer mobilisieren und im Kriegszustand existieren? Verehrte Friedensfreunde, spürt ihr nicht hinter der technologischen Maske unserer neuen Totentänze den Zauber einer uralten politischen Wahrheit:

Freut euch des Lebens, solang das Lämpchen glüht,
Pflücket die Rose, eh sie verblüht ...

Verwerft nicht voreilig den angeblichen Leichtsinn dieser Genießerhaltung. Unser guter alter Montaigne, der gegen seinen Willen in die leidvollen Wirren der Bürgerkriege verwickelt wurde,

[1] Michael Howard, *The Times*, 8. Februar 1983.

[2] William Pfaff, *International Herald Tribune*, 17. Februar 1983. Irving Kristol, *Wall Street Journal*, 13. März 1982.

schwingt, wenn es sein muß, den Degen, weigert sich jedoch, seine Bleibe in eine Festung und Kaserne zu verwandeln oder sein Leben damit zu verbringen, sein Leben zu schützen: »Von der Härte des Panzers fehlt euch jede Spur.«

– *Aus strategischen Gründen.* Die Abschaffung der Atomwaffen im europäischen Verteidigungskonzept eröffnet die – hier und da bevorzugte – Aussicht auf einen rein konventionellen Krieg. Der Vorteil läge nach Ansicht der amerikanischen Prälaten und ihrer Anhänger auf der Hand, da die atomare Abschreckung auf verbrecherische Weise Zivilbevölkerungen zu Geiseln macht. Soll dieser Vergleich eo ipso schrecklicher Risiken den Europäern etwa die Wahl zwischen Pest und Cholera für ihre Sphäre erleichtern?

Ein dritter, ebenso konventioneller Weltkrieg wie die beiden vorausgegangenen würde genauso wie ein atomarer Konflikt das Ende des alten Kontinents bedeuten. Wenn man das Risiko abwägt, auf das man sich durch die Wahrscheinlichkeit seines Eintretens einließe, begreift man, daß etliche Menschen, die nicht gerade zu den Böswilligsten oder Einfältigsten gehören, lieber auf die Furcht und das Quasi-Tabu setzen, die das mögliche Hochschaukeln eines Konflikts zum Atomkrieg im potentiellen Angreifer auslöst, als daß sie sich auf ein Gleichgewicht klassischer Streitkräfte verließen, das bisher noch keine einzige Vernichtungsschlacht verhindert hat.

Da Westeuropa bei jedem Fortschritt der konventionellen Rüstung wie ein strategisches Chagrinleder geschrumpft ist, machen Vernichtunskraft und Schnelligkeit, die die heutige hochentwickelte Technologie ständig erhöht, jegliches Bemühen um ein Gleichgewicht im überlieferten Sinn zur Farce. Der Überraschungsvorteil des Angreifers, der einen Feind ohne Nachschubgebiet unerwartet überfällt, ist derart groß, daß die westlichen Nationen eine menschen- und materialmäßig mehrfach überlegene Streitkraft aufbieten müßten, um sich vor unerwarteten Durchbrüchen sicher zu fühlen. Das würde die andere Seite wiederum umso mehr verunsichern. Die Balance konventioneller Sicherheitskräfte ist entschieden »wahnwitzig«. General Rogers, der den Ehrgeiz hat, sie zu verbessern, sieht dessenungeachtet wenige Stunden nach Ausbrechen der Feindseligkeiten den Einsatz von Atomwaffen in Mitteleuropa vor.

Der Leser kann sich das in jedem Falle fragwürdige Abzählen der Rüstungsgegenstände ersparen, von denen die beiden Elbufer starren. Der relative Vorteil des einen Lagers oder der Ausgleich von Panzern durch Panzerabwehr können in keinem Fall Schutz vor eventuellen Angriffen gewährleisten, die für sich den entscheidenden Vorteil des Überraschungseffekts verbuchen. Ein Toter ist ein Toter. Ganz gleich, welches die Waffe ist, die ihn tötet, bemerkt Monsignore Lustiger, Erzbischof von Paris.[1] Die Erfahrungen dieses Jahrhunderts legen die Vermutung nahe, daß die Zivilbevölkerung nicht verschont werden und sich wenig darum scheren wird, welcher Art am Ende die Granaten und Bomben sind, die sie unter die Erde bringt.

Dennoch beunruhigt die atomare Realität als solche. Müssen diese sogenannten Verteidigungswaffen nicht Ländern, die um ihre Sicherheit bangen, offensiv erscheinen? Ist nicht zu befürchten, daß die Euroraketen aggressiv wirken, als seien sie für den Erstschlag bestimmt? Müßte man es nicht als rationale Vorsichtsmaßnahme einstufen, wenn der sowjetische Generalstab »präventiv« oder, im akuten Krisenfall, »präemptiv« ein System zerschlüge, das ihm sonst den Garaus machen würde? Auf diese Weise käme es zum Ausbruch eines Kriegs, den niemand gewollt hätte, weil jeder der Meinung sein könnte, daß der andere im Begriff sei, das Feuer zu eröffnen. Die sowjetischen Leitartikler lassen sich die Gelegenheit nicht entgehen, dieses Argument, zu dem unabhängig Denkende sich bekennen, wortreich auszuschmücken. Es hat zwei Facetten, je nachdem, ob man davon ausgeht, daß es die Europäer wären, die die Pershing einsetzen, um die Feindseligkeiten zu eröffnen, oder die Amerikaner, die möglichst billig auf ihre Kosten zu kommen versuchen:

[1] *Der Spiegel*, Nr. 5, 1983.

1) Die Westeuropäer sind aus dem nämlichen Grund zur Verteidigung verdammt, der sie zur Nuklearverteidigung zwingt. Es ist absolut ungerechtfertigt, zu erwarten, sie wären nach ihrer jahrtausendalten kriegerischen Vorgeschichte urplötzlich friedliebend geworden. Aber sie würden einen bewaffneten Konflikt, sollten sie die Unvernunft besitzen, ihn auszulösen, nicht überleben. Die Anhänger der Friedensbewegung haben lang und breit und bis ins kleinste den Untergang der europäischen Hauptstädte beschrieben, dennoch bringen sie es nicht über sich, ihrem nächsten Nachbarn Angriffswillen zu unterstellen, selbst wenn er Uniform trägt. Aufgrund der Verwundbarkeit seiner Ballungszentren, der Dichte seiner Bevölkerung und Industrieansiedlungen, sowie seines verschwindenden Territorialumfangs kann Westeuropa eo ipso nur eine defensive Strategie entwerfen. Die Unwiderlegbarkeit dieser Tatsache wird noch krasser sichtbar, wenn ein möglicher bewaffneter Konflikt nukleare Dimensionen annimmt. Den russischen Strategen müßte es eigentlich gelegen kommen, wenn die Deutschen, die sie zum Erbfeind hochstilisieren, sich für die Pershing aussprechen: Wie sollten sie einen Angriff anzetteln, der ihrem eigenen Todesurteil gleichkäme?

2) Die Amerikaner bedienen sich dagegen, so geht das Gerücht, der europäischen Raketen, ohne sich selbst zu exponieren. Das ist die Umkehrung der »Abkoppelungs«-These. Ebenso wie die Russen ein Krieg in Europa verlocken könnte, bei dem die Amerikaner ins Abseits abgeschoben wären (das Szenario eines nuklearen Dünkirchen), könnte die Amerikaner die umgekehrte Konstellation reizen. Sie greifen Moskau von Frankfurt aus an und spekulieren, daß der Vergeltungsschlag Frankfurt trifft. New York bliebe unangetastet. Die Logik ist irreführend, denn wo der Pfeil auch immer herkommen mag, dem Getroffenen wird es darauf ankommen, sich am Schützen zu rächen. So sehr die Vereinigten Staaten und Deutschland sich auch aufgrund der natürlichen Gegebenheiten – zwischen ihnen liegt ein Ozean (wer auf die einen zielt, zielt nicht automatisch auf die anderen) als »entkoppelte« Zielscheiben darbieten, so unlöslich ist ein von einer in Mannheim abgeschossenen

Rakete getroffenes Moskau mit dem Moskau »gekoppelt«, das von Houston oder Tamanrasset aus beschossen würde. Es ist ein und dieselbe Stadt und ein und derselbe Untergang. Das Ziel und nicht der Ausgangspunkt des Angriffs »entkoppelt«, denn nur dieses allein bestimmt die Möglichkeit oder Unmöglichkeit eine Partei zu treffen ohne den Verbündeten in Mitleidenschaft zu ziehen. Die Problematik, zwei geographisch getrennte Angriffsobjekte, ein europäisches und ein amerikanisches, miteinander vereinbaren zu müssen, ist für das nordatlantische Bündnis praktisch seit seinen Anfängen eine Crux, ohne daß das andere, monozentristische Lager sich mit einem vergleichbaren Problem herumzuschlagen hätte. Jeder Sprengkopf, der auf dem »sozialistischen« Vaterland niedergeht, trifft dessen Lebensnerv, woher er auch immer kommen mag.

Mit einem gegen Moskau gerichteten Vernichtungsschlag würden die Amerikaner einen strategischen Schlag im wahrsten Sinne des Wortes führen; gleichgültig, ob er von einem U-Boot oder von irgendwelchen auf den fünf Kontinenten stationierten Abschußrampen ausginge. Sie würden sich in jedem Fall einem strategischen Vergeltungsschlag gegen ein gleichwertiges Objekt (eine amerikanische Hauptstadt) aussetzen.

Das ist der Grund, weshalb einer der verbissensten Gegner der Pershing II, die er als Waffe des »präemptiven Erstschlags« verteufelt, an anderer Stelle seines Buches einräumen muß, daß diese Erstschlagkapazität nichts ändert. Stellen wir uns doch tatsächlich einmal vor, das Pentagon führte diesen Erstschlag von europäischem Boden aus. Würde es darum dem sowjetischen Gegenschlag entgehen? »Allerdings hängt die Unversehrtheit der USA wiederum davon ab, ob die UdSSR bereit ist, zwischen dem interkontinentalen US-Nuklearpotential und den SACEUR assignierten LRTNF-Systemen der USA zu unterscheiden.« Wer entscheidet über den Vergeltungsschlag? Das Opfer. Und für dieses ist die Unterscheidung zwischen dem Oberkommando mit Sitz in Washington und der untergeordneten Befehlszentrale in Düsseldorf rein akademischer Art: »Vermutlich wird die UdSSR eine solche

Unterscheidung nicht vollziehen und auch nicht vollziehen können. Ein europäischer Nuklearkrieg wird sich so mit einer gewissen Zwangsläufigkeit auch auf die USA ausweiten. Zu betonen ist, daß sich dieses Problem auch mit der Einführung neuer, landgestützter Pershing II und Cruise Missile in Westeuropa nicht grundsätzlich ändert bzw. löst, da die Einsatzentscheidung auch dieser Systeme beim Präsidenten der USA verbleibt bzw. verbleiben soll.«[1] Aus der Feder eines von den Anhängern der deutschen und französischen Friedensbewegung gefeierten Fachmanns ist das ein gewaltiges Eingeständnis. Es ist »praktisch unvermeidlich«, daß die von den dämonischen Pershing-Raketen abgeschossenen Sprengköpfe exakt dieselbe Wirkung hätten wie die, die von den bereits über den ganzen Planeten verstreuten Systemen ausgingen. Ihre Aufstellung in Europa »ändert das Problem nicht grundsätzlich«, sie konfrontiert die Sowjetunion nicht mit einer noch nie dagewesenen Gefahr – denn ihre Interkontinentalraketen stellen ein garantiertes, abschreckendes Zweitschlagpotential dar, das zu 90 Prozent außer Reichweite der Pershing bleibt.

Die Stationierung der Pershing II stattet weder Europäer noch Amerikaner mit irgendeiner zusätzlichen Angriffskraft aus. Sie bringen die Russen um eine Erpressungsmöglichkeit. Quod erat demonstrandum.

Der Fuchs und die Truthähne

Der Eroberer Cortez und seine Handvoll spanischer Gefolgsleute wandten gegenüber dem Aztekenreich eine Taktik an, mit der sie scheinbar viel kostbare Zeit verloren. In einem praktisch aussichtslosen Belagerungszustand ließ Cortez einen funktionsuntüchtigen Katapult konstruieren. Er sollte die Feinde nicht physisch sondern symbolisch vernichten: »Auch wenn er keine andere Wirkung

[1] Dieter S. Lutz, *Weltkrieg wider Willen?* rororo-Taschenbuch aktuell, Hamburg 1981, S. 212.

gehabt hätte, als ihnen Angst einzujagen, was tatsächlich geschah, so war diese Angst so groß, daß wir annehmen konnten, der Feind würde sich ergeben, und das genügte uns.«[1] Die SS 20 haben, obwohl sie funktionstüchtig sind, die gleiche Wirkung wie die Wurfmaschine von Cortez: Solange die Warschauer Vertragsorganisation ihr eurostrategisches Monopol aufrechterhält, braucht sie nicht zu schießen, um einzuschüchtern. Der Katapulteffekt genügt.

Ohne vor dem Paradox zurückzuscheuen, macht sich der Kreml systematisch bei den Friedensbewegungen lieb Kind, obwohl er gleichzeitig abenteuerlich, wenn nicht sogar kriegerisch tönende Warnungen vom Stapel läßt. So enthüllt beispielsweise die sowjetische Nachrichtenagentur Nowosti die Strategie des »sofortigen Gegenschlags«, die im Hinblick auf die künftigen westlichen Raketen konzipiert wurde: »Die wenigen Flugminuten der Euroraketen bis zu den Grenzen der Sowjetunion schließen die Möglichkeit, mit nicht-militärischen Mitteln den Ausbruch eines kriegerischen Konflikts zu verhindern, aus. Ein nuklearer Vergeltungsschlag bleibt die einzige Möglichkeit im Rahmen der zu kurz bemessenen Vorwarnzeit. Es bleibt keine andere Wahl. Der Gegenschlag wird sich nicht nur gegen die amerikanischen Trägerwaffen richten, sondern gegen die Generalstäbe, Schaltzentren und Waffenlager, von denen sich etliche, wie man weiß, inmitten dichtbevölkerter Regionen der westeuropäischen Länder befinden.«[2]

Was für einen Aufruhr hätte das Pentagon ausgelöst, wenn es eine Doktrin wie diese für sich beansprucht hätte: Der sogenannte »Frühstart« (»launch on warning«) sieht vor, auf den Knopf zu drücken, »bevor es zu spät ist«, sobald nichtidentifizierte Flugkörper auf den Radarschirmen erscheinen. Die Agentur Nowosti geht ausdrücklich auf das Risiko ein, einen Krieg »infolge menschlichen oder technischen Versagens« auszulösen und lehnt von vornherein jegliche sowjetische Verantwortung ab.

1) Tzvetan Todorov, *La Conquête de l'Amérique*, Le Seuil, Paris 1982, S. 121.
2) *Le Monde*, 1. Dezember 1982.

Der für die zwischenmenschlichen Beziehungen abkommandierte russische Genosse hat richtig spekuliert. Das Communiqué löste nicht die geringste Entrüstungswoge aus. Der hochmoralische Ton der Entrüstung, den jegliche harte oder martialische Erklärung der verantwortlichen US-Politiker hervorruft, wurde nirgends angeschlagen. Einige Monate später wiederholte Marschall Orgakow, Generalstabschef der Streitkräfte der WVO die Warnung: Sobald ein Nuklearkrieg ausbricht, wird er »unausweichlich unbegrenzt, wir sind vorbereitet, die Raketen auf einfachen Alarm hin zu zünden.«[1] Die demonstrative Pantomime am Rand des Abgrunds läßt sich als Vorübung einer »indirekten Nuklearstrategie« deuten: »Indem sie die Angst vor dem Atomkrieg als modernisierte Form des *Agitprop* verwenden, versuchen die Sowjets das atlantische Bündnis mit seinen eigenen Verteidigungswaffen zu schlagen.«[2] Andropow, der die Unberechenbarkeit der eigenen Seite ungeniert zur Schau trägt, reizt die Pazifisten und heizt die Friedensbewegung an, ohne sie darum gegen sich zu kehren: Haltet euch zurück, oder es gibt ein Unglück, verkündet der Meister des Verhängnisses.

Handelt es sich um eine momentane Kriegslist oder um eine ausgereifte strategische Finesse? Es ist schon häufig auf die Ungleichheit der Rüstungsprogramme in West und Ost verwiesen worden, ohne für eine Erklärung zu sorgen. Der Westen neigt zur Miniaturisierung und Streuung entsprechend dem Entscheidungsspielraum, den er schafft, und dem er gleichzeitig gerecht zu werden versucht. Die Russen dagegen »haben ihre Mittel im wesentlichen auf landgestützte Systeme konzentriert, da sie den schweren

[1] *International Herald Tribune*, 17. März 1983. Die praktischen Beispiele sind noch augenfälliger: Die sowjetische Führung bekannte sich im nachhinein (im September 1983) – was auch immer der wahre Grund des skandalösen Vorfalles war – zu dem Mord an den 269 Zivilpassagieren der Boeing 747 einer südkoreanischen Fluglinie und gestand sich unverhohlen terroristische Methoden zu. Sie spekuliert darauf, die westlichen Friedensbewegungen umso mehr zu »ermutigen«, je härter und unbeugsamer sie sich zeigt.

[2] General Lucien Poirier, *Essais de stratégie théorique*, Paris, 1982, S. 280.

Waffen den Vorzug geben«,[1] sie widmen sich lieber der Quantität der megamörderischen Sprengstoffe als ihrer qualitativen Differenzierung. Man mag – unter dem Vorbehalt einer näheren Überprüfung – die entschuldigende Erklärung des Admirals Sanguinetti annehmen, der in dieser Vorliebe für die thermonuklearen »dicken Bertas« schlicht die Auswirkung eines technologischen Rückstands sieht. Dennoch ist offenkundig, daß die Sowjets aus diesem Umstand einen unübersehbaren indirekten Nutzen ziehen: Je schrecklicher sich die Todesmaschine darstellt, desto schreckgebietender wirkt derjenige, der damit herumhantiert.

Indem er mit seinem Katapult droht, verwandelt Cortez in einem »Kommunikationskrieg«, dessen Prinzipien von Napoleon und Clausewitz ziemlich vernachlässigt wurden, eine technische Schwäche in einen psychologischen Vorteil. Eine Handvoll Konquistadoren bemächtigte sich des Aztekenreichs ohne große Schlachten zu liefern. Millionen von Indianern wurden durch den Verfremdungseffekt eines Schreckgespenstes besiegt; »der Verstand ist dahin, die Weisheit ist dahin«, berichten die indianischen Chronisten. Die Niederlage durch die Waffen ist nicht Ursache sondern Wirkung. Der spirituelle Zusammenbruch des präkolumbianischen Mexiko ist seiner militärischen Kapitulation vorausgegangen, »das alles konnte geschehen, weil das interne Kommunikationssystem der Mayas und Azteken zusammenbrach.«[2] Die kleine Truppe von Cortez siegt im Handstreich; ihre Art zu kämpfen, zu verhandeln, zu versprechen und nicht zu halten, bringt die Denkkategorien der Gegner völlig durcheinander, sodaß sie ohnmächtig den Spaniern ausgeliefert sind, die sie als Götter oder wilde Tiere betrachten, unfähig, in ihnen ihr Alter ego zu erkennen. Der trügerische Katapult enthüllt sich dergestalt als metaphysische Maschine, die Furcht, die er einflößt, bewirkt nicht eine schlichte Wahrnehmungsstörung, sondern erschüttert ein lebenswichtiges Bezugssystem. Es geht weniger darum, den Gegner zu

[1] *Le Monde*, 13. April 1983. *International Herald Tribune*, 12. März 1983.
[2] T. Todorov, *op. cit.* S. 67.

täuschen (was der Fall gewesen wäre, hätte Cortez es mit anderen Spaniern zu tun gehabt), als geistig zu desorientieren: Cortez bezweckt nämlich keineswegs, die Pläne Montezumas zu durchkreuzen, er will ihn vielmehr daran hindern, überhaupt zu planen. Die Panik des einen ist somit gleichbedeutend mit dem Sieg des anderen.

Nach der Clausewitzschen Sprachregelung bezeichnet man als Strategie ein Vorgehen, das darauf angelegt ist, ins gegnerische Machtzentrum vorzudringen und es derart durcheinanderzubringen, daß der Gegner dazu gebracht wird, sich dem Willen oder dem Friedensdiktat des anderen zu beugen. Zu bestimmten Verunsicherungstaktiken – die darauf abzielen, während des Kampfes Verwirrung in den gegnerischen Reihen zu stiften – muß eine Strategie des Schreckens hinzukommen, die den Sieg durch die Zerschlagung der sozialen Kommunikation anstrebt, welche den Gegner so kopflos macht, daß das militärische Todesurteil vorbereitet oder überflüssig gemacht wird. Diese praktische Nutzung des Schreckens bräuchte kein Hiroshima, um ihre horrende Wirksamkeit zu beweisen. Die Bombardierung der flüchtenden Zivilisten und die Geräusche der angreifenden Stukas beschleunigte 1940 den französischen Zusammenbruch. Die vietnamesischen Kommunisten beendeten die Eroberung des Südens, indem sie vor ihren Truppen Millionen von Flüchtlingen hertrieben, welche die bis dahin noch funktionierenden Verteidigungsstellungen überfluteten und den Vormarsch verlangsamten.

Welcher Mechanismen bedient sich die Strategie des Schreckens zur Steuerung der Panikreaktionen? Eine Fabel von La Fontaine deutet es mit feiner Ironie an:

Der Fuchs und die Truthähne

Vom Fuchs gefährdet, hatten sich
Als Festung einen Baum erwählt der Puter Scharen.
Der Schelm umkreist den Wall und sah höchst ärgerlich,
Daß alle auf dem Posten waren.

Da rief er aus: »Wie? Dies Gesindel spottet mein!
Und sollen dem Gesetz Trotz bieten sie allein?
Nein, bei den Göttern, nein!« – Er tat, wie er beschlossen.
Hell schien der Mond, als wollt, Herrn Reineke zum Possen,
Dem Truthahnvolk er recht beweisen seine Gunst.
Der Fuchs, kein Neuling mehr in der Belagrungskunst,
Hat seinen ganzen Schatz ruchloser List entboten:
Er setzt, als klettre er, sich auf die Hinterpfoten;
Bald stellt er tot sich, bald als ob erwacht er wär –
Hanswurst könnt besser nicht als er
So viel verschiedne Rollen spielen:
Er wedelt mit dem Schwanz – kurz, er macht, wie gesagt,
Späße, wie sie ihm grad einfielen,
Indes kein Puterhahn nur einzuschlummern wagt.
Der Feind ermüdet sie, da sie den unverwandten
Blick stets auf *einen* Punkt nur spannten.
Die Ärmsten fielen, ganz geblendet mit der Zeit,
Eins nach dem andern ab; gleich schafft' er sie beiseit,
Und schließlich unterlag die Hälfte fast von allen.
Er birgt im Vorratsschrank sie, bis er sie verspeist.
Zu ängstlich die Gefahr beachten ist zumeist
Der beste Weg – hineinzufallen.

Der Fuchs der Fabel ist ein Meister der Täuschung, er macht mangelnde Stärke durch listige Manöver wett. In diesem Fall demonstriert er dank einer außerordentlichen Doppelfinte eine Stärke, die er gar nicht besitzt. Bei seiner Begegnung mit dem Raben in einer anderen Fabel spielt der Fuchs den Schmeichler, kuscht und stibitzt ihm in aller Freundschaft seinen Käse. Stalin, der sich selbst zum Friedenssoldaten Numero eins ernannt hatte und als erster den Appell von Stockholm unterzeichnete (welcher ein Verbot von Atomwaffen zum Ziel hatte, über die Rußland seinerzeit nicht verfügte), war vom gleichen Schlag. In seinem Tête-a-Tête mit den Truthähnen tut der Fuchs, Hinterlist in Potenz, als führe er nichts Böses im Schilde und könne kein Wässerlein trüben, droht umso unverblümter, nimmt die Wirklichkeit vorweg, bei seinem Täuschungsmanöver geht es nicht mehr um den Zweck, sondern um die Ausführung. Er »andropowisiert«, das heißt, er setzt die Macht, die ihm fehlt, in Szene und erwirbt sie so.

Im Gegensatz zum Raben fallen die Truthähne nicht einer Selbsttäuschung zum Opfer. Sie erkennen die Realität wie sie ist: Der Fuchs ist Liebhaber von Lebendfleisch. Und Andropow, wie jedermann weiß, Spezialist für Konzentrationslager-Architektur. Eine Strategie des Schreckens will weder verdecken noch verschleiern, sie wendet sich an illusionslose Augen und bannt ihren Blick. Mit seinen Mätzchen zieht der Fuchs die Blicke auf sich, er fasziniert, das Truthahnvolk gibt die interne Verständigung auf, das Schauspiel zerstört die Beziehungen zwischen den Zuschauern, jeder, der von einem zu starken Bild gebannt ist, bricht den Kontakt ab und verliert seinen Halt. Die Truthähne sind hypnotisiert, wird man sagen; gewiß, aber vom einzigen unerträglichen und undenkbaren Ereignis, dem man ebensowenig ins Auge sehen kann wie der Sonne, und zu dessen Spiegel sich Reineke macht: dem Tod.

Andropow lügt nicht. Er belehrt jeden, der es nicht hören will, daß Europa vergänglich ist. Und Europa wird vielleicht in den Tod rennen, fasziniert von dem, wofür es weder Gedanken noch Ohren hatte, weil es sich in der Vorstellung von der eigenen Unsterblichkeit häuslich eingerichtet hatte.

Der schlußendliche Sturz der Truthähne wird nur aufgrund einer Verkehrung ihres Wahrnehmungsfeldes unvermeidlich; sie verlieren das Gefühl für die Distanz; ein einziger Punkt – »da sie den unverwandten Blick stets auf einen Punkt nur spannten« – nimmt den ganzen Raum ein. Die äußere Zeiteinteilung löst sich auf; die Truthähne sehen sich bereits zwischen den Reißzähnen des Jägers. Die innere Zeit erstarrt zum Jüngsten Gericht, »indes kein Puterhahn nur einzuschlummern wagt«. Stellen wir uns vor, daß westliche und östliche Euroraketen einander eines Tages gegenüberstehen. Das einzig neue Risiko gegenüber dem alten Gleichgewicht des Schreckens liegt in den um die Hälfte verkürzten Zeitspannen zwischen der Zündung und der Zerstörung des angezielten Objekts: rund zehn Minuten, um die ein allerletztes Feilschen, eine Umkehr in letzter Sekunde verkürzt werden. Dieses Risiko wird von den sowjetischen Machthabern in alle Welt ausposaunt, sie beteuern, daß sie nicht bereit seien, es in Kauf zu nehmen, während sie es den anderen zumuten. Nichtsdestoweniger sind sie es eingegangen, und nicht einmal leichtfertig. Es ist ein notwendiges Spannungsmoment in der Hypnosewirkung, die sie ausstrahlen. Weil sie sich ihr unvermeidliches Ende unablässig vorbeten, unterliegen die Truthähne als Gefangene einer Geschichte, die sie sich selbst eingeredet haben. Alfred Mechtersheimer, Friedensforscher seines Zeichens,[1)] hat errechnet, daß, wenn man pro Jahr von einem dreiprozentigen Atomkriegsrisiko ausgeht, die Hälfte der gegenwärtigen Bevölkerung durch einen derartigen Krieg den Tod finden wird, daß also die Fortführung der Abschreckungspolitik automatisch zur Katastrophe führe. Eine ähnlich phantastische Prozentrechnung gestattet Keynes den Beweis, daß Jesus Christus, wenn er sparsamer gewesen wäre und seinerzeit einen Heller zu drei Prozent angelegt hätte, heute über ein Vermögen verfügte, das umfangreicher wäre als der Erdball. Zeit, Raum und Relativitätsgefühl gehen verloren, wenn die Truthähne die Katastrophe akkumulieren lassen wie Perrette die Dividenden ihres Milchtopfs.

Man unterstellt allzu leicht, daß die thermonuklearen Arsenale nutzlos seien, da ihr Einsatz all unsere Irrungen und Wirrungen beenden würde. Dabei vergißt man, daß diese Waffenlager ihre gesicherte Wirkung aus unseren Unsicherheiten und ihre schmerzlichen Effekte aus unserer Unempfindichkeit beziehen, und daß sie uns, indem sie uns mit dem Unmöglichen konfrontieren, unweigerlich auf uns selbst verweisen. Die megamörderischen SS 20 sollen zu nichts nütze sein? Doch. Sie machen das Spiel vom Fuchs und den Truthähnen möglich, mit Andropow in der Rolle von Cortez und einigen Millionen friedensbewegter Statisten, die sich um den Part von Montezuma reißen.

[1)] Alfred Mechtersheimer, *Rüstung und Frieden*, München, 1982

Gedanken in letzter Minute: Die Stärke des Schwachen und die Schwächen des Starken

Europa hat einen Vorsprung: Der Sog des Abgrunds, dessen strategische Möglichkeiten der Fuchs, alias Andropow, sondiert, verschont die Großmächte keineswegs. Die Anrainer der beiden Atlantikküsten sitzen im gleichen Boot, und die Abschreckungsprobleme Europas machen die immer beunruhigenderen Spitzfindigkeiten der interkontinentalen Abschreckung weder größer noch kleiner. Der Europäer scheint tiefer verstrickt und spielt insofern die Rolle des Vorreiters. Mit einer Nasenlänge Vorsprung macht er die Erfahrung, daß die Abschreckung alles andere ist als ein bloßes Zweck-Mittel-Kalkül oder ein schlichter physischer Vergleich von Gefechtskopfvorräten, sondern vielmehr in erster Linie, und zwar zunehmend, eine Sache, die den Kopf angeht: Die Frage ist allerdings dann, ob man ihn verliert oder auf den Schultern behält.

Der hier in Europa laufende Raketenstreit hat jenseits des Atlantiks inzwischen seine Entsprechung gefunden, denn Planung und Entwicklung der riesigen MX-Raketen werfen ganz ähnlich gelagerte Fragen auf. Das sowjetische Vernichtungspotential konzentriert sich in den gewaltigen landgestützten Raketen mit ihren Mehrfachsprengköpfen – den SS 17, SS 18 und SS 19. Sie können, und dies sozusagen auf einen Schlag, die Mehrzahl der auf amerikanischem Territorium stationierten Boden-Boden-Raketen ausschalten.[1)]

Gegenüber dieser vernichtenden Erstschlag-Drohung erschiene es die naheliegendste Gegenmaßnahme zu sein, ebenso niederschmetternde amerikanische Monster bereitzustellen. Dagegen spricht, aus ebenso naheliegenden Gründen, daß diese Dinosaurier die Wahrscheinlichkeit eines gegnerischen Erstschlags absolut nicht verringern, sondern erhöhen. Bevor sie ins Schwarze treffen,

[1)] *International Herald Tribune*, 30. Juni 1983.

sind sie selber Zielscheibe. Sie bieten sich an für prophylaktische »chirurgische Eingriffe«.[1)]

Wie im Fall der Euroraketen spielt sich die Debatte auf zwei Ebenen ab, deren Wechselwirkungen für allerlei Verwirrung sorgen. Die erste Frage, die sich erhebt, ist technischer Art: Soll man die MX im Verband oder verstreut aufstellen, sie in den Silos unterbringen, deren Abschirmung nie hundertprozentig unverwundbar ist[2)], oder sie permanent durchs Land spazierenfahren, um sie unauffindbar zu machen, auf die Gefahr hin, die Anwohner zu traumatisieren?[3)] Soll man daran gehen, sie durch kleinere, zahlreichere, leichter verbreitbare Raketen (Midgetman)[4)] zu ersetzen? Die Fragen der Rüstungsoptimierung werden in erster Linie unter Amerikanern (Regierung, Kongreß, Generalstab, Öffentlichkeit) ausgehandelt, und in zweiter Linie innerhalb der amerikanisch-russischen Gesprächsrunden über Rüstungsbeschränkung (Genf). Umgekehrt wird die europäische Dosierung (Cruise Missiles und Pershing-Raketen einerseits und SS 20 andererseits) vorrangig zwischen den Blöcken ausgehandelt, und erst an zweiter Stelle unter »Atlantikern«. Eine zweite Frage von noch gewaltigerem Ausmaß schwingt insgeheim in der ersten mit, und diese dreht sich nicht mehr um die Aufstellung, sondern um die Existenz von Waffen vom Kaliber der MX an sich. Hinter der Technik steht hier die ethische Dimension zur Debatte.

Die Atomstreitkräfte bilden eine Dreiheit aus Luft-, Land- und Seestreitkräften. Lediglich die dritte Komponente scheint unverwundbar zu sein. Die raketenbestückten, atombetriebenen Unterseeboote entziehen sich jeder Ortung durch Radar oder Laser, sie sind gegenwärtig unauffindbar. Sie stellen infolgedessen die letzte

1) H. Scoville, *International Herald Tribune*, 17. Dezember 1982. Ders.: *MX Prescription for Disaster*, MIT, 1981. T. Wicker, *id.*, 9. Juni 1983.

2) *International Herald Tribune*, 25. November 1982 (Kostas Tsipis), 12. April 1983.

3) *International Herald Tribune*, R. Halloran, 5. Januar und 1. März 1983.

4) *International Herald Tribune*, 9. Februar, 1983; *L'Express*, 16. Oktober 1981.

Rettung dar. Selbst atomar verwüstet von einem skrupellosen Gegner kann eine Nuklearmacht den Angreifer noch immer bestrafen, indem sie es ihm aus der Tiefe der Meere heimzahlt. Diese Zweitschlaggarantie verleitet zahlreiche Atomwaffengegner dazu, als Übergangslösung vorzuschlagen, die nukleare Verteidigung einseitig unter die Meeresoberfläche zu verlegen. Der Gedanke wirkt durchaus verführerisch auf einige Admiräle, die sich jedoch absolut nicht in der Lage sehen, die Unverwundbarkeit ihrer Schiffe auf Jahrzehnte hinaus zu gewährleisten. Wie ein Damoklesschwert hängt über ihnen die Möglichkeit einer technischen Revolution auf dem Gebiet der Echolotung. Sämtliche Großmächte arbeiten daran, man kann nur noch nicht auf den Tag genau voraussagen, wann es so weit sein wird, daß die sichtbar gewordenen U-Boote wie die Hasen abgeschossen werden können. Die Abschreckungsstreitkräfte sind also dazu verurteilt, die »Triade« beizubehalten, indem sie die drei Waffengattungen kombinieren, und deren jeweilige Mängel durch ihre entsprechenden Qualitäten (Verwundbarkeit, Zielgenauigkeit, selektive Einsetzbarkeit, Schlagkraft, Beweglichkeit) zu kompensieren.[1)]

Es ist falsch, das System der wechselseitig gesicherten Zerstörung (MAD – mutual assured destruction) für überholt zu erklären. Es herrscht ungebrochen, nur ist sein Fortbestand fragwürdig und unwahrscheinlich geworden. Jede Abschreckungsmacht bleibt, sofern sie über eine Zweitschlag-Kapazität verfügt, aufgrund ihrer Fähigkeit, die erlittenen Schäden zu »vergelten«, nach wie vor unangreifbar. Wer zuerst abdrückt, verschafft sich keinen unabänderlichen Vorteil. Aber den Vergeltungsschlag genau zu dosieren ist ein Problem, das das ganze System verwundbar macht. Die Zerstörungskraft des Atoms nimmt quantitativ zu (durch die Sprengkraft) und qualitativ ab (durch die Miniaturisierung der Ladungen). Wenn die Wirkung der überfrachteten Trägerwaffen immer durchschlagender wird, gerät das Gleichgewicht des Schreckens aus den Fugen, und Zweifel macht sich breit.

1) *International Herald Tribune*, J. R. Schlesinger, 30. November 1982.

Nicht MAD, sondern die Technokratie verliert ihre Glaubwürdigkeit. Obwohl die Abschreckungsstreitkräfte heute ebenso wie gestern im Falle eines unvorhergesehenen Angriffs über ein gesichertes Vergeltungspotential verfügen, macht sich der Eindruck, daß »nichts mehr wie früher ist«, in Fachkreisen und in der Öffentlichkeit breit.

Was ist aus den einstigen Gleichgewichtskonstruktionen geworden, die von der Technologie untermauert, von der Diplomatie hochgelobt und bis aufs Komma genau von den Forschungs- und Entwicklungsbudgets verwaltet wurden? Rückblickend zeugt der offensichtliche Automatismus, der dem MAD-System zugewiesen wurde, für die apolitische und im wesentlichen technizistische Einstellung, die sich der amerikanischen Sicherheitspolitik bemächtigt hatte.[1] Man hegte lange Zeit die Auffassung, zwischenstaatliche Beziehungen auf schlichte Rentabilitätsrechnungen reduzieren zu können; inzwischen wird allerdings immer offenkundiger, daß die Erwägungen, um die es in den wirklichen Schicksalsfragen geht, weit über den rein prosaischen Horizont des Homo oeconomicus hinausgehen.

Stellen wir uns folgende Situation vor: Die Festung Amerika (oder Rußland) war Gegenstand einer ersten waffenstrategischen Salve, die alle ihre landgestützten militärischen Einrichtungen ausradiert hat. Das amerikanische (oder russische) Staatsoberhaupt steht vor der Frage: Wenn sein Land, wie angekündigt, »Vergeltung übt«, »gewinnt« es die Verwüstung – beispielsweise – der gegnerischen Großstädte, aber es gibt gleichzeitig alle eigenen Großstädte der Vernichtung preis (die der Feind beim zweiten Mal nicht mehr verschonen wird); wenn er nicht Vergeltung übt, steckt er ohne Gegenwehr einen Counterforce-Schlag ein (die U-Boote, die er noch behalten hat, eignen sich aufgrund ihrer mangelnden Genauigkeit eher für die städtestrategischen Schläge), sein Verzicht auf einen Gegenschlag sichert ihm einen Platz im Paradies, unterminiert aber seine irdische Glaubwürdigkeit und macht ihn

1) Edward N. Luttwak, *Strategy and Politics*, 1980, S. 43.

vermehrt erpressbar – wer einmal nachgegeben hat, wird immer nachgeben, unterstellt der Sieger des Tages.

Die Relation von Gewinn und Verlust, von der man annimmt, daß sie das Verhalten der mit der Abschreckung operierenden Mächte plausibel macht, ist alles andere als klar: Soll ich New York opfern, um meine Entschlossenheit zu dokumentieren (was nützt sie künftig noch?), oder soll ich mich unglaubwürdig machen mit der unverteidigten Schlüsselstadt New York? Nach einem Schlag gegen die eigenen Militäreinrichtungen gerät ein Präsident mit seinem Kalkül in Verlegenheit, die Glaubwürdigkeit eines automatischen Gegenschlags scheint zutiefst zweifelhaft. Aber, wird man sagen, wer als erster schießt, steckt in einem vergleichbaren Schlamassel, den Prozeß auszulösen erscheint höchst irrational. Wahrlich. Was den Erstangreifer abschreckt, ist die hohe Wahrscheinlichkeit, seinerseits Gegenstand eines Vergeltungsschlags zu werden. Wenn er sich imstande sieht, dem Gegner eine Wunde zu schlagen, die tief genug ist, daß dieser mit einem Gegenschlag zögern könnte, sinkt seine Hemmschwelle. Im Rahmen dieser rein ökonomisch ausgerichteten Rechnung bietet das wachsende Ausmaß der Schäden dem, der als erster losschlägt, einen Pluspunkt. Nach meinem Schuß muß der andere zweimal nachdenken, ich brauche also nur halb soviel nachzudenken.

Die Glaubwürdigkeit eines Gleichgewichts des Schreckens ist eng an die Vorstellung gebunden, die sich derjenige, der als erster schießt, von den Vorstellungen desjenigen macht, der als zweiter schießen muß. Der innere Monolog, der dem zweiten in seiner Verteidigerposition unterstellt wird, ist der Angel- und Drehpunkt jeder Abschreckung. In diesem Punkt ist am Axiom Thomas von Aquin – Clausewitz nicht zu rütteln: Wer Widerstand leistet setzt den Krieg in Gang und bestimmt seinen Preis. Um die Brauchbarkeit von strategischen Überlegungen zu beurteilen, muß man sie durch die Brille des – russischen oder amerikanischen – Verantwortlichen untersuchen, der die erste vernichtende Salve abbekommen hat. Was für ein Bild bietet sich diesem Verwalter von Beinah-Ruinen? Der technizistische und ökonomische Anstrich, mit dem man einst seine letztinstanzlichen Entscheidungen verbrämte, schmilzt wie Schnee an der nuklearen Sonne. Er befindet sich in einer zweifach unvorhergesehenen Lage. Seine Stärke und seine Schwäche hängen mehr von seiner Kampfmoral, ja sogar von seiner moralischen Rüstung ab, als von seinen Waffen:

1) Im Gegensatz zu demjenigen, der als erster angegriffen hat und noch über seine Streitkräfte verfügt, ist er nur noch im Besitz eines Teils der seinen. Die nukleare Kräftebalance und das ausgeklügelte Rüstungsgleichgewicht, die sein ganzer Stolz waren, existieren nicht mehr. Der Superpräsident der Supermacht, der seine englischen und französischen Kollegen mit ihren »kleinen« nationalen, nuklearen Streitkräften mit verächtlichen Blicken maß, sinkt auf dieselbe Stufe hinunter. Wenn die Drohgebärde »des Schwachen gegenüber dem Starken« ihm zuvor absurd und unrealistisch erschien, so muß er sich hinfort mit dieser Absurdität abfinden. Die Supermacht, die die Initiative ergriff, hat ihr Alter ego verkürzt. New York oder Moskau von so etwas wie ein oder zwei französischen »Forces de frappe« verteidigt, wer hätte das gedacht?

2) Angesichts der äußersten Gefahr kann er sich nicht darauf beschränken, das Problem zu teilen, um es besser in den Griff zu bekommen und die Vernichtung von Moskau gegen die von New York auszutauschen, die von Leningrad gegen San Francisco und die von Kiew gegen die von Chicago. Das Absurde liegt nicht darin, sich der Devise »Freiheit oder Tod« zu verschreiben, sondern so zu tun, als sei diese Wahl mit der Rationalität des Apothekers wägbar und Sache eines reinen Kostenvergleichs. Wie er auch entscheiden mag, der Präsident der Stunde des Schreckens hat es mit dem Unveräußerbaren zu tun, er veranschlagt unbezahlbare Größen – Freiheit, Leben – und wägt das Unwägbare. Alles für das Leben hinzugeben oder alles für die Freiheit zu opfern sind gleichermaßen paradoxe Maximen, denn von diesem »Alles« ist das Leben ein Teil, ebenso wie die Freiheit. Die atomare Drohung enthüllt letzten Endes die allgemeingültige existentielle Wahrheit, daß man nämlich, um sein Leben zu retten, imstande sein muß, es

zu opfern. Der Präsident einer Nuklearmacht täte besser daran, Corneille zu lesen als seine Haushaltspläne.

Kehren wir noch einmal zur Ausgangsposition zurück. Ich kann dich dazu überreden, mich nicht anzugreifen, wenn du mit meinem Gegenangriff rechnen kannst, wie groß die Verluste auch sein mögen, die du mir durch einen Überrumpelungsangriff zufügen könntest. Die Folgen liegen auf der Hand: Anstelle des Rufes eines fanatischen Anhängers der ökonomischen Rationalität gewänne ein solcher Präsident das Image eines Liebhabers des klassischen Theaters:

> L'esclavage aux grands cœurs n'est point à redouter;
> Alors qu'on sait mourir, on sait tout éviter.
> (Kühne Geister brauchen die Sklaverei nicht zu fürchten;
> Wenn man zu sterben versteht, ist man für alles gewappnet.)
>
> SOPHONISBE (II, V)

Friede und Spiritualität

Die prunkvollen Waffenarsenale und die ausgeklügelten Bündnissysteme, mit denen sich eine Nuklearmacht ausstaffiert, sind nur Beiwerk. Letzten Endes hängt ihre Glaubwürdigkeit von der Entschlossenheit ab, um jeden Preis Widerstand zu leisten, und von dem Nachdruck, mit dem sie diese im vorhinein bezeugt. Die schwindelerregende Dimension des Abgrunds, die das Kalkül des bedrohten Abschreckers und des drohenden Abgeschreckten aushöhlt, verleiht dem materialistischen und mathematisierten Universum des Sprengkopfabzählens einen spirituellen Aspekt, und zwar in zweifacher Hinsicht. Zunächst einmal entziehen sich die äußersten Entscheidungen – lieber das Leben, lieber die Freiheit – den Gewichten und Maßen, sie machen sich an irgendeinem obskuren höchsten Gut fest, dessen Suche anfänglich in der europäischen Tradition den *Geist* ausmachte. Zum anderen schließt die vorwegnehmende Mutmaßung über das, was kommen wird, jegliche materielle Beweisführung aus und siedelt im Kern der Abschreckung die paradoxe Ungewißheit der Dinge des Gefühls und, wiederum, der Dinge des Geistes, an.

Ich lüge, ich liebe dich, ich schrecke dich ab, sind wesensverwandte Aussagen, in denen die gemeinte Wahrheit zurückverweist auf die Wahrhaftigkeit des Gemeinten, ohne daß eine zwangsläufige Übereinstimmung zu erwarten wäre: Wer will wissen, ob ich, indem ich »ich« ausspreche, mich ausdrücke? Das Prinzip der Abschreckung bringt eine Flut von Waffen und Erklärungen hervor, es hat ständig das Bedürfnis, sich zu bestätigen, was im Grunde beweist, daß ihm ein Zweifel innewohnt, der nicht aufhört, es zu schwächen. Seine immanente Unsicherheit erzeugt die fieberhaften Oszillationen, die die Tageszeitungen dann Aktualität nennen.

Sie teilen mit, daß die Welt enden kann, und daß allein diese Möglichkeit sie zur Welt macht, also Frieden bedingt für weitverstreute oder feindliche menschliche Gemeinschaften. Das alles fügt sich vor unseren Augen nur zum Ganzen aufgrund seiner dauerhaften Konfrontation mit dem Nichts. Daß die Welt in nihilo enden könnte, wie sie ex nihilo begann, war allgemeingültige, wenn auch immer wieder verworfene Wahrheit; Religionen und Mythologien rufen sie unermüdlich in Erinnerung, indem sie die Sintflut beschwören, während mehr oder weniger atheistische Weltanschauungen zyklische Weltbrände voraussagen, die Götterdämmerung oder, prosaischer ausgedrückt, die Erkaltung der Sonne und das Erfrieren des Erdenvolks. Die grundsätzliche Endlichkeit drängt sich heute unvergeßbar auf. »Innerhalb der ersten Minuten eines Nuklearangriffs von zehntausend Megatonnen gegen die Vereinigten Staaten würden, während sich weißglühende Felder über den Metropolen ausbreiten, Städte und Vororte blitzartig aufleuchten ...«[1)] Ein von der Weltgesundheitsorganisation veröffentlichter Bericht führt aus, daß ein »totaler« Nuklearkrieg, in dem (»nur«) die Hälfte des geschätzten Atomwaffenpotentials zur Anwendung käme, den Tod von einer Milliarde Menschen und eine entsprechende Anzahl von Verwundeten bedeuten würde, wobei die Möglichkeit, die Versorgung der Überlebenden zu gewährleisten »praktisch gleich Null«[1] sei.

Jegliches Friedenskonzept, das sich aus der Katastrophe rechtfertigt, die es – und sei es nur als Lippenbekenntnis – verwirft, nimmt für sich das uralte philosophische Streben in Anspruch, die Phänomene zu retten, sich der Erscheinung des Erscheinenden (sozein ta phainomena) anzunehmen. Heißt das, daß der Status quo sich wohl oder übel als höchstes Gut durchsetzt, und daß es gilt, alles hinzunehmen?

Die jählings ins Atomzeitalter versetzten Politiker und Forscher gaben sich anfänglich analytisch, objektiv, neigten eher zum Feilschen als zum Idealisieren. Kurz zuvor, im Jahr 1945, hatte Frank Capra unter dem Titel »Warum wir kämpfen?« eindrucksvoll den Geist des Widerstandskampfes gegen Hitler dargestellt. Die ersteren dagegen zogen die nüchterne Suche nach dem »Wie« vor; sie untersuchten, wie gekämpft und zerstört wird, um daraus Richtlinien für Verhandlungen und Wege zur Befriedung abzuleiten.

Heute, welche Ironie des Schicksals, kommen die Militärs auf Fragestellungen zurück, die dreißig Jahre lang als abstrakt und metaphysisch galten, so zum Beispiel General Haig im Jahr 1980: »Wenn wir allein die Erhaltung des Friedens, so wichtig sie auch ist, zur Grundlage und zum Inhalt unserer politischen Überlegungen machen, dann befürchte ich, daß wir eine Situation schaffen könnten, deren praktische Konsequenzen zwangsläufig das Gegenteil des angestrebten Ziels, nämlich des Friedens, bewirken würden ... Es gibt Dinge, für die wir Amerikaner bereit sein müssen zu kämpfen; es gibt Dinge, die es wert sind, daß man sich für sie schlägt« ... Nach Art der Massenmedien zu dem Slogan verkürzt: Es gibt wichtigere Dinge als den Frieden, löste die Erklärung jenseits des Rheins Stürme der Entrüstung aus. Zweite Ironie der Geschichte: Eine intellektuelle, »friedensfreundliche« Elite macht sich erneut die technokratische Ablehnung der Frage nach dem »Warum« zueigen und verbietet zu fragen: Warum den Frieden?

[1] Claire Brisset, *Le Monde*, 3. August 1983.

Zu welchem Preis? Bis zu welchem Preis? »Im Atomzeitalter hat das Friedensprinzip Vorrang vor dem Rechtsprinzip und vor dem Hoffnungsprinzip« (Egon Bahr).[1]

Ironie Nr. 3: Die Dimension der Apokalypse gestattet keine Ausflüchte. Auch wer behauptet, daß »nichts wichtiger ist als der Friede«, setzt sich einer äußersten Bedrohung aus. Er fordert alle Welt dazu auf, Überzeugungen, Größe, und Ideale auf dem Altar des Lebens zu opfern, er erhebt den Frieden zum höchsten Gut – ein ebenso »metaphysischer« Balken wie der Splitter im Auge des anderen.

– Aber das Leben ist etwas Körperliches, es hängt mit dem Körper zusammen. – Nicht mehr und nicht weniger als die Freiheit mit der Seele zusammenhängt. – Ja, aber die Seele existiert vielleicht gar nicht. – Was tut's, der Körper ist auch keine gesicherte Sache. Man kann das eine wie das andere verlieren, sonst gäbe es gar keine Debatte. Die Bombe erzwingt die Entfremdung, die ihr gern verhindern wolltet. Ihr lästert über den körperlosen Menschen. Sie lehnen ein seelenloses Wesen ab. Ihr und sie seid beide in Wirklichkeit nicht imstande, diese Grenzsituationen ohne Körper oder ohne Bewußtsein zu erfahren, obwohl ihr einander dazu auffordert, dem einen oder dem anderen den Vorzug zu geben. Beide

[1] Berlin, 22. und 23. April 1983: Rund vierzig Schriftsteller aus beiden Teilen Deutschlands begegnen sich »in einer Atmosphäre von ›Apocalypse Now‹«. Hermann Kant, offizieller Vertreter Ostdeutschlands, Präsident des einflußreichen Schriftstellerverbandes der DDR, verwehrt sich vehement gegen die These, »derzufolge die beiden Supermächte gleich viel Schuld trifft«. Günter Grass fällt ein: »Ich stelle beschämt fest, daß die gegenwärtige Regierung der Vereinigten Staaten nicht mehr zur geringsten demokratischen Empörung imstande ist, und weil ich zum Westen gehöre, kann ich nicht anders, als mich dem Widerstand zu verpflichten«, womit der Widerstand gegen die westlichen Raketen gemeint ist, der Weg der einseitigen Abrüstung. »Vereinzelte Stimmen wie die von Peter Scheider und Hans Christoph Buch, die uns in Anspielung auf Alexander Haig daran erinnern wollen, daß ›es Wichtigeres als den Frieden gibt‹, und daß die blinde Furcht vor dem Atomkrieg das Leben in Friedenszeiten nicht zum schlichten ›Faustpfand der Angst‹ machen darf, werden auf Ablehnung stoßen ...« Katharina von Bülow, in *Le Nouvel Observateur*, 29. April 1983.)

Möglichkeiten sind gleich üble Chimären in den Augen des Tatsachenmenschen, aber die Bombe verunsichert die Realisten und jagt ihnen den Schwindel ein, über den sie sich erhaben wähnten. Soll man im Namen des Lebens alles zunichte machen, was das Leben liebenswert macht, oder das Leben vernichten, um seine Lebensgrundlagen zu retten: Alles Fragen, die sich in dem Augenblick erheben, in dem das souveräne Individuum – Held? Terrorist? – »in schwindelerregender Besitzergreifung eins wird mit sich selber[1]«.

Die Technokraten glaubten, die Frage nach dem »Warum« abgeschafft zu haben. Sie hatten die Technik als Kontrollinstrument und Quelle von Lösungen überschätzt; heute unterschätzen sie sie als Quelle auswegloser Situationen. Zuvor beteuerten die Experten die technische Lösbarkeit der politischen Probleme. Gegenwärtig müssen sie der geschätzten Kundschaft betreten mitteilen, daß alle endgültigen politischen Lösungen von der Technik in Frage gestellt werden können. Widerwillig bestätigen sie mit Heidegger, daß das Wesen der Technik nicht technisch sei. Bevor sie ihre Jünger in Alltagsfron und Fließbandarbeit entläßt, setzt sie sie den Grenzen des Unmöglichen aus, wo unlösbare Rätsel lauern, die keine Zauberkunst weghext.

Bezöge die Friedensfrage ihre Bedeutung lediglich aus dem Ausmaß der Schicksale, die sie aufrührt, oder aus der Größe der Gedanken, die sie auslöst, würde sie rasch beiseitegeschoben, wie die Quadratur des Kreises und andere Kuriositäten. Aber sie packt durch ihre Rückwirkung auch denjenigen, der sie stellt: Wer bist du, du, der du fähig bist, den Weltuntergang heraufzubeschwören? fragt sie. Warum sollten wir zu der Alternative verurteilt sein, eine Macht, die wir gar nicht ablehnen können, entweder zu nutzen oder zu verwerfen? Selbst wenn wir auf unsere Todesmaschinerie verzichten, gilt dennoch unverändert, daß derjenige, der einmal imstande war, sich ihrer zu bedienen, auch wieder dazu imstande sein könnte und imstande sein wird; infolgedessen bestünde die

[1] André Malraux, *La Condition Humaine*, über den Terroristen Tchen.

einzig sichere Maßnahme für einen klugen Gegner, dem unversehens das Wohlverhalten aufgekündigt würde, uns ein für allemal die Hände zu binden. Die Friedensfrage wird zur tiefgründigsten, weil ursprünglichsten Frage: Sie bringt unser Geschichtsverhältnis ins Spiel. Die Möglichkeit der Bombe ist in der Existenz der Wissenschaft von vornherein angelegt, sofern ihre sinnvolle Anwendung, wie Aristoteles bemerkt, die Zwillingsmöglichkeit ihres Mißbrauchs einschließt. Das Zusammentreffen eines radikalen Pazifismus und einer absoluten Ökologiebewegung ist keinesfalls zufällig. Wenn man die nuklearen Möglichkeiten ausschließen will, muß man fünfundzwanzig Jahrhunderte abendländischer Kultur verlernen; wenn man meint, daß der Spiegel, den sie einem vorhalten, ein zu bodenloses Schwindelgefühl auslöst, dann muß man sich zwangsläufig abwenden und mit pathetischer Gebärde gegen das »System«, die »Wissenschaft« und die »Zivilisation« aufstehen. Die Geschichte schafft zwar vielfache Zwänge, bestimmt und schreibt aber nur vor, die Freiheiten ernst zu nehmen, die uns die abendländische »techne« – Kunst, Wissenschaft, Industrie – beschert. Folgerichtig decken sich die Losungen der Friedens- und Umweltschutzbewegungen mit ultra-revolutionären Forderungen, und gipfeln in dem kriegerischen Schluß: Wenn du den Frieden willst, mußt du die Zivilisation zerstören, und wenn du ihn ganz willst, muß du ganz zerstören.

Zwischen der besten aller Welten und dem Friedhof liegt nur die Spanne eines Lächelns, schreibt Kant. Er betitelt seine Schrift über den immerwährenden Frieden »Zum ewigen Frieden«, in Anspielung auf das Schild eines holländischen Wirtshauses, das neben einem Totenanger lag. Dem wünschbaren Frieden stellt er den gewünschten, weil geführten Krieg gegenüber. Kant huldigt nicht dem ungeschriebenen Gesetz, aufgrund dessen dem ersten die ganze Sehnsucht und dem zweiten der ganze Abscheu der Menschen zu gelten hat, er denkt beide miteinander, er versteigt sich nicht dazu, eine Friedenszeit, in der die Vernunft regiert, und eine Kriegszeit, in der das Animalische zum Durchbruch kommt, keimfrei verpackt einander gegenüberzustellen, als hätten sie nichts miteinander zu schaffen. Diese gegensätzlichen Vorhaben finden gleichzeitig statt. Ihre Widersprüchlichkeit gleicht nicht den zusammengewürfelten Accessoires einer Phantasiefigur, genannt »rationales Tier«, sondern stellt sich in den Rahmen einer einmaligen, zweitausendjährigen europäischen Geschichte. In ihm müssen die Möglichkeit des Friedens und die Möglichkeit der Kriege in einem Zuge gedacht werden. Die beiden gemeinsame Wurzel entspringt einem ursprünglichen Anti-Imperialismus. Die europäische Kultur verwirft den Herrschaftsgedanken keineswegs ... auf andere gemünzt hätschelt sie ihn und exportiert ihn in die verschiedensten, entlegensten Winkel der Welt. Aber für sich selbst lehnt sie dankend ab. Sie verneint den imperialen Frieden und ruft dagegen zu den Waffen. In dieser Ablehnung des Imperiums sieht Kant den Ursprung von Glanz und Elend der alten Griechen, die Ursache der unaufhörlichen Erschütterungen eines imperialen Friedens, den die politischen und kulturellen Machtzentren – Rom, der Peloponnes – schlechter verkraften als die Peripherie. Die politische Uneinheit wird zur Regel für Europa, angefangen beim Europa unter christlichem Vorzeichen über das Europa der Renaissance und der Klassik bis hin zum Europa der Nationalstaaten. Von der Unannehmbarkeit eines imperialen Friedens schließt Kant nicht auf die Unmöglichkeit des Friedens schlechthin. Auch kümmert ihn die Unwahrscheinlichkeit einer allgemeinen Abrüstung ebensowenig wie die Torheit einer einseitigen Abrüstung. Er idealisiert weniger als so manche seiner »materialistischen« Gegner, und so begründet das Fehlen von Wunderlösungen sein Konzept vom »republikanischen« Frieden.

Wenn es keine übergeordnete Macht gibt, die genügend Kraft besitzt, ihren Frieden militärisch, administrativ oder gar moralisch durchzusetzen, dann muß es eben ohne gehen. Das bedeutet, den Frieden in Europa auf dem Beweggrund der Kriege aufzubauen, die es spalten, das heißt auf dem Recht, das jeder – Staat, Nation – sich zubilligt, Hegemoniebestrebungen des Nachbarn abzuwehren, notfalls mit Waffengewalt. Der antiimperiale Friede bahnt sich an als ein bewaffneter Friede, wobei den Unterhändlern die

Aufgabe zufällt, das allgemeine Niveau der kriegerischen Vorsichtsmaßnahmen zu senken. Die Existenz unabhängiger Einheiten, die sich der Verteidigung ihrer Unabhängigkeit verschrieben haben, wirkt »äußerlich« abschreckend auf einen innereuropäischen Herrschaftsanspruch. Man kann dieses physische Hindernis noch verstärken durch eine kulturelle innere Abwehr. Der Kantsche Friede nennt sich in zweifacher Hinsicht »republikanisch«. Er wird begründet zwischen Gemeinwesen, die sich gegenseitig zum Verzicht auf die Vorherrschaft verpflichten – insofern ist er interrepublikanisch. Er wird verstärkt durch die Kontrollwirkung, die in jedem freien Land eine aufgeklärte öffentliche Meinung ausübt – insofern will er sich intrarepublikanisch. Die Beendigung des Vietnamkriegs unter dem Druck der Massenmedien, der Protestkundgebungen und Meinungsumfragen, sowie die fast unsichtbare und geräuschlose Fortdauer der Besetzung Afghanistans durch die UdSSR veranschaulichen geradezu bilderbuchhaft die Kantsche Differenzierung zwischen einem republikanischen und einem imperialen Frieden.

Die Despotie liebt den Frieden. Die Freiheit desgleichen, aber es handelt sich nicht um denselben republikanischen Frieden. Im Laufe von zweitausendfünfhundert Jahren ihrer Geschichte haben die europäischen Völker sich in ihrem Schlendrian hin und wieder dem Traum hingegeben, daß es keinen Frieden ohne Freiheit gebe. Dieser Hang zur Träumerei ist ein urkontinentales Symptom; sie droht nach langen Latenzzeiten immer wieder auszubrechen. Der Kulturhaß der Nazis und die blinde Aggression oder die Faszination, die das Etikett »abendländisch« in etlichen fanatischen Bewegungen der Gegenwart auslöst, zeigen, wie unbrauchbar Europa für jegliche Form von Totalitarismus ist, wieviele kleine Gaunereien und große Gemeinheiten auch seine Waffenstillstandsphasen pflastern. Um auf dem Kontinent einen imperialen Frieden zu schaffen, gibt es nur eine Methode, nämlich all die kleinen Widerstandsnester auszumerzen, also die komplette Beseitigung kleinster Herde kultureller Rebellion. Die Behandlung, die der Kreml »seinem« östlichen Teil des Kontinents zumutet – der nimmermüde

Versuch, seine Protektorate zu ent-europäisieren und in eine Art Niemandsland mit marxistischem Raster zu verwandeln – beweist auf paradoxe Weise, daß Europa den Geist der antiimperialen Subversion atmet.

Die UdSSR stellt nach Art eines Kontrapunkts die endlich gefundene Form eines Gesellschaftssystems dar, das auf dem besten Wege der restlosen Befriedung ist. Ihre Fernsehsendungen führen abendfüllend das Elend des letzten Krieges vor Augen; die Marschälle, die alten Frontkämpfer werden bis zu ihrem letzten Atemzug mit Ruhm dokumentierenden Blechemblemen dekoriert, in den öffentlichen Reden findet eine raffinierte Gleichschaltung vergangener und künftiger Katastrophen statt. Der bescheidene russische Haushalt dünstet den unausrottbaren Duft des Baldrians aus. Tabletten und Infusionen sollen die Staatsverdrossenheit in einem Land kurieren, in dem die Herzinfarkte häufiger diagnostiziert werden als in westlichen Kliniken für Manager, die sich doch einiges auf ihren Streß zugute halten. Die Friedensfrage ist angeblich die umfassendste, höchste und tiefste, sofern sie sich überhaupt stellt. Wenn der Krieg in einem Maße ängstigt, daß alles, was nicht atomares Inferno ist, bereits als Friede gilt, stellt das befriedete, weil geknebelte Individuum keine Fragen mehr. Alexander Sinowjew hat detailliert die Penetranz beschrieben, mit der jeglicher Versuch unterbunden wird, den Kopf zu erheben, das Sternengewölbe zu betrachten und sich ernstlich zu fragen, wofür man lebt, und wann man anfängt zu vermodern. Der Homo sovieticus gedeiht ohne Wenn und Aber, dem Frieden geht leicht der Atem aus, also hält er den seinen an.

Der imperiale Friede unterhält einen Schwindel der Angst, der jede weitere Frage erstickt. In ihrer Monopolstellung und mit den Mitteln einer kontinentalen Ordnungsmacht ausgestattet, stünde es den sowjetischen Marschällen frei, als letztes Argument den eurostrategischen Polizeiknüppel zu schwingen. Die Weigerung, sich derartigen Herren auszuliefern, beflügelt das europäische Wagnis und motiviert Friedenszustände, in denen jeder durch seine Gegendrohung den anderen dazu nötigt, die Angst zu erleiden, die er selbst einflößt, die Fragen zu stellen, die er als gelöst hinstellt, und sich Mäßigung aufzuerlegen, zumindest aus Egoismus.

Der republikanische Friede ist nie gesichert. Er zeichnet sich in dem Sinne als »ewiger« Friede ab, in dem die Psychoanalyse sich als »unendlich« entwirft und immer wieder nach neuen Ansätzen sucht. Eine Übereinkunft ohne absolute Garantie – »weder Gott, noch Kaiser, noch Tribun« ist unausweichlich etwas Zerbrechliches, Prekäres – eine Wahrheit, die sogleich zugedeckt wird vom Kampflied einer Bewegung, die sich dem sogenannten letzten Gefecht verschrieben hat. Die Frage nach dem internationalen Frieden ist die umfassendste, weil sie den gesamten Planeten einbezieht, solange er nicht von einer zentralen Macht beherrscht wird. Sie greift am höchsten, in dem Maße, in dem sich eben kein höchstes Gut mehr von oben aufdrängt, um den Völkerbund in der Transparenz eines Lichtes aus dem Jenseits zu organisieren. Sie wird damit zur tiefgründigsten Frage; aus dem Abgrund, dem sie sich stellt, erhebt sich die Gemeinschaft unversöhnter und vielleicht unversöhnbarer Wesen; sie entdecken die Weite der Horizonte und die unendliche Höhe des Blicks, indem sie zunächst einmal, von einem ursprünglichen und schwindelerregenden Ekel ergriffen, zu Boden blicken. Die europäische Gesellschaft auf ein antiimperiales Verständnis zu begründen, ist der Versuch einer Verständigung ohne allgemeingültige Wahrheit und ohne ein von allen geteiltes Ideal. Die gemeinsame Vorstellung vom Unheil genügt für den Versuch, die Pforten der Hölle zu verbarrikadieren, wobei die Bilder vom Paradies ins Belieben des einzelnen gestellt sind. Der Staat nimmt sich der Pest, des Krieges und der Lüge an, wie Thukydides, Sophokles und Lukrez in gleichem Atem bekräftigen. Die Vollkommenheit und das individuelle Glück entziehen sich seinem Zugriff, sagt Aristoteles. Das alte Europa hatte sich von Anfang an dem Hunger, der Knechtschaft und der Krankheit verschrieben. Das Unglück gibt, gegen sich selbst, den Anstoß zur Erfindung der Wissenschaften und der Demokratie. Das Glück beschränkt sich dabei auf eine nicht ganz neue Einfallslosigkeit,

Saint-Just möge mir verzeihen, der einer allzu demagogischen und umjubelten Formel huldigte. Schon sehr früh erfand der alte Kontinent die erste Zivilisation, die es mit noch nie dagewesener Offenheit darauf anlegte, sich *gegen* und nicht *für* etwas zu einen, und die schon von daher seine Zerstückelung in unabhängige Einheiten bejahte, was seine Stärke ebenso wie seine Schwächen begründete. »... und obgleich ein solcher Zustand an sich schon ein Zustand des Krieges ist ... so ist doch selbst dieser nach der Vernunftidee besser als die Zusammenschmelzung derselben durch eine die andere überwachsende und in eine Universalmonarchie übergehende Macht.«[1)] Diese antidespotische Vorentscheidung – und nur sie allein – dokumentiert sich in der Stationierung gegenabschreckender Raketen am Ostrand des Atlantik. Sie verkoppeln die beiden Atlantikseiten nicht untrennbar, koppeln aber ein kleines, kulturell nicht verachtenswertes Kap vom groß-eurasischen Komplex ab.

[1)] Kant, *Zum ewigen Frieden,* in: Kants gesammelte Schriften, hrsg. von der Königlich Preußischen Akademie der Wissenschaften, Berlin 1912, Bd. 8, S. 367.

Beschreibung eines Anschauungskriegs

»... wie den, welchen auf einem hohen
und jähen Gipfel Schwindel erfaßt,
gleichsam eine geheime Stimme zu rufen scheint,
daß er herabstürze, oder wie nach der alten Fabel
unwiderstehlicher Sirenengesang aus der Tiefe erschallt,
um den Hindurchschiffenden in den Strudel
hinabzuziehen.«

Friedrich Wilhelm Schelling,
Philosophische Untersuchungen über das Wesen
der menschlichen Freiheit ...

Es geht um den Frieden. Eine gewichtige Frage, aufgebläht von Zweideutigkeit und von Erklärungen, die Zweifel hinterlassen. Wahrscheinlich erhoben bereits unsere Artgenossen, die das Steinbeil erfanden, den Frieden zu ihrem Hauptanliegen und bekräftigten ihre Überzeugung, indem sie ihrem Nächsten mit dem prächtigen Gerät den Schädel einschlugen. Verändern die Fortschritte auf dem Rüstungssektor die geistige Landschaft? Ist der Unterschied zwischen dem seit Bestehen der Gattung Mensch mit schöner Regelmäßigkeit ausgeteilten Hieb und einer Milliarde von Messern, die auf einen Schlag niedersausen, quantitativer oder begrifflicher Natur? Ob ich eine Kerze anzünde, oder ob mit einem Griff am Schalthebel die Lichter einer ganzen Stadt aufflammen, ist für meine Denkstruktur nicht erheblich. Ändert sich die moralische Qualität meines Handelns, je nachdem, ob ich eine Person oder mehrere nacheinander töte oder pauschal mehr Menschen umbringe, als ich zählen kann? Wenn die Ungeheuerlichkeit des möglichen Schadens ausreichte, um den Menschen den notwendigen Überblick zu verschaffen und ihre Urteilskraft zu schärfen, würde sich unsere Spezies schon längst nur noch aus Weisen und Denkern zusammensetzen.

Der Tatmensch kämpft zwangsläufig für den Frieden. Er schlägt sich mit der Frage herum und schlägt mit ihr um sich. Ihr gilt sein größtes und beharrlichstes Bemühen, sie ist das A und O all seiner Bestrebungen. Ich schreibe weniger für den Politiker, er nimmt sich kaum die Zeit zu lesen und blättert, dem Rat seiner Referenten folgend, ein Buch eher nach Argumenten als nach Fragen durch. Ich ermittle aus Wißbegier, militante Absichten rangieren wie ein Luxus an zweiter Stelle. Ich wüßte gern, woran ich sterben kann, bevor ich mich über zweifelhafte Heilmittel und fragwürdige Rezepte auslasse. Ich sage dir und mir: Zeig, wozu du fähig bist. Zur Bombe. Das ist keine Bagatelle und verdient Beachtung. Spiegele dich in den Pershing II und den SS 20. Später kannst du entscheiden, ob du den Spiegel zerbrechen oder noch mehr aufstellen willst. Vorerst geht es um dich, betrachte dich darin.

Das Kaninchen kommt nicht aus dem Hut

Massenvernichtungswaffen scheinen nur zwei Haltungen zuzulassen. Die des Friedfertigen, der sie für nutzlos erklärt und sich auf den Propheten Micha (Kap. 4, Vers 3) beruft: »Sie werden ihre Schwerter zu Pflugscharen und ihre Spieße zu Sicheln machen.« Und die des Soldaten, der sie als unverzichtbar preist und uns empfiehlt, auf den Propheten Joel zu hören, wenn es darum geht, einen potentiellen Feind zu befrieden: »Macht aus euren Pflugscharen Schwerter und aus euren Sicheln Spieße« (Kap. 4, Vers 10). Der Soldat, im Bann der praktischen Nutzungsmöglichkeiten der Atomwaffen, fällt dem Militarismus anheim, der Friedliebende, ganz von der unverzüglichen Abrüstung absorbiert, verschreibt sich dem Pazifismus. Der Streit zwischen den beiden eindimensionalen Auffassungen ist ermüdend. Der Militarist ist kein Antipazifist, er wiegt sich vielmehr in der Hoffnung, den Feind als erster zur Friedfertigkeit zu bewegen, indem er das Kräfteverhältnis zu seinen Gunsten verändert. Der radikale Pazifist, der sich im eigenen Lager als Antimilitarist aufspielt, ermutigt blindlings den raketenbewehrten Gegenspieler. Der Militarist A und der Pazifist B verbünden sich gegen den Militaristen B und den Pazifisten A. Ein derartiges Verwirrspiel läßt unter der scheinbaren Gegensätzlichkeit der politischen Linien eine tiefere Geistesverwandtschaft vermuten.

Der eine wie der andere versichern, daß die Atomwaffen alles, was bis zu diesem Tag gesagt oder gedacht wurde, von Grund auf umwälzen, aber weder der eine noch der andere lassen das Gefühl des Neuen und Unerhörten so stark werden, daß sie anfangen könnten, ihre Anschauungen zu überdenken und die Kategorien umzugestalten, die im Frieden wie im Krieg als Entscheidungsinstrumente dienen. Ideologisch in feindliche Lager gespalten, aber Brüder im Geiste, eröffnen die beiden Klans die lange Serie ihrer wechselseitigen intellektuellen Beihilfe und billigen einander die Heiligsprechung der Schreckenswaffe zu. Sie erweist sich entweder als mystisches Schreckgespenst, das, ins rechte Licht gerückt, sämtliche Machthaber im Handumdrehen bekehrt, so daß sie sich wohl oder übel wieder bescheiden und respektvoll aufführen müssen. Oder aber sie setzt als strategischer Fetisch einen Zaubermechanismus in Gang, der die Kriege zum Erkalten bringt, so daß das Gleichgewicht des Schreckens an die Stelle des Gleichgewichts der Mächte tritt, ebenso wie die weltweite Kräftebalance die klassische europäische Kräftebalance ablöst. So fänden die Gebote der einfachsten Glaubensbekenntnisse, beziehungsweise die gewönlichen Regeln der Strategie und der Diplomatie in Gestalt des Waffensystems, das sie so fasziniert, die lange gesuchte Bestätigung ihrer unabänderlichen Gültigkeit.

Ob man sie für nützlich erklärt (zur Einschüchterung), oder als nutzlos abtut und also ihre Abschaffung fordert, die »Bombe« *ist.* Eignet sie sich tatsächlich so ohne weiteres dazu, unsere Vorurteile zu bestätigen, wie Kriegsbefürworter und Friedensbewegte meinen? Wie argumentieren die Pazifisten? Es sei absurd zu meinen, man könne jemals von einer so absoluten Waffe sinnvoll Gebrauch machen: Es gebe keinen gerechten Krieg mehr, wenn man, um die Chance eines rechten Lebens zu retten, alle Lebenden ausrotten müsse. Ihre hehren Argumente sind ebenso wendefreudig wie der Sonnenanbeter an einem Strand. »Der Friede um jeden Preis« ist ähnlich absurd, man lebt nicht, um zu atmen, auch wenn man atmet, um zu leben, »der Friede kann niemals als Zweck des Lebens definiert werden, sondern nur als seine Voraussetzung: Wenn wir sagen, daß wir den Frieden wollen, bedeutet das nicht sehr viel mehr, als wenn wir sagen, daß wir Luft oder Wasser wollen«, stellt – ein einsamer Rufer in der Wüste –, der deutsche Schriftsteller Peter Schneider fest. Die säbelrasselnden Krieger von einst hätschelten die Idee eines unbegrenzten Sieges (»sie lieben den Tod mehr als den Frieden«), die Erzpazifisten der Gegenwart verfolgen einen bedingungslosen Frieden (»die anderen lieben den Tod mehr als den Krieg«). Dazu bemerkt Pascal, daß derlei Extremhaltungen in ein und derselben Verneinung münden: »Sie lieben den Tod mehr als den Frieden; die anderen lieben den Tod mehr als den Krieg. Jede Ansicht kann dem Leben vorgezogen werden, das man auf so starke und natürliche Weise zu lieben scheint.« Das Leben, das gemeinschaftlich verworfen wird, ist weder das rein vegetative Existieren der Primel, noch das glorreiche Dasein des von irgendeiner Walküre an ihren Busen gedrückten unsterblichen Helden, sondern die Erfahrung eines noch nicht von Sorge und Risiko befreiten Menschseins. Alles durch den Krieg. Alles für den Frieden. Zwei Parolen für ein und dieselbe Weigerung, sich im Ungewissen abzumühen.

Die kriegerischen und pazifistischen Redner drehen sich in der hypnotisierten Betrachtung einer Waffe, deren uneingeschränkte Anwendung nicht weniger paradox ist als ihre absolute Nicht-Verwendung, um sich selbst. Hat es irgendeinen Sinn, im Namen eines Ideals vom rechten Leben gemeinsam zu sterben? Aber welchen Sinn hätte es, unbedingt leben zu wollen, nur um zu leben? Der Krieg zählt mehr als alles andere. Ein Friede um jeden Preis ist, per definitionem, weniger als nichts. Die ausgeklügeltsten Konzepte werden zunichte. Es geht nicht mehr darum, Mittel für bestimmte Zwecke bereitzustellen, sondern die Zwecke selbst zu wählen. Die Gerechtigkeit um der Gerechtigkeit willen? Überleben um des Überlebens willen? Kein vergleichendes Abwägen der Vor- und Nachteile gestattet eine Entscheidung. Zuerst muß man sich einmal über die Maße und Gewichte einigen, mittels derer wir dies und nicht jenes als »Vorteil« bezeichnen. Die Kernfrage ist nicht, *wie* man die Atomwaffen einsetzt, sondern *warum*. Die Bombe mahnt, weniger im technologischen als im eschatologischen Sinne, daß wir angesichts ihrer Wirklichkeit den letzten Zweck (eschaton) definieren müssen, der uns leitet und uns im Grunde definiert. Sich bis an die Zähne zu bewaffnen oder bis auf die Fingernägel zu entwaffnen, heißt, diese Bombe nicht ernstzunehmen. Sie erheischt Antwort auf eine ganz andere Frage, über die sowohl der vorschnelle Krieger als auch der voreingenommene Pazifist hinweggehen. Sanft und einschmeichelnd gräbt sich das Echo der unpersönlichsten Explosion in die persönlichste aller Fragen: Wer bin ich, ich, der ich über eine Waffe verfüge, die über mich verfügt? Wer ist dieses Ich, in dem die Möglichkeit zum Ende angelegt ist?

Es geht um den Frieden. Und damit über die Bombe. Also über mich. Die Bombe konfrontiert mich mit mir selber. Noch vor der Entscheidung ob Krieger oder Friedenskämpfer. Ich bin es, der sich, von nah oder sehr fern, an ihrer Zündung beteiligen kann. Ich kann mich zum Wortführer aufschwingen oder Soldat werden, ich kann mich selbst verbrennen oder alles dem Zufall überlassen; ich bin abwechselnd mit einer außergewöhnlichen Verantwortung ausgestattet und ohnmächtiger denn je; schon dies Wechselbad an sich ist eine neue Erfahrung. Auch ohne Sintflut, ohne himmlisches Zutun, allein durch das Treiben von meinesgleichen und mir selbst, können unter Umständen schon bald die Bedrängnisse einer Menschheit beendet sein, deren Zukunft von den Unzulänglichkeiten des Heute abhängt. Untersuchen wir diesen Zusammenhang nicht allzu hastig vom Macht- und Machbarkeitsstandpunkt aus: »Unsere Zukunft liegt in unseren Händen«, beteuerte der Präsident der Vereinigten Staaten, als er Hiroshima und Nagasaki zur Atomwüste machte. Die Intellektuellen taten es ihm nach: »Eines Tages mußte die Menschheit von ihrem Tod Besitz ergreifen ... künftig ist meine Freiheit reiner.« (J.-P. Sartre).

Pazifisten und Krieger leiten aus dieser eingebildeten Allmacht gegensätzliche Schlußfolgerungen ab. Dennoch entglitt die neue Macht den Präsidenten schon bald, sie wurden anderer Präsidenten gewahr, die ebenso gut gerüstet waren wie sie selbst. Die in frommen Reden beschworene Menschheit wiederum bleibt der Ort, an dem unversöhnlicher Haß und endlose Konflikte aufeinanderstoßen. Sie verfügt offenkundig doch über nichts, auch nicht über den eigenen Tod, der lediglich die Heillosigkeit ihrer Zerwürfnisse betont. Glaubt noch jemand, die Abschreckung erhöbe das Individuum zum Herrn und Gebieter über Kriege und Frieden? Der Zweckoptimismus, der jedes Treffen der Mächtigen beschließt, und der Pessimismus, der ihren Auseinandersetzungen entgegenschlägt, schließen schon durch ihren bloßen Wechsel die Möglichkeit aus, mit ja oder mit nein auf die allzu simple Frage nach Haben oder Nicht-Haben einer Macht zu antworten, die nach dem Alles-oder-Nichts-Prinzip bewertet wird. Die Verteilung von Verantwortung und Nicht-Verantwortung des Menschen im Umgang mit der atomaren Realität erfordert ein höheres Differenzierungsvermögen, »wenn er sich rühmt, erniedrige ich ihn; wenn er sich erniedrigt, rühme ich ihn und werde ihm immer widersprechen, bis er begreift, daß er ein unbegreifliches Ungeheuer ist.«

Wer sich erkennen will, muß sich darin üben, das Unbegreifbare zu begreifen. Pascals Bekenntnis kann die Strategen kaum schrekken , die seit jeher darauf aus sind, das *Undenkbare zu denken.* Dieses Leitmotiv der Abschreckung hätte ihre Theoretiker gegen allzu unangenehme Überraschungen wappnen müssen. Eine unglaubliche Spaltung leitete jedoch die 80er Jahre ein, als hätten die abendländischen Völker nach einer Inkubationszeit von drei Jahrzehnten plötzlich begonnen, das Unwägbare einer historisch neuen Situation wahrzunehmen. Risse gefährden die komplexen begrifflichen und technologischen Systeme, unterschiedliche pazifistische Strömungen ergießen sich in die Breschen, Experten geraten ins Stottern und Regierungsämter in Panik: »Im Grund weiß niemand so recht, was sich in der westlichen Öffentlichkeit abspielt, nicht einmal, was die Ursachen dieser Verweigerung sind.

Nur eines ist klar, die Protestwelle hat derartige Ausmaße angenommen, daß sie eine permanente, grundlegende Herausforderung sein wird für das in Europa seit dem Zweiten Weltkrieg aufgebaute strategische Sicherheitssystem. Denn durch die Ablehnung der Atomrüstung stellen die ›Friedensbewegungen‹ die Abschrekkung unmittelbar in Frage, das heißt all das, was seit nahezu vierzig Jahren die eigentliche Grundlage der Sicherheit in Europa ausmacht, und damit auch die durch die Atomrüstung symbolisierte und zementierte Aufteilung Europas unter den beiden Großmächten. Aber abgesehen von dieser Feststellung ist es außerordentlich schwierig, dieses Phänomen weiter zu »durchdringen«, seine eigentlichen Hintergründe aufzudecken« (P. Lellouche).

Die Wende in der Atomdebatte scheint von großer Tragweite zu sein, sie wirkt sich unmittelbar aus auf Akteure, Streitobjekte und Fragestellungen: 1) Die Hauptrollen sind umbesetzt in einem seinerseits uminszenierten Stück; an die Stelle der akademischen und gelehrten Diskussionen sind Straßendemonstrationen und Medienkampagnen, an die Stelle der Experten die Meinungsmacher, an die Stelle der Militärs und Soziologen die Priester und Schriftsteller getreten. 2) Der Diskussionsgegenstand schlägt seinerseits um: Wo dreißig Jahre lang der Atomkrieg das Undenkbare war, entdeckt man heute, daß der atomare Friede mit der gleichen »Undenkbarkeit« behaftet zu sein scheint, und die Anhäufung einer »Übertötungs«-Kapazität, die ausreicht, den Planeten mehrfach in die Luft zu jagen, gilt als untrügliches Anzeichen einer sich selbst aufhebenden Absurdität. 3) Die Argumentationsweise ist einer vergleichbaren Wandlung unterworfen; bisher konzentrierten sich die Militärstrategen auf Rüstungsprogramme, wechselseitige Steuerung und Begrenzung der Kriegsmittel; heute sind Motive und Zwecke erneut in Frage gestellt; man fragt nicht mehr, wie abzuschrecken sei, sondern warum, und wie weit.

Abschreckung ist eine Strategie der Einschüchterung. Ihr Zweck ist es, mit Waffen zu drohen, die man nicht einzusetzen wünscht. Sie muß von vornherein schwer um ihre Glaubwürdigkeit ringen: Wie läßt sich die Absichtserklärung am tatsächlichen Verhalten, wie die Intention an der Tat messen, wenn es erklärtes Ziel der Abschreckungsgebärde ist, die Drohung nicht in die Tat umzusetzen? Wie soll der andere zwischen schlichtem Bluff und meiner festen Entschlossenheit, notfalls bis zum bitteren Ende zu gehen, unterscheiden können? Die von den Strategen gewählte Lösung war technologischer Art. Man untermauerte die offiziellen Erklärungen durch die Anhäufung der Kampfmittel: Zeige mir, wozu du militärisch imstande bist, und ich werde dir sagen, was du willst, und was du wert bist. Der Wahrheitsgehalt von Aussagen bestätigt sich bei dieser Methode durch die Angleichung der Rüstungsprogramme an die politischen Willensbekundungen – nach dem Muster der klassischen Philosophie, die eine Wechselbeziehung zwischen der Logik der Gedanken und dem Zusammenhang der Dinge voraussetzt. Die Parallelschaltung des militärischen und diplomatischen Vorgehens läßt einen zweiten Glaubwürdigkeitsaspekt unberücksichtigt, sie antwortet nur auf die Frage nach dem *Wie*, indem sie Mittel zum Handeln bereitstellt. Darüberhinaus muß man jedoch auch seine Entschlossenheit unter Beweis stellen und darf sich von keinem *Warum* aus dem Konzept bringen lassen. In diesem Punkt stellen die Ideologen die Technologen der Glaubwürdigkeit in den Schatten, weil sie nicht mehr danach fragen, mit welchen Mitteln sondern mit welchem Recht eine Großmacht das Ende der Welt beschließen sollte. Nicht die materielle, sondern die psychische Fähigkeit zur Drohung wird dadurch fragwürdig. Die ganze komplizierte Gleichgewichtskonstruktion der Abschreckungspotentiale wird innerlich ausgehöhlt und droht einzustürzen.

Es ist zwecklos, schreckliche Waffen aufzubieten, wenn man schwört, nie davon Gebrauch zu machen. Der Pazifismus bezieht seine massive Wirkung eher aus den Fragen, die er mit aller Rücksichtslosigkeit stellt, als aus Lösungskonzepten, mit deren ebenso eindeutiger Darstellung er sich ziemlich schwer tut. Wer sollte sich unterstehen, die atomare Ausrottung der Völker zu beschließen? Und wann? Und wenn dieser Beschluß prinzipiell und ein für allemal ausgeschlossen ist, wäre es einerseits lächerlich, so zu tun, als bereitete man sich darauf vor, und andererseits gefährlich: Ein Unfall ist schnell geschehen. In wessen Namen würde man die Menschheit in die Luft jagen? Die Fragestellungen des Pazifisten reißen die ausgeklügeltsten Begriffsgebäude ein, sie gehören nicht der gleichen Kategorie an wie die strategischen Überlegungen: Die einen sind technologischer, die anderen eschatologischer Art. Sie sprechen die letzten Dinge an, drängen sich in den Vordergrund. Das ist die Rache des Dichters am Waffenschmied.

Die Friedensfrage stößt brutal und mühelos in die verschwommenen Bereiche der Militärkonzepte vor. Allzu selten wird darauf hingewiesen, daß Ronald Reagan, der Erzfeind der Pazifisten, bereits im wesentlichsten Punkt des intellektuellen Krieges nachgegeben hat. Räumt er nicht stillschweigend ein, daß die Androhung massiver Vergeltungsmaßnahmen moralisch nicht zu rechtfertigen ist? Er legitimiert die Drohstrategie nur vage, als notwendige Etappe auf dem Weg in eine Zukunft, die sie überflüssig machen soll. Diese dialektische Selbstaufhebung sieht für die Zeit nach dem Jahr 2000 idyllische Zustände voraus, wenn nämlich die atomgerüsteten Gegner mit Anti-Raketen-Raketen aufwarten, die die Todesmaschinen in der Luft abfangen und nicht mehr die Territorien treffen müssen, von denen sie aufsteigen. Jeder wird sich dann gemütlich hinter seiner elektronischen Maginotlinie verschanzen und sich ohne jeden Skrupel seinem Seelenfrieden und seiner körperlichen Unversehrtheit hingeben können. Diese ferne und – wir kommen noch darauf zurück – wenig wahrscheinliche Vision löst das Problem der Abschreckung, indem sie es unterschlägt. Wenn Amerika zur unverwundbaren Festung wird, muß es seine Sicherheit gewiß nicht mehr gewährleisten, indem es die gegnerischen Zivilbevölkerungen bedroht. Der Beweis steht noch aus. Aber was tun, bis es so weit ist? Macht die Aussicht, in irgendeinem Danach unseres Jahrhunderts nicht mehr töten zu müssen, die Drohung, hier und jetzt ganze Völkermassen zu vernichten, erträglich? Rechtfertigt sich die Abschreckung auf ebenso jämmerliche Weise wie die schlimmsten Revolutionen, die ihr unheilvolles Werk vollenden, indem sie sich mit dem Glorienschein einer glückseligen Zukunft umgeben?

Indem er die Flucht nach vorn antritt, erkennt der amerikanische Präsident auf paradoxe Weise Wahrheitsgehalt und Bedeutung der Herausforderung der Friedensbewegung an. Diese wiederum kündet von einem noch unglaublicheren Wunder, wenn sie verspricht, zuerst Europa und danach den gesamten Erdball »atomwaffenfrei« zu machen, um sehnsuchtsvoll in selige alte Zeiten zurückzutauchen, in denen die Menschheit sich ungeniert Stück für Stück ausrottete. Die Fixierung auf die Nuklearrüstung – erklärtes Haupthindernis auf dem Weg zum weltweiten Glück – eint eine kunterbunte Friedensbewegung. Man muß nur die Drohung mit der Massenvernichtung verbieten, das Wettrüsten unterbinden, und schon verschwindet der Hunger von den fünf Kontinenten, und die bürgerlichen Freiheiten erblühen in den Diktaturen, die drei Viertel der bewohnten Erde überziehen. Die Friedensbewegungen der Welt verkürzen im allgemeinen die Weltgeschichte zur Rüstungsgeschichte und stellen die Dinge so dar, als drehte sich die Erde um die Bombe. Die westliche Friedensbewegung läßt die Bewaffnung der Welt um die westlichen Raketen kreisen und propagiert diverse »erste Schritte« zu ihrer Abschaffung. Daher rührt die Tendenz zur Einseitigkeit bei der Auswahl
– ihrer Zielscheiben: Sie wehrt sich heftiger gegen die Stationierung amerikanischer Raketen in Europa als gegen die Bedrohung durch die sowjetischen Waffensysteme;
– ihrer Protestaktionen: Dreihunderttausend Westdeutsche gingen gegen Haig auf die Straße, fünfhunderttausend gegen Reagan und achttausend gegen Breschnjew, nicht ein einziger gegen Gromyko;
– der von ihr empfohlenen Schritte: Kürzungen in den westlichen

Verteidigungshaushalten – ohne Gegenleistungen, einseitige Reduzierung von Waffen, die berühmten »vertrauensbildenden Gesten«, usw.

Tief verwurzelt in der Vielfalt der regionalen Traditionen, der soziologischen Zusammenhänge, der historischen Erfahrungen und der Glaubenskonflikte, stellt die Friedensbewegung ein zusammengewürfeltes und widersprüchliches Ganzes dar. Zwei Merkmale gestatten es jedoch, sie auf eine Linie einzuschwören: der atomare Determinismus in der Theorie und die (variable) einseitigkeit der praktisch politischen Empfehlungen. Das wird bei E. T. Thompson und R. Bahro deutlich, die die pazifistischen Denkströmungen nach marxistischem Muster schematisieren: Als zentralen Angriffspunkt setzen sie den »Exterminismus«, das »höchste Stadium« des Imperialismus, der selbst wiederum (nach Lenin) »höchstes Stadium« des Kapitalismus ist, welcher seinerseits (nach Marx) den Schlußpunkt des prähistorischen Klassenkampfes bildet. Und so wird die amerikanische Bombe nach dem Geldkapital zum bestgehaßten Objekt und der amerikanische »militärisch-industrielle Komplex« ebenso in Grund und Boden verdammt wie einst die Bank of England. Obwohl diese Schematisierung nur von wenigen nachvollzogen wird, hebt sie durch den außergewöhnlichen Vergleich die konsensfähigen Themen deutlich hervor: Die Pazifisten schaffen sich in der westlichen Rüstung eine Zielscheibe, auf die ihr ganzes Tun gerichtet ist. Sie haben in der Atomwaffengegnerschaft den Punkt des Archimedes entdeckt, der sie in den Stand setzt, die Welt aus den Angeln zu heben.

Wer will denn den Atomkrieg, wenn er nicht vollkommen von Sinnen ist? Die frommen Sprüche sind nicht das Kriterium, das die Pazifisten von denjenigen unterscheidet, die das Etikett nicht verdienen. Allein die beiden obengenannten Merkmale bestimmen das Handlungskonzept des »Pazifismus«. Sie bilden Kristallisationspunkte. Es ist zu bezweifeln, daß der europäische Friede bei der atomaren Abrüstung anfängt. Man braucht nur die Toten der beiden Weltkriege zu zählen. Es ist ferner zu bezweifeln, daß Rüstung und Abrüstung im Westen durch Nachahmungsdrang und Ansteckung die Sicherheitspolitik der gegnerischen Mächte zu steuern vermögen. Aber über diese beiden Glaubensartikel – und nur darüber – sind die Pazifisten untereinander einig. Ausgehend von der Bergpredigt spricht sich ein Bischof für einseitige Schritte aus und verweist auf die Kraft des guten Beispiels. Ein Marxist findet andere Rechtfertigungen. Ein Surrealist sucht erst gar keine. Wie dem auch sei, ihrer aller theoretische Fixierung auf die Kernwaffen und die Bereitschaft zu einseitigen Abrüstungsschritten machen sie als Pazifisten kenntlich.

Pazifisten und antipazifistische Strategen des »Kriegs der Sterne« entrüsten sich einhellig über Waffen, die zu einer Politik der massiven Vergeltung verleiten; sie befürworten parallel gelagerte, wenn auch widersprüchliche Vermeidungshaltungen; sie verherrlichen eine saubere – atomwaffenlose – Vergangenheit, beziehungsweise eine unschuldige Zukunft, in der die Atomwaffen moralisch »sauber« werden. Als Kinder ein- und desselben Jahrhunderts und eines Geistes suchen sie beharrlich nach dem technologischen Patentrezept (der Anti-Raketen-Rakete) oder psychodiplomatischen Allheilmitteln (vertrauensbildende erste Gesten), die eine Lösung des eschatologischen Problems gestatten, ohne daß man sich jemals die Frage gestellt – geschweige denn sie gelöst – hätte, warum man lebt, warum man stirbt, warum man tötet. Diese politisch verfeindeten und geistig so verwandten Brüder treiben die Übereinstimmung in der Diagnose so weit, daß sie gemeinsam verfaßte Rezepte verordnen: Wenn sich die deutschen Pazifisten ausnahmsweise einmal ernstlich mit der Frage der nicht-atomaren Verteidigung ihres Staatsgebietes auseinandersetzen, propagieren sie einen elektronischen Krieg (Afheldt), der nichts weiter ist als die volkstümliche Vorwegnahme der Reaganschen Politik. Vom »telematischen« Infanteristen bis zum allwissenden Satelliten geistert eine Fülle von Übertechnisierungsprogrammen konventioneller Armeen durch die Wunschträume von einer absoluten, unter der Ägide der modernen Wissenschaft ewig währenden Unverwundbarkeit.

Angreifen, verteidigen. Diese Haltungen sind weder animalisch noch automatisch. Jede Zivilisation müht sich verbissen, sie kulturell und sozial in den Griff zu bekommen. Keine Massenmorde ohne feierliche Zeremonien. Die mittelalterlichen Ritter »gebrauchen äußerlich die Waffen der Welt«, aber sie »wappnen sich innerlich mit dem Panzer des Glaubens«. Der Historiker entdeckt hier weit mehr als eine idealistische Pflichtübung, die einem prosaischen und blutigen Geschäft als zweckfreie Verbrämung dient; der Kampfverlauf selbst folgte spirituellen Regeln in diesen »liturgischen Zeremonien, die die Schlachten damals waren« (Duby). Später, wesentlich später, bemerkt der Laie Clausewitz im Zusammenhang mit Napoleon, daß die großen Kriege hehre Ziele und großangelegte politische Konzepte voraussetzen; äußerlich sichtbare Heldentaten setzen innerlich gewappnete Kämpfer voraus. Gemeinsames antikulturelles Anliegen von ordensgeschmückten Kriegern wie Pazifisten: Sie trachten danach, den Glaubenspanzer durch einen elektronischen Schalttisch zu ersetzen.

Dreißig Jahre lang debattierten Fachleute, Würdenträger und Generäle unter Ausschluß der Öffentlichkeit in geschlossenen Zirkeln und ebensowenig lesbaren wie gelesenen Handbüchern über Krieg und Frieden. Seit jeher gewohnt, sich nicht für die »Kriegsspiele« der Kriegsakademien und die Machenschaften der Geheimdiplomatie zu interessieren, gingen die europäischen Völker ihren Alltagsgeschäften nach und hielten sich im Abseits. Der Tod, der vom Himmel fällt, entzieht sich ihrem Zugriff und scheint sie nur bezüglich seiner Auswirkungen anzugehen. Europa kümmert sich ausschließlich um regionale Interessen, nicht mehr um globale, weltumspannende Zusammenhänge, stellte Kissinger fest und machte die Geographie verantwortlich für etwas, das eine Frage des sozialen und intellektuellen Zuschnitts ist. Es ist zu bezweifeln, daß ein Einwohner von Orléansville oder Houston weniger auf lokale Angelegenheiten fixiert ist als der Wähler von Massy-Palaiseau oder Köln, beziehungseise daß ein Spitzenpolitiker in

Washington sich eher über die Bedürfnisse seiner Mitbürger hinwegsetzt als die politische Prominez von Bonn oder Rom.

Im Rahmen eines allgemeinen Revirements wurde das Monopol der Schicksalsfragen auf einige wenige Kenner in Sachen internationale Beziehungen übertragen. Als könnten praktische Kenntnisse auf eng umschriebenen Sachgebieten, die bei aller Kompetenz zwangsläufig relativ sind, ihren akademischen oder ordentragenden Besitzern den Weitblick und das Prestige verleihen, die in früheren Zeiten den Weisen, den Helden und den Heiligen zierten.

Die diplomatische Geschichte Europas zeugt von einer chronischen Tendenz, die dem Vulgären zugeordneten »Leidenschaften« durch den Filter fachlicher »Vernunft« zu passieren und die internationalen Konflikte auf simple technische Gleichungen zu verkürzen. Das Gleichgewicht der Monarchien vor der französischen Revolution und das der Nationen nach Napoleon bewies Brauchbarkeit und Fragwürdigkeit dieser Verfahrensweise, die einen dichten Konsens zwischen gegnerischen Partnern voraussetzt. Die Vorbedingung einer auf die Technologie beschränkten Abschrekkung, die dreißig Jahre lang praktiziert wurde, ist in der berühmten Prognose vom »Ende der Ideologien« zu sehen. Wenn die Staatsbürger an dem, was ihren unmittelbaren Lebensrahmen übersteigt, keinen Anteil nehmen, wenn aus Intellektuellen Geschäftsleute werden und aus Staatsmännern einfache Verwalter der inneren Sicherheit und des privaten Wohlergehens, wenn wiederum dieser weltweite Wandlungsprozeß alle Lager betrifft, drängt sich das Ideal der Koexistenz den aller Ideale ledigen Koexistierenden auf, dann gilt der verlängerte Waffenstillstand als Friede. Dann obliegt es Diplomaten und Militärs, die Neuordnungs- und Korrekturmaßnahmen vorzunehmen, die die Unbeständigkeit der Zeit und der menschlichen Lebewesen erforderlich machen. Man kann es sich ersparen, im einzelnen auf die Anleihen einzugehen, die die Ideologie vom Ende der Ideologien beim liberalen Utilitarismus und beim marxistischen Ökonomismus ebenso wie beim Ausgang des Hegelschen Zeitalters machte; der bloße Augenschein genügt um festzustellen, wie sehr das Gerücht trog;

ein paar Unverbesserliche, die sich darauf kaprizieren, nach dem Preis des Todes zu fragen, genügen, um die kunstvollsten technologischen Machwerke zu erschüttern.

Der Ideologie-Begriff verdeckt eine Verwechslung. Die nationalistischen, rassistischen, internationalistischen, marxistischen und idealistischen Strömungen unterschiedlichster Provenienz laufen sich tot, versanden oder verwandeln sich. In diesem Sinne hören die Ideologien – das heißt: Methoden und Modelle der Betrachtung oder Veränderung der Welt – nicht auf zuendezugehen. Der seit zwei Jahrhunderten gehegte Gedanke einer wirksamen weil wahren Theorie (Lenin) als Quelle eines Lehrenkanons, der den Menschen als Instrument zur Bewältigung der menschlichen Angelegenheiten dient, analog der mathematischen Beherrschung der Natur – Geschichte als Teil der Naturgeschichte (Lenin) – dieser Blütentraum einer wissenschaftsgläubigen Wissenschaft verblaßt. Das im 19. Jahrhundert etwas verfrüht angekündigte Ende der »Ideologien« ist nicht gleichbedeutend mit dem Ende der Ideologie schlechthin, deren jahrtausendealte Gegenwart Dumézil hervorhebt: »Ideologische« Funktionen bestimmen im indoeuropäischen Pantheon die Bereiche Sexualität und Fruchtbarkeit (Funktion Nr. 1), Krieg und Konflikte (Funktion Nr. 2), Weisheit, Glaube und Magie (Funktion Nr. 3). Mögen Marx oder Adam Smith auch das Zeitliche segnen, die Grundfragen bleiben, solange die Menschen lieben, sich streiten und Macht übereinander ausüben. Ausgelöst durch den Pazifismus bricht eine Flut von Imperativen einer Ideologie im Dumézilschen Sinn über uns herein. Das Gesetz des Schweigens, das einer hauchdünnen Führungsschicht das Monopol über die letzten Dinge übertrug, ist aufgehoben, ebenso wie das zweifelhafte Privileg, einsame Entscheidungen über die letzten Menschheitsstunden zu treffen. Die Eiferer, von denen es in unserem Jahrhundert wimmelt, interessieren sich nicht weniger als in früheren Epochen für die Gründe oder das Fehlen von Gründen, die ihr Opfer motivieren.

Die Fragen der Friedensbewegung entfachen einen Aufruhr der Gemüter, und ihre Antwort, die die Ausrottung des nuklearen

Übels zum A und O der weltweiten Eintracht erhebt, löscht den Brand wie mit dem Zauberstab: Der angekündigte Friede entwaffnet die Diktaturen, löst allen Haß in Wohlgefallen auf, verschönt die Völkermorde und dirigiert die Flut der kriegerischen Handlungen, die seit dem Neolithikum ständig anschwillt und sich zunehmend rationalisiert, gegen sich selbst! Indem er eine sowohl endgültige als auch greifbare Lösung anbietet, tritt der Pazifismus an die Stelle der Utopien des vergangenen Jahrhunderts. Mittels seiner populären und einschneidenden Fragestellungen durchbricht er das Schweigen der Eingeweihten. Durch seine Schlußfolgerungen wird er zur neuen Ideologie und Patentlösung, er bietet den Denkfaulen eine Antwort auf die schwierigste Frage der Menschheitsgeschichte, er propagiert seine Unfehlbarkeit, nimmt die Ängste auf sich, eliminiert die Sorge, nachdem er sie an einem Punkt festgemacht und sie auf eine vereinfachte Formel verkürzt hat. Es genügt, den Tod durch die Vernichtung der Raketen zu liquidieren, schon stimmt die Gewalt ein Wiegenlied an. Der Pazifismus lügt.

Lange Zeit glaubte der Abschreckungstechniker, sich auf die Berücksichtigung der Mittel beschränken zu können und überließ dabei die Ziele den Spezialisten der Gewissenslenkung. Umso mehr, versicherte er, als wir die Sicherheit wollen und nicht die Eroberung, und als die Abschreckung sich defensiv und bewahrend will und nicht offensiv. Er übersah ein Detail: Die geplanten »konservativen« Mittel betreffen die Bevölkerungen in ihrer Gesamtheit, sowohl die »gegnerische«, die von den Raketen zur Geisel gemacht wird, als auch die »befreundete«, die sich zum Selbstmord bereit erklären muß. Infolgedessen dringt die Abschreckung in einen Bereich vor, wo die Zweck-Mittel-Unterscheidung zur Scheinunterscheidung wird, wo der berühmte Webersche Gegensatz aufgehoben wird, der scharf zwischen einer Verantwortungsethik (die nach Mittel und Wegen fragt) und einer Gesinnungsethik (von der Reinheit des Ziels besessen) trennte. Das Überleben der menschlichen Spezies aufs Spiel zu setzen, ist ein ziemlich außergewöhnliches Mittel zur Erlangung eines Ziels, und sei es noch so erhaben, und der Protest entzündet sich an eben diesem Punkt, an dem der Stratege, ohne es zu merken, zum Priester wird, während der Bischof sich zum Taktiker aufwirft, an dem Punkt, an dem das Wie an die Frage nach dem Warum und die Technologie an die Eschatologie rührt.

Das Bild der Gewalt

Wie kann man an diese Frage, die dem Pazifismus immer wieder als Nährboden dient, herangehen, ohne sich auf die Antwort einzulassen, mit der dieser die gerade aufgekeimte Betroffenheit kurzerhand wieder abwürgt? Philosophieren wir ohne Ehrenzeichen, ohne Etiketten, nach der Art des Sokrates, der seine eigene Nachforschung offiziell von jeder gelehrten Reflektion und jeder dichterischen und mythologischen Schöpfung abgrenzte. Betrachten wir die Sage von der Nymphe Oreithyia, die von Boreas an den Ufern des Flusses Ilissos entführt wurde. Ein schulmeisterlicher Interpret würde erläutern: Boreas = Nordwind, ein heftiger Windstoß blies sie über die Klippen hinunter; er würde hartnäckig versuchen, das Märchenhafte aufs Wahrscheinliche, das Phantastische aufs wissenschaftlich Nachweisbare zu reduzieren. Die philosophische Untersuchung bedient sich dagegen nicht gern solcher Erklärungsmuster, sie prüft und hinterfragt Bilder und Legenden, macht sie durchschaubar: »Darum also ... suche ich, wie ich soeben sagte, nicht solches zu erforschen, sondern mich selbst: ob ich ein Ungetüm bin, abenteuerlicher zusammengeschlungen und fürchterlicher aufgebläht als Typhon oder ein sanfteres und einfältigeres Geschöpf, das von Natur ohne Aufblähung an göttlichem Lose in gewisser Weise Anteil hat.«

Die von Platon (in der Nachfolge des Sokrates) ausgesuchten Beispiele sind selten ohne Hintergedanken, die Verschiebung von Boreas zu Typhon ist für griechische Ohren gedacht. Für den Dichter Hesiod tritt Typhon als schreckliches (deinos), gewalttätiges (hybristes) und alle Gesetze sprengendes (anomos) Ungeheuer auf.

Diese Begriffe beschwört die klassische Tragödie bei der Darstellung blutrünstiger Abenteuer. Indem er als erster mit philosophischen Methoden an die Untersuchung der Sagen heranging, warf Sokrates keineswegs eine Vorform des Persönlichkeitstests auf den Markt, um Rorschach Konkurrenz zu machen. Typhon ist kein austauschbares, zerfließendes Bild, in das ich hineinphantasieren kann, was ich will. Typhon ist ein Bild für die Gewalt, welche wiederum als solche Wesen des Bildes ist: Zerstörung der Sache (»Irrealisation«, wie Sartre sagt) und Entwertung des Begriffs zugleich. Das Eingebildete beunruhigt, und das Abbild der Gewalt hebt die immanente Gewalt des Bildes hervor, indem es sie steigert. Nach der wissenschaftlichen Deutung wäre Typhon nicht mehr Ding (ein Nordwind), oder noch nicht Begriff; für den interpretierenden Philosophen ist Typhon weder das eine noch das andere, er zerstört beide, er stellt eine nicht auf die äußere Sache verkürzbare und nicht in einem Begriff faßbare Gewalt dar: »... ein Ungetüm ..., abenteuerlicher zusammengeschlungen und fürchterlicher aufgebläht als Typhon«. Sich zu entdecken bedeutet keineswegs, sich in einem Bild zu betrachten, das etwas darstellt, was seinerseits irgendeine Gemütslage in uns anspricht. Sokrates weist einen unmittelbareren und brutaleren Zugang zur Wahrheit, die wir in uns tragen: Man muß sie in der Gewalt wiederspiegeln.

Vielleicht bin ich »ein sanfteres und einfältigeres Wesen« und habe womöglich »in gewisser Weise ... Anteil ... an göttlichem Lose«, nichtsdestoweniger drängt es mich, mich mit einer Art Ur-Typhon zu messen. (Seine unverrückbare Gegenwart wird von Platon in einem Wortspiel unterstrichen, das meine Göttlichkeit als »sanft«, »a-typhos«, dem Typhon entrissen, kennzeichnet.) Diese Begegnung mit einer Ur-Gewalt (hybris) stört die narzißtische Selbstbetrachtung, ob man sich ihr verstohlen, in einem von Wellenbewegungen verzitterten Bild, hingibt, oder ob sie die unmittelbare Klarheit der Reflektion einer Vorstellung von der Vorstellung hat. Konfrontation: Indem ich mich entdecke, nehme ich Abstand, oder ich verliere ihn im Widerstreit mit einem ständig drohenden Verlust der Selbstkontrolle. Die griechischen Philosophen widmeten dem Frieden kaum jemals eigene Kapitel oder Überlegungen. Weder die Sorge um den Frieden noch sein Reiz waren ihnen unbekannt; sie hüteten sich sorgsam, ihn in einer Art Vor- oder Nach-Krieg abzusondern, und ihn in einem Dogma und drei Lektionen abzuhandeln. Sie verkörperten ihren philosophischen Frieden mitten in der Schlacht, wie beispielsweise Sokrates in der geschlagenen Armee von Delion: »... und dann schien er mir nach deinem Ausdruck, Aristophanes, auch dort einherzugehen stolzierend und stier seitwärts hinwerfend die Augen, ruhig umschauend nach Freunden und Feinden; und jeder mußte es sehen schon ganz von ferne, daß, wenn einer diesen Mann berührte, er sich aufs kräftigste verteidigen würde. Darum kamen sie auch unverletzt davon, er und der andere. Denn fast werden die, welche sich so zeigen, im Kriege gar nicht angetastet, sondern man verfolgt nur die, welche in voller Hast fliehen.« (Gastmahl).

Ich widerstehe der Panik, ich bewähre mich, ich nehme die Gewalt ernst; wo die ursprüngliche Turbulenz war, muß »ich« werden; es gibt viele konkurrierende Wege zu einem Frieden, der den Konflikten innewohnt, dem einzigen, den Homer, Äschylos, Platon und Aristoteles gelten lassen.

Wenn ich mich zum Philosophen aufwerfe, – mit der ganzen Ironie, die ein derartiger Anspruch beinhaltet – fällt mir die Aufgabe zu zu fragen, wo Typhon sich heute ausmachen läßt. Die griechischen Götter und Dämonen gibt es nicht mehr. Dem christlichen Teufel bereitet es einige Mühe, von denen ernst genommen zu werden, die in Versuchung zu führen seine Aufgabe ist. Diebstahl, Vergewaltigung und Mord werden in epischer Breite von den Experten erklärt, die auf äußere Ursachen verweisen anstatt auf die innere Bösartigkeit; die Erfahrung des Bösen wird in der gewöhnlichen Gerichtsbarkeit des modernen Lebens kurz gehalten. Bleibt der nukleare Typhon, der die Apokalypse atmet. Wenn die atomare Verflüssigung der Spezies Mensch das äußerste Übel ist, dann zögert nicht, bleibt Pazifisten. Das Raketenzählen und das Herumflicken an Schreckensgleichgewichten nehmen sich aus dieser Sicht etwa so lächerlich aus wie ein Faust, der sich dem

Teufel verschrieben hat und seine Taschenuhr als Tauschobjekt anbietet, um den Moment hinauszuzögern, in dem es gilt, seinen Verbindlichkeiten nachzukommen. Wenn man die Pauschallösung der pauschalierten pazifistischen Problemstellung ablehnt, muß man die nicht minder äußerste Erfahrung eines Übels darstellen, das in seiner Unmittelbarkeit und Radikalität dem von Sokrates in Gestalt des Typhon erdachten gleichkommt, und das Hiroshima für uns beschwört. Wenn es eine vergleichbare Erfahrung des Bösen gibt, so kann sie nicht für die Bedürfnisse einer antipazifistischen Sache in der Vorstellung vorweggenommen, noch von A bis Z frei erfunden werden. Ist nicht aus europäischer Sicht die globale Vernichtung der Menschen das einzige Verbrechen an der Menschheit? Lassen sich in unserer Geschichte Widerwärtigkeiten von vergleichbarem Ausmaß finden, die älteren Datums sind als die pazifistische Aktualität und sie unterschwellig beeinflussen? Es sieht ganz danach aus.

»Hitler hat den Menschen im Stande ihrer Unfreiheit einen neuen kategorischen Imperativ aufgezwungen: ihr Denken und Handeln so einzurichten, daß Auschwitz nicht sich wiederhole, nichts Ähnliches geschehe«, sagt Adorno, der, mehr noch als Marcuse, der geistige Vater der antiautoritären Bewegung war, und damit unfreiwillig der Großvater des deutschen Pazifismus ist. Er legt beredt Zeugnis ab von dem quasi physischen Entsetzen, das Europa nach 1945 angesichts der unerträglichen Bilder ergriff: »Kein vom Hohen getöntes Wort, auch kein theologisches, hat unverwandelt nach Auschwitz ein Recht.« Er vertritt die Auffassung, daß eine tiefere und geheime Wandlung die üblichen Wertmaßstäbe und das Risiko jedes einzelnen von Grund auf veränderte: »Neues Grauen hat der Tod in den Lagern: seit Auschwitz heißt den Tod fürchten, Schlimmeres fürchten als den Tod.« Stimmt das? Oder sind dies so großsprecherische Beteuerungen, daß sie, in ihrer zeitgeschichtlichen Wirkungslosigkeit, schon belustigen? Adorno steigert sich noch in die übertriebene Feststellung: »Jahre später ... hat Auschwitz das Mißlingen der Kultur unwiderleglich bewiesen.« Die Beweise verbiegen die Wahrheit, sagte

Braque: Auch wenn man den Satz von Adorno umkehrt, bleibt er hochtrabend und sinnentleert, »Auschwitz hat auf unwiderlegbare Weise das Scheitern der Unkultur bewiesen.« Nie wieder! schwor das um eine Erfahrung reichere Europa nach Verdun. Und 1945 noch einmal. War das nur Phrasendrescherei? Keineswegs.

Damals, unmittelbar nach dem Krieg, verfehlten die grauenhaften Informationen und Bilder ihre Wirkung nicht. Nach dem Ersten Weltkrieg hatte sich noch eine Großzahl der besiegten Deutschen zu ihrer Vergangenheit bekannt; sie suchten den Grund für ihre Niederlage in einem vermeidbaren Verrat oder einer Tücke des Zufalls und nährten in den »Freikorps« und in den Verbänden ehemaliger Kriegsteilnehmer folgenschwere Gefühle von Widerstand und Vergeltung. Nichts dergleichen nach dem Zweiten Weltkrieg. Die Erinnerungen werden bewußt verdrängt und unter den Teppich gekehrt, ein weißer Fleck überdeckt das Leben in den Jahren zwischen 1933 und 1945, die Soldaten halten sich nicht mit Kriegserinnerungen auf; die Eltern erzählen ihren Sprößlingen nicht einmal, wie sie einander kennenlernten, dazu hätten sie die Hitlerjugend, den Arbeitsdienst, den Alltagstrott vor dem Hintergrund der Verbrennungsöfen erwähnen müssen. Nur wenige Romane durchbrachen das kollektive Tabu, verehrter Heinrich Böll! Dreißig Jahre mußten vergehen, bis einige Filme zaghaft darangingen, den durchschnittsdeutschen Alltag unter der Naziherrschaft zu schildern. Nach 1945 wachsen die Kinder zwischen Rhein und Oder als Reisende ohne Gepäck auf, Abkömmlinge einer unbekannten Vergangenheit und schemenhafter Eltern. Diese Beschneidung des Erinnerungsvermögens tat prompt ihre Wirkung, sobald die ersten Bilder – amerikanischen Ursprungs – der Todeslager veröffentlicht wurden.

Einige Zeugen der Zeit, wie Ernst von Salomon zum Beispiel, liefern eine lebhafte Beschreibung des inneren Aufruhrs, den simple Fotografien auslösten, Fotos, welche frühe Hinweise von Himmler bestätigten, in denen er seinen Stolz auf die SS zum Ausdruck brachte, weil sie den Mut besaß, das, was die Mitbürger vermuteten aber sich auszumalen fürchteten, auszuhalten, auszuführen und mit anzusehen. Auschwitz war eine Art Typhon in Potenz, es spaltet die Geschichte Deutschlands in zwei Hälften, es besiegelt seine räumliche Zweiteilung; danach ist nichts mehr wie zuvor; wenn auch die Konsequenzen, die daraus gezogen werden müssen, Raum bieten für unterschiedliche Interpretationen, so bleibt doch unausweichlich der Eindruck, nichts formulieren zu können, das nicht eine Konsequenz daraus wäre.

Wesen und Grenzen des Antikolonialismus

Die Erschütterung hat ihr Epizentrum in Deutschland, erweist sich aber als gesamteuropäisch, ja abendländisch. Der Beweis: nicht Erklärungen, die bald vom Winde verweht wären, sondern das Hauptereignis, das die Weltkarte im Laufe der drei vergangenen Jahrzehnte von Grund auf verwandelt hat. Welches? Die Entkolonisierung. Was war die Triebfeder der beschleunigten politischen Emanzipierung einer Hälfte der Weltbevölkerung? Man wird antworten: Die Massenbewegungen, die Guerillakämpfe, die Volkskriege. Einen mindestens ebenso großen Stellenwert verdienen auf der Verursacherseite die mangelnde Bereitschaft, den Kampf fortzusetzen, und der Entschluß, das Feld zu räumen. Nach Beendigung des Algerienkriegs konnte die militärisch siegreiche französische Armee das Gebiet noch einige Jahrzehnte halten, aber nur unter der Bedingung, daß sie zyklisch Blutbäder anrichtete, um eine ständig bedrohte Ordnung wieder herzustellen. Angefangen von der Entdeckung von Sétif bis zur Befriedung von Sétif (1945) schreckte keine Kolonialmacht vor derlei »Polizei«-Methoden zurück. Von Las Casas und Montaigne über Andrée Viollis bis hin zu André Gide schrien jahrhundertelang einige Priester und Intellektuelle ihren Abscheu hinaus, ohne auch nur entfernt die Wogen der Entrüstung auszulösen, die heute von innen her die modernste und wohlhabendste Armee der Welt mattsetzen: Die eigene Jugend fügte, mehr noch als die kommunistischen Vietnamesen, der amerikanischen Supermacht die erste militärische Niederlage ihrer

Geschichte zu. Die unglaubliche Beschleunigung des Entkolonisierungsprozesses rührt von der unaufhaltsamen Protestbewegung her, die die Kolonialmächte bremst und schließlich lähmt. Welcher plötzliche Meinungsumschwung macht die bewaffnete Okkupation entlegener Weltregionen schlagartig so unerträglich?

Die traditionelle Brutalität der Strafkolonie von Poulo Condor und ihrer berüchtigten Tigerkäfige muß man vermutlich vor dem Hintergrund von Greueln sehen, die Namen wie Mauthausen, Oranienburg, Dachau tragen. Die jahrhundertealten Folterpraktiken, deren der Kolonialoffizier sich seinerzeit schuldig machte, werden im Lichte der logischeren und systematischeren Arbeit der Gestapo durchschaubar. Hunderttausende von Demonstranten, unter ihnen der Verfasser dieser Zeilen, brüllten im Mai 1968 in Paris: CRS = SS. Es liegt auf der Hand, daß es sich nicht um eine optisch nachweisbare Tatsache handelte, das Schlagwort war nicht haltbar als simple, glatte Gleichung, sonst hätte unausweichlich ein überzeugter Demonstrant, zumindest einer, kaltblütig einige der als SS disqualifizierten Polizisten umgebracht. Der zum Slogan gewordene Vergleich symbolisierte nicht so sehr die Ablehnung einer Realität als vielmehr einer naheliegenden Möglichkeit; auf diesem Umweg ließ er in der Parole das obskure Gefühl mitschwingen, das den Antikolonialismus jüngsten Datums beherrschte: du, der du geschworen hast, »nie wieder Auschwitz«, laß es nicht dazu kommen, daß du die repressiven und rassistischen Maßnahmen einer zweifelhaften Besatzung ausüben mußt, dekolonisiere und »go home«. CRS-Mann, sieh dir die Realität der SS gut an. Europäer, zerschlage Poulo Condor, um nicht in Versuchung zu kommen, die Anlage nach dem »Nacht-und-Nebel«-Vorbild zu perfektionieren. Unvorhersehbar und schlaglichtartig belegt die Geschichte der Entkolonisierung, daß Auschwitz zum unüberschreitbaren und abstoßenden Horizont der europäischen Nachkriegszeit wurde. Als die Dichter sich die Frage stellen, ob nach den Todeslagern noch Dichtung möglich sei, kommen sie zu dem Schluß, daß die Kolonisierung auf jeden Fall nicht mehr möglich ist.

Man ging also daran, die Erfahrung der Konzentrationslager zu bewältigen: Wie man sehen wird, nur teilweise. Alles tun, um nur nicht in die Haut des Henkers zu schlüpfen, alles versuchen, um die Opfer zu befreien; das waren die beiden Bestandteile der Botschaft: »Nie wieder Auschwitz«. Nur die erste wurde wirksam für ein Europa, das wieder zu sich kam und in sich ging, während sich gleichzeitig der Schatten der Lager über den ganzen Erdball legte. Der europäische Abendländer stieg rechtzeitig aus dem schrecklichen Spiel aus; nachdem Hitler durch einen äußeren Krieg ausgeschaltet worden war, brachen die anderen, weniger stabilen Diktaturen (in Spanien, in Griechenland) unter der wohl dosierten Verbindung von äußerem Druck und innerem Widerstand zusammen. Die faschistischen Regime unter westlichem Vorzeichen zerbröckeln leicht, man kann ihren Zusammenbruch beschleunigen, die Demokratien sind durch sie nicht radikal in Frage gestellt.

Bleibt die übrige Hälfte des Erdballs: In den vergangenen sechzig Jahren gelang es nirgends, eine sozialistische Diktatur aus den Angeln zu heben; ob sie von innen aufgebaut wurde (Rußland und China), oder von fremden Armeen (Osteuropa), ob ein Volk sie mit der Waffe in der Hand herausfordert (Ungarn 1956) oder durch den Reformkurs einer etablierten Partei (Tschechoslowakei) oder durch friedfertige soziale, gewerkschaftliche, religiöse, kulturelle Bewegungen (Polen, bis heute), es hilft alles nichts. Wo die bolschewistischen Panzer rollen, wächst das Gras der Demokratie nicht nach. Was geht das Westeuropa an? Offiziell sind es weder seine Prinzipien noch seine Waffen, die die sozialistischen Lager mit ihrem Kontrollnetz überziehen. Westeuropa sitzt auf den vordersten Logenplätzen und sieht zu. Wird es die Kraft haben, das Schauspiel zu ertragen?

Ich werde von Grauen gepackt. Ich bekunde eine fundamentale Unfähigkeit, ohne mit der Wimper zu zucken eine Realität ins Auge zu fassen, die ich als unmenschlich bezeichnen würde, wenn nicht andere als ich, die offenkundig andere Ichs sind, sie als etwas über sich ergehen lassen müßten, an dem quasi nicht zu rütteln ist. Ich bin Linksintellektueller, ich poliere meine Anschauungen auf

Hochglanz und befördere sie frank und frei in die kommunistischen Diktaturen (die ihre Terrorherrschaft sicherlich mangels besserer Ideen ausüben und nur auf meine Ratschläge warten, um ihr geistiges oder emotionales Defizit auszugleichen!). Ich bin liberaler Kapitalist, ich lasse den Diktatoren freie Hand, unter der Bedingung, daß sie meine Waren passieren lassen, ich gewähre Kredite, ich helfe, ich investiere, und nicht etwa als Verlustgeschäft, ich unterstütze Danton gegen Robespierre, ich untergrabe ihre Autorität von innen her, ich entfessele Egoismen, die, abgesehen vom wohlverstandenen Eigeninteresse, ohne nennenswertes Konzept sind, und die allmählich die oberen und mittleren Schichten und dann, nach und nach, die ganze Gesellschaft liberalisieren werden. Ich bin Priester, ich denke nicht gern schlecht von meinesgleichen. Ich bin mildtätig, ich kann das Leid meines Nächsten nur mit Mühe ertragen, ich bin nicht bereit, mich mit der Feststellung eines fast unheilbaren Schmerzes abzufinden. Ich sehe mich als Wohltäter, ich habe ein halbes Jahrhundert gebraucht, um Freud ohne Brechreiz zu lesen und zugeben zu können, daß er recht haben könnte mit seiner Behauptung, daß in den lieben Blondschöpfen gewaltsame und schamlose Anwandlungen spuken und das liebliche Paradies der kindlichen Gefühle verheeren; allein der Name Solschenizyn, würdiger Nachfolger des Analytikers, empört mich noch nach dreißig Jahren. Ich bin Soldat und halte mich für illusionslos, ich balanciere Rüstungspotentiale aus, mein Alter Ego im anderen Block spielt auch nur seine Rolle. Jedem das seine: Der Wirtschaftsexperte handelt Wirtschaftsabkommen aus, die Kulturrepräsentanten machen einander über die Grenzen hinweg schrankenlose Komplimente, die Generäle spielen Konfrontation, und in dieser illustren Gesellschaft spielen die Politiker zwischen Gipfeltiraden und Geschäftsabschlüssen in den Wandelgängen auf Zeit. So kann es kommen, daß ein unmittelbar wahrgenommener Unterschied nie begriffen wird.

Wir machen uns gern vor, im Osten herrschten unvollkommene, noch unausgegorene Demokratien. Der Zufall und die Umstände wollten es, daß sie vorübergehend schlecht oder noch nicht gut funktionieren. Eine befremdliche Sehschwäche beeinträchtigt unser Wahrnehmungsvermögen für die äußeren Realitäten; dennoch fehlt es nicht an Informationen über die psychiatrischen Anstalten, die Gefängnisse und die Deportiertenlager! Eine innere Sehlähmung, würden Sie sagen, Herr Doktor Glucksmann? Der Europäer rettet sein Bild von der Welt auf Kosten der ihn umgebenden Welt. Welches Bild? Das hört sich so an: »Befragen wir uns über diesen Punkt; stellen wir uns die berühmte Frage: ›Was würden wir tun, wenn wir erführen, daß zum Wohl des Volkes, ja um der Existenz der Menschheit willen, irgendwo ein Mensch, ein Unschuldiger, dazu verdammt ist, ewige Qualen zu leiden?‹ Wir würden es vielleicht zulassen, wenn ausgemacht wäre, daß ein Elixier es uns vergessen ließe, und daß wir nie wieder davon erfahren müßten; aber wenn es sich nicht umgehen ließe, davon zu erfahren, daran zu denken, uns sagen zu müssen, daß dieser Mensch grausamen Leiden ausgesetzt ist, damit wir existieren können, daß das eine Grundbedingung der menschlichen Existenz schlechthin sei, oh nein! Lieber hinnehmen, daß nichts mehr existiert! Lieber den Erdball in die Luft jagen! Was ist eigentlich passiert? Wie ist das Recht aus dem sozialen Zusammenhang hervorgegangen, dem es vage innewohnte, um sich über ihn zu erheben, über alles, als etwas Kategorisches und Transzendentes? Erinnern wir uns an Tonfall und Sprache der israelischen Propheten. Ihre Stimme schallt uns entgegen, wenn ein großes Unrecht begangen und zugegeben wurde. Sie erheben ihren Einspruch aus der Tiefe der Jahrhunderte.«

Henri Bergson, ein geachteter Philosoph, schwor sich nach der Erfahrung von Dostojewski: »Lieber den Erdball in die Luft jagen!« Aus seinem Mund spricht der aufrechte Europäer der Jahrhundertwende. Als er 1949 diese Passage zitierte, feierte Jean Guitton, Freund und Vertrauter des Papstes, noch in aller Unbefangenheit den großen schöpferischen Elan, welcher Geschichte, Sittengesetz und Menschheit der geschlossenen Gesellschaften unaufhaltsam zur offenen Gemeinschaft drängt »in einem Prozeß, der eine alle Menschen umschließende Weltrepublik an die Stelle des

Gemeinwesens setzt, das an den Staatsgrenzen aufhörte, und das es im Staat selbst mit den Freiheiten des Einzelnen hielt« (Bergson).

Würde der heutige Europäer allen Widerständen zum Trotz seine Weltrepublik errichten, auf die Gefahr hin, den Planeten zu sprengen? Kann er sich allen Ernstes auf ein höher entwickeltes ethisches Bewußtsein als das der alten Griechen berufen, wenn er letzten Endes einräumen muß, daß die freien Menschen im Westen und die Sklaven im Osten leben? Kann er sich rühmen, als guter Christ oder aufgeklärter Erbe der alttestamentarischen Religionen die Rechtsverletzungen, die von anspruchsloseren Gemütern geduldet werden, ein für allemal unannehmbar gemacht zu haben? Welches »non possumus« gebietet denn, in unserer unmittelbaren Nachbarschaft, in Gdansk, dem Volkspolizisten Einhalt, der auf den Streikenden anlegt? Oder dem Arzt, der den Dissidenten mit Psychopharmaka behandelt oder der Funktionärselite der Nomenklatura, die die Unzufriedenen hinter Schloß und Riegel bringt? Wo waren die Demonstranten, als am 13. Dezember 1981 in Warschau per Staatsstreich beschlossen wurde, die freie Meinungsäußerung zu unterbinden und das Streik- und Versammlungsrecht zu verbieten? Hat da auch nur ein einziger in Paris, Athen oder London empört aufgeschrien, daß das unerträglich sei, daß man »lieber den Erdball in die Luft jagen« solle? Als einige Intellektuelle in aller Bescheidenheit nahelegten, daß ernsthafter Einspruch angebracht sei, flankiert von friedlichen oder nachhaltigen wirtschaftlichen und technologischen Maßnahmen, empfahl der Chefredakteur einer Abendzeitung ihnen, »kühlen Kopf zu bewahren«. Das letzte Wort hatte der französische Premierminister, der, ganz als sei nichts gewesen, ein wichtiges Abkommen mit dem Hauptanstifter des Staatsstreichs paraphierte (französisch-sowjetischer Vertrag über Gaslieferungen aus Sibirien): »Hätte man dem Drama der Polen das Drama der von der Gasversorgung abgeschnittenen Franzosen hinzufügen sollen?« Verehrte Herren Bergson und Guitton: Lieber das Beefsteak in die Pfanne hauen als den ganzen Erdball.

Obwohl die Spaltung der Welt Bergsons Satz offenkundig eine Absage erteilt, behält er zu unserer großen geistigen Verwirrung seine uneingeschränkte Gültigkeit. Lesen wir noch einmal nach. »Ein ewige Qualen leidender Mensch« liefert ein unerträgliches Schauspiel, das wir nicht aushalten. »Wir würden es vielleicht zulassen, wenn ausgemacht wäre, daß ein Elixier es uns vergessen ließe, und daß wir nie wieder davon erfahren müßten.« Das Elixier »Fortschritt« für den Akademiker, der seine Anschauungen auf Hochglanz poliert in der Absicht, sich die Diktaturen über den Kopf gefügig zu machen. Das Elixier der politischen Entspannung für den Geschäftsmann, der den Handel mit den Diktaturen intensiviert, um sie durch den Bauch zu revolutionieren: alternativ verabreichte Betäubungsmittelchen, die eher Denkmuster verwandeln als Sachzusammenhänge, und die, da sie am real Existierenden nichts ändern, den Gedanken, daß es existiert, verdrängen. Der alte Europäer, dessen Ansprüche Bergson zum Ausdruck bringt, und dessen Schliche er durchblicken läßt, setzte sich an die Spitze der sittlichen und intellektuellen Evolution, um zu dem Entschluß zu kommen, mit einem Schlag, und sei es durch die Sprengung des Erdballs, aller Welt die Pforten seiner Republik zu öffnen. Heute verdrückt er sich in seinen Sessel, betrachtet die Gefolterten, sieht kommen, daß ihren Kindern das gleiche Schicksal blüht, weiß keinen Ausweg, auf dem die nachfolgenden Generationen einer derartigen Zukunft entgehen könnten, und fragt sich, ob seine eigenen Nachkommen Voyeure bleiben oder sich in Opfer verwandeln werden. Jeder wählt sich sein garantiert wirksames Narkotikum und läßt sich mit geschlossenen Augen in die Depression fallen.

Durch die Entkolonisierung haben wir das stille Einverständnis der Henker durchbrochen und damit die eine Hälfte des Schwurs der Häftlinge von Auschwitz erfüllt. Was die andere, die Solidarität mit den Opfern, anbetrifft, befinden wir uns nach wie vor im Rückstand. Seit sechzig Jahren verschwinden Millionen unseresgleichen im Rachen eines unersättlichen KZ-Monstrums, ohne daß je ein Schuldiger zur Verantwortung gezogen würde; ob es sich aufbläht oder schrumpft, hat mit fernen, unbekannten, kaum zu beeinflussenden Entscheidungsträgern zu tun, deren Gutdünken weder von denen abhängt, die sie zugrunde richten noch von uns. Was tun? Die Antwort verspricht mühsam zu werden und alten Gewohnheiten zuwiderzulaufen, die absehbaren Schwierigkeiten fallen auf die Frage zurück und begraben sie fast unter sich. Der Bergsonsche Europäer, im Vollgefühl der Vorzüge, die er sich selbst zuerkannte, scheute sich nicht, zu den äußersten Mitteln zu greifen. Franzosen und Deutsche stürzten sich in den Ersten Weltkrieg und warfen einander danach Greuel vor, die sich harmlos ausnehmen im Vergleich zu denjenigen, die die Biographie eines sowjetischen Würdenträgers zieren. 1939 zogen die Franzosen für Polen in den Krieg und fanden es sinnvoll, wenn nicht gar begeisternd, für Danzig zu sterben. Vierzig Jahre danach fällt es ihnen schwer, auch nur einen Finger für ein vom Arbeiterstreik geschütteltes Gdansk zu krümmen. Sind wir noch dieselben, nur in eine neue Situation versetzt, in der die Abschreckung ihre lähmende Wirkung tut? Oder hat der Mensch des Atomzeitalters sich insgeheim von dem von Idealen durchdrungenen und von Selbstherrlichkeit triefenden alten Europäer losgesagt? Oder, und das ist mein Eindruck, schwanken wir zwischen beiden Möglichkeiten? Mit einem Bein im 19. Jahrhundert – nicht ohne einen Anflug von Verachtung für die übertrieben gute Meinung vom Menschen, die man damals hatte – und mit dem anderen schon fast im 21., ohne zu wissen, wohin damit.

Der Spagat verrät unsere Unfähigkeit, die beiden wichtigsten Neuerungen des letzten Weltkriegs in einen Gedankenzusammenhang zu stellen. Wir können nicht geloben: alles, nur nicht Auschwitz, wenn »alles« ein vervielfachtes Hiroshima in Ost und West bedeutet – und schon breitet sich der Gulag vor unseren ohnmächtigen Blicken aus. Ebenso wenig können wir leichtfertig verkünden: alles, nur nicht Hiroshima, wenn wir uns der Erinnerung nicht verschließen, daß es Orte gibt, an denen »der Tod bedeutet, etwas Schlimmeres als den Tod zu fürchten« (Adorno). Es gibt Situationen, in denen die Ankündigung eines dritten Weltkrieges sich wie eine Erlösung ausnimmt, in denen diejenigen, die wenig zu verlieren haben, darum beten, daß die Atombomben fallen mögen. Beispielsweise die Opfer Stalins beim Ausbruch des Koreakrieges. Seinerzeit war Truman Präsident der Vereinigten Staaten, ein Konflikt von großer Tragweite schien den Zusammenstoß der einstigen Alliierten unumgänglich zu machen:

»Wir steigerten uns immer mehr in diese Stimmung hinein – und als wir an einem schwülen Abend in Omsk mit Tritten und Püffen in den *Schwarzen Raben* getrieben wurden, ein Gewoge dampfenden und schwitzenden Fleisches, da riefen wir den Aufsehern aus dem Wageninnern zu: ›Wartet nur, ihr Hunde, bis Truman über euch kommt! Ihr kriegt noch die Atombombe auf den Kopf!‹ Und die Aufseher schwiegen feige. Auch sie fühlten unseren Druck und unser Recht stärker werden. So sehr hatten wir uns nach dem Recht verzehrt, daß wir bereit waren, gemeinsam mit unseren Henkern durch eine Bombe zu verbrennen. Wir waren so weit, daß wir nichts mehr zu verlieren hatten.

Wenn man das nicht ausspricht, bleibt das Bild des Archipels der fünfziger Jahre unvollständig.«

Solschenizyn zeichnet den Bewußtseinszustand des »Zek« nach, der er damals war, und teilt rückblickend das Grauen des Lesers: »Sicher, das mag befremden: Was für ein Zynismus, was für ein Wahnwitz! ... Heißt das, daß ihr einen Weltkrieg *wolltet*? – Als man alle diese Menschen 1950 dazu verurteilte, bis in die Mitte der siebziger Jahre im Lager zu sitzen, was *ließ man ihnen da für andere Wahl*, als einen Weltkrieg zu wollen? Ich erinnere mich heute selbst mit Entsetzen an unsere verderblichen und trügerischen Hoffnungen damals ...« Solschenizyn kennt Adorno nicht und drückt sich dennoch fast wörtlich aus wie er: »Das Leben war für uns kein Leben mehr.«

Auschwitz ins Russische, Chinesische oder Afrikanische übertragen, bildet in der Permanenz seiner Drohung einen Makel im stichhaltigsten pazifistischen Syllogismus. Wenn die Schreckgespenster der Kolyma die Aussage von Adorno bestätigen, wenn das Leben in den Lagern sich als schlimmer erweisen kann als der Tod, dann habe ich einen Grund, und nur diesen einen, das Risiko einzugehen, atomar zugrundezugehen, zusammen mit denen, die ich liebe, und mit denen, die mir gleichgültig sind, mit den nahen und fernen Mitmenschen, mit der Menschheit insgesamt. Erinnern Sie sich an die Dreikäsehochs im ersten Band des *Archipel Gulag*. Sehen Sie sich die Fotos der deportierten jüdischen Kinder an. Lassen Sie sich sagen, daß ich das Risiko vorziehe, zusammen mit einem Kind, das ich liebe, in einem Schlagabtausch von Pershing und SS 20 zugrundezugehen als mich mit dem Gedanken an seine Verschleppung in irgendein Sibirien irgendwo auf der Welt abzufinden. Wenn Sie zu einem anderen Schluß kommen, so ist das Ihr gutes Recht, aber bitte keine Vorhaltungen! Ich wüßte gern von den Moralaposteln, ob sie die Aufständischen des Warschauer Gettos, die nicht die geringste Siegeschance hatten, nicht einmal die Aussicht, diejenigen abzuschrecken, auf die sie schossen, der Amoralität bezichtigen würden. Meinen Sie, die aufständischen Zivilisten im Herzen des von den Nazis beherrschten Europa hätten, wenn ihnen Raketen zur Verfügung gestanden wären, deren Einsatz von sich gewiesen, selbst wenn anzunehmen gewesen wäre, daß ihr Gegner über eine gleich schreckliche Waffe verfügte? Würden Sie die Bereitschaft verurteilen, sich mit allen Mitteln zu verteidigen, wohl wissend, daß das Ende Versuche an Kindern, Lampenschirme aus Menschenhaut und die Verbrennungsöfen waren? Das sei alles Vergangenheit, versichern Sie. Können Sie in die Zukunft sehen? Aufmüpfige mit Spritzen zu behandeln und ihre Kinder einzusperren, sind das Vorboten besserer Zeiten?

Kein sittlicher Anspruch kann Hiroshima gegen Auschwitz aufwiegen. »Die allgemeine atomare Vernichtung ist für niemanden ein Ausweg« (Solschenizyn). Ebenso wenig ist es eine Lösung, Auschwitz den Vorzug vor Hiroshima zu geben. Die Thesen, die sich darauf beschränken, eine Menschheitsbedrohung aufzubauschen, um insgeheim die andere herunterzuspielen, überschwemmen den Markt der moralischen Falschmünzerei. Der Gulag ist unannehmbar. Ein Krieg mit der Sowjetunion ist darum noch lange kein Geschenk des Himmels. Die atomare Verwüstung ist grauenhaft, aber einseitige Abrüstung bleibt eine verbrecherische

Torheit, auch wenn sie mit den besten Absichten einhergeht. Was wäre riskanter und verhängnisvoller als den Betreiber von Konzentrationslagern in dem Glauben zu lassen, daß er sein Betätigungsfeld ungestraft ausweiten kann? Hie atomar verflüssigtes Universum, hie weltweites KZ, angesichts zweier so absolut amoralischer Perspektiven ist das moralische Subjekt nicht aufgerufen, zwischen beiden zu wählen, sondern sich zunächst der Mühe zu unterziehen, bis zwei zu zählen. Ihm obliegt es, bewußt die Konsequenzen aus einer Alternative zu ziehen, die das Unmögliche dem Unmöglichen gegenüberstellt, selbst wenn diese Konsequenzen den guten Europäer der Belle Epoque ein für allemal in seinem Harmoniestreben aufstören.

Künftig gibt es zwei kategorische Imperative. Rückblickend erweist sich die Entkolonisierung in ethischer Hinsicht fast als ein Kinderspiel: Der Europäer schreckt davor zurück, zum Unmenschen zu werden, er steigt aus und zieht sich ins gute Gewissen – im Bergsonschen Sinne – der Zeit vor dem Sturm zurück. Der abgeklärte Europäer vermeint alle Staaten im Vollbesitz ihres neuen Selbstbestimmungsrechts, die Nicht-Intervention wird oberstes Gebot, wie durch ein Wunder herrscht die inter- und intranationale Eintracht. Das Geheimrezept funktionierte jedoch nicht, die Biafraner wurden zu Millionen von ihren nigerianischen Landsleuten abgeschlachtet, interne Machenschaften verwandelten Kambodscha drei Jahre lang in einen gigantischen Friedhof. Die großen wie die kleinen Nationen schauten regungslos und sprachlos zu. Angesichts der ununterbrochenen Fortschritte in der Kunst der Nachrichtenübermittlung kann unsere Unwissenheit nur auf dem Entschluß beruhen, nichts wissen zu wollen. Überall auf der Welt trifft man auf die »ewige Qualen leidenden« Männer, Frauen und Kinder, und nur mit einem Brett vor dem Kopf kann man sich einbilden, die entkolonisierte Welt habe die Versprechungen der Entkolonisierung eingelöst.

Auf der Rangliste der Zauberelixiere und Betäubungsdrogen steht die Mentalität der ehemaligen Kriegsteilnehmer ganz vornean. Nach vier Jahren Schützengraben sieht der Davongekommene selbstverständlich Gegenwart und Zukunft im Licht der »Lektionen von Verdun«, die auf französischer Seite zum Defätismus verleiten (»alles ist besser als das«), und, nicht weniger unverbesserlich, auf deutscher Seite, zum Revanchedenken (»mein Kamerad ist nicht umsonst gefallen«). Der ehemalige Kriegsteilnehmer »weiß Bescheid«. Gefühlsmäßig auf das geschönte Bild der Zeiten fixiert, die seine Jugend umkrempelten, beschließt er, sich nie wieder etwas auszusetzen, das seine Denkgewohnheiten durcheinanderwirft. Der einstige Verfechter der Entkolonisierung verdeckt wieder einmal die gegenwärtige Erfahrung durch die vergangene. Es ist gar nicht so leicht, die Augen vor den Fakten zu verschließen, die das Verharmlosende unserer damaligen Unternehmungen beweisen. Angesichts immer ambivalenter Bilanzen von Aktionen, die kurzerhand als Erfolge verbucht werden, müssen wir zwangsläufig vereinfachen, um die ursprüngliche Unbefangenheit wiederherzustellen. Diese unbeirrte und unermüdlich betriebene Uminterpretierung der ketzerischen Gegebenheiten spielt sich nach ein- und demselben Grundmuster ab: Eine Bestandsaufnahme findet nicht statt, der Kampf geht weiter, die Vergangenheit verkörpert ein für allemal die lebendige Gegenwart. Die UdSSR interveniert, unterdrückt, mordet, breitet ihre Diktatur über alle Kontinente aus: Sie bleibt die vom Imperialismus belagerte Festung. Sollten die Flüchtlinge, die im chinesischen Meer ertrinken, Sie etwa zu Tränen rühren, wie einst die im Dschungel mit Napalm übergossenen Kinder? Trocknen Sie Ihre Tränen, schenken Sie sich Ihre Anschauungen, das Raster Ihrer Vergangenheit macht einen Unterschied deutlich: Die Kinderschlächter waren böse Imperialisten, die Greisenmörder sind nur brave Volkspolizisten.

Ich stelle anheim, zwischen der echten Gesinnungstreue von Leuten zu unterscheiden, die sich, auch über einen Zeitraum von mehreren Jahren hinweg, gleichermaßen empören über einen verbrennenden Säugling und einen der in Vietnam, im chinesischen Meer oder in Afghanistan ertrinkt. Und der selbstbetrügerischen Gesinnungstreue, der Unaufrichtigkeit des moralischen Rentiers, der mit seinen unkündbaren Erfahrungspfunden wuchert wie mit einer Gedankeninvestition, deren Dividenden er auf unabsehbare Zeit nur noch zu kassieren braucht. Die schönsten Stunden des Lebens sind dann ohne Leben, haben nur noch die Ausstrahlung erkalteter Gestirne. Am Ereignis selbst ist dem gesinnungstreuen Selbstbetrüger wenig gelegen, er investiert in die Erinnerung wie ein Souvenirsammler; für diesen Enkel von Harpagon im Gewand des Intellektuellen dreht sich alles um eine neue Schatulle, in der ein Schatz verjährter Gewißheiten vor sich hinmodert.

Die Aktion schematisiert zwangsläufig, die Erinnerung verschönt oft, weniger die vergangene Aktion als die erhalten gebliebenen Aktionsmuster, an denen eine frühzeitig gealterte, zu jungen Ehemaligen beförderte Jugend krampfhaft festhält. Sie wienern ihre Scheuklappen, tragen, gleich stolzen Narben, die versteinerten Spuren einer verschwundenen Emotion zur Schau und pflegen ihre Intoleranz, Resultat einer erfolgreichen Gehirnoperation. Die Absurdität der selbstbetrügerischen Gesinnungstreue tritt zutage, wenn man die zeitliche Perspektive ein wenig erweitert. Das europäische Gewissen protestierte zu Recht gegen den Machtmißbrauch des britischen Kolonialreichs bei der Niederringung einer antikolonialen bäuerlichen Guerilla; das war Anfang des Jahrhunderts, als die britische Armee die KZ-Technik einführte. Danach erfanden die einstigen Opfer, die Buren, das rassistische Apartheidssystem, seinerseits zu Recht beanstandet von den nachfolgenden europäischen Generationen. Manchmal löst die Zeit die Ironie der Geschichte auf, und manchmal verdichtet sie sie: Der rabiate antikolonialistische Kommunist von Hanoi kolonisierte seinerseits, ohne lange zu fackeln, das ehemalige Indochina mit noch ganz anderer Härte als Franzosen und Amerikaner. Man muß dankend anerkennen, daß er es uns ermöglicht, einmal aus eigener Anschauung eine fortgeschrittene Form von Gehirnlähmung zu diagnostizieren.

Der Verfallsprozeß, der den einstigen Antikolonialisten zum säbelrasselnden Krieger verkommen läßt, gipfelt im gegenwärtigen Pazifismus. Es zeigt sich, daß die Führer dieser Bewegung biographisch und statistisch im wesentlichen altgediente Kämpfer des Protests gegen das Engagement der USA in Vietnam sind. Oberflächlich betrachtet ist diese Feststellung rein anekdotischer Natur. Darunter verbirgt sich jedoch eine tiefere Verwandtschaft, die mit der inneren Wahrheit der Antiatombewegung zu tun hat, denn sie bezieht von der vorausgegangenen Bewegung sowohl ihre Lieblingszielscheibe – die amerikanische Regierung – als auch die sektiererische Einfalt ihrer intellektuellen Spekulationen – abgesehen von der Atomrüstung läßt sich alles ertragen, Ami go home, und schon ist alles eitel Sonnenschein. Das ist kein Erbe sondern eine Konservenfabrik. Die Friedensbewegung hat von den vergangenen Erfahrungen nicht profitiert, sie reproduziert sie unverändert, führt sie fort, treibt sie noch auf die Spitze, als hätten sie nicht gelernt, Dauerlösungen zu mißtrauen. Alte vierzig Jahre junge Leute sehnen sich in die Zeit zurück, als sie zwanzig waren, und beschließen, sich nie zu verändern und die erste unerschütterliche Generation der Geschichte zu bilden, eine, der man weder Bewegung noch Nachgeben, nicht einmal ein Zögern nachsagen kann. Eine so inbrünstige Entschlossenheit ist zum Scheitern verurteilt, niemand findet nach Belieben seine Jugend wieder.

Hiroshima oder Auschwitz?

Es ist unmöglich, die Vergangenheit wieder zum Leben zu erwekken, man muß sie nun einmal rekonstruieren, indem man sich im Hier und Jetzt die verschiedenartigen Bestandteile vor Augen führt, in denen man seine Kontinuität sucht. Die Friedensbewegung entspringt nicht der antikolonialistischen Überlieferung, um geradewegs in der antiatomaren Zukunft zu münden. Ihr Ausgangspunkt ist die Gegenwart in ihrer inneren Zerrissenheit. Man könnte sie in der Bewegung fotografieren, wie sie zum Sprung über ihre Zeit hinaus ansetzt. Vom Elan seines kategorischen Imperativs zum Erfolg getragen, (»Denken und Handeln so einzurichten, daß Auschwitz nicht sich wiederhole« (Adorno), wurde der Antikolonialismus zum ersten Opfer seines Siegs: Auch nach dem vollendeten Abzug der Europäer halten sich die Diktaturen und der Gulag unverändert. Angesichts der Notwendigkeit, sowohl Auschwitz als auch Hiroshima zu verhindern, müssen die einfachen Lösungen, die die Überlieferung anbietet – der Ruf zu den Waffen und der Appell an die Seelen – den Offenbarungseid leisten. Vor den Augen der Welt dauern die Qualen des ewig gepeinigten Menschen an, dessen Anblick das frühere Europa absolut nicht ertragen konnte, selbst auf die Gefahr hin, dafür die Schöpfung in die Luft jagen zu müssen. Nachdem dieser schießwütige Extremismus glücklicherweise in unseren friedfertigen Demokratien ausgeschlossen ist, verfällt der traditionsverpflichtete Europäer, der es tunlichst vermeidet, sich in Frage zu stellen oder umzudenken, wieder aufs Zauberelixier. Hier bieten sich die pazifistischen Wundertäter an. Und ihre Zauberkunststückchen. Da die Verdoppelung des kategorischen Imperativs – weder Auschwitz noch Hiroshima – uns in die Klemme bringt, verquicken wir kurzerhand die beiden Begriffe, reduzieren wir den einen auf den anderen, schaffen wir uns eine einzige Zielscheibe für eine monomane Aktivität, in der Hoffnung, uns erneut den Freuden der Eindimensionalität hingeben zu können: Die ethische Mobilmachung ähnelt in so mancherlei Aspekten den militärischen Mobilmachungen.

Auschwitz mit seinen interkontinentalen Surrogaten, Hiroshima mit seinen vorprogrammierten Weiterungen markieren wie Leuchtfeuer den ungewissen Übergang ins Jahr 2000. Sobald sie nur die Gefahren der Charybdis sehen und die der Szylla vergessen, fangen die Redner an, blindlings herumzulavieren. Der deutsche Pazifismus konnte sich im Gegensatz zum amerikanischen nicht erlauben, die Aufmerksamkeit auf die Gefahren eines Makro-Hiroshima zu konzentrieren, indem er schlicht und einfach die andere Bedrohung verdrängte. Infolgedessen versuchte er, den Beweis dafür zu erbringen, daß die Dualität der Gefahren nur eine scheinbare sei, daß das eine die Hauptgefahr sei, mit der die andere unmittelbar zusammenhänge: Es genügt, für den Frieden zu kämpfen, um automatisch die Freiheiten zu verteidigen – Hiroshima resümiert und erklärt Auschwitz und läßt es zuguterletzt völlig verschwinden. Als die Beweisführung fix und fertig war, machten die Grünen sie publik und trommelten sämtliche illustren Mitglieder des pazifistischen Gotha der Welt zusammen, und das ganze nannte sich: der zweite Prozeß von Nürnberg, wobei jedermann sich erinnert, daß der erste die hohen Nazi-Würdenträger wegen der von ihnen begangenen »Verbrechen an der Menschheit« verurteilte. Erklärtes Ziel des Prozesses Nummer zwei war es, all diejenigen, die eine auf Abschreckung basierende Verteidigung akzeptieren, des »Verbrechens an der Menschheit« zu überführen.

Als die deutschen Pazifisten den Prozeß gegen die amerikanischen Raketen eröffneten, indem sie den künftigen »nuklearen Völkermord« beschworen, setzten sie sich dem Verdacht der Einseitigkeit aus; sie entschieden über die Abschreckung, indem sie ausklammerten, was abgewehrt werden sollte: »Wir sind hier, um über die Atomwaffen zu sprechen und nicht über die Menschenrechte«, erklärte der offizielle sowjetische Teilnehmer des grünen Tribunals. Die Einbahnstraßen-Unparteilichkeit selbigen Tribunals und die Blauäugigkeit der Teilnehmer versetzte die nicht militanten Journalisten denn doch in Erstaunen[1]. Die Lektüre des Bändchens, das nach Beendigung der Sitzungen veröffentlicht wurde, enthüllte allerdings ein Manöver von ganz anderer Tragweite. Zwischen dem 18. und dem 20. Februar 1983 vergaß man in Nürnberg Auschwitz nicht aus Versehen, so nebenbei, man *verdrängte* es energisch, mit Methode, in Bausch und Bogen.

[1] *Le Monde,* 22. Februar 1983. Unter dem Titel »Das grüne Tribunal von Nürnberg hat in erster Linie die Atomrüstung des Westens verurteilt«, berichtet Claire Tréan und fragt sich: »Durfte man unter Verwendung des symbolträchtigen Namens der großen Nachkriegsprozesse das, was bis auf weiteres – wie immer man andernorts darüber denken mag – grundsätzlich eine Strategie der Abschreckung, eine Sicherheitspolitik ist, den von Nazi-Deutschland begangenen Verbrechen gleichsetzen? Der Schuldspruch war kategorisch in diesem Punkt: Nach drei Verhandlungstagen, während derer sich rund vierzig Ex-Generäle, Forscher, Mitglieder der Friedensbewegung, Überlebende von Hiroshima und den Konzentrationslagern im Zeugenstand

Man benannte die Sache, um anschließend umso zielstrebiger daranzugehen, sie auszuradieren. Petra Kelly, eine der prominentesten »Grünen«, sprach gleich zu Beginn die beiden schicksalhaften Namen aus.

Die Spielregel will es so: Was im Brennpunkt des ersten Nürn-

abwechselten, veruteilte das Gericht nicht nur die Verwendung sondern auch die Bereitstellung sämtlicher atomarer, bakteriologischer und chemischer Waffen und die Drohung mit diesen Waffen als Verletzung des Völkerrechts und Verbrechen an der Menschheit.

Man hätte den »Grünen« auch unterstellen können, ... zwei Wochen vor den Bundestagswahlen in der BRD, Wahlwerbung zu betreiben und zwar mit Erfolg: 18 Fernsehstationen, 160 deutsche und ausländische Journalisten waren zugegen.

... Diese Vorbehalte wurden in Wirklichkeit jedoch rasch durch den nachhaltigen Eindruck ausgeräumt, den verschiedene Beiträge hinterließen. Beispielsweise der Bericht eines Überlebenden von Hiroshima, welcher vor einer Zuhörerschaft, die starr vor Entsetzen war über das von ihm Geschilderte, ausrief: »Nie wieder so etwas!« Oder die Wortmeldungen von alterfahrenen Friedenskämpfern, vor allem aus Amerika, Kirchenvertretern, beherzten Menschen, die im Namen des sittlichen Bewußtseins für den zivilen Ungehorsam gegenüber wahnsinnig gewordenen Regierungen plädierten ... Das Ganze hätte indessen überzeugender gewirkt, wenn die eingangs unterschiedslos gegen alle Nuklearmächte gerichteten Anschuldigungen sich nicht letzen Endes ausschließlich auf die Vereinigten Staaten bezogen hätten, und wenn ein gewichtiger organisatorischer Fehler vermieden worden wäre. Bei Sitzungseröffnung wurde bekanntgegeben, daß die Regierungen der NATO-Mitgliedstaaten der Einladung nicht gefolgt seien. So weit, so gut. Aber dann wurde den Anwesenden eröffnet, daß Proektor, Ex-Oberst und Forscher des Moskauer Instituts für Weltwirtschaft und Internationale Beziehungen, als Zeuge, und Lomeiko, politischer Redakteur der *Literaturnaja Gazeta,* als Geschworener geladen seien. Dieter Burgmann, einer der Organisatoren, bemerkte sogar, ohne bei der Zuhörerschaft Gelächter auszulösen, der Letztgenannte sei ›natürlich nicht als Vertreter offizieller Thesen anwesend‹! Der erste dieser ›Dissidenten‹ führte ohne Reaktionen aus dem Publikum in ein- und demselben Beitrag aus: Erstens seien die Atomwaffen eine schreckliche Sache; zweitens sei die UdSSR gezwungen, sie zu besitzen. Als ihm eine Frage über die Systemkritiker gestellt wurde, kam ihm sein Genosse rasch zu Hilfe: ›Ich erhebe Einspruch gegen diese Frage‹, sagte Lomeiko, ›wir sind hier, um über die Atomwaffen zu sprechen und nicht über die Menschenrechte.‹ ...«

berger Prozesses stand, wurde zwangsläufig zur Vorgabe für den zweiten. 1945 klagten die Alliierten, kurz nach der brutalen Enthüllung der infernalischen Realität der Konzentrationslager, die Nazis wegen *Verbrechen an der Menschheit* an. Diese Enthüllung verbietet es den Historikern noch heute, geschichtliche Erörterungen auf die üblichen Darstellungen zu beschränken, in denen die Sieger den Besiegten die Greueltaten eines Krieges anlasten, den sie soeben gewannen. Unbestreitbar gibt es unmittelbar nach einem besonders grausamen Gemetzel keinen vollkommen unparteiischen Geschworenen: Die alliierten Richter hatten weder ein gutes Gewissen, noch reine Herzen, noch eine weiße Weste, die Schuld an den eigentlichen Kriegsverbrechen trugen mehrere, selbst wenn sie ungleich verteilt war.

Der zweite Prozeß von Nürnberg hätte mit gutem Recht dem ersten den Prozeß machen können; wenn die zweite und dritte Nachkriegsgeneration darangingen, die Verantwortung der Alliierten abzuwägen und neben die der Nationalsozialisten zu stellen, könnte niemand etwas dagegen einwenden. Die gezielte Massenvernichtung von Unschuldigen zählt zu den Kriegsverbrechen, gleich welches Lager sie begeht, die Bombardierungen von Dresden (dreihunderttausend Tote), Hamburg, Hiroshima, Nagasaki fallen unleugbar auch unter diesen Anklagepunkt, und die »Grünen« verweisen mit Recht darauf. Sie führen die Infragestellung allerdings nicht konsequent fort und übersehen das unglaubliche Paradox, das aus der herablassenden Haltung spricht, mit der die Herren des Gulag die Mörder von Auschwitz behandeln. Dieser Verfahrensfehler in der Anklage gegen die Anklage darf nicht überraschen: Der zweite Nürnberger Prozeß bezweckte nicht die Berichtigung des ersten sondern seine Verdrehung.

Da die Bundestagswahlen wenige Tage darauf stattfanden, wurde den Organisatoren des Prozesses Wahlpropaganda vorgeworfen, wogegen sie sich aus gutem Grund verwehrten: Der zweite Nürnberger Prozeß war von langer Hand vorbereitet und sollte auf einen vierzigsten Jahrestag aufmerksam machen: 1943–1983. Am 12. Februar 1943 forderte Joseph Goebbels als Hitlers Propagandachef mit einem demonstrativen Auftritt im Berliner Sportpalast die Alliierten heraus: »Wollt Ihr den totalen Krieg? Wollt Ihr ihn, wenn nötig, totaler und radikaler als wir ihn uns heute überhaupt noch vorstellen können?« Goebbels antwortete damit auf die Casablanca-Direktive (14.–25. Januar 1943), in der Engländer und Amerikaner den Grundstein legten für ihre Politik der Flächenbombardierungen deutscher Städte, um »die Moral« der Zivilbevölkerung »zu brechen«. Dieser Beschluß setzte nach Meinung der »Grünen« die Strategie der »massiven Vergeltung« in Gang und markiert somit die Geburtsstunde der Abschreckung. Der Jahrestag, ebenso wie das Goebbels-Zitat, das als Motto über dem Bericht der Friedenstagung steht (auf Seite 4, in Großbuchstaben, ganzseitig), bestimmte den Prozeßverlauf: Die gesamte Welt wird zu einer Geschichtslektion geladen, bittesehr, seht her, wo, wann und wie die Geschichte aus den Fugen geriet.

Es werde Licht. Alles beginnt im Januar 1943, denn Großbritannien und die Vereinigten Staaten einigten sich zu diesem Zeitpunkt auf die Strategie der Bombardierungen »und setzten damit die – bis dahin weitgehend eingehaltene – kriegsvölkerrechtliche Grundregel der Schonung von Zivilisten außer Kraft. Mit dieser offziellen Abkehr vom Völkerrecht schufen diese beiden Demokratien eine Rechtfertigung für den seitherigen Fortfall jeglicher Rücksichtnahme gegen die Zivilbevölkerung in der Kriegführung und beseitigten die rechtlichen und moralischen Hemmungen gegen die Verwendung von Atomwaffen als Mittel zur nationalen Interessendurchsetzung.« Sie haben richtig gelesen (der vollständige Text von Punkt 15 der Klageschrift findet sich im Anhang). Angeblich bricht das 20. Jahrhundert im Januar 1943 in Casablanca durch die Vereinigten Staaten und Großbritannien mit dem überlieferten Völkerrechtsprinzip! Joachim Wernicke hob eigens bei der Eröffnung des Tribunals hervor, daß die Menschen sich wirklich »seither«, seit dem anglo-amerikanischen Beschluß »an die Gleichung Krieg = totaler Krieg gewöhnt haben, und daran, daß im Krieg jedes Recht aufgehoben ist« (S. 6). Die Entwicklung führt also angeblich von den Flächenbombardierungen von siebzig deutschen, und später siebzig japanischen Städten (mit konventionellen Mitteln) automatisch zu Hiroshima, Nagasaki, Hanoi (alle Bombenabwürfe unter Washingtoner Regie) und schließlich Beirut (von Israel bombardiert) (S. 21). Lesen Sie keine böse ideologische Absicht heraus, das Übel konzentriert sich im Westen, wirklich und wahrhaftig. Wenn Stalin und Pol Pot verschwindende Statistenrollen zufallen, dann liegt es daran, daß ihre Untaten sich nicht unmittelbar durch Casablanca erklären lassen. Sie bemühten nicht erst die Luftwaffe oder Kanonen mit großer Reichweite, sie häuften die Leichen schlicht übereinander, wohingegen das Verbrechen an der Menschheit nach der Definition der deutschen Friedensbewegung weder mit Quantität noch mit Qualität zusammenhängt, sondern mit der Wahl der Transportmittel, es fliegt durch die Luft und fällt vom Himmel.

Die historischen Daten setzen messerscharfe Einschnitte, an denen nicht zu deuteln ist. In Wannsee fällt im Januar 1942 die Entscheidung, mit dem auserwählten Volk Schluß zu machen, und wenige Wochen später fahren kreuz und quer durch Europa die Viehwaggons der Endlösung. Die jüdischen Männer, Frauen und Kinder, deren Endstation die Gaskammern sind, gehören offenkundig in den Augen des »grünen« Tribunals nicht zur »Zivilbevölkerung«. Sie fallen nicht unter das Völkerrecht, da dieses ja erst später aufgehoben wird ... nämlich in Casablanca. Das Tribunal wartet sogar mit einer unerwarteten Präzisierung auf, die den Historikern bislang entgangen war. In der Überzeugung, daß das Völkerrecht im Zweiten Weltkrieg mehr galt als im Ersten, vor der fatalen anglo-amerikanischen Entscheidung, versteht sich, bringen die grünen Experten einen unerhörten Beweis vor: Das Giftgas tat seine barbarische Wirkung zwischen 1914 und 1918, ein Vertrag von 1925 verbot seine Verwendung, und infolgedessen »waren der Schmerz und die Zerstörung, die das Gas während des Ersten Weltkriegs als schreckliche Waffe erscheinen ließen, im Zweiten Weltkrieg viel weniger erheblich (›spielten eine wesentlich geringere Rolle‹)«. Hier hört der Spaß auf. Die gemäßigte Verwendung von Gas als Beweis für die Mäßigung der Kriegführenden!

Gaskammern, Zyklon B? Nie gehört. Faurisson ist dagegen ein kindliches Gemüt. Dieser Französischlehrer, der die Nicht-Existenz der Gaskammern von seiner hohen Einschätzung der humanitären Prinzipien der äußersten faschistischen Rechten ableitete, kannte diesen hervorragenden Abriß der Gegenwartsgeschichte für den pazifistischen Gebrauch noch nicht. Die Juden? Nie davon gehört, ebensowenig wie von Zigeunern oder Polen, oder den ukrainischen und russischen Zivilisten! Da das Ius gentium in Europa bis 1943 herrschte, wurde das Gas nicht gegen Soldaten noch gegen Völker eingesetzt. Man gebrauchte es gegen die Ratten. Doch Faurisson, es gab die Gaskammern, aber vor 1943, das ist Ihnen entgangen, vernichteten sie keine menschlichen Wesen.

Warum haben die »Grünen« sich bei aller guten Absicht einen so unglaublichen historischen Schwachsinn ausgedacht? Die Bombardierungen von Guernica und Warschau, das entsetzte und zur »offenen Stadt« erklärte Paris, die verwüsteten russischen Städte und Dörfer zeugen deutlich genug von der blühenden Phantasie, die es dem Tribunal gestattete, über die Fortdauer des Völkerrechts im Europa der Nazizeit zu befinden. Der Goebbels'sche Satz entsprach der kindlichen Logik, »ich habe nicht angefangen, der andere ist es gewesen«. Wie kommen rechtschaffene Leute, die sich von der Vergangenheit befreit glauben, dazu, sich mit dieser wieder zu identifizieren? Schlichte Vergeßlichkeit? Dumpfes Wiederaufleben des Antisemitismus? Nicht nur. Die optische Anordnung ist komplizierter: Um nur auf eine Seite, auf den Tod, der vom Himmel fällt, scharf einzustellen, muß man den Tod, der aus den Krematorien steigt, ausblenden. Die pazifistische Argumentation funktioniert nur, wenn es ihr gelingt, aus Auschwitz einen Sonderfall von Hiroshima zu machen, und nur dann. Sie folgert kurzerhand, daß man dadurch, daß man die zweite Katastrophe bekämpft, im gleichen Zug die erste aufhebt. Die Darstellungsweise des zweiten Nürnberger Prozesses bemüht sich, die Daten so nah wie möglich aneinanderzurücken, damit es in Casablanca zur vorweggenommenen Explosion von Hiroshima kommt, und die radioaktive Wolke das Gros der im Zweiten Weltkrieg an der

Menschheit begangenen Verbrechen verschluckt. Die Chronologie der Ereignisse spricht dieser lockeren und grotesken Inszenierung Hohn. Was bleibt vom zweiten Nürnberger Prozeß? Eine historische Rekonstruktion, angesichts derer der verrückteste historische Schinken der Metro Goldwyn Mayer sich wie ein Wunder an akademischer Genauigkeit ausnimmt. Nichts ist so bedrohlich wie die Bombe, wenn nach meinem Ermessen alles, was sonst noch droht, nichts ist.

Um es genau zu sagen: Niemand ist Antisemit, weil er die Bombardierung von Beirut verurteilt. Zwei- bis dreitausend Opfer wiegen schwer, es bedarf dringender Motive, um den Konflikt, der ihren Tod bedeutet, zu rechtfertigen; Juden wie Nichtjuden zweifeln am Ernst der offiziellen Begründungen. Jedoch kann nur die Bewertung des grundsätzlichen Vergehens des jüdischen Soldaten – und nicht das Leid der Opfer – diese Kriegshandlung auf die Ebene der Massenmorde des Jahrhunderts erheben. Beirut zählt im Kalkül der »Grünen« als eine von vielen, quantitativ und qualitativ zwar eher gewaltigeren, aber dennoch vergessenen »kriegerischen Handlungen«, weil es die israelische Armee ist, die den Schlag ausführt. Um mit dem Schwamm über alles weggehen zu können, müssen sich die Opfer von gestern, kaum daß sie befreit sind, automatisch wie ihre ehemaligen Henker aufführen. Professor Faurisson leugnet Auschwitz aus Antisemitismus. Der deutsche Pazifist eröffnet dadurch, daß er Auschwitz stillschweigend unter die gewöhnlichen Kriegsauswüchse einreiht, den Weg in einen neuen Antisemitismus. Ein verdrängtes seelisches Trauma, das so lange totgeschwiegen wurde, bis es rückblickend unvorstellbar war, wiederholt sich mit nackter Brutalität in der Wirklichkeit. Verblüffender und schonungsloser Ausdruck eines Phänomens, das Freud als Wiederkehr des Verdrängten bezeichnete. Der Tote hat den Lebenden eisern im Griff. Die Vierzigjährigen, gestandene Leute und in gehobenen Positionen, die in der Friedensbewegung gegenwärtig den Ton angeben, waren lange Zeit überzeugte Antinazis. Wie kamen sie dazu, eine Goebbels-Parole wie eine Heilsbotschaft aufzunehmen?

Die Raketenfrage geht ganz Europa an, auch wenn die Deutschen als erste getroffen werden. Weil sie stärker exponiert sind? Sie sind davon überzeugt und meinen damit ihre geographische Position in direkter Berührung mit den sowjetischen Frontlinien. Angesichts der Schnelligkeit und Reichweite der eurostrategischen Raketen fällt ein Unterschied von wenigen hundert Kilometern zwischen der Situation des rheinischen Korridors und der benachbarten Regionen kaum ins Gewicht. Von der Warte der Raketen aus gibt es nur eine westeuropäische Halbinsel. Aber die Deutschen bleiben historisch und philosophisch »exponiert« durch die Erinnerung und den bohrenden Schmerz von Auschwitz. Man kann das zweite Nürnberger Tribunal als einen zwischen den »Grünen« und den Sowjets, diesen verspäteten und professionellen Antifaschisten, abgeschlossenen Handel ansehen: Ablehnung – der – Pershing II – und – stillschweigende – Tolerierung – der – SS-20 im Tausch gegen – die – Tilgung von Auschwitz. Ebenso wie die Älteren sich den Amerikanern näherten, um sich von Hitler zu distanzieren, nehmen die Jüngern Abstand von einem Westen, dem sie pauschal die Schuld für die Verbrechen an der Menschheit anlasten. Gegenüber den Eroberern des Ostens bezeugen sie weniger Abscheu, wiewohl ihnen deren Entgleisungen durchaus bekannt sind, und sie nehmen ungerührt die Berichte über den Archipel zur Kenntnis.

Das Hin- und Herpendeln der Bundesrepublik zwischen einer harten atlantischen und einer weichen pro-sowjetischen Linie verblüfft nur den oberflächlichen Betrachter, der hinter den Beteuerungen unverbrüchlicher Freundschaft die unbewußte Flucht vor sich selbst übersieht, die von der nicht verheilten und möglicherweise unheilbaren Wunde der Endlösung ausgelöst wird. Zwischen 1970 und 1980 kamen im studentischen »Getto« zahlreiche Kinder auf die Welt, die Sarah, David oder Esther getauft wurden. Der Terrorist Baader wählte die Buchstaben RAF (Rote Armee Fraktion) als Sigel, dennoch blieben es die Initialen der englischen Bomber: Royal Air Force. Nach wie vor beherrscht eher der Abscheu, den die vergangenen Zeiten einflößen, das deutsche

Innenleben, als die Anziehungskraft einer irgendwie gearteten kommenden Zeit, der einzige Inhalt einer Zukunft wäre der, daß die Vergangenheit nicht stattgefunden hätte. Noch nie hat ein Volk eine derartige geistig-moralische Auflösung erlebt. Wo *Es* war, muß *Ich* werden, mit diesem Leitmotiv begann Freud die analytische Arbeit. Wenn man den Satz umkehrt, erhält man das deutsche Symptom: Wo *Ich* war, muß *Es* werden.« Wieder.

Die niederdrückende Einsicht, sich nicht mit Sicherheit sagen zu können, daß die Vergangenheit vergangen ist, führt zu ihrer Verdrängung. Da man das Hindernis nicht auf natürlichem Wege überwinden kann, baut man es gegen alle Widerstände ab. Nichts ist geschehen. Eine erste europäische Generation beeilte sich, Hitlers Treiben zu den Anwandlungen eines gescheiterten Malers zu verniedlichen, der sich hilflos in einer wirren Epoche herumschlug. Sie rief dazu auf, nicht in Bausch und Bogen Ordnung und Sinn einer Zivilisation in Frage zu stellen. Sie warnte davor, sich von einer punktuellen Entgleisung beirren zu lassen, einem blinden Fleck in einer sonst glanzvollen Geschichte. Eine zweite Generation enthüllte aufgrund ihrer Antikolonialismuserfahrung, daß der Hitler-Faschismus, weit davon entfernt, ein regional begrenzbarer Geschichtsunfall zu sein, in unterschiedlicher Gestalt den Horizont der Gepflogenheiten abendländischen Machtstrebens durchlöchert. Um es noch einmal zu sagen, diese bereits etwas tiefere Einsicht kollidiert mit dem dringenden Wunsch nach dem »nie wieder«, dem »ohne mich«, und sei es um den Preis einer neuen Verleugnung nach dem Muster »Auschwitz? Nie gehört«. Hitler ist da, wo wir nicht sind, wenn er im Westen ist, sind wir eben in der dritten Welt, im Sozialismus und in der ökologischen Alternativszene, lauter Reservaten, in denen der Mensch den Menschen nicht zu verschlingen braucht, wo es keine Konzentrationslager gibt. In Deutschland steht die erste Nachkriegsgeneration im Zeichen der Unfähigkeit zu trauern und die zweite im Bann der vorweggenommenen Trauer. Wir haben nichts mitbekommen, wir haben nichts damit zu tun, besagte das vielstimmige Schweigen der Eltern. Wir werden mehr damit zu tun haben als alle anderen,

Deutschland wird atomar ausgelöscht werden, wir sind die Juden des Atomzeitalters, reden sich die Söhne und Töchter ein.

Die Gegner des Pazifismus versuchen beharrlich, seinen Anhängern zu beweisen, daß man nicht darum herumkommt zu wählen. Entweder die Gewißheit des Gulag oder das Risiko der nuklearen Verwüstung. Den ersten Teil der Alternative können sie spielend beweisen: kein Land unter sowjetischem Einfluß hat seine Freiheit wiedererlangt. Sie machen keinen Hehl aus ihrer Verwunderung: Einseitig auf den Gebrauch der Atomkraft zu verzichten, hieße den Gegner in Versuchung zu führen und selber in den Selbstmord zu rennen. Sie lassen unerwähnt, daß sich die spitzfindigen Debatten über die konkurrierenden Rüstungsarsenale als nutzlos erweisen, die Würfel sind gefallen, noch vor jeglicher Berücksichtigung der Tatsachen. Ein intellektueller Selbstmord geht dem politischen voraus, die falsche Weichenstellung findet in der Beziehung zu sich selber statt, um sich sodann gegenüber dem anderen zu wiederholen. Der Pazifist ist gegenüber der Roten Armee Defätist, weil er sich aufgrund des Bildes von der eigenen Geschichte von vornherein geschlagen gibt. In ihm ist unbewußt das Konzentrationslagersystem als etwas Unvermeidliches vorprogrammiert: Solange die Lager ungedacht bleiben, solange wird ihnen gegenüber ein vorbeugender Widerstand undenkbar.

Was ist eine moralische »Wiedergutmachung«?

Unser intellektueller Notstand hat kontinentale Ausmaße. Blindheit und Kleinmut gegenüber Hitler gab es im Norden wie im Süden, im Osten wie im Westen, bei der Linken wie bei der Rechten. Nichteinmischung in Spanien, Münchner Abkommen, Stalin-Hitler-Pakt – kein Land und keine Ideologie, hier wie dort, die nicht irgendeine Mitschuld zu vertuschen hätten. 1945 herrschte eine allgemeine Bereitschaft, sich abzuwenden und unangenehme Erinnerungen unter den Teppich zu kehren, und sie war insgeheim der Anstoß für den technokratischen Konsens, auf dem die Führungsschichten des Westens die »Europäische Wirtschaftsgemeinschaft« aufbauten. Das Konkrete wird großgeschrieben, die Ideologien werden begraben, Materialismus – stalinistischer Prägung im Osten und bürgerlicher Prägung im Westen – ist gefragt. Die »Väter Europas« gehen von der wirtschaftlichen Basis aus (Montanunion), um die institutionelle Konvergenz (regelmäßige Treffen, europäischer Ministerrat und Europaparlament) voranzutreiben, in der Hoffnung, daß das Gebilde am Ende eines langsamen Reifeprozesses zur Krönung auch ein Innenleben bekommen würde. Zuerst das Materielle, das Handfeste, dann der ideelle Inhalt. Der industrielle Erfolg übertraf alle Erwartungen. Aber die Seele kränkelte. Die Folge blieb nicht aus: In Kriege um Hähnchen, Kälber, Wein oder Frühgemüse verstrickt, begegnet der Westeuropäer den Spannungen des 20. Jahrhunderts mit den hitzigen, leidenschaftlichen Gefühlen von 1914–1918 und rüstet sich für Obst-und-Gemüse-Schlachten, als ginge es um Verdun. Der wieder reich gewordene alte Kontinent macht die Erfahrung seiner Unmündigkeit und erkennt, daß ihm gemeinsame Konzepte und eine gemeinsame Verteidigung fehlen. Beide Mängel bedingen einander: Wenn man den Konfliktstoff verschweigt, kann man das einende Ziel nicht erkennen; wer nicht weiß, wogegen er ist, weiß auch nicht warum, und dasselbe gilt umgekehrt. Europa denkt wenig über sich selber nach und kann sich nicht so recht zur Verteidigungsbereitschaft aufraffen: Für welches Anliegen sollte sich das Risiko lohnen? Die Friedensbewegung verbucht große Anfangserfolge, nicht weil sie sich in einem militärischen Vakuum bewegt, sondern in einer geistigen Wüste.

Erster Schritt: Europa beschloß, über nichts und niemanden mehr schlecht zu denken und das Böse auszuklammern. Indem es das Ende der Ideologien verkündete, neutralisierte es stillschweigend die ethischen Probleme und errichtete seine neue Welt diesseits von Gut und Böse (in der Wirtschaftspolitik), beziehungsweise jenseits davon (in der Zukunftsvision eines rein technischen Rüstungsgleichgewichts, einer als friedlich apostrophierten Koexistenz und eines vom Atlantik bis zu den Straflagern des Ural ausgesöhnten Europa). Zweiter Schritt: Die Pazifisten verkünden, daß sie gedenken, den atomaren Untergang zum einzigen Übel zu erklären, wodurch alle anderen Übel automatisch zu etwas relativ Positivem werden. Dadurch, daß sie über die Nuklearwaffen den absoluten Fluch verhängt, wird das Schlagwort »lieber rot als tot« zur eigentlichen, wenn auch immer kleinlauter vorgebrachten Wahrheit dieser Bewegung. Ob man sich offiziell zu der Parole bekennt oder nicht, sie bestimmt offenkundig das praktische Verhalten. Wenn Hunderttausende gegen den »amerikanischen Tod« demonstrieren und nur ein paar Tausend gegen die »rote« Macht, wird augenfällig, was zum äußersten Übel erkoren wurde, für das dann »kleinere Übel« in Kauf genommen werden müssen. Der erste Konsens der führenden europäischen Nachkriegspolitiker beruhte auf der These: Es gibt letzten Endes keine »Bösen«, die Industrienationen entwickeln sich aufeinander zu, gleichen sich einander nach und nach an. Auf den bewährten Skeptizismus folgte das pazifistische Sektierertum: Es gibt ein Übel, aber nur ein einziges, fest umrissen und beherrschbar, alles sonst ist von geringerem Übel, also nützlich.

Diese unsinnige, absurd engstirnige Auffassung von den Übeln des 20. Jahrhunderts zeugt vom Geist verflossener Zeiten. Der Biedermann der Belle Epoque verkündete unbekümmert: Ich bin gut, und meine Güte wird sich über die ganze Welt ausbreiten, und müßte ich den Erdball zerstören. Dieses Lehrmodell der Menschlichkeit, dem Bergson seine Stimme lieh, hoffte im Stillen, daß der unaufhaltsame Fortschritt der Zivilisation (und der Kolonisierung) eine Garantie böte gegen den schmerzlichen Extremfall; der sprengstoffbewehrte Mensch, der bereit war, alles in die Luft zu jagen, sammelte Stilblüten. Mit der Zeit schwand die Selbstgewißheit, Herr Biedermann lief Gefahr, beim Wort genommen und in die Enge getrieben zu werden. Große Verwirrung. Erster Rehabilitierungsversuch: Es gibt kein Übel; die industrielle Revolution beseitigt weltweit alle Motive, den Erdball in die Luft fliegen zu lassen. Zweiter Versuch: Es gibt ein Übel, ein einziges, das alle anderen einschließt, und zwar just die Gefahr der Explosion.

Durch diesen raffinierten Dreh ist es möglich, weiterhin ein ruhiges Gewissen zur Schau zu tragen, das auf alles eine Antwort hat und sich selbst so wenig wie möglich in Frage stellt. Kein Übel oder ein einziges Mono-Übel, das leicht in den Griff zu bekommen ist: Beides ist gleichermaßen beruhigend.

In zweimal zwanzig Jahren erlischt die Erinnerung. Solange die Technokratengeneration unter der Last der schrecklichen Erfahrung lebte, blieb sie aus Angst vor dem Faschismus durch und durch demokratisch (Sozialdemokratie, christliche Demokratie). Die zweite Generation gab sich, demselben Leitmotiv folgend, antikolonialistisch. Der Pazifismus bietet eine Scheinsynthese an: Er ist antimilitaristisch aus hyperdemokratischem Geist, und antiamerikanisch, weil antiimperialistisch. Wenn es hart auf hart kommt, stellt sich heraus, daß er eine doppelte Verneinung birgt. Als am 13. Dezember 1981 der Staatsstreich erfolgte, der die polnischen Freiheiten abwürgen sollte, kniffen die Geschäftsleute: Die Demokratie, die für sie gut ist, wird gefährlich, wenn sie zweihundert Kilometer weiter östlich gefordert wird; der militante Pazifist übersieht geflissentlich, welches Schicksal die Sowjets jedem Aufbegehrenden in ihrem Einflußbereich bereiten. Die Berliner These, wonach die Volkserhebungen für die Abrüstung von West nach Ost ansteckend wirken könnten, hinkt, wenn man sie an den Ereignissen in Polen mißt. In der östlichen Hälfte Europas hat die Demokratie einen schlechten Ruf, ebenso der Antikolonialismus. Der Geschäftsmann und der Militant brachten noch einmal die traditionelle Großmut der Linken und die liberalen Traditionen der Rechten zum Ausdruck, die übereinstimmend postulierten, daß ein Friede ohne Freiheit ein falscher Friede und eine Eintracht ohne republikanische Gesinnung nicht denkbar sei. Unter Republik verstehe man nicht eitel Wohlwollen und das Verschwinden kriegerischer Anwandlungen, sondern die ganze Skala der institutionell gesicherten Rechte für jeden, der eine Politik der Waffengewalt bekämpfen will. Die Versklavung der Bürger sichert den Diktaturen eine verheerende Macht, ohne jede interne Kontrollmöglichkeit. Von Kant über Jaurés bis zu Jean Monnet war das republikanische Europa der Auffassung, daß der Despotismus, mehr noch als der Kapitalismus, den Krieg in sich trage wie die Wolke das Unwetter. Wenn Europa gegenüber der stabilsten und modernsten aller Tyranneien abrüstet, sagt es seiner Bereitschaft zur Demokratie und seinem leidenschaftlichen Engagement für den Antikolonialismus ade: Es steht am Scheidewege. Für Europa beginnt die Nach-Auschwitz-Zeit, es muß sich neu überdenken.

Der Versailler Vertrag spielte nach Meinung der Historiker eine entscheidende Rolle bei der Auslösung des Zweiten Weltkriegs. Die Wiedergutmachung, damals in erster Linie wirtschaftlicher Art, die den Besiegten, insbesondere Deutschland, abverlangt wurde, ließ die Wunden nicht heilen. Die Lektion fruchtete anscheinend. Westeuropa erlebte nach dem Zweiten Weltkrieg mit Hilfe der Vereinigten Staaten einen unverhofften Wohlstand. Aber in Wirklichkeit hatte nur eine Verschiebung stattgefunden: Jalta erweist sich heute als ein zweites Versailles. Es hätte eines Keynes bedurft, um die Welt über die heiklen – ethischen und nicht mehr wirtschaftlichen – Auswirkungen von Jalta aufzuklären. Die deutsche Frage stand von Anfang an im Brennpunkt der diplomatischen Aktivitäten; sollte es zu einem Weltkrieg Nummer 3 kommen, dann »wird Deutschland nicht mehr Verursacher sondern Gegenstand der Feindseligkeiten sein«, meinten um 1950 die Verantwortlichen, die wie Jean Monnet daran gingen, ein »kleines Europa« zu schaffen, in dem Deutschland nicht mehr Streitgrund sondern »Bindeglied« sein sollte. Im Klartext: Einheit und Wohlstand Westeuropas sollten die Bundesrepublik endgültig im Westen verankern und es ermöglichen (durch die Ostpolitik), den Ländern im Osten zu mehr Wohlstand und Demokratie zu verhelfen. Der Erfolg dieses Planes machte gleichzeitig die Schwächen des Grundgedankens deutlich; die Darlehen und Kredite, die Polen gewährt wurden, hatten eine relative Liberalisierung des Regimes zur Folge, aber man wurde brutal auf die Tatsache gestoßen, daß die Grundrechte der Arbeiter im Deutschland Bismarcks besser aufgehoben waren als im Polen Jaruzelskis. Dank des Gewaltstreichs des polnischen Generals kehrte sich die Ostpolitik nun gegen den Geist der Aufgeschlossenheit, der bei ihrer Begründung Pate gestanden hatte. Der Schuldner erpreßte die Gläubiger. Zwischen der in weite Ferne gerückten Aussicht, die verliehenen Gelder wiederzubekommen, und den Hoffnungen auf eine Fortsetzung des Aufstands, die Solidarität nährt, fühlen sich die europäischen Bankiers hin- und hergerissen und entscheiden sich – auch wenn sie Schatzmeister von Gewerkschaften oder Sozialisten sind – im Sinne ihrer vermeintlich wohlverstandenen aber kurzsichtigen finanziellen Interessen.

Im Osten ist keine Freiheit in Sicht. Deutschland hat sich noch nicht endgültig festgelegt. Der wirtschaftliche Erfolg der EWG offenbart den methodischen Irrtum, der die Schaffung dieses Gebildes bestimmte. Die Väter Europas überließen die Probleme der ethischen Zusammengehörigkeit den nachfolgenden Generationen und die Sicherheitsfragen den mächtigeren Verbündeten. Wie soll man sich verteidigen? Gegen wen? Wofür? Diese Fragestellung irritiert heutzutage, sie droht das ganze Gebäude zum Einsturz zu bringen, denn sie wurde allzu systematisch beiseitegeschoben.

Es herrscht eine doppelte, grundlegende Unsicherheit: Im Osten ist man weder frei noch souverän; die Deutschen im Westen sind frei, aber nicht souverän. Die Fachwelt belächelt eine Bundesrepublik als einen »wirtschaftlichen Riesen«, der zugleich ein »politischer Zwerg« ist. Manche gehen in ihrer Schadenfreude noch weiter. Unbestreitbar ist der Bevölkerung jenseits des Rheins nach wie vor das Kennzeichen international anerkannter und im Landesinnern akzeptierter Souveränität verwehrt. Wer nicht über den Augenblick bestimmen kann, in dem sein Leben auf dem Spiel steht, ist entmündigt. Im Jahre 1945 begriffen die Deutschen ohne weiteres, daß sie nicht mehr mitreden durften. Aber was soll man den Kindeskindern sagen? Die dritte Generation lehnt die Kernwaffen ab und sieht die nationale Verteidigung nicht mehr als eine innenpolitische Angelegenheit an. Sie ist nicht *ihr* Problem, ein fremder General wird entscheiden. In England entfacht der Pazifismus einen innerenglischen Konflikt. In Frankreich einen innerfranzösischen. In Deutschland einen deutsch-amerikanischen. Die geopolitische Minderwertigkeit, deren Ende nicht absehbar zu sein scheint, wird allmählich wie ein zweites Versailles erlebt; die geforderte Wiedergutmachung, diesmal politischer und moralischer Art, ist auf dem besten Wege, zu einem mit Recht als unerträglich empfundenen philosophischen Fluch zu werden.

Der Kreml setzt seit langem auf die Demoralisierung Deutschlands. Als ich im August 1982 das Lager Auschwitz besuchte, entdeckte ich dort eine nach der »Deutschen Demokratischen Republik« benannte Baracke inmitten der fünfundzwanzig anderen, welche die von den Nazis geschundenen europäischen Völker symbolisieren sollten. Diese Geschichtsfälschung und die kommunistische Verlogenheit dokumentieren die Lektion, die aller Welt unablässig eingehämmert wird: Die Bundesrepublik (im Westen) und die Deutsche Demokratische Republik (im Osten) sind zwar erst nach der Niederlage Hitlers entstanden, aber nur die erstere gilt als Erbin seiner Verbrechen, während die zweite schon Widerstand leistete, bevor sie überhaupt existierte. Wer mit uns ist, ist Antifaschist wie wir, lautete die Losung der Sowjets, die mit einer einzigen Handbewegung sowohl die deutschen KZs als auch die russischen Lager und den Stalin-Hitler-Pakt beiseitefegten. Gibst du mir, so gebe ich dir, die Geschichtsversion der russischen Revolution, frei von jeglichem Hinweis auf den Gulag, gegen die deutsche Geschichte der antifaschistischen Kontinuität, unbefleckt von jedweder auch nur stillschweigenden Komplizenschaft mit Auschwitz. »Lieber rot als braun« betet die westdeutsche Intelligentsia nach, ohne zu merken, daß sie sich langsam dem roten Totalitarismus beugt, genauso wie sie sich einst Hals über Kopf dem braunen Totalitarismus auslieferte.

Selbsttäuschung ist kein spezifisch deutsches Phänomen. Es ist gesamteuropäisch. Mit welchem Recht entmündigen wir die Bundesrepublik politisch, wie lange wollen wir es noch für angebracht halten, daß sie keine atomare Verteidigung hat? Und warum? Weil sie die Bürde von Auschwitz trägt? Als ob es sich um einen ausschließlich deutschen Sonderfall handelte! Jede menschliche

Gemeinschaft des 20. Jahrhunderts muß derartige Schrecken gewärtigen; sowohl von innen her, und dagegen hilft nur eine sich unablässig selbst erneuernde Demokratie; als auch von außen: Und nur diese Gefahr kann die abschreckende Gegendrohung legitimieren. Dadurch, daß wir den Deutschen das Recht absprechen, sich zu verteidigen, ersparen wir es ihnen, sich zu fragen, ob sie sich überhaupt verteidigen sollen; logischerweise kommen sie unserem Verdikt zuvor und lehnen in großer Zahl die Atomrüstung rundweg ab. Höchst diskret und in aller Höflichkeit, aber mit schönster Offenheit, benutzen wir die Vergangenheit, um die militärische und diplomatische Degradierung der Bundesrepublik zu rechtfertigen; die Erinnerung wirkt wie ein glühendes Eisen und brennt ihr Schandmal ein. Jenseits des Rheins hat sich eine Generation bewußt für eine Außenseiterrolle entschieden, weil sie sich vom tugendhaften Abendland verstoßen fühlte. Während die UdSSR anbietet, sie reinzuwaschen, hat das demokratische Schweigen nichts zu bieten, was von der Vergangenheit erlösen und dazu beitragen könnte, daß die Zwangsvorstellung sich zum Wissen mausert, beziehungsweise, was verhindern könnte, daß die Konzentrationslager von gestern dazu herhalten müssen, der Ausbreitung der heutigen Lager Vorschub zu leisten. Müssen unter dem Vorwand der Erinnerungspflege jenseits des Rheins die Waffen gestreckt werden, und soll ich, im Gedenken an meine Familie, die dem Nazi-Archipel zum Opfer fiel, hinnehmen, daß mein Kind dem Sowjet-Archipel ausgesetzt wird?

Radikalität und Schwindel

»... denn wir können nicht zerstören noch uns zerstören lassen.«

JOHANNES PAUL II., IN CZENSTOCHOWA, 19. JUNI 1983

Die Diplomaten verstricken sich, die Generäle entrüsten sich, die Berufspolitiker ereifern sich, die Experten des »Wie« finden Rückhalt bei den Schriftstellern, den Priestern, den Theaterleuten und den Wortführern des »Warum«; das europäische Gleichgewicht geht kopfüber in die Brüche. Aber litt es nicht seit langem schon an einer traurigen Gehirnlähmung, war es denn nicht ein programmiertes Minimum an Denkleistung, bezogen auf ein Maximum an Technologie?

Zwei Bewegungen rütteln am europäischen Frieden; sie verwandeln ihn in einen verlängerten Waffenstillstand, sie erwarten einen künftigen Frieden, den sie um die Wette als einen unendlich besseren Frieden postulieren, wiewohl ihre buntgestreuten Hoffnungen, will man sie präzisieren, miteinander keineswegs übereinstimmen. Das erste Beben, das als solches pazifistisch genannt werden kann, fand sein Epizentrum in Deutschland. Niemals zuvor hatte sich eine so populäre und eigenständige Bewegung manifestiert, seitdem von 1933 bis 1945 das geistige und geopolitische Gefüge des Kontinents zusammengebrochen war und ein Trümmerfeld hinterlassen hatte, dessen moralische Ausmaße die materiellen noch überstiegen. Unter den Waffen der Sieger zerfiel damals Europa in zwei Lager, in Ost und West. Dieses Jalta, das man sich im Geiste verdeutlichen muß, dauerte vierzig Jahre. Die Tatsache, daß auf der gleichnamigen Konferenz keine Entscheidungen getroffen wurden, zählt weniger als die beiderseitige Anerkennung des vollendeten militärischen Tatbestands, sowie der fromme

Wunsch, dieses Fazit möge eine unverrückbare Teilung fixieren, und die Illusion, Teilung könne Gerechtigkeit schaffen. Jalta begründete einen als endgültig angenommenen Status quo, der weltweit wirken und technologisch gesichert werden sollte. Das Resultat der damaligen Verhandlungen und Wunschvorstellungen liegt heute offen zutage: es ist *prekär* (von der Berlin-Krise bis zur gegenwärtigen Krise um die immerzu in Frage gestellten Raketen); *lokal* (Kriege zerbröckeln den Planeten); *ideologisch* (die Aufteilung Europas, die den entkräfteten oder ausgelöschten Völkern im Namen heute überlebter Doktrinen aufgezwungen wurde, erweist sich immer weniger als »natürlich«). Die militärischen und geistigen Schutzschirme, die dem Frieden vom Atlantik bis zum Ural eine scheinbare Unverletzbarkeit zu gewähren schienen, sind durchlöchert. Die amerikanische Nukleargarantie erscheint zweifelhaft und vergänglich. Die tröstende Aussicht auf eine wirtschaftliche »Konvergenz« und eine damit verbundene Liberalisierung des Ostens ist zur trägen Utopie geworden; das intellektuelle Gleichgewicht des zufriedenen Europäers löst sich auf.

Das zweite Beben, das mitnichten in pazifistischem Gewand einherkommt, ist jedoch streng friedlich im Hinblick auf die bewußt gewählten Mittel und auf die erzielten Wirkungen, sofern sie geographisch zum Tragen kommen. Ein Blick in einen Atlas genügt, um sich davon zu überzeugen, daß die in Polen erkämpften Rechte – Streikrecht, Versammlungsfreiheit, Recht auf freie Meinungsäußerung und Glaubensfreiheit – die potentiellen Kontrahenten eines dritten Weltkrieges auf Abstand halten würden. Diese demokratische Pufferzone, die auch die Tschechoslowakei, Ungarn und Rumänien einbeziehen könnte, die von den westlichen Armeen unberührt geblieben ist und deren Populationen sich spontan gegen eine überraschend von Moskau angeordnete Mobilmachung sperren würden, ist vielleicht die Garantie für den schönsten Frieden, den man sich im 20. Jahrhundert vorstellen kann.

Die jüngsten deutschen und polnischen Leidenschaften sind von gutem europäischem Schlag, vor allem in der Entschlossenheit, mit der sie sich hinterfragen und sich immer wieder den letzten Konsequenzen stellen. Vorbei sind die Zeiten, als sich eine Handvoll Honoratioren unter dem Vorwand, die Ideologien seien tot, herausnehmen konnten, ideenlos zu regieren. So manche geschundene Bevölkerung findet langsam wieder Freude an Fragestellungen, die so subversiv nicht wären, wenn die kontinentale Balance, die sie damit gefährden, nicht auf das Vergessen einer Kultur gegründet worden wäre. Die freie Verbreitung von Ideen und das Freizügigkeitsrecht der Bürger sind eine Erfindung der griechischen Antike; Arbeiter- und Volksrechte sind das Ergebnis von drei Jahrhunderten Aufruhr und Empörung, die quer durch ganz Europa gingen. Vierzig Jahre Diktatur im Ostteil des Kontinents haben nicht ausgereicht, um Geschmack und Freude an ihnen zu tilgen.

Auf westlicher Seite bieten Goethe und Wagner mehr Stoff zum Träumen als ein schnittiger Wagen oder eine üppige Rente. Es wäre einfach absurd, wollte man den jungen Deutschen ad infinitum in Abhängigkeit halten, nur weil seine Großväter Auschwitz verbrochen haben. Eines Tages wird jener wohl oder übel sein Geschick in die eigenen Hände nehmen und es fortan ablehnen, daß irgendein Hochgestellter jenseits des Atlantiks weiterhin darüber befindet, und er wird entweder jede Art von nuklearer Verteidigung von sich weisen, auf die Gefahr hin, in ein ungewisses Fahrwasser zu geraten, oder selbst die Verantwortung dafür übernehmen wollen. Warum Sie und nicht ich? In Polen klingt diese Frage anders als in Deutschland, aber sowohl hier wie dort zeugt sie von den Kurzschlüssen unseres geistigen Jaltas. Die Sicherungen brennen durch.

Die neuen Generationen haben es plötzlich sehr eilig, den Dingen auf den Grund zu gehen, als ob die zunehmend unverhüllte Vernichtungsgefahr, die über Europa schwebt, zugleich dessen Befreiung bedeutete. Eine seltsame Spannung hat sich der Köpfe bemächtigt, man wirft Ballast über Bord und befreit sich von Zwängen. Der Europäer, der wieder zum wandernden Stern geworden ist, gewinnt an Klarsicht, was er an Sicherheit verliert; wenn auch am anderen Ende des pazifistischen Abenteuers die Losung »lieber rot als tot« winkt, so vermag die Farbe doch niemanden zu täuschen, denn die neue Ideologie schildert illusionslos die triste Lebensweise, die Not der kleinen Leute und die Dauerinternierung, die das scharlachrote Banner umhüllt.

Man sollte sich selbst gegenüber konsequent bleiben: Wer den Atomtod als das höchste und einzig unannehmbare Übel ansieht, muß sich bequemen, andere Übel – wie das rote – als die geringeren zu dulden. Das polnische Wagnis scheut seinerseits auch nicht vor dieser extremen Schwierigkeit zurück; da es weder auf rot noch auf Tod schwört, ist es dazu verurteilt, seine Machbarkeit durch sein Bestehen zu beweisen, indem es einerseits die Kraftprobe vermeidet, um ein Blutbad zu verhindern, und andererseits der Verzweiflung entgegenwirkt, indem es diese Wallfahrt, die ihr Ziel nie erreicht, immer wieder verlängert. Europa, das allzuoft mit den Waffen bis zum letzten ging, tut dies nunmehr mit den Mitteln des Geistes und hat es sich zur Regel gemacht, mit Logik moralisch zu sein oder gar nicht mehr zu sein.

Warschau und Berlin sind Provinzen von Helsingor, wo Hamlet, in sich gekehrt, aufs neue der Frage nachhängt, wie man nicht nicht sein kann. Auf Deutsch gesagt, mein armer Yorick, verheißt rot bestenfalls einen sanfteren Tod als jenen durch Atom, aber nicht weniger unerbittlich, wenn er auf Polnisch erprobt wird. Der Unterschied der Standpunkte ist nicht durch etwaige Manipulationen bedingt, auch nicht durch die Illusionen der einen und den Überschwang der anderen, er ist methodischer Art. Die Anhänger der Friedensbewegung urteilen nach einem Radikalitätsprinzip, ihre Formel konfrontiert zwei gleichermaßen verzweifelte Perspektiven: »tot – rot«; sie scherzen nicht damit, noch geben sie sich irgendwelchen Täuschungen hin. Die ganze Durchschlagskraft ihrer Losung kommt von dem »lieber als«, das ihre Absicht verdeutlicht, den Abgrund auszuloten, Greuel mit Greuel zu vergleichen, um allem gegenüber und gegen alles eine relativierende Ordnung aufzustellen. Zukunftsvisionen sind nicht beliebt, aber der lange Atem ging nicht aus, die Geschmackspräferenzen blieben erhalten, und wenn zu Mitternacht die zwölfte Stunde schlägt, bin ich noch immer in der Lage zu sagen: »Ich möchte lieber ...«. Will man über den Pazifismus diskutieren, muß man ihm erstmal Gerechtigkeit widerfahren lassen, man muß die kläglichen Komödien abstreichen, mit denen die Massenbewegung sich umgibt, und bis zum harten Kern dieses »lieber als« vordringen, dort, wo der Wille, sich nicht zu verirren, selbst wenn man schon irregegangen ist, noch glimmt: »Darin tun sie es den Wanderern gleich, die sich in einem Wald verlaufen haben, derweil aber nicht weiter umherirren sollten, indem sie mal hier mal da sich im Kreise drehen, und auch nicht an einem Platze stehen bleiben, sondern so genau wie möglich geradeaus laufen und nicht aus belanglosem Grunde ihre Richtung ändern sollten, wiewohl es anfangs vielleicht der reine Zufall war, welcher sie bewogen hat, gerade diese zu wählen; denn wenn sie auf solche Weise auch nicht den gewünschten Ort erreichen, werden sie zum mindesten irgendwo angelangen, wo sie vermutlich besser aufgehoben sind als in der Mitte eines Waldes« (Descartes).

Den Polen ist dieses radikale »lieber als« fremd, sie beharren darauf, bis zwei zu zählen: Verlust des Lebens und Verlust der Freiheit, »weder rot noch tot«, und sie setzen das eine wie das andere aufs Spiel, um nicht in dem einen oder anderen untergehen zu müssen: weder Gehirnchirurgie noch Massaker der Unschuldigen. Dieses Postulat der Mehrdimensionalität des Abgrunds erklärt es für unmöglich, die verschiedenen Übel so einzustufen, daß es eines gäbe: das Ärgste, das absolute Abschreckungsmittel, den Gipfel des Grauens, an dem gemessen alle weiteren Übel stufenweise kleiner würden. Man braucht nur – wenigstens – zwei der höchsten Übel aufzuzählen, schon wird es unmöglich, eine Wertskala (abnehmend für die Übel und zunehmend für das Gute) aufzustellen, welche die Probleme, die sofort auftauchen, wenn man sich die Frage stellt, was man tun solle, durch eine simple und rationale Bilanzierung der moralischen Rentabilität oder des ethischen Optimismus lösen würde.

Im Westen ist das Prinzip der Radikalität von einem Nimbus der Klarheit umgeben, es konzentriert das Böse in der Welt auf eine einzige Zielscheibe, es ruft auf zur großen Auseinandersetzung, es schwört, daß es ein für allemal damit Schluß machen werde. Man beurteilt die Bewegung der »Grünen« zu oberflächlich, wenn man sie unter dem Gesichtspunkt des *Auch* erfaßt: atomwaffenfeindlich und umweltfreundlich und antiautoritär. Es stimmt allerdings, daß diese drei Komponenten zeitlich gesehen aufeinander folgen und mehr oder weniger eng miteinander verknüpft sind. Verschiedene Strömungen der Studentenbewegung (1965–1970) und der außerparlamentarischen Basisbewegungen (Bürgerinitiativen, Alternativen – 1975–1980) verdichten sich um die neuen politischreligiösen Gefühle, die von den Friedensbewegungen geweckt wurden. Handelt es sich dabei um das surrealistische Zusammentreffen einer Nähmaschine und eines nuklearen Schutzschirms auf einem Seziertisch? Nur was irgendwie miteinander verwandt ist, fügt sich zusammen, ein gemeinsamer Nenner ermöglicht es, problemlos den Gewalt bejahenden Studenten, den Gewalt ablehnenden Theologen, das makrobiotisch lebende Naturkind, das auf die Politik pfeift, den lokalen Umweltschützer und den Experten des internationalen Kräftespiels unter einen Hut zu bringen: Ein jeder von ihnen hatte in verschiedenen militanten Gruppierungen einmal alles auf eine Karte gesetzt: jetzt, now! Derselbe Atem der Radikalität weht über die verstreuten Kampfschauplätze. Schon 1921 ergründete Ernst Bloch die »innere Dynamik« einer ketzerischen Geschichte, die über Rußland und Deutschland das Jahrhundert erschüttern sollte: »Noch unerhört wartet die unterirdische Geschichte der Revolution, bereits begonnen im aufrechten Gang; aber die Talbrüder, Kathara, Waldenser, Albigenser, Abt Joachim von Calabrese, die Brüder vom guten Willen, vom gemeinsamen Leben, vom vollen Geiste, vom freien Geiste, Eckhart, die Hussiten, Münzer und die Täufer, Sebastian Franck, die Illuminaten, Rousseau und Kants humanistische Mystik, Weitling,

Baader, Tolstoi – sie alle vereinigen sich, und das Gewissen dieser ungeheueren Tradition pocht wieder durch gegen Angst, Staat, Ungläubigkeit und alles Obere, in dem der Mensch nicht vorkommt. Nun brennt der Funke nirgends mehr verweilend und der bestimmtesten Forderung der Bibel gemäß: wir haben hie keine bleibende Statt, sondern die zukünftige suchen wir; eine messianische Gesinnung breitet sich neu heraufzuziehen, endlich der Wanderschaft vertraut und der unbetrüglichen Kraft des Heimwehs: nicht nach der Stille des Bodens, festgewordener Werke, falscher Dome, ausgeglühter Transzendenz, in nichts mehr quellend, sonder nach der Lichtung unseres gelebten Augenblicks selber, nach der Adäquation unseres Staunens, unserer Ahnung, unseres beständig tiefsten Traums von Glück, Wahrheit, Entzauberung unserer selbst, von geheimer Göttlichkeit und Glorie. Niemals auch wäre *über uns* die Welt so dunkel, stünde nicht absoluter Sturm, zentrales Licht allerunmittelbarst bevor.«

Einem autorisierten Wortführer der Friedensbewegung zufolge sind die wesentlichen Strömungen der Bewegung »radikal-reformistisch«, während eine Minderheit sich als revolutionär oder fundamentalistisch versteht. Allein schon die Tatsache, daß die inneren Spannungen der »Grünen Partei« sich aus der klassischen Alternative: Reform oder Revolution ergeben, zeigt, daß die erneute Infragestellung ebenso messianisch daherkommt wie die der einstigen sozialistischen Entwürfe. Die Umweltbewegung sieht sich als eine radikale Kritik der Wirtschaftspolitik und der Industrialisierung; der antiautoritäre Appell setzt auf die selbstverwaltende Spontaneität der »Basis« gegen die Institutionen, und verspricht sich davon die Zurückweisung der Politik in ihrem klassischen Gewand; die Gegner von Gewalt schließlich schlagen vor, kulturell und philosophisch mit der jahrtausendealten Geschichte der Machtpolitik zu brechen. Ökonomie, Politik und Philosophie, jene drei klassischen Quellen des Sozialismus und des Marxismus, geben sich ein Stelldichein im Zeichen des tausendjährigen Radikalismus: »Die Kunst, Aufstände anzuzetteln und Staaten umzuwälzen, besteht darin, an den hergebrachten Bräuchen zu rütteln, indem man sie einer bis auf den Grund gehenden Prüfung unterzieht, um ihren Mangel an wahrer Autorität und Gerechtigkeit aufzuzeigen ... das ist ein sicheres Spiel um alles zu verlieren, auf dieser Waage wird es keine Gerechtigkeit geben« (Pascal).

Die Polen setzen nicht auf Stärke, sondern auf List, sie erwarten kein wundertätiges Austerlitz, sie hoffen lediglich, im Blut eines neuen Waterloos nicht auszurutschen, und indem sie jonglierend ein Unheil durch ein anderes ausgleichen, sind sie um Differenzierungen bemüht. Die doppelte Absage – an das Rot und an den Tod – könnte wie eine goldene Mitte erscheinen oder wie ein geschickter Kompromiß, aber dem ist nicht so, denn die höchsten Übel sind nunmal die höchsten und daher nicht meßbar. Wenn ich im herkömmlichen Sinne Tapferkeit als die Mitte zwischen Verwegenheit und Feigheit definiere, will ich damit nicht sagen, daß der Tapfere ein gemäßigter Prahlhans ist, in welchem noch ein halber Feigling wohnt, dessen Schein von Draufgängertum sich mit der Übervorsicht des Kapitulanten paart. Wer sich als Pole sein Selbstverständnis erhalten will, hat an zwei Fronten zu kämpfen, und zwar dort, wo das selbstmörderische Abgleiten in das Rot oder in den Tod aufgehalten werden kann. Die Extreme sind nicht zueinander gegensätzlich, sie richten sich gegen mich. Sie stellen nicht die beiden äußeren Enden eines geeichten Maßstabes dar, an dem ich gemessen werde – beide löschen mich gleichermaßen aus: »Zuviel Lärm betäubt, zuviel Licht blendet uns, zu große Entfernung und zu große Nähe hindern uns am Sehen ... Extreme Eigenschaften widerstreben uns, sie sind uns nicht faßbar: Wir fühlen sie nicht mehr, wir erleiden sie« (Pascal). Die beiden Abgründe (unendliche Größe/unendliche Kleinheit) oder die beiden Leiden, zwischen denen das Pascalsche »Fühlen« schwebt, veranschaulichen das polnische Dilemma: die Mitte halten zwischen zwei absoluten Bedrohungen. Zwischen zwei Abgründen schlingern bedeutet allerdings keineswegs, daß man sich mit ihrem doppelten Nichts »abfindet« und sich in einem Zwischenraum niederläßt, der weder Fisch noch Fleisch, halb tot, halb rot wäre; man muß den Abstand immer wieder von neuem bestimmen, eine einzige Bewegung rückt beide Gefahren auseinander. Darauf gründet sich der leise Humor, mit dem ein Widerstandskämpfer sein fehlendes Verdienst verteidigt: »Nicht Tapferkeit hat mich dazu bewogen, statt des Exils das Gefängnis zu wählen. Eigentlich war es eher Angst. Die Angst, das Gesicht zu verlieren, um meinen Kopf zu retten.« Tapferkeit ist wie eine Gratwanderung zwischen zwei Ängsten.

Schwindelerregende Kämpfe

Die Perspektive einer doppelten Vernichtung – mikrozerstörerisch/makrozerstörerisch, physisch/geistig – führt ein ebenso strenges Prinzip ein wie das der Radikalität, das dennoch auf bemerkenswerte Weise anders, weil ebenso fundamental ist. Ich schlage vor, es das Prinzip des Schwindels zu nennen. Lassen wir uns durch Kinderspiele erleuchten, in denen kluge Leute ein Spiegelbild der Erwachsenenwelt erkennen wollen. Zum einen wären da die »Spiele gegen die Natur«, deren Teilnehmer mit einem äußeren Schicksal konfrontiert werden (Lotterie, Bereiche des Glücks und der Wahrscheinlichkeiten), und zum anderen die »Spiele gegen den anderen«, sportliche, geistige Wettkämpfe, bei denen die gegnerische Strategie jeweils das Schicksal darstellt (Duell, Boxkampf, Schachspiel). In beiden Fällen kann man versuchen, die möglichen Gewinne oder Verluste hochzurechnen, denn die Abfolge der Züge und die Hoffnungen der Spieler fordern nachgerade zu einer Umsetzung im Sinne der Wahrscheinlichkeitsrechnung (Spiele gegen die Natur) oder der Spieltheorie (strategische Spiele, von Neumann und Morgenstern) heraus. Es gibt noch eine weitere Gruppe von Spielen, bei denen das witzige Vergnügen darin besteht, gegen die Spielregeln zu verstoßen, anstatt sie einzuhalten, wodurch sie sich jeder mathematischen Erfassung entziehen: Stellen wir uns beispielsweise zwei leidenschaftliche Schachspieler vor, die sich damit vergnügten, ihr Schachbrett hin und her zu rütteln. Wenden wir uns dem Eigenartigen zu, den Spielen der dritten Art, zu denen das Karussell und die Kindheitsschaukel gehören, sowie der Zauber eines wirbelnden Walzers, die knatternden Motorräder, das Geheimnis der vorübergehenden Verwirrungen und das torkelnde Vergnügen, das einem auf Kirchweihfesten geboten wird. Die Mehrzahl der modernen Tänze und der Jahrmarktsvorrichtungen – Riesenrad, Achterbahn, Schleudersitz – sind solchergestalt, daß man die Kontrolle über sich verliert und ein wenig in Panik gerät: Beschleunigung, Anspannung, Anstieg, Abfahrt, Kreiselbewegung und Aufprall bringen uns aus dem gewohnten Gleichgewicht. Diese organische Verwirrung wird oft noch verstärkt durch Wahrnehmungsirreführungen wie Geheul, Labyrinthe, Spiegel, Geisterbahnen, zur Schau gestellte Monster, die Verwirrung stiften und Unwohlsein erzeugen. Roger Caillois hat diese besondere Kategorie der »Spiele des Schwindels«, bei denen alles an den Grenzen des Spiels abläuft, herausgehoben: »Gewiß, Schwindel setzt Angst voraus, oder vielmehr ein panisches Gefühl, das aber zugleich anzieht und fasziniert: Man findet Lust daran. Es geht nicht so sehr darum, Angst zu überwinden, sondern Angst, Schauder, Bestürzung lustvoll zu erleben und dabei vorübergehend die Kontrolle über sich zu verlieren.«

Da es ihnen nicht gelingt, das Prinzip des Schwindels zu fassen, haben die Psychologen und Pädagogen, die gern auf die erzieherische Funktion von Kinderspielen verweisen, jene vulgär erscheinenden Betätigungen, die das Verhalten »stören«, aus ihren Betrachtungen ausgeklammert. Sie geben zu, daß sie nicht imstande sind, jenen Grenzsituationen, in denen wir zwischen Unwohlsein und Entspannung der Schließmuskeln kurzfristig die Besinnung verlieren, irgendeinen bildenden oder kulturellen Wert zuzumessen. Nichts ist leichter, als Betrachtungen über den charakterbildenden Wert von Wettbewerben oder selbst von Glücksspielen anzustellen, welche uns lehren, wie man rechnerisch das Unvorhergesehene erfaßt; die Schwindelspiele wirken jeder Absicht entgegen, sie verwirren die Sinne und das Rechnen, rauben einem den Verstand. R. Caillois verlegt sie in den außergewöhnlichen Bereich des »Sakralen«. Aber macht nicht gerade ein so banaler Zeitvertreib mit dem ausgesprochen alltäglichen Gespür für die Grenzen des Alltäglichen vertraut, die dem menschlichen Wesen, das in jedem Moment der Zeit um seine Sterblichkeit weiß, gesteckt sind? Von der Schaukel bis zur Jahrmarktszentrifuge gemahnen uns diese Schwindelmaschinen, durch jene physisch und geistig wahrgenommenen Erregungen, an die zutiefst polnische Zerbrechlichkeit unseres Daseins. Die Disziplin fördernden Spiele sind eine Anleitung zur Beherrschung der Natur und des Nächsten, die schwindelerregenden Maschinen dagegen lehren uns, wie sehr Zeit, Raum und die Kategorien, die unsere Wahrnehmungen bestimmen, uns entgleiten, oder wie wir in ihnen abgleiten können. Maschine und Körper spiegeln uns eine Art Vernichtung vor, und die Störung, die unser körperliches, geistiges und seelisches Gleichgewicht erfährt, läßt uns ahnen, daß das, was Herrschaft möglich macht, sich nicht beherrschen läßt; ein Zustand, in welchem Lust und Übelkeit sich berühren, aber nicht vermengen, und der uns Vorsicht gebietet.

Wenn Caillois das Phänomen des Schwindels in die Nähe der Ekstase und des Festlichen rückt, läßt er nicht sosehr den Aspekt der Angst außer acht (über die Sinnenlust ließe sich diese ohne weiteres integrieren oder sublimieren), als den subtilen Abstand zwischen dem, was das Schwindelgefühl hervorruft, und demjenigen, der davon betroffen ist. Der vom Schwindel erfaßte Mensch wird nicht aus der Entfernung beherrscht, sondern dadurch, daß er so weit von sich entfernt ist; er ist nicht eins mit sich selbst wie ein festlich gestimmtes Bewußtsein, er geht unter und betrachtet in einem fort seinen Untergang; er spürt sein Nachgeben, und doch passiert es ihm nie, daß er sich ganz vergißt: Der Schwindel verharrt immerfort am Rande des Schwindels, er schwebt. In den Rummelplatzbuden setzt man seinen Körper aus freien Stücken einem simulierten Sturz aus, bei dem die Koordinaten unseres gewohnten Gleichgewichts ins Wanken geraten; die Fragen, die unser Körper an den Raum stellt, überschneiden sich mit jenen des Verstands, der den Möglichkeiten seines Erkenntnisvermögens auf den Grund geht: »Das ist unser wahrer Seinszustand. Deswegen sind wir unfähig, mit Bestimmtheit zu wissen und völlig unwissend zu sein. Wir bewegen uns über eine weite Mitte dahin, in fortwährender Ungewißheit schwebend von einem Ende zum anderen. Wenn wir glauben, an dem einen oder anderen Punkt Halt und Festigkeit zu finden, so schwankt er schon und treibt davon; und folgen wir ihm, so entzieht er sich unserem Zugriff, entschlüpft uns und flieht in ewiger Flucht. Nichts steht für uns still. Das ist unser natürlicher Zustand, und dennoch steht er im Widerspruch zu unseren Neigungen; wir wünschen uns nichts sehnlicher, als eine feste Lage zu finden, eine letzte, dauerhafte Grundlage, um darauf einen ins Unendliche aufragenden Turm zu errichten; aber alle unsere Fundamente brechen ein, und die Erde öffnet sich abgrundtief« (Pascal).

Das Radikalitätsprinzip und das Prinzip des Schwindels bestimmen zwei Formen der Auseinandersetzung. Das erste entwirft den Endkampf und gebietet, ihn bis zur letzten Abrechnung konsequent zu führen. Die Anhänger der Friedensbewegung fanden Gefallen daran, die militaristische Losung (»better dead than red«, lieber tot als rot – eine während des Kalten Kriegs in Amerika häufig benutzte Floskel) umzukehren. Die Wörter haben ihren Platz gewechselt, aber die Logik des Satzbaus ist geblieben. Die Beuteobjekte sind nun andere, aber es ist dieselbe Jagd: Die Regel besteht darin, die bedingungslose Kapitulation des Gegners zu erzwingen. Der Pazifismus entlehnt dem Militarismus – den er verurteilt – die Grenzenlosigkeit seiner Forderung; er tritt nun seinerseits »manichäisch« auf und bricht die Geschichte durch den trennenden Eröffnungsakt der geforderten nuklearen Abrüstung in zwei Teile auf: Diesseits verrinnen unruhige Zeiten im Zeichen eines bewaffneten Friedens, jenseits beginnt die Zeit der Gewaltlosigkeit, in der Schwerter zu Pflugscharen umgeschmiedet werden. Anstatt den Feind außer Gefecht zu setzen, wird ihm durch die moralische Macht unserer Abrüstung eine unwiderrufliche Entscheidung aufgezwungen. Die kriegerischen Napoleons haben den Napoleons des Friedens das Feld geräumt, aber der Traum blieb unverändert: Das große Gottesurteil soll ein für allemal entscheiden. Als Werchowenski, Herold des Radikalismus, seine konspirative Zelle gründete, formulierte er das entscheidende Gebot: »Ich fordere die ehrenwerte Gesellschaft auf, ganz unumwunden und ohne Stimmabgabe zu erklären, was ihr mehr Vergnügen bereitet: im Schneckentempo durch den Sumpf zu waten oder ihn mit Volldampf zu durchqueren.« Die Antwort der »Besessenen« liegt auf der Hand: mit Volldampf.

Die Schwierigkeit des polnischen Kampfes liegt in der Ablehnung radikaler Konzepte. Militärregierung und Volksbewegung versetzen einander Schlag auf Schlag, aber diese »Schläge« passen kaum in die Logik einer Eskalation zum Äußersten. In der ersten Zeit schlossen die Anführer der polnischen Bewegung ein napoleonisches Vorgehen nicht ganz aus. Neun Monate nach dem prosowjetischen militärischen Gewaltstreich hegten noch einige unter ihnen die Hoffnung auf einen *Generalstreik*. Am Anfang des Jahrhunderts hat G. Sorel diesen Mythos und dieses strategische Konzept sehr treffend mit dem Modell der Kriege des »Premier Empire« verglichen. Doch sehr bald ließ man die Idee eines Generalstreiks fallen: »Stellen wir uns einmal vor«, erläuterten mir Mitglieder der Gewerkschaft Solidarität, mit denen ich im Juni 1982 in Warschau zusammentraf, »stellen wir uns vor, dieser Generalstreik hätte Erfolg. Was dann? Die Militärregierung würde nicht nachgeben; was brächte es uns, die Streitkräfte auf der Straße davonzujagen? Die Russen würden doch ihren Schützlingen militärisch zu Hilfe eilen...«

Unsere Vermutung, daß die Vorstellung davon, wie lange gesellschaftliche Auseinandersetzungen brauchen, sich hier verändert hat, ist richtig. Der polnische Widerstand macht aus der Not der Dinge eine Tugend des Geistes: Der radikale Weg ist versperrt? Umso besser. »Über jeder Untergrundbewegung schwebt der Schatten der *Besessenen* von Dostojewski. Jedes konspirative Wirken demoralisiert, in seinen geheimen Sphären gedeiht der Geist einer Sekte, die ihre eigene Sprache spricht und die auf einem System der Weihen beruht, sowie auf einer Taktik, der alles untergeordnet wird, auf einem pragmatischen Verhältnis zur Wahrheit und auf einer Abwertung der politisch neutralen Werte« (Michnik). Das Spiel um alles oder nichts wäre für Polen fatal? Der

Kompromiß ist nicht zu umgehen? Der endgültige Bruch verbietet sich? Ist der vollkommene Verzicht unmöglich? Umso besser: »Wenn die demokratische Opposition in Polen das Schicksal der *Besessenen* nicht neu durchdenkt, um daraus Nutzen zu ziehen, wird sie sich weit mehr vor den polnischen Stawrogin und Werchowenski in acht nehmen müssen als vor unseren Milizionären mit ihren zerknautschten Visagen und ausdrucksleeren Augen. Und das ist so, weil eine Bewegung, die für das, was in einer Gesellschaft von Dauer ist, keinen Sinn hat, nicht reif genug ist, um sie zu verändern« (Michnik). Die Stunde X ist eine Schimäre. Die Polen wollen kein Schachmatt, sie zielen auf ein Patt: Dem Diktator kann es vorerst nicht gelingen, eine Opposition zu beugen, die sich ihrerseits mit einem einzigen Schlag seiner nicht entledigen kann. Keine der beiden Seiten schafft es, die andere in die Knie zu zwingen; jeder wartet darauf, daß der andere endlich zusammenbricht: Unvorhersehbare Widersprüche oder Schwierigkeiten in Moskau können für die militärischen Machthaber in Warschau den zeitweiligen Entzug des stabilisierenden Rückhalts bedeuten. Andererseits gibt es in der polnischen Gesellschaft hinreichende Widersprüche, die sich die Gegenseite zunutze machen könnte, um den Widerstand »auszuhöhlen«, indem sie die Mutlosigkeit auf geschickte Weise nährt. Begreift man das Ringen zwischen Diktatur und Bevölkerung unter dem Gesichtspunkt des Radikalismus, ist man geneigt, ein Unentschieden vorauszusagen, während noch gar nichts entschieden ist und ein ganz anderer Kampf auf dieser Nullebene der Radikalisierung weitertobt.

Wer wird als erster passen, zumal eine endgültige Entscheidung nicht möglich ist? Es wird derjenige nachgeben und fallen, der seinen Schwindel nicht mehr erträgt. Im Unterschied zum Radikalitätsprinzip verlangt das Prinzip des Schwindels den Kampf mit sich selbst. Der Feind hat sich nicht draußen aufgebaut, er befindet sich im Subjekt selbst, das, sobald es sich eines Übels entledigt hat, augenblicks einem neuen gegenübersteht, gleichsam wie der Seiltänzer, der, während er auf der einen Seite einen Fehltritt ausbalanciert, gleichzeitig darauf achten muß, daß er auf der anderen nicht ins Straucheln gerät. Das innere Zerrissensein schließt die Konfrontation nicht aus. Zwei Seilkünstler begegnen sich auf einem Seil – wer wird den anderen vorbeilassen? Wer wird fallen? Ein jeder ist bemüht, den Schwindel des anderen so weit wie möglich zu steigern. Solidarnosc läßt Jaruzelski nicht zur Ruhe kommen, welcher seinerseits selektiven Terror ausübt. Der Schwindel ist eine Waffe: Da die große Schlacht verderblich wäre, muß jeder versuchen, den anderen anzustecken. Ein bestimmtes Maß an Schwindel auszuhalten, das dem Gegner unerträglich ist – das ist die Regel, derzufolge Vorsprung und Rückzug, Gewinn und Verlust bewertet werden, und dies vollzieht sich auf Schauplätzen, die nicht allein in Polen liegen, wennschon man dort mit dem Rücken am doppelten Abgrund eines physischen und psychischen Todes steht.

Als die ersten Meldungen über die »Revolution« von 1905 aus dem zaristischen Rußland eintrafen, hob Péguy zwei deutlich verschiedene Lesarten hervor, die heute mehr denn je einander widersprechen. Die einleitenden Aktionen einer unbewaffneten Bevölkerung, die mit friedlichen Mitteln eine allmächtige aber isolierte Autokratie umzingelt, werden im Lichte des Radikalitätsprinzips als Prämissen einer Revolution verstanden werden, deren theoretischer Entwicklungsverlauf bis zur Machtergreifung unschwer vorauszusagen ist: ideologische Vorbereitung, Dauer des bewaffneten Kampfes, angemessener Zeitpunkt des Tyrannensturzes ... der Weg ist vorgezeichnet, der Zeitpunkt des Erfolgs oder der Niederlage läßt sich genau bestimmen. Wenn diese Mehrheitsaktionen im Sinne der Mehrheit jedoch nicht als Kampf um die Macht ausgedeutet werden, wenn sie sich als Kampf um Bürgerfreiheiten erweisen, kippt alles um. Die Macht hat man oder man hat sie nicht; Freiheiten hat man mehr oder weniger. Diejenigen, die auf die Erringung der Macht hinarbeiten, müssen sich im Falle eines Gelingens dazu bequemen, die Ausübung derselben einer Handvoll Auserwählter zu überlassen, wobei die unüberwindbaren Probleme, die sich aus dem Selektionsverfahren ergeben, das ewige Drama heraufbeschwören: Die Revolution verschlingt ihre Eltern und ihre Kinder. Diejenigen, die den Kampf für die Einschränkung der Exekutive führen, werden dieser Paradoxie kaum verfallen, sie werden weiterhin auf der Seite der Mehrheit stehen, denn die Begrenzung der zentralen Macht liegt ganz im Sinne der Mehrzahl, die – derweil sie Mehrzahl ist – niemals Machtbefugnisse haben wird. Zwei Arten von Volksbewegungen kamen im 20. Jahrhundert zum Tragen: die revolutionären, die sich das unverrückbare Ziel der Machtergreifung und -ausübung gesteckt hatten, und jene, die nur unter Umständen revolutionär waren und dem Kampf um Freiheit und Recht den Vorzug gaben, denn »die Hauptfrage war nicht, wie reformiert man das System der Macht, sondern, wie wehrt man sich gegen dieses System?« (Michnik). Den ersten Modellfall illustrieren die leninistischen oder castristischen Strategien sowie zahlreiche Staatsstreiche in der Dritten Welt. Der zweite umfaßt die Abschaffung der faschistischen Diktaturen in Griechenland, Spanien, Portugal, Brasilien usw. Es ist, wie man sagt, der »Druck« verschiedener Gesellschaftsgruppierungen (Gewerkschaften, Kirche, Armee, Bauernvereinigungen, liberales Bürgertum ...), der in aufeinanderfolgenden Schüben die Veränderung des Regimes »erzwingt«. Das Wort Druck steht hier als Behelf, es soll andeuten, daß die Entscheidungsschlacht nur deshalb nicht stattfindet, weil ihr Ausgang von vornherein feststeht, und gibt vor, das Radikalitätsprinzip da zur Wirkung zu bringen, wo es schon wirkungslos ist.

Nicht irgendeinen simplen »Druck« gilt es hier gedanklich festzuhalten, sondern die Zurückhaltung in der geübten Vergeltung. Es geht nicht darum, *die* Macht zu ergreifen, sondern darum, der Macht Macht zu nehmen; ein Ermattungskrieg ist im Gange, kein Vernichtungskrieg: ein Quentchen gewerkschaftliche Freiheiten hier und etwas mehr Pressefreiheit dort leiten einen langwierigen Prozeß ein, der die allgewaltigen Diktaturen zersetzen soll und ihnen keinen Anlaß mehr bieten darf, aufs Ganze zu gehen, indem sie in letzter Minute noch vor der geschichtlichen Mitternacht zum großen militärischen Schlag ausholen. Der Begriff des Drucks verschleiert unter einem scheinbaren Kräfteverhältnis ein tatsächliches Verhältnis von Schwindelmomenten. Die wogenden Menschenmassen, die Herrscherthrone umspülen, raunen flehentliche Bitten, die selbst dann noch wie Drohungen klingen, wenn sie nicht der Prolog zur offenen Feldschlacht sind. Im einleitenden Abschnitt des *Manifestes der Kommunistischen Partei* schreibt Marx:

»Die Geschichte aller bisherigen Gesellschaft ist die Geschichte von Klassenkämpfen.

Freier und Sklave, Patrizier und Plebejer, Baron und Leibeigener, Zunftbürger und Gesell, kurz, Unterdrücker und Unterdrückte standen in stetem Gegensatz zueinander, führten einen ununterbrochenen, bald versteckten, bald offenen Kampf, der jedesmal mit einer revolutionären Umgestaltung der ganzen Gesellschaft endete oder mit dem gemeinsamen Untergang der kämpfenden Klassen.«

Problematisch im Marxismus ist nicht sosehr der Begriff der Klasse, wenn auch Pro- und Kontraideologen nicht müde werden, ihn endlos zu erörtern; das Konzept wurde von Augustin Thierry und Saint Simon übernommen und ist (wie Marx selbst sagte) keinesfalls marxistisch. Die erkenntnistheoretische Sonderstellung hingegen, welche *einem* Typus von Klassenkampf (dem radikalen) eingeräumt wird, war ein folgenschwerer Schritt. Der Autor, ganz erfüllt vom Prinzip der Radikalität, übergeht kurzerhand den zweiten Modellfall, nämlich den »gemeinsamen Untergang«, als offenbarte sich die Gefahr, miteinander zugrunde zu gehen, erst im Nachhinein in den Berichten der Geschichtsschreiber. Mit seiner napoleonischen These vom Kampf unterschlägt Marx das Unterpfand des Überlebens, das hier und heute jedoch nicht ohne Wirkung bleiben kann auf die Bilanzen der einzelnen Akteure des Zeitgeschehens ...

Die »große Schlacht« als Spiegelbild eines jeden Kräfteverhältnisses im eigentlichen Sinn des Wortes lotet die moralischen und die physischen Kräfte mittels letzterer aus (Clausewitz). Welche Bedeutung man auch der Moral der Truppen beimessen mag, oder den sittlichen Werten, mit denen kriegerische Unternehmungen begonnen werden, Sieger und Besiegte unterscheiden sich physisch voneinander. Die Wahrheit der Absicht ist die Tat (Hegel), die Radikalität des Wortes wird im Getöse des Waffengangs erprobt, wenn eine Leidenschaft des Verstands sich an die Spitze der Leidenschaften setzt.

Der Wettstreit im Zeichen des Schwindels aber wird nicht anhand eines so unpersönlichen Richtmaßes bewertet, und moralische Tugenden lassen sich nicht mehr in greifbare materielle Größen umsetzen, und sei es in der Gestalt aufmarschierter Regimenter. Wenn beide Seiten, ob nun zu Recht oder nicht, von sich annehmen, sie seien in der Lage, sich gegenseitig zu vernichten, so wird die eine wie die andere letztlich nur ihrem eigenen Schwindel erliegen, denn der reine Einsatz der Kräfte entscheidet nicht darüber, wer Sieger und wer Besiegter sein wird. Was ist in solchem Fall eine verlorene Schlacht? »Es ist eine Schlacht, die man glaubt verloren zu haben« (J. de Maistre).

Ein vom Schwindel bestimmter Konflikt schließt weder mögliche Erfolge noch das unsichere Gleichgewicht der Kräfte, noch irgendwelche Verluste aus; da er eine Entschlossenheit mit einer anderen Entschlossenheit konfrontiert, wird in seinem weiteren Verlauf der Abstand zwischen dem Inneren und dem Äußeren, zwischen dem Geistigen und dem Materiellen niemals aufgehoben ... »Dieser sonderbare Krieg – und das sollten wir nicht vergessen – ist eine neue Verkörperung des seit Urzeiten währenden Kampfes zwischen Wahrheit und Lüge, zwischen Freiheit und Gewalt, zwischen Würde und Erniedrigung. Wir erklären also noch einmal, im Gefolge des Philosophen, daß es in diesem Kampf sicherlich keine endgültigen Siege gibt und ebensowenig endgültige Niederlagen« (Michnik). Die napoleonische Radikalität ist auf ihre Weise dialektisch-materialistisch, sie nötigt jedwede moralische Größe, auf ihre eigene Gefahr hin eine materielle Gestalt anzunehmen, und angesichts der höchsten Instanz des Schlachtfelds schöpft sie aus den geheimsten Quellen des Geistes. Der Schwindel bleibt seinerseits unverrückbar ein geistiges Phänomen und führt in demselben Maße wie das Kampfgewühl zum unausweichlichen Zusammenprall zweier Seelen, bei dem eine jede der anderen die grinsende Fratze eines Todes entgegenhält, dessen Fäden beide in der Hand halten.

Strategie der Tragödie

Wo die Radikalität herrscht, gewinnt jener, der dem anderen den Todesstoß versetzt; und im Zustand des Schwindels jener, der zuletzt umfällt. Der Radikale kämpft gegen die Zeit und führt, ob als Militarist oder als Pazifist, in dieser und jener Form Krieg gegen den Krieg; er verkündet, dieser Krieg werde der allerallerletzte sein und verheiße, gewaltsam oder nicht, einen ewigen Frieden. Auf seine Weise ist er ein Gnostiker, er beklagt den »Sturz« in die Zeit und möchte schleunigst wieder heraus; am Ende des Tunnels leuchtet der Ausgang. Für den vom Schwindel ergriffenen verhält sich die Zeit anders, wirbelnd und nicht linear. Hunde, die sich um ihre eigene Achse drehen, um sich in den Schwanz zu beißen, führen uns dafür eine quasi-Karikatur vor Augen, denn Tiere unterliegen der Gravitation der Zeit, wobei sich die Zeit schwindelhaft als die Drehsucht selbst erweist. Wenn Überleben heißt, daß man zwischen zwei Abgründen eine spannungsvolle Balance hält, so muß, wer dauern will, unentwegt auf dem gespannten Seil weitertanzen.

Der Antagonismus zwischen beiden Prinzipien gedeiht. Der Radikalismus verneint nicht das Bestehen des Schwindels, er vermerkt das Unheil, das ihm anhaftet, und verspricht Abhilfe. Der Gnosis hat er seine phantastische Zeitrechnung entlehnt, »die mythisch mit einem maßlosen und übereilten Unterfangen beginnt, das letztlich nur bewirkt, daß sich die (räumliche und zeitliche) Kluft vergrößert, die danach wieder aufgefüllt werden muß«. Die Geschichte ist nur die Geschichte eines Schwindels, der sich selbst aufhebt; ihr Ziel ist das absolute Wissen um diese Aufhebung. Es ist erreicht, wenn das Wissen nicht mehr über sich hinauszugehen braucht, wenn es zu sich selbst gefunden und wenn das Konzept mit dem Subjekt und das Subjekt mit dem Konzept übereinstimmt (Hegel). Die Radikalität urteilt geringschätzig über den Schwindel: er zeuge von den Nöten einer Kreatur, welche ihm eine radikale Größe entgegenhält, die darin besteht, in der letzten Stunde mit sich selbst eins zu sein. Dann wird das Wahre zum Subjekt, das revolutionäre Bewußtsein enthauptet die Vergangenheit und die friedenspolitische Musterhaftigkeit betört oder verzaubert das gegnerische Lager durch atomare Selbstabrüstung. Das radikale Subjekt ist dazu berufen, die innere Spanne zu überwinden, die es zerreißt, und es wird sich von seinem Schwindel befreien, indem es in die Transparenz vom Ich zum Ich eintaucht, deren sich sowohl der Kraftmeier als auch die gute Seele gern rühmen.

So verlegt er kurzerhand den Schwindel in die Grenzbereiche von Not und Entfremdung, während ihn am anderen Pol die Größe von oben herab behandelt. Aber ist nicht das Maß letztlich der Schwindel selbst, den der Anblick der Spanne von einem Endpunkt zum anderen in dem Menschen auslöst, der sich in der Mitte zwischen beiden befindet. Gewiß, der Schwindel stößt um, und man kann die Illusion nähren, er sei eine quantité négligeable, da verschwindend klein und quasi ausgelöscht im letzten Sturz. »Zwischen uns und der Hölle oder dem Himmel gibt es nur das Leben im Zwischenraum, und das ist das Vergänglichste auf dieser Welt.« Gehen wir dennoch von der zwischenräumlichen Vergänglichkeit aus und lassen wir unseren Gedanken freien Lauf, auf diesem Brett, das zwei Unergründlichkeiten überspannt ...: »Der Mensch soll nicht glauben, er sei den Tieren gleich oder den Engeln, und er soll auch nicht über sie in Unkenntnis bleiben, sondern um die einen wie die anderen wissen. Der Mensch ist weder ein Engel noch ein Tier, und unglücklicherweise ist es so, daß, wer sich zum Engel machen will, sich zum Tiere macht.« Anders ausgedrückt: Der Schwindel ist eine Art zu sein, zu handeln und zugleich eine Art der Erkenntnisfindung.

Fassen wir zusammen: Der Pole bewegt sich auf einem Seil, er muß zusehen, daß er weder in den extremen Heroismus der Größe (»weder tot«) abkippt, noch in dem einen oder anderen Schwindel versinkt; fasziniert bis hin zur Bewußtlosigkeit darf er nur vorrükken, indem er in Gedanken den einen Schwindel mit dem anderen aufwiegt; das heißt, er muß den eigenen Schwindel verdoppeln. »Wir wissen wohl, daß man meist eine Wahl treffen muß. Welche? Auf diese Frage gibt es keine allgemeingültige Antwort, und ich beneide jene, die eine kennen« (Michnik). Mit der Balancierstange in der Hand bemüht sich der Seiltänzer, zwischen zwei Sturzmöglichkeiten die goldene Mitte zu halten; er wägt die Zeit, seinen Schwung, die Entfernung, und sobald er weitergeht, sind alle Berechnungen hinfällig, es zählt nur noch seine Unfehlbarkeit; das geringste Zögern kann ihm zum Verhängnis werden, er muß den Mut haben, »sich dem Schwindel anzuvertrauen« (Caillois). Aus der doppelten Dummheit, die seine Schultern umklammert, fertigt er die Flügel eines gefallenen und schwebenden Engels.

Die einen geben zuletzt den Vorzug dem Rot (lieber als tot), die anderen halten mit gleicher Abscheu die Waage zwischen beiden Begriffen (weder – noch); der Gegensatz der politischen Absichten ist so offenkundig, daß er die unterschwellige logische Dualität zu verschleiern droht, die für zwei verschiedene Auffassungen von erlebter Zeit bestimmend ist. Das radikale *lieber als* versetzt den Engel und das Tier auf zwei getrennte Zeitpunkte und gestaltet den Übergang: Der Engel ist die Zukunft des Tieres, der Frieden die Zukunft der Gewalt, das Tier ist lediglich die überlebte Vergangenheit des Engels. Der »Kampf für den Frieden« wirft sich zum Richter auf über die Geschichte, ganz so wie der Große Krieg und der Klassenkampf in früheren Zeiten. Von diesen nach hegelianischem Muster erzählten Geschichten grenzt sich die pascalische aus. Sie folgt einer anderen Logik: Die doppelte Negation – weder rot noch tot, weder Engel noch Tier, die Begriffe erhalten ihren Wert durch die Handlung, in der sie zum Ausdruck kommen – erfährt keine Aufteilung in der Zeit, sie ist vielmehr die Zeit selbst. Man kann wohl zum Tier hintendieren (indem man sich »zerstreut«) oder zum Engel (indem man auf Unsterblichkeit »setzt«), aber diese beiden Versuche, sich aus der Zeit herauszuheben oder aus dem Spiel herauszuhalten, werden erst durch den primären Schwindel verständlich, der zur Wahl befähigt, jene »Mitte«, die zwischen den Unendlichkeiten schwebt und die Pascal Menschheit nennt: »Weit entfernt, daß Größe eine Rettung sei, sie ist so, daß man in ihr gefangen bleibt.«

Die Freunde potemkinscher Dörfer sollten hier nicht die beiden Friedensbewegungen, die Europa spalten, auf ein Duell der Anschauungen – der hegelianischen und der pascalischen – vom Menschen und seinem Menschsein reduzieren. Sie sollten ebensowenig mit dem spekulativen Buschmesser eine absolute Trennlinie ziehen wollen zwischen einer katholischen und einer protestantischen Tradition. Die Richtigkeit solcher Zuordnungen verdeckt einen weit älteren Bruch. In einem großartigen Buch analysiert Jacques Le Goff die bedeutsame Wandlung, in deren Folge die Christenheit des 12. Jahrhunderts das binäre System (Paradies/Hölle) gegen ein ternäres (Himmel/Fegefeuer/Hölle) eingetauscht hat. Eingerückt zwischen das höchste Gute und das absolute Böse ist das Fegefeuer eine Fortsetzung der Unschlüssigkeiten des Lebens.

Im Wartesaal eines Jenseits, wo das zurückgestellte Heil hin und her schwingt, wiegen die Werke der Lebenden schwer im Schicksal der Toten. Die Erfindung des dritten Begriffes lockert den Würgegriff des Alles-oder-Nichts, dieser Peinigung aller Kreaturen; sie ist eine Erfindung der Erfindung und bemißt eine Zeit, die im Himmel wie auf Erden sich zwischen erdrückenden, weil allzu absoluten Alternativen hindurchwindet. Die Revolution der Weltlichkeit erwies sich als ein sowohl kultureller, wie auch sozialer und subjektiver Umwandlungsprozeß. Die erzählende Literatur – Romane, Versdichtungen, Fabeln – erlebte damals einen »beispielhaften Aufschwung«.

Der zusätzlich gewährte Zeitraum hat eine Veränderung des individuellen Lebens und des Zusammenspiels in der Gesellschaft zur Folge, in der nunmehr, zwischen den Großen (geistlichen wie weltlichen Größen) und den Kleinen, ein dritter, mittlerer Stand aufkommt: das Bürgertum. Die kulturelle Renaissance (Dante) vertieft und erweitert die Bresche. »Auf den gotischen Bogenfeldern werden die Darstellungen der Apokalypse von denen des

Jüngsten Gerichts verdrängt ... sie erzählen eine weit zurückliegende Geschichte, die als Vorwand dient, irdisches Leben zu schildern und den Menschen zu ermahnen, daß er sich auch hienieden besser führe.« Die Neuordnung der sakralen Geographie und die Schaffung einer profanen Geschichtlichkeit stehen miteinander in Wechselbeziehung. Das Spiel ist aus in den höheren Sphären, unten geht die Partie weiter.

Die tausend Jahre alte Tradition zieht den Menschen enge Grenzen, drängt sie in die Ecke des Jetzt-oder-Nie, zwingt ihnen eine sofortige und endgültige Entscheidung auf, raubt ihnen Zeit. Durch die im 12. Jahrhundert erfolgte Wandlung »gibt« ihnen das Jüngste Gericht wieder Zeit. Die davorliegende Tradition beinhaltet eine Spielart des Radikalitätsprinzips, der Begriff des Schwindels hingegen ist dem Fegefeuer fremd. Handelt es sich hier lediglich um zwei verschiedene Zeitbegriffe, welche die europäischen Gesellschaften in die Geschichte einbinden? Demnach gäbe es glückliche Zeiten des gesellschaftlichen und kulturellen Aufschwungs, in denen das Neue – der dritte Weg – die alten Alternativen zurückdrängt; und letztere würden in Krisenzeiten wieder in Erscheinung treten, wovon Le Goff zufolge die Ängste zeugen, die heute von der nuklearen Gefahr wachgerufen werden.

Das dreigliedrige Modell folgt nicht so ohne weiteres auf die Zweigliedrigkeit von Himmel und Hölle, es bekämpft diese mit Hilfe einer geistlichen Strategie, deren geheimes Wesen im »Fegefeuer«-Begriff anklingt. Das Wort weist auf das »reinigende« Feuer hin, durch das die noch nicht verdammten Seelen hindurch müssen (Heiliger Augustin); und das Zweite Konzil von Lyon (1274), das Rom und Byzanz zusammenbrachte, formulierte die griechische Entsprechung dazu: Katharsis. Hier wird aufs Höchste Aischylos und Sophokles gehuldigt: die Erfindung des Fegefeuers signalisiert die Einführung der griechischen Tragödie in die Passion der religiösen Seele.

Der Jüngste Tag rückt in die Ferne, sobald man in die Ökonomie des Heils jene Zwischen-Raum-Zeit einfügt, in der die Lebenden bemüht sind, die Sünden der Toten wiedergutzumachen. Die

Triebfeder dieses Rückzugs macht sich eine Umkehrung der Perspektiven zunutze. Der dramatische Ernst des Weltgerichts bleibt erhalten, wird aber nicht mehr von derselben Seite her wahrgenommen. So lange, wie das Ende unweigerlich vor die Pforten der Hölle oder des Paradieses führte, war das Geschöpf Mensch dem Blick des Allmächtigen hilflos ausgeliefert und wußte sich bis ins Letzte durchschaut. Wenn nun jenseits des Grabes der Kampf der Seelen weitergeht, kann der Sündenbeladene in gehörigem Abstand ein Weltgericht ins Auge fassen, das sich in der Ferne einer Zeit abzeichnet, die den unerbittlichen Gnadenstoß weit hinausschiebt. Die olympischen Götter waren nur zur Komödie fähig, zuletzt fungierten sie nur noch als Zuschauer von Kämpfen, die allein Sterbliche sich liefern. Das Fegefeuer projiziert nun seinerseits das Flattern der Eintagsfliegen in die christliche Gestaltung des Heils. Dante, Aristoteles und Descartes stellen »rein menschliche Menschen« vor ein Schicksal, dem sie nicht gewachsen sind. Finita la Commedia, drängt es den Radikalen endlich auszusprechen. Die Kultur des Schwindels versagt sich ihrerseits das Wort Ende.

Der Ausweg aus der Tragödie ist die Tragödie selbst: Ihre Wirkung ist als die Reinigung der Leidenschaften durch die Leidenschaften zu begreifen. Nichts anderes sagt Aristoteles. Die Kommentatoren debattieren über die prosaische und medizinische oder erbauliche und moralische Perspektive der sogenannten Reinigungs-Katharsis.

Unterwegs besteigen sie eine Erhebung von – ethischem oder körperlichem – Wohlbefinden, das zu erreichen weder die Philosophie noch die Tragödie je vorgegeben haben. Denn wenn man den »Schrecken« und das »Mitleid« durch Mitleid und Schrecken vertreibt, wird man ihnen wohl kaum entrinnen können. Aber wer sagt denn, daß man es sollte? Weder der Dichter noch der Philosoph, die den Leser und den Zuschauer in eine Tragödie locken, um ihn zu infizieren und nicht, um ihm herauszuhelfen. Weder Sophokles noch Freud lehren uns, nicht Ödipus zu sein.

Das Fegefeuer mildert nur wenig das Leiden der Verstorbenen;

Dante bezeugt es: Es zieht ihr Bangen in die Länge. Weit entfernt, die endlose Mühe des Sterblichen als eine zweckfreie Handlung abzutun, belädt es die geringste Handlung mit einer ungeheuren Zeitlichkeit: Fortan ist eine Tat niemals vollbracht, da sie sich als geeignet erweist, die Schatten, die sie von hinten bedrängen, anzurufen, zurückzurufen oder zu neuem Leben zu erwecken, und dabei immerfort bangen muß um eine Zukunft, die sie unvollendet läßt. »Die höchste Strafe des Fegefeuers ist die Ungewißheit des Urteils: Deus absconditus« (Pascal).

Zwischen Erde und Fegefeuer bleibt die Geschichte »im Fluß«, so wie sie auch hin und her wandert zwischen der griechischen Polis und der Tragödienbühne. Es sind gerade jene unsicheren Wägungen und Gegenwägungen, die, indem sie die symetrisch angelegten Möglichkeiten des Sturzes abstützen, die pascalsche oder polnische Dynamik eines in die Länge gezogenen Schwindels aufrechterhalten, eines Schwindels, unter dessen Wirkung ein Wesen, das weder Gott noch Nichts ist – *medium quid inter deum et nihil* –, seine Haut und sein Heil: sein Leben riskiert.

Der radikale Abgrund

In den untergründigen Schichten des Denkens trennt eine alte Bruchlinie zwei Auffassungen vom Frieden: die radikale und die schwindelerregende; das Erkennen von Gefahren, die Art, ihnen entgegenzutreten und die gewünschte Klimaverbesserung sind verschieden: wenngleich ein jeder Europäer den Frieden wünscht, so bedient er sich doch gegensätzlicher Methoden, um das Einhorn zu jagen.

Die Versicherung der eigenen Friedensfähigkeit setzt voraus, man habe sich gefühlsmäßig des Waffendienstes für fähig befunden; weil der Krieg in gewisser Hinsicht auch der meine ist, kann ich versuchen, ihn zu beenden oder zu verhindern, währenddessen natürliche Unwetter und meteorologische Konflikte über unsere Köpfe hinweg geschehen. Die Kriegführung ist jedoch nicht wie ein Eigentum, das ich kontrollieren, besichtigen, gebrauchen und mißbrauchen kann, oder wie ein Konzept, dessen Bestandteile ich allesamt kenne. Ich verstricke mich im Getümmel; eine Szene der Gewalt – selbst jene, die das Kind im Zimmer der Eltern zu erkennen glaubt – macht mich zum Beteiligten. Durch den Schwindel erschließt sich uns und in uns ein Abgrund. Ohne den Schwindel würde der Abgrund wie ein belangloses Loch vor sich hindämmern, und die Schlachten würden tolstoisch dahinwogen, schuldfrei wie die Jahreszeiten. Der Schwindel ist die sporadische Wahrnehmung einer Leere, die zeigt, daß wir fähig sind, unser eigenes Grab zu schaufeln.

Sartre hat versucht, diesem wirbelhaften Gefühl gerecht zu werden; als Grunderscheinung und nicht als Trugschluß der Wahrnehmung, als voll zurechnungsfähiges Verhalten und nicht als Verhaltensstörung geht es über die Schockwirkung und die plötzliche Verwirrung hinaus, die ein Einbruch von außen in mir auslöst. Er ist ich; »das Schwindelgefühl ist Angst in dem Maße, wie ich mich davor fürchte, nicht sosehr in den Abgrund zu fallen, als vielmehr mich hinabzustürzen«. Ursache von Furcht ist die Außenwelt, der Schwindel führt mich auf das Maß meiner Möglichkeiten zurück, ich fürchte das andere Ich, das ich einen Augenblick später sein werde: »Wenn nichts mich zwingt, mein Leben zu bewahren, hindert mich nichts, mich in den Abgrund zu werfen. Die endgültige Verhaltensweise wird aus einem Ich hervorgehen, das ich noch nicht bin. So hängt das Ich, das ich bin, an und für sich vom dem Ich ab, das ich noch nicht bin, und zwar genau in dem Maße, in dem das Ich, das ich noch nicht bin, von dem Ich, das ich bin, nicht abhängt. Und der Schwindel erscheint als das Erfassen dieser Abhängigkeit. Ich trete an den Abgrund, und meine Augen suchen in der Tiefe nur mich selbst. Von diesem Augenblick an spiele ich mit meinen Möglichkeiten ...« Der Schwindel ist kein rein mechanischer Zusammenbruch eines bestehenden Gleichgewichts, ich erlebe ihn nicht passiv, ich fühle mich von ihm betroffen und spiele mit der Vorahnung, daß meine Möglichkeiten mit mir ihr Spiel treiben.

In der sartreschen Betrachtungsweise hebt sich die Dauer des Schwindels von selbst auf und bewirkt die Selbstauflösung der Angst: »Meine Blicke laufen durch den Abgrund von oben bis unten, veranschaulichen meinen Sturz und lassen ihn zur symbolischen Wirklichkeit werden; zugleich läßt die selbstmörderische Verhaltensweise auf Grund der Tatsache, daß sie ›mein mögliches‹ Mögliche wird, ihrerseits mögliche Motive als annehmbar erscheinen (der Selbstmord würde der Angst ein Ende setzen).« Die Abwägung der Motive läßt sie als etwas Potentielles, weit Entferntes und von meinen Berechnungen Abhängiges erscheinen, sie verwandelt die Angst in Gegen-Angst und den Schwindel in Unentschlossenheit: »Die Unentschlossenheit ruft ihrerseits den Entschluß herbei: man entfernt sich plötzlich vom Rande des Abgrunds und setzt seinen Weg fort.« Dieser charmante Schluß verdeutlicht das sehr vereinfachte Modell vom Schwindel, mit dem das radikale Denken bestenfalls bereit ist zu arbeiten; der Schritt zurück, den jener bukolische Wanderer tut, führt ihn nicht von einem Abgrund zu einem anderen; er hat den festen Boden nie verlassen, er unternimmt keine Gratwanderungen, er fühlt sich nicht zum Seiltänzer berufen. Dennoch kann es, wie Pascal uns erinnert, Erlebnisse geben, in denen das körperliche Unbehagen und die geistige Verwirrtheit nicht so leicht zu überwinden sind: »Stünde der größte Philosoph der Welt auf einem Brett, das breiter wäre als vonnöten, und darunter gähnte ein Abgrund, seine Einbildung wäre stärker als seine Vernunft, die ihn von seiner Sicherheit überzeugt. Manch einer könnte den Gedanken daran nicht ertragen, ohne zu erbleichen und zu schwitzen.«

Sartres Beschreibung reduziert das Phänomen des Schwindels auf einen räumlich begrenzten Vorfall: Er erfaßt mich nicht, die Überraschung beruhte auf einem Mißverständnis, ich fasse mich wieder. Auf diese Weise stellt der phänomenologische Bericht den Philosophen auf sein Brett und ignoriert selbstherrlich, daß dieser sich so leicht nicht wieder fassen kann. Pascals Verständnis vom Schwindel ist eine Erfahrung der Leere. Das sartresche beschränkt sich auf eine Regelung des Selbstbewußtseins. Diese Verflüchtigung hat schwerwiegende Folgen für den Friedensgedanken: Wenn aller Schwindel sich »im« Bewußtsein manifestiert, wenn die Leere niemals *zwischen* den Bewußtseinssubjekten in Erscheinung tritt, werden die potentiell kriegführenden Parteien sich nicht damit lächerlich machen, daß sie am Rande des Abgrunds eine Verständigung suchen, zumal doch eine jede für die andere den Abgrund und die Ursache des Schwindels darstellt. Zwingende Konsequenz und hegelianisch-sartresches Leitmotiv: »Jedes Bewußtsein strebt nach dem Tod des anderen«. So lange, wie man von der Annahme ausgeht, daß die Leere ein Bewußtseins-»Produkt« der Beteiligten sei, und es sich nicht so verhalte, daß die Leere Bewußtsein mit Bewußtsein in Verbindung bringt, wird der Friede nur »am Ende« der Kriege zu erwarten sein, wenn ein Rausschmeißer die anderen zu guter Letzt ins Aus befördert hat.

Indem der radikale Gedanke den Schwindel der Leere in einen Schwindel des anderen umwandelt, ergreift er strategisch davon Besitz und dreht ihn um wie einen geistigen Virus, mit dem er sein Gegenüber infiziert: Alles, was zittert, muß fallen. Denn nicht das Leben, das sich vor dem Tode scheut und von Verwüstung rein bewahrt, sondern das ihn erträgt und in ihm sich erhält, ist das Leben des Geistes. (Hegel)

Das Zuspitzen des Schwindelmoments zu einer nahezu absoluten Waffe der Negation setzt seine Zähmung durch die Fuchtel einer erobernden »dialektischen Bewegung« voraus (Hegel) oder durch eine Disziplin, die ihn zum »Pathos« des Willens zur Macht erhebt (Nietzsche). Wenn nun das Schwanken zur gefügigen Größe geworden ist, organisiert die Hegelsche Dialektik eine Reise an das Ende des Schwindels und verspricht einen umfassenden und im Endpunkt von der Selbstblendung beherrschten Rückblick. Nietzsche visiert diesen Augenblick der Transparenz in voller Fahrt an: Mittag, Augenblick des kürzesten Schattens. Die eher weltlichen radikalen Anschauungen lassen ihren Schwindel um einen Festpunkt kreisen; er eilt sich nicht mehr selbst davon in irgendein Davor oder irgendein Danach. »An diesem Tag war alles möglich», die Bastille ist gefallen, die Mauern verschwinden, ich begegne mir selbst, Michelet heftet das revolutionäre Bewußtsein an die Einbildung einer vollkommenen Transparenz von sich zu sich.

Ich stehe auf festem Boden, verfüge über eine solide Grundlage, auf der das Ja – und sei es das Ja zum Selbstmord – ein Ja und das Nein (zum Abgrund) ein Nein ist und wo die Vieldeutigkeit nur die verharmloste Entsprechung der wirklichen Unschlüssigkeit und einer unschlüssigen Wirklichkeit ist. Ich entziehe mich dem Schwindelgefühl über diesen Punkt der Transparenz (bei Sartre: das präreflexive Cogito), an dem ich mich befinde, ohne den leisesten Zweifel und ohne jede Spur von Seekrankheit, mir selbst gegenwärtig. Mit der radikalen Verwirklichung der Selbsterkenntnis erreicht man, daß der Zustand des Schwindelgefühls auf in selbst zurückgeführt werden kann – auf diesem Eckstein errichtete das radikale Denken alle seine Tempel. Es ist, wie Hegel sagt: »So kommt nach meiner Einsicht ... alles darauf an, das Wahre nicht als *Substanz*, sondern ebensosehr als *Subjekt* aufzufassen und auszudrücken.«

Dem Punkt höchster Bewußtheit ist es möglich, die Schwindelmomente, über denen er schwebt, zu beherrschen, da er sich all dem entzieht, was nicht faßbar ist. Die radikale Anschauung macht sich die Erschütterung zunutze, der sie sich aussetzt, und indem sie sich in einem Wissen jenseits aller Überraschung häuslich niederläßt, macht sie sich gegen jede Störung von außen immun. An diesem Haltepunkt, wo die Erkenntnis nun auch »sich plötzlich vom Rande des Abgrunds zurückzieht und ihren Weg fortsetzt«, so wie der friedliche Wanderer Sartres, wandelt sich jeder Radikalismus in absolutes Wissen, in höhere Erkenntnis um. Er löst das Rätsel der Geschichte und weiß, daß er es löst (Marx).

Schwindel und Radikalität schaffen einen unterschiedlichen Bezug zum Wahren und zum Falschen, zur Erkenntnis und zur Wahrnehmung, also zur Tat. Radikal handeln heißt, gleichzeitig entscheiden und bewirken, heißt, die Welt nicht mehr nur betrachten, sondern sie verändern (Marx). Es ist der Glaube, man sei im Besitz einer wirksamen, weil wahren Lehre (Lenin). Die Planung der Entscheidungen, die reiflich erwogen sind, muß sich an die Verknüpfung unserer tatsächlichen Leistungen nahtlos anschließen. Der kürzeste Weg zu dieser Kongruenz besteht darin, zu zerlegen; der radikale Streiter betreibt die gleichzeitige Zertrümmerung der gedanklichen Folgerichtigkeit und der den Dingen auferlegten Ordnung, und, wie Kirilow in den *Besessenen*, »hält er sich an das Prinzip der weltweiten Zerstörung in Erwartung des Guten, das am Ende daraus folgt«.

Die klassische Leere

Ist ein Friede vorstellbar, der sich getreulicher am Schwindel orientiert, der ihn notwendig macht? Er könnte nicht den Anspruch erheben, ein für allemal aus der Brutalität herauszuführen, die er nicht abschaffen kann, es sei denn durch eine noch größere Gewalt; dieser Friede würde nicht einen Prozeß der Zerstörung einleiten, sondern einen Rückzug vor dem, was ihn verneint, und er wäre nichts anderes als diese Bewegung selbst, über die sich zwei Gegner verständigen, denen derselbe »gemeinsame Untergang« droht, den Marx aus seinem *Manifest* so geschickt ausgeklammert hat. Ein solcher Friede wurde ersonnen, lange bevor die atomare Bewaffnung seine unausweichliche Notwendigkeit offenkundig machte; das ganze Geschehen im klassischen Zeitalter Europas ist eine Veranschaulichung der »von einem Schwachsinnigen erzählten« Geschichte, in deren Verlauf Helden, die in ihrer »Blödheit« und unverbesserlichen Verbohrtheit gefangen sind, sich am Fuße eines leeren oder usurpierten Throns gegenseitig zerfleischen, ohne daß irgend ein monarchischer oder geistlicher Vermittler ihren Streit zu schlichten versuchte.

Die Doktrinäre versäumen es nicht, Shakespeare, Corneille oder Racine aus den Nöten der Zeit zu deuten, und meinen, daß es ihnen bedauerlicherweise an unserem Sinn für eine dialektische, optimistische und radikale Geschichtsbetrachtung mangelte, und daß sie zusehr in ihrer eigenen gefangen waren. In jener Zeit hat man jedoch weit tiefgründiger über die Religions-, Bürger- und zwischenstaatlichen Kriege nachgesonnen als in unserer Zeit, woher im übrigen die unfeine Art sich erklärt, in der von oben herab diese Klassiker betrachtet werden. Es hat wenig Sinn, ihnen ihre fehlende Kenntnis unserer Lösungen vorzuwerfen (Völkerfreundschaft, weltweite Verständigung, Selbstverwaltung des Erdballs, Abschaffung des Kampfes zwischen den Klassen und den Nationen, Punkt Omega), denn unsere Verheißungen scheren sich nur wenig um ihre (und um unsere) blutigen Probleme. Europa gibt sich klassisch, indem es die Erfahrung der unbegrenzten Zerstörungsmacht vertieft, mit der sich ideologisch, militärisch und gesellschaftlich der Bürger der neuen Modernität ausgerüstet hat.

Der an sich sehr klassische Gedanke des Schwindels bricht durch eine A-priori-Entscheidung mit allen gnostischen und radikalen Versuchungen. Für ihn kommt das Nichts vor der Negation, also erwächst der Schwindel und ersteht immer wieder von neuem aus den Schwankungen des Bodens unter den Füßen oder unserer Herzen. Der Radikalismus hingegen erklärt das Nichts aus den Verneinungen, die sich die miteinander kämpfenden Bewußtseinssubjekte gegenseitig und immerwährend zufügen. Man kann sich nicht verständigen, indem man sich verneint; was uns negiert hingegen, kann uns vielleicht miteinander verbinden; Chimène und der Cid kreisen um einen Schattenkönig und einen leeren Thron, aber diese *Leere* ist; in ihr erkennen sie die Ursache der Verletzungen, die sie sich gegenseitig zufügen, und so vergeben sie einander. Die Dummheit, die Gebrechlichkeit und die Nichtigkeit der zentralen Macht sind die Wurzeln des Unglücks, das die Lebensläufe der klassischen Helden kennzeichnet, die nicht wissen, wohin sie sich wenden sollen, und lediglich das Glück ihrer jungen Freiheiten gleichsam wie ein Strandgut an den Ufern einer sich zurückziehenden Autorität austauschen können.

Der klassische Friede versteht sich selbst als ein Restriktivfriede. Die Sonne dreht sich nicht, die Erde ist nicht mehr Mittelpunkt des Universums und das gesellschaftliche Leben kreist nicht mehr um das Zepter; das über allem herrschende Gute erleuchtet längst nicht mehr die Seelen. All diese Verneinungen sind keinesfalls das Produkt eines Geistes, der stets verneint; da sie sich nicht im geringsten als gute oder böse Taten zu rechtfertigen brauchen, betrachten sie sich vielmehr als ein Geschehen, als eine Landschaft. »Wenn die Zeit gealtert und sich selbst vergaß, wenn Regen Trojas Mauern aufgelöst, blindes Vergessen Städte eingeschlungen und mächt'ge Reiche spurlos sind zermalmt ins staub'ge Nichts...« (Shakespeare, »Troilus und Cressida«).

Als erster Denker der Abschreckung formulierte Pascal die Furcht vor der Leere, aus der sich die klassische Beziehung zur Natur, zur Gesellschaft und zur Wahrheit herstellt und die einen auf dem Schwindel beruhenden Frieden begründet.

Es gibt keinen Grund nachzugeben vor der Wahrnehmung der Abgründe, die Verwirrung hervorrufen; man kommt an ihr nicht vorbei, selbst wenn man ihrer spottet, und jene ist unausweichlich, wie sehr man ihr auch Einhalt gebieten möchte. Der Philosoph auf dem Brett veranschaulicht einen unumstößlichen Grundsatz: Ein jedes irdische Wesen »wirkt für das Ungewisse«; der eine wagt sich auf See, der andere sucht Zerstreuung, ein dritter wettet; und alle wandeln sie durch die Fegefeuer der Ungewißheit, in denen das Schicksal von der Roulette-Kugel entschieden wird. Die Wahrheit der pascalschen Wette führt die immer wieder vorgenommene Wahl zwischen zwei Möglichkeiten des Schwindels vor Augen, jene, als Sterblicher zu sterben, und jene, als Unsterblicher zu sterben. Doch wie man sich auch entscheidet; das Schlußwort entgeht uns jedenfalls.

Ebensowenig bietet sie die Gewähr für einen Ausweg am Ende des Schwindels. Diesseits davon will Pascal keine Rettung erkennen, wenn wir etwa durch einen kernigen Rückzug uns anmaßten, den Rand des Abgrunds zu verlassen. Weder Zuflucht noch Hafen, wo wir Anker werfen könnten; »es gibt nur einen unteilbaren Punkt als den wahren Ort, die anderen sind zu nahe, zu weit, zu hoch oder zu tief. In der Kunstmalerei wird er durch die Perspektive festgelegt. Wer aber wird ihn festlegen in der Wahrheit und in der Moral?«. Es wäre indes ein voreiliger Schluß zu glauben, oben und unten, rechts und links seien in einem simplen Bezugssystem gleichwertig; da das Landschaftsbild verfließt und uns mit einem unausweichlichen Unwohlsein übermannt, deutet sich die Beschreibung als weit beklemmender an: Da ist der Abgrund, aber kein Haltepunkt, von dem aus wir ihn sicher beschauen könnten. »Es stimmt, wird man sagen, der Totschlag ist etwas Böses; denn wir kennen gut das Böse und das Falsche. Aber was wird man als das Gute anführen können? Die Keuschheit? Ich meine nein, denn die Welt würde aufhören zu sein. Die Ehe? Nein: Enthaltung ist besser. Nicht zu töten? Nein, denn es gäbe ein schreckliches Durcheinander und die Bösen würden alle Guten umbringen ...« Der Schwindel ist weder relativistisch noch dialektisch. Er ist im Besitz einer Wahrheit des Falschen und des Bösen, vermag jedoch nicht, durch die Gewißheit von wahr und gut, seine Schalen in der Waage zu halten. Die unmittelbare Erfahrung des Abgrunds kommt immer zuerst und läßt den erbaulichen Sprüchen und transzendenten Gedanken niemals den Vortritt. »Es ist eine angeborene Krankheit des Menschen zu glauben, er besitze die Wahrheit unmittelbar ... währenddessen er natürlich nur die Lüge kennt und nur die Dinge für wahr hält, deren Gegenteil ihm falsch erscheint.« Einige Jahrhunderte später entdeckte Popper in der »Falsifizierbarkeit« eine wissenschaftliche Methode zur Überprüfung der Wahrheit. Jahrtausende zuvor ließ sich Sokrates von seinem »Dämon« zurückhalten und niemals vorwärtsdrängen: Die Abscheu, die aus den Tiefen aufsteigt, elektrisierte seine Inspiration. Ein weittragender Verdacht kommt auf: Die Begegnung mit den Abgründen ist primär, »ursprünglich«, und auf sie gehen die positivsten, aber auch indirektesten Erkenntnisse zurück.

Das Prinzip der Radikalität schlummert ein in seiner ungetrübten Wahrheit und straft mit zerstörerischer Drehsucht alles, was es leugnet. Das Prinzip des Schwindels verschmäht solchen Rückgriff: »Der Mensch ist also derart vorteilhaft geschaffen, daß er kein zutreffendes Prinzip für das Wahre kennt, dafür mehrere vortreffliche für das Falsche.« Die Schwindel erzeugende Anschauung erschüttert selbst das Verhältnis von Gott zum Gläubigen, sie schließt »eine offenbare Anwesenheit des Göttlichen« aus und verspricht »die Gegenwart eines Gottes, der sich verbirgt«. Anwesenheit und Abwesenheit werden ebenfalls nicht ein und dasselbe sein, weder relativ noch dialektisch. Wenn die Anwesenheit abwesend ist, ist die Abwesenheit in persona anwesend: Die Leere wird gesehen, man zeigt auf sie mit dem Finger, und sie wird ebenso selbstverständlich rezipiert wie jede Sache, deren Wahrnehmung nur durch eine andere Wahrnehmung möglich ist. Ich sehe einen Hampelmann, und kein Vernunftschluß kann diesen Sinneneindruck aufheben, bevor ich ihn nicht selbst durch einen anderen, nicht weniger unmittelbaren ersetze, der mich nunmehr einen Menschen sehen läßt. Dasselbe gilt für den Philosophen auf seinem Brett: Unter seinen Füßen erblickt er eine schwindelerregende Leere, und keine Vernünftelei könnte ihn davon abbringen, darüber zu erbleichen, es sei denn er findet sich wieder in seinem Bett, Opfer eines bösen Traumes. Der Schwindel erwächst aus einer Leere, die mich aushöhlt und die sich mir ohne Entrinnen aufdrängt: Die Abwesenheit, in die ich gleite, außerhalb von mir wie auch in mir, ist weder abgeschlossen noch zweifelhaft, sie ist ebenso wahr, wie ich dich sehe.

Wenn die Radikalität von der Verneinung ausgeht, so steigt der Schwindel auf aus dem Nichts. Hier berühren wir zwei unversöhnliche Arten zu sagen, *es gibt nichts*: »Allein, mein Herr, urteilen Sie selbst: Wenn man nichts sieht und die Sinne an einem Ort nichts wahrnehmen, wessen Standpunkt ist da der begründetere, jener der versichert, es gäbe etwas, obwohl er nichts sieht, oder jener, welcher denkt, es gäbe nichts, weil er nichts sehen kann?« (Pascal). Seit Platon wissen wir, daß alle Anfangsprinzipien auch die letzten sind; sie drängen sich uns als unmittelbare Erkenntnis auf und lassen sich nicht in Worte fassen. Seit Aristoteles wissen wir, daß die Prinzipien unbeweisbar sind, weil primär; sie zeigen sich oder zeigen sich nicht, können aber weder abgeleitet noch bewiesen, noch disputiert werden. P. Noel, Pascals Gesprächspartner, verabscheut die Leere, er kann sie nicht sehen: »Wir sagen, daß es Wasser gibt, weil wir dieses sehen und berühren; wir sagen, daß in einem geblähten Ballon Luft ist, weil wir den Widerstand fühlen; daß es Feuer gibt, weil wir die Wärme spüren, aber die wirkliche Leere berührt keinen unserer Sinne.« Diese Augenscheinlichkeit, die im Grunde P. Noel, Hegel und Bergson gemeinsam ist, läßt sich nicht widerlegen. Pascal bemerkt hierzu mit nüchterner Überlegenheit, daß der Einspruch gegen die Leere dieselbe »in Abrede stellt auf Grund jenes Mangels an Eigenschaften, welcher nun gerade die anderen darin bestärkt, an sie zu glauben, und der die einzige faßbare Möglichkeit ist, den Beweis dafür zu liefern«.

Der radikal Denkende hat keinen Sinn für die Leere. »Was ist das?«, wendet er ein; er ignoriert völlig den Unterschied zwischen dem Herangehen an das, was ist, und dem Erfassen dessen, was nicht ist, er trägt jene Bestimmtheit der Hegelschen Logik zur Schau, die die Gleichwertigkeit von Sein und Nichts postuliert. Die Erfahrung des Schwindels aber ist bestimmt von ihrer unerschütterlichen und zugleich schwankenden Andersartigkeit. »Ich staune«, fährt Pascal in seiner Entgegnung auf Noel fort, »daß er zwei so ungleiche Dinge miteinander in Parallele setzt und daß ihm nicht aufgefallen ist, daß man – obwohl es nichts Gegensätzlicheres gibt als das Sein und das Nichts oder die Bejahung und die Verneinung – den Beweis für das eine und den für das andere durch entgegengesetzte Mittel zu erbringen sucht; und daß die Begründung des einen das Verderben des anderen wäre. Denn muß man, um zur Erkenntnis des Nichts zu gelangen, einen vollständigen Entzug aller möglichen Eigenschaften und Wirkungen erfahren; anstatt, wenn eine einzige davon sich zeigte, auf das Vorhandensein einer Ursache zu schließen, die diese bewirkte?«

Der natürlichen Leere, die ihren Ausdruck in der Erfindung der mathematischen Null findet, entspricht die Leere der Gesellschaft, die man im Zeitvertreib der »Eigenliebe« aufspüren kann und die für den klassischen Moralisten der psychische Nullpunkt schlechthin ist. Der gewaltige Stellenwert der »Zerstreuung« zeugt von einem erschreckenden »horror vacui«; die Schmeichler, die die Großen umschwirren, sind ebensoviele P. Noel in Sachen menschlicher Schwächen, »die ihre ganze freie Zeit damit verbringen, ihnen Annehmlichkeiten und Spiele zu verschaffen, damit keine Leere aufkomme«. In uns, wie auch in der mathematisch definierten Natur, läßt sich die Erfahrung der Leere präzise umschreiben. »Man mache die Probe aufs Exempel: man lasse einen König ganz allein, ohne jede Befriedigung der Sinne, ohne Beschäftigung des Geistes und ohne Gesellschaft, in aller Muße nur an sich denken; und es wird sich zeigen, daß ein König ohne Zerstreuung ein höchst unglücklicher Mensch ist.«

Das Gleichnis vom »König, der ganz allein ist« entspricht dem Cogito, ergo sum. Das größte Unglück des Menschen ist es, daß er in einem Zimmer keine Ruhe finden kann. Man verstehe das nicht als eine billige Widerlegung der cartesianischen Anschauung. In seinem Kämmerlein hat auch Pascal eine Wahrheit aufgedeckt, nämlich die der Leere: das Herz der Einsamkeit ist hohl. Die Leere wie auch das »Grenzenlose« (a-peiron) der Alten kann man nicht ausfüllen; versucht man es dennoch, so entdeckt man das Faß der Danaiden. Pascal steht Descartes näher als viele Cartesianer: Die Anschauung des Schwindels stellt die Leere als solche dar, sie ist ein »Cogito«, das auch unterwegs die Gründe nicht vergißt, die es zweifeln lassen, und es bleibt durch und durch ein »Dubito«, ich zweifle.

In gleicher Weise vermag der klassische Friede die Kriege, die ihn begründen, weder transzendieren noch bemänteln. Den Frieden als Frieden ersinnen und ihn als das Gute aufbauschen, heißt im Denken auf halbem Wege stehen bleiben (eine Eigenschaft der Radikalen, der »halb Gewandten« und der »halben Frömmler«, gemäß Pascal). Die Weisheit (die der »Gewandtheit« und die der »Frömmigkeit«) errichtet den Frieden als einen Nicht-Krieg, gleich einem Gegenfeuer, das immerfort gegen die nicht zu löschenden Flammen entzündet wird. Während das moderne Europa bereits heraufdämmert, prägen sich »polnische« Beziehungen aus zwischen der Natur, der Gesellschaft und ihrer Wahrheit: Polen ist unsere Kultur; zu fragen bliebe, ob es sich um eine Erinnerung handelt oder um eine Zukunft.

Wenn auch die europäische Zivilisation langsam dahinsiecht, so verblödet sie doch nicht aus belanglosen Gründen; der Pazifismus läßt sich keineswegs auf einen kleinmütigen Provinzialismus reduzieren. Ich überlasse den Kasuistikern das Vergnügen zu untersuchen, ob Tapferkeit eher darin bestehe, den schicksalhaften Schlag stoisch abzuwarten oder, bevor man ausgelöscht wird, sich wenigstens den Anschein zu geben, daß man ihn abwenden will. Es wäre gar zu traurig, vernähme man Hamlets beklommene Frage – Sein oder Nichtsein – nur noch als verzerrtes Echo: haben oder nicht haben. Wenn die Welt in ihrer Gesamtheit ins Wanken gerät, bleibt keine Zeit mehr für weltbewegende Debatten, der Alarm gilt den Seelen wie auch den Körpern; beim Schiffbruch würden sowohl die Wirtschaft als auch die Politik versinken, das Zeitliche und das Ewige, zweitausend Jahre kultureller Investitionen und sämtliche Werte, wahllos miteinander vermengt. Der Geist des Widerstands und der Pazifismus sind keine am rein Materiellen orientierten Haltungen, sondern Ausdruck einer Weltbetroffenheit, die über die innereuropäischen Mini-Betriebsamkeiten und andere Zwistigkeiten hinausgeht und uns wieder an eine Zivilisation erinnert, die sich im Angesicht der untergehenden Sonne erneut vereint, und die uns mit den großen Fragen nach dem Sinn des Lebens – also gelegentlich nach dem des Sterbens – konfrontiert, die ein Kontinent im Verlauf der Zeit aufgeworfen hat.

Wenn einerseits das polnische Engagement seine Strategie explizit an geistigen Kriterien orientiert, so geht das deutsche Engagement gleichzeitig nach mehreren vor und vermengt hurtig Patrioten und Junkies, Altgläubige und junge Atheisten in einem liebenswürdigen Potpourri von Lehrmeinungen und Kulturen. Die Mischung erweckt den globalen Anschein von Subkultur und Gegenphilosophie, die oft als solche manifest beansprucht werden und auf die man tunlichst nicht hereinfallen sollte. Im Gegensatz zu vorhergehenden Umbruchsbewegungen – Unabhängigkeitsbewegung Dritte Welt, Feministinnen ... – hat die Friedensbewegung keinen Franz Fanon und keine Kate Millett aufzuweisen; sie hat die übernommenen Ideen nicht erneuert und ebensowenig aufsehenerregende Schriften hervorgebracht. Und dennoch gibt es das Manifest des Pazifismus; es wurde vor einem Jahrhundert verfaßt und stellte sich die Aufgabe, mit philosophischen Mitteln auf die Frage Antworten zu finden, die die heutigen Bewegungen zwar aufwerfen aber nicht zu formulieren wagen: »Was wird aus dem Menschen, der keinen Grund mehr haben wird, sich zu verteidigen oder anzugreifen?« Dieser neue Mensch, der äußerlich friedfertig und innerlich befriedet sei, heißt Christus. Nietzsche formulierte die Antwort in seinem *Antichrist*, in dem die friedenspolitischen Kräfte eines Tages ihre grüne Bibel und die glaubensbewegten Kernwaffengegner eine Auslegung der Bergpredigt entdecken werden, die noch flehentlicher nach Frieden verlangt, als die ihre.

Um welchen Preis lohnt es, das Leben zu leben? Bei welchem Kostenaufwand erweist sich die Bombe als wegwerfbar? Nach welchem Tarif läßt sie sich passiv hinnehmen? Die Frage nach dem Wert des Lebens fügt die polnische und die deutsche Halbkugel der europäischen Seele wieder zusammen; kein Ästhetizismus könnte darauf abrupt mit dem Werbeslogan antworten: Ein-jeder-lebe-sein-Leben, und keine Morallehre mit der Aufwertung seines Wertes, denn die Frage berührt in der Tiefe das, was im Leben den Wert des Lebens ausmacht, und am Wert das, was ihn dauern läßt. Diese Frage bezieht sich auf eine Ganzheit, deren Lebensweisen und Wertsysteme Partei sind und nicht Richter, denn man kann, sagt Nietzsche, das Ganze nicht beurteilen, nicht messen, noch vergleichen, und noch viel weniger das Nichts. So ist die Eigenart philosophischer Fragestellungen, sie kreisen so sehr um sich selbst, daß man meinen könnte, sie seien kreisförmig oder fehlerhaft, wenn sie nicht die Eigenschaft besäßen, denselben Mangel und die gleiche Kreisförmigkeit in dem aufzudecken, was sie narrt.

Die Kultur des Schwindels und der friedenspolitische Entwurf sind beide in dem Maße Träger einer impliziten Philosophie, wie sie angesichts einer schwankenden Welt das Angebot formulieren, die Erscheinungen in ihrer Gesamtheit zu retten, und dabei keineswegs in irgendeiner materiellen Weltbefangenheit verharren. »Der Gesamtwert der Welt ist unabwertbar, folglich gehört der philosophische Pessimismus unter die komischen Dinge«, derjenige, der über das Leben urteilt, lebt, er springt also, will er es von oben betrachten, über seinen eigenen Schatten. »Man muß« fährt Nietzsche fort, der noch tiefer gräbt, »die Absurdität dieser daseinssichtenden Gebäude einsehn; und so dann noch zu erraten suchen, was sich eigentlich damit begibt. Es ist symptomatisch.« Der Widersinn bestehe darin, das Leben wie ein Schicksal ausloten zu wollen und zu schreiben, alles sei geschrieben. Indes, anhand eben dieses Widersinns vertieft der Philosoph seine Auslegung der Kunst und der Mittel, derer sich das Leben bedient, um sich selbst in Schicksal zu verwandeln.

Nietzsche zufolge lehrt Christus das Ende der Feindseligkeiten: Vor allem sich nicht rächen. Nicht Feind sein. Er ist, wie Monsieur Teste bei Valéry, das Sinnbild einer Methode; er begründet eine Kunst des Verhaltens und, zuvor, des Denkens. Er ist ein »abendländischer Buddha«, seine Religion verkündet eine »Friedensbewegung«, die keinen Glauben an ein Jenseits fordert, sondern die Errettung hier und jetzt verspricht: »Die Voraussetzung für den Buddhismus ist ein sehr mildes Klima, eine große Sanftmut und Liberalität in den Sitten, kein Militarismus; und daß es die höheren und selbst gelehrten Stände sind, in denen die Bewegung ihren Herd hat. Man will die Heiterkeit, die Stille, die Wunschlosigkeit als höchstes Ziel, und man erreicht sein Ziel.«

Bescheidener oder weniger naiv als die heutigen Friedenstheologen, behauptet Nietzsche nicht, er könne die nackte historische Wahrheit erfassen, er weiß, daß er einen Ideal-Typus schafft; dabei entlehnt er den Evangelien etliche Merkmale, kehrt jedoch das geschaffene Bild gegen die Heilige Schrift, in der Absicht, die Widersprüche in denen er Auslegungen vermutet, darin aufzuspüren, Widersprüche, die zum Ziel haben, die reine christliche Liebe zu entfremden: »Nichts ist dem Buddhisten ferner als der jüdische Fanatismus eines Paulus.« Paulus als Gestalter des Sieges baute eine Kirche auf und sammelte die Schar der Gläubigen in dem als

»jüdisch« ausgegebenem Bangen um die Belohnung und Strafen, die sie in irgendeiner anderen Welt erwarten. Unter der Wirkung seines Willens zur Macht verwandelt sich das Evangelium in eine Maschine, die Pluspunkte, Prämien und Hauptgewinne verteilt, überladen mit unzähligen »denn«, die den Text verunstalten (»Selig ... denn ...«) und in Nietzsches Lesart immer »denn das Himmelreich ...« bedeuten. Der buddhistische Christus bleibt diesem prosaischen Vergütungssystem fremd; seine Frohe Botschaft schafft den Lieben Gott und den strafenden Allvater ab, die in fernen Gefilden thronen: »Dieser ›frohe Botschafter‹ starb wie er lebte, wie er lehrte – nicht um ›die Menschen zu erlösen‹, sondern um zu zeigen, wie man zu leben hat. Die Praktik ist es, welche er der Menschheit hinterließ: sein Verhalten vor den Richtern, vor den Häschern, vor den Anklägern und aller Art Verleumdung und Hohn – sein Verhalten am Kreuz. Er widersteht nicht, er verteidigt nicht sein Recht, er tut keinen Schritt, der das Äußerste von ihm abwehrt, mehr noch, er fordert es heraus ... Und er bittet, er leidet, er liebt mit denen, ... die ihm Böses tun.«

Der pazifistische Christus hat keinen Blick für das Böse und das Schreckliche, er beweist deren Nichtsein, er lehrt, den Blick abzuwenden, und indem er den Blick von dieser Abwendung abwendet, verinnerlicht er sich sosehr, daß er die Außenwelt vergißt; er verkörpert im voraus – wirklich im voraus? – den vollkommensten Triumph des deutschen Idealismus; er betrachtet nicht mehr seine Lüge, er formt sie um zur Überzeugung: »Ich nenne Lüge: etwas nicht sehn wollen, das man sieht, etwas nicht so sehn wollen, wie man es sieht.« Die olympische und süßliche Heiterkeit, die Winckelmann der hellenischen Zivilisation zuschrieb, wird zur revolutionären Praxis im religiös-verkitschten Munde dieses buddhistischen Christus. Diese Kreuzparabel erspart sich die letzte Nacht von Gethsemane, sie verabreicht den höchsten Beweis, wonach ein reines Herz nichts zu befürchten habe, allein das Gefühl zähle und die heilige Unschuld von »kindlicher Einfalt«, was auch kommen mag, mit der Ewigkeit in direkter Verbindung stehe: »Der ganze Begriff des natürlichen Todes fehlt im Evangelium.«

Durch welches Wunder hat Nietzsche das Manifest der deutschen Friedensbewegung vorweggenommen? Er hat das Zusammentreffen, das sein »anarchistischer« Christus der buddhistischen Gewaltlosigkeit, der sozialistischen Gleichheitslehre, der rousseauistischen Entsagung und dem Glauben des Köhlers vorschlug, nicht willkürlich ersonnen. Nietzsche erfindet nichts, er arbeitet mit einem Text in der Hand: der Schrift »Meine Religion«, in der Leo Tolstoi seinen von den »Dogmen« sowie den »orthodoxen, katholischen und protestantischen Katechismen« bereinigten Christenglauben definiert und auf die schlichte und ökumenische Einhaltung der Gebote Christi zurückführt, zu der allein das Matthäus-Evangelium uns befähige – »Ihr habt gehört, daß da gesagt ist: Auge um Auge, Zahn um Zahn. Ich aber sage euch, daß ihr nicht widerstreben sollt dem Übel«. Der Patentschlüssel des absoluten Pazifismus öffnet die Tore der alten Welt und stößt in ebensoviele satanische Sackgassen: »Die Lehre Jesu hat alle menschlichen Irrtümer stets begriffen und begreift sie, indem sie sie ableugnet, und auch diesen ganzen Wirrwarr, diese hohlen Idole, die wir aus der Zahl der Irrtümer heraushalten möchten, indem wir sie Kirche, Staat, Kultur, Wissenschaft, Kunst und Zivilisation nennen ...« Derart gräßlichen Bloßstellungen setzt Tolstoi eine Alternative entgegen, die in ihrer Unbefangenheit geradezu strahlt: »Die Gewalt oder die Lehre Jesu«. Der Widerspruch läßt nicht auf sich warten: Sind wir denn alle kleine Jesulein? Tolstoi antwortet mit dem Wunder des Kreuzes: »Forthin ist der Mensch, der an Jesus glaubt, wieder zu dem geworden, der er war, zum ersten Menschen im Paradies, das heißt unsterblich, unschuldig und müßig.« Mit Hilfe des Schopenhauerschen Wörterbuchs bezeichnet Nietzsche, einem Lexikon der Häresien folgend, als »buddhistisch« eine »pelagianische« christliche Lehre. Die Geschichte wird immer wieder neue Etiketten hervorbringen, Romain Rolland, H.G. Wells, Gandhi und zahlreiche weitere Berühmtheiten werden mit bunten Ideengewändern eine Grundhaltung ausstaffieren, deren Starrheit verwundert und die Nietzsche als nihilistisch kennzeichnet.

In seiner radikalen Kampfansage gegen jede feindselige Gesinnung mausert sich der Friedensapostel zu einem Weltverneiner: »Christlicher Glaube ist jederzeit noch möglich ... wer jetzt sagen würde: ›Ich will nicht Soldat sein‹, ›mich gehen die Gerichte nichts an‹, ›ich benötige nicht die Dienste der Polizei‹ –«, der wäre ein Christ ... ›Ich will nichts tun, was den Frieden in mir stören könnte: und wenn ich dafür zu leiden hätte, so würde nichts den Frieden besser bewahren als das Leiden‹.«

Diese umfassende Selbstverwaltung des Heils, die niemandem mehr etwas schuldet außer demjenigen, der sich selbst rettet, versetzt keineswegs in einen höheren und außergewöhnlichen Zustand, sie ist nur Ausdruck des Normalzustands und der schier unerschütterlichen Auslegung des biblischen »richtet nicht« durch den heutigen Menschen.

Was verkündet der buddhistische Christ, wenn nicht dieses: Der Allvater ist nicht mehr, unsere Glückseligkeit liegt nicht im Himmel, sondern in unseren Herzen, im Kreuz und nicht jenseits des Kreuzes. Wenn es nicht ansteht zu richten, dann deshalb, weil es keinen Ort, kein Gericht und keinen Grundsatz gibt, von dem aus man jenes abschätzen, verurteilen oder vergeben könnte, was einer Beurteilung noch würdig wäre – Nihilismus: es fehlt das Ziel; die Antwort auf das »warum?« bleibt aus; was bedeutet Nihilismus? – *»Daß die höchsten Werte sich entwerten.«* Der Pazifist, der lauthals kundtut, es gebe für ihn keinen Grund, den Atomtod zu riskieren, hat das entdeckt, was jener Narr und Rasende suchte, der am hellichten Tag mit einer brennenden Laterne in der Hand durch die Straßen lief: »Auch die Götter lösen sich auf; Gott ist tot.« Die alte Leier vom »Untergang der Ideologien« bildet die soziologische und publizistische Variante des »Nihilismus« in seiner Urbedeutung: ich habe weder etwas zu verlieren noch etwas zu gewinnen, weil es nichts zu gewinnen noch zu verlieren gibt. Das »weil« versteht sich nicht von selbst. Der Unterschied zwischen Nietzsche und dem Soziologen besteht darin, daß letzterer sich darauf beschränkt, eine statistische Größe zu untersuchen (»eine skeptische Generation«), während ersterer einen Denkprozeß beleuchtet, in dem eine geschichtliche Reminiszenz (»höchste Werte«, »Gott«) und eine Erfahrung der Gegenwart (»Tod«) miteinander konfrontiert werden, um dann die Schlußfolgerung aufzustellen: »Gott ist tot.«

Der Nihilismus ist keine Begebenheit unter anderen, die in den Mittelpunkt des öffentlichen Interesses rücken und Schlagzeilen machen könnte, die Sache ist nicht gesellschaftlich relevant wie etwa der Rückgang der Besucherzahl der 8-Uhr-Messe. Als datierbares Ereignis im Zeitgeschehen erscheint der Tod Gottes fast ebenso fragwürdig wie das »Wiederaufleben des Glaubens«, das in der sinn- und kopflosen Nachrichtenflut regelmäßig zur Spitzenmeldung avanciert. Besagten Tod sollte man ernst nehmen; im Lichte dessen, was er auslöscht, läßt er sich nicht ergründen, und da Gott als Quelle allen Lichts fungierte, wirft uns das Ereignis in tiefe Finsternis und beraubt uns der gewohnten Erkundungsmöglichkeiten. »Was taten wir, als wir diese Erde von ihrer Sonne loslösten? Wohin treibt sie nun? Ist sie nicht fern von allen Sonnen? Fallen wir nicht unablässig? nach vorn, nach hinten, zur Seite, nach allen Seiten hin? Gibt es noch ein Oben und ein Unten? Irren wir nicht gleichsam durch ein unendliches Nichts? Berührt uns nicht allseits der Atem der Leere? Ist es nicht kälter geworden? Seht ihr nicht die Nacht, die kommt, und immer nur die Nacht?«

Der nihilistische Satz »Gott ist tot« erweist sich, im Sinne des Schwindelprinzips, als ein Satz, in dem das scheinbare Subjekt »Gott« wie auch das Attribut »tot« sich nicht an ihrem jeweiligen Platz halten können. Wenn der Ewige (die »ewigen Werte«) stirbt, heißt das, er lügt und ist gar nicht ewig (er »löst sich auf«), also ist er nicht. Also war er nicht. Also war das, was ich Gott genannt habe, in Wirklichkeit der Tod, und der Tod, den ich heute erkenne, ist der Anfang des wahren Lebens. Wenn Gott tot ist, bin ich mit einem Mal ein Atheist, und als Atheist spreche ich vergeblich den Satz, Gott ist tot, denn ich denke: der Tod ist Tod, oder als neueste Variante: der Tod ist tot.

Diese scheinbare Inkonsequenz verflüchtigt sich, sobald man

von der ersten zur zweiten Bedeutung des Wortes Nihilismus übergeht: »Ein Nihilist ist ein Mensch, der die Ansicht vertritt, daß die Welt, so wie sie ist, *nicht sein dürfte*, und daß es die Welt, so wie sie sein müßte, nicht gibt. Demzufolge hat die Existenz (handeln, leiden, wollen, fühlen) keinerlei Sinn: Das Pathos des »umsonst« ist das Pathos des Nihilisten«. Im schwindelhaften Satz: Gott ist *Tod*, schlüpft das Subjekt in das Attribut: der Tod ist Gott, die Welt ist hassenswert. Übersetzt in die Sprache des Pazifisten heißt das: die Bombe ist das höchste Übel, die Welt dreht sich um die Bombe, die Bombe ist der Gott des »Exterminismus«, letztes Stadium unserer Zivilisation. Hinter den Rauchschwaden einer enttäuschten Sehnsucht, die einhergeht mit einer sehnsüchtigen Enttäuschung, besteht die aktive Spitze des Nihilismus fast ausschließlich aus Ressentiments: die Vergangenheit ist nicht mehr anziehend, die ungewisse Zukunft läßt uns gleichgültig und die Gegenwart widert uns an.

Obwohl der Nihilist angeblich jeden Vorschlag für vergeblich hält – denn er denkt, daß alles vergeblich ist –, schlägt er dennoch vor, alles in einem strengen Bezug zum Ganzen zu sehen. An die Stelle eines Monotheismus des Guten setzt er einen Mono-Deismus des Bösen; Gott ist tot, aber der Tod ersetzt ihn und zelebriert seine schwarzen Messen, indem er in Gestalt von Bombe oder Gold auftritt. Es ist alles deckungsgleich, dennoch werden manche Fetische zum Sammelbegriff für nihilistische Haßgefühle und fassen auf diabolische Weise eine Welt zusammen, die fortan jeder göttlichen Grundlage beraubt sein wird.

In der ersten Bedeutung des Satzes *Gott ist* tot, galt der Nihilismus als eine einfache Information: etwas, das man Gott oder höchsten Wert nannte, erwies sich als aus der Welt und nicht mehr gegenwärtig. Gott *ist Tod*: in dieser zweiten Bedeutung wird ein Ergebnis (eine Gegen-Schöpfung) beschrieben; das Gegenwärtige bewirkt die Aufhebung der höchsten Werte, der Tod tötet Gott. Die Subjektwerdung des Attributs erschöpft keinesfalls die Geheimnisse des taumelhaften Satzes: Mag Gott sich auch selbst beerdigen, der Tod übernimmt seine transzendentalen Eigenschaften, er ist das Eine (die Bombe ist das höchste Übel), er ist allgegenwärtig (also ists die Abschreckung sinnlos), und da er durch Täuschung zu verführen vermag, betrachtet er sich implizit als schön (die Nichtpazifisten lassen sich durch die Reize und Gelüste des Teufelswerkes blenden und nennen es Zivilisation). Indem er die erhabenen Werte, mit denen die traditionelle Metaphysik ihr höchstes Objekt ausstattete, vom klassischen Gott auf den modernen und im weiteren atomaren Anti-Gott überträgt, bekundet der Nihilismus einen Willen. Und dieser wurde von Dostojewski und von Nietzsche, seinem Leser, sehr deutlich herausgearbeitet.

In seiner dritten Bedeutung emanzipiert sich der Nihilismus als Wille von den Sehnsüchten nach dem Paradies (erste Bedeutung), sowie vom Haß auf die Welt (zweite Bedeutung). Er setzt sein Werk der Reduzierung Gottes auf die Welt und der Welt auf das Nichts fort, und indem er diese Reduzierung auf sich nimmt, begreift er sich nicht mehr als nur informativ, anzeigend und ableitend, sondern will sein, will also die reine Tat sein. Wenn Gott existiert, liegt alles in seinem Willen und ich bin nichts außerhalb von ihm, kommentiert Nietzsche in bezug auf Kirilow. Gott ist tot, es ist alles vergeblich, ich bin vergeblich, der Sturz versteht sich von selbst, mitnichten. Wenn die höchsten Werte zerfallen, kann ich mit einem Augenzwinkern und ohne Richter und Richterspruch mein Leben leben. Wenn alle Welt böse ist, warum sollte ich dann das Urteil an mir vollstrecken? Der Selbstmord erweist sich als das »einzige ernsthafte philosophische Problem« nach dem Tod Gottes (Camus), wenn, und ausschließlich wenn ich auf mich oder auf die Menschheit den Ernst übertrage, den man im allgemeinen als eine Eigenschaft des Gottes der Philosophen und der Gelehrten anerkennt. Der Nihilismus will weder die Welt noch mich, noch Gott erretten, sondern sein »ich muß beweisen«.

Wenn der Pazifist »lieber rot als tot« raunt, ist er sehr stolz auf seine Unabhängigkeit. Gleichviel, ob ihn der Tod ereilt – wenn er nur seinen Abgang selbst gestalten darf. Das nukleare Inferno wird über unsere Köpfe hinweg entschieden, überraschend und absurd – es liegt im Ermessen eines ausländischen Generals. Unter dem roten Stiefel droht die Vernichtung endgültig zu sein und doch wieder von anderer Art. Die Partei maßt sich an, über die Kultur, die Schätze, die Familie, die Kinder zu bestimmen, aber die letzte Viertelstunde gehört uns. Eine einzige Verrichtung bleibt im Kommunismus Privatsache: die Selbsttötung, während das System des Privateigentums sie kollektiviert, indem es sie unter Strafe stellt. Dieser scheinbare Widerspruch ist leicht zu erklären: die Demokratie vergesellschaftet die Politik, indem sie diese vom individuellen Leben loslöst, das privatrechtlich garantiert wird; der Despotismus dagegen politisiert alles und verwandelt, von der Spitze bis zur Basis, die Politik in eine private Angelegenheit, bei der die Machthaber über Untergebene verfügen, die zwischen Flasche und Verzweiflung schwanken, die Form ihres Ablebens aber frei wählen dürfen.

»Lieber rot als tot« ist Ausdruck eines abgrundtiefen Nihilismus in seiner dritten Bedeutung. »Rot« birgt keinerlei Illusionen und nährt keine Sehnsucht nach einem verlorenen und in den Tagträumen noch lebendigen Paradies. »Tot« kristallisiert die öko-marxistische Absage an die Gesellschaftsstrukturen und die beklemmende Angst vor der thermonuklearen Vernichtung. Beide Negierungen verstärken einander, als ob die tödliche Krankheit dieser Welt ihre Sterblichkeit selbst wäre und die Tatsache, daß sie diese nicht verbirgt. Die Übersetzung lautet: »Lieber freiwillig in den Tod, als ihn erleiden müssen.«

Es ist weder ein Zufall noch ein Versehen, daß Europa heute sein eigenes Grab schaufelt. Es ist Selbstmord. Bis zuletzt ging es doch nur um dieses eine: »ich muß beweisen«: Heidegger ermittelt im Nihilismus ein metaphysisches Ziel der Metaphysik, er verweist darauf, daß ein und dieselbe Willensgewißheit den europäischen Menschen bewegt, wenn er die mathematische Beherrschung der Natur anstrebt und wenn er sich vornimmt, über die innergesellschaftlichen Beziehungen Macht zu gewinnen. Schon bei Descartes habe die nihilistische, verzweifelte und verzweifelnde Suche nach einer festen und unerschütterlichen Grundlage ihren Anfang genommen. Muß man aber nicht schon den Kynikern des griechischen Altertums, die Heidegger außer acht ließ, das Verdienst zugestehen, auf radikale Weise die Forderung nach einer absoluten Selbstbeherrschung aufgestellt zu haben? Dabei verfuhren sie nicht nach dem damals noch nicht erwogenen Modell einer Herrschaft über die Natur, sie strebten vielmehr nach der vollkommenen Unabhängigkeit der Unsterblichen. Die Freunde von Grabreden und die Historiker des Danach werden dann ihr letztes Wörtchen sprechen, wenn Europa sich die einzige Unsterblichkeit gegönnt haben wird, die es sich noch denken kann, nämlich die des Selbstbewußtseins durch das einzige selbstverwaltete Geschäft, über das es noch voll bestimmen kann: das des Totengräbers.

Der buddhistische Christus an seinem nietzscheanischen Kreuz wiederholt unablässig die Lehre des Diogenes, der sich mehr denn Alexander als Kaiser hervortat und ein größerer Meister war als Platon, da es ihm gelang, sein eigenes Ende vollkommen zu kontrollieren, indem er, um zu sterben, den Atem anhielt. Seither streiten sich seine Schüler um seine letzten Augenblicke: schlief er ein, als er starb, oder war er wach an seinem Ende?

Europa gibt nunmehr Anlaß zu einer vergleichbaren Fragestellung: ist es atomwaffenfrei weil ohne Verstand oder anämisch weil atomwaffenfrei? Radikal sein heißt, alles mit der Wurzel ausrotten, und für das radikale Europa ist die Wurzel Europa selbst.

Man kann Selbstmord begehen und dabei bewaffnet oder waffenlos sein, mordend oder den Mord zulassend, die Mittel sind verschieden, ändern jedoch nichts am unverrückbaren Ende, das der bedingungslose Wille zur Selbstbeherrschung sich selbst bestimmt hat. Ich will den Zufall abschaffen, das Befremdliche und das Fremde, ich will mich von niemandem herleiten, ich werde abwechselnd Nationalist, Antisemit, Pazifist sein; ich errichte den Sozialismus in einem einzigen Land, und die Eintracht in einem einzigen Bewußtsein, und ich begründe mich – o heilige Autarkie! – ganz allein auf mich selbst. Bis zwei zählen macht schwindlig, so werde ich selbst mein Volk sein und meine Rasse, meine weltumspannende Klasse und Menschheit, der beharrliche Wille, auf dieser Welt allein zu sein, wird siegen.

In seiner Ausdehnung und seinem Selbstverständnis erweist sich der Pazifismus als nicht vergleichbar mit den einstigen Friedensbewegungen in ihren Lehr- und Wanderjahren. Das Wort rot, rouge, red, wird dem Wort kalt vorgezogen; es mahnt an den Panzereinfall in Kabul oder in Prag und nicht an die Wunschvorstellung einer weltweiten Pariser Kommune; lieber russifiziert als gar nicht sein – die politische Elite von rechts und von links liebäugelt in ihrer Desillusion mit diesem geheimen Gedanken. Fern liegt nun die Sorge, Billancourt bei Laune zu halten, es geht jetzt vielmehr darum, selbst nicht zu verzweifeln.

In Berlin schmückt sich die Mauer manchmal mit heiteren Landschaften, deren Schein jedoch trügt und der ihre Gegner nicht täuschen kann. Der Pazifismus wird nicht erlitten, sondern gewollt, und keine Manipulation von außen verrät, wie er sich von innen her behauptet; er verwaltet höchstselbst seine Phantasmagorien und spiegelt seine eigenen Produkte wider. Wenn er verkündet: »lieber rot als tot«, sollten wir ihm weder Feigheit noch Schwachsinn und schon gar nicht Nachlässigkeit vorwerfen. Inmitten der allgemeinen Verwirrung dürften wir an ihm vielmehr die Askese des Künstlers erkennen, der über sich selbst den Schein erhebt, den er schafft, ohne daran zu glauben. Der aktive, philosophische Wille des Friedsamen ist das letzte Ja und Amen des Nihilismus, in dem sich Europas Geschichte erfüllt: »Lieber das Nichts wollen als nichts wollen« (Nietzsche). Der gegenwärtige Pazifismus ist nicht Verzichtswille, sondern zunächst Wille zum Willen und erst in dessen Folge der Wille, das, was sich einem letzten »Willen« entzieht, nicht in Erwägung zu ziehen. Und wenn er daran zugrunde gehen sollte, der Europäer führt das Zwiegespräch mit sich selbst weiter, pflegt bis hin zur Selbstzerfleischung die Überzeugung, daß er sein Schicksal allein sich selbst verdankt, und wirft sich abwechselnd in die Arme des totalen Kriegs (seit 1914 bestimmt das Konzept der bedingungslosen Kapitulationen Militärmanöver wie Kampfhandlungen) und in die des Friedens um jeden Preis (München).

Die Tatsache, daß sich Europa selbst zum Verschwinden bringen kann, geht einher mit der intellektuellen Fähigkeit zur Selbstzerreißung, die den radikalen Bewegungen des 19. Jahrhunderts eigen war. Denken ist fortan nur möglich als Kritik der Ideologien von gestern im Namen der älteren Kultur Europas. Als Zarathustra, in der Vorrede des Buches, seine Gebirgshöhle verläßt, um zu den Menschen zurückzukehren, findet er in der nächsten Stadt, in die er kommt, viel Volk versammelt, das einem Seiltänzer zusieht. Der Sturz des Akrobaten ist der Paukenschlag im ersten Auftritt Zarathustras, der daraufhin dem Gestürzten seine Achtung erweist: »Du hast aus der Gefahr deinen Beruf gemacht, daran ist nichts zu verachten.« Als guter Kenner der Moralisten des großen Jahrhunderts äußert Nietzsche die Vermutung, daß der Nihilismus weit weniger den Tod Gottes bedeutet als das Verschwinden des klassischen Menschen und seiner Fähigkeit, am Abgrund zu leben.

Brief an die amerikanischen Bischöfe, um sie auf den zweiten Tod vorzubereiten

»O! Lord, don't let them drop
this atomic bomb on me.«
CHARLIE MINGUS

Wir sagen atomare »Apokalypse«. Jeder, der Militarist wie der Pazifist, versteht darunter den Untergang der Welt. Als verstünde es sich von selbst, malen wir uns prompt die Folgen aus, die sich nicht in ihrer Schrecklichkeit gegenseitig aufheben würden, wäre ihre Prämisse nicht auf so trügerische Weise einleuchtend. Ist die Auslöschung aller Dinge, der Menschen und der eigenen Person überhaupt denkbar oder denken wir nichts, wenn wir uns das Nichts denken? Es gab Philosophen, die das behauptet haben; prüfen wir es also. Ebenso finden sich gläubige Menschen, die uns versichern, daß der Untergang der Welt – jener Untergang, der im Herzen des Glaubensmysteriums lauerte – heute kein Geheimnis mehr sei; prüfen wir auch dieses. Welcher Tod droht der Welt? Ist es allein mein Tod, dein Abgang, sind es unsere letzten Verbeugungen und deren mechanisch gezogene Summe, die uns von den frühen Apokalypsen und der Literatur dieses Jahrhunderts prophezeit werden? Entdecken wir nicht von neuem in der Tiefe der von der Kernwaffe geweckten Angst jenes Ahnen eines zweiten Todes, der unser gewohntes Hinscheiden erschwert und jede Abschiedszeremonie überschattet?

Seit nahezu vierzig Jahren ziehen unsere Politiker aus der Sterblichkeit der Welt ihre massiven Argumente und wetteifern miteinander in Plattheiten, als sei es mit einem Mal möglich, alltäglich und selbstverständlich geworden, das »Undenkbare zu denken«. Dieses »Undenkbare« kann auch in einer Molltonart verstanden werden, in der Art des amerikanischen Strategen, der dieses Wort prägte; der Ausdruck rückt das kaum Vorstellbare ins Bewußtsein, das schwer zu ertragen ist. Die Ermahnung zur intellektuellen Festigkeit folgt auf dem Fuße: Da diese Gefahr, ob wir wollen oder nicht, uns nicht mehr aus dem Sinn geht, sollten wir uns ernsthaft mit seiner Halb-Wahrscheinlichkeit beschäftigen. Ein weiteres, noch brutaleres »Undenkbares« zeichnet sich ab und läßt sich durch keinerlei Ermahnung zur moralischen Aufrüstung beschwören: Die Stunde X kann kommen und vielleicht erübrigt sich dann jedes weitere Nachdenken. Ein Weltunfall, der sich wie ein Autounfall ereignet, irgendwie und irgendwo als Folge von Trunksucht oder verwirrenden Umweltfaktoren, erheischt weder davor noch danach irgendeinen Kommentar. Eine Straßenverkehrsordnung, ein paar allgemeine Verhaltensratschläge, verbunden mit einem vorweggenommenen Requiem, beschließen die Angelegenheit. Weiteres Nachdenken überflüssig.

Nehmen wir an, daß ein »Welt-Unfall« sich nicht so prompt aus der Welt schaffen ließe wie eine Karambolage auf der Autobahn. Damit träte ein drittes Undenkbares besorgniserregend ins Bewußtsein. Nicht etwa das, was man nicht zu denken wagt, auch nicht das, wovor man sprachlos bleibt, sondern etwas Ungehöriges, das man vermutlich in seiner Ganzheit nie wird fassen können. Bei einem verunglückten Kraftwagen denkt man an eine Platane oder an ein gleichartiges Fahrzeug, mit dem er zusammenstieß. Der Untergang *der* Welt ist nicht dasselbe wie der Untergang *einer* Welt. Wenn Außerirdische den Planeten überfallen, wird die Erde besetzt, und die Ex-Zivilisationen werden sich fragen, ob eine Kollaboration nötig und möglich ist, ob sie sich assimilieren oder sterben sollen. Aber ungeachtet all dieser Fragen bleibt die Welt bestehen, selbst im Unerträglichen, denn das Unerträgliche *ist*. Die Science-fiction der Weltraumkriege oder die verträumte Politik, die eine Eroberung durch Barbaren in Aussicht nimmt, werden nicht müde, uns einen Weltuntergang zu verharmlosen, der das Ende aller wäre.

Unversehens erweist sich das Undenkbare, wie durch einen letzten Schelmenstreich, als das denkbar Einfachste, als die unmittelbarste Gemütsregung, als die Augenscheinlichkeit selbst. Ein Kind wäre in der Lage, all das als vermißt aufzulisten, was verschwinden kann, einen Strich darunter zu ziehen und zusammenzurechnen. Eine Frontlinie trennt die Menschheit vom Abgrund, ein Strich, der sie umschließt, sie deutlich erfaßt und ihr zum erstenmal einen Körper zeichnet. Mit einem Mal braucht man nicht mehr, wie es scheint, zu unterscheiden zwischen sich wehren gegen ... und sich zusammentun für ... Die Menschheit, die gegen die tödliche Gefahr ankämpft, kämpft um sich selbst. Würde es demnach nicht genügen, wenn man aus Klugheit egoistisch wäre und alle Menschen sich vereinten? Auf die Gefahr hin, als Zugabe die Anregung zu machen, die heilige Allianz der Egoismen sei segensreicher als alle Egos einzeln genommen. Oder, in einer noch berauschenderen Variante: daß der Anblick einer zum erstenmal geeinten Menschheit eine neue Eva und einen neuen Adam zeitigen würde, geboren aus unseren überlebten Eitelkeiten.

Die Entstehung dieser von einer unerwarteten Einsicht erhellten Gesamtheit, eines Menschengeschlechts also, das sich seiner selbst bewußt wäre – dieses Bild beschwören in Wahrheit die so detaillierten Beschreibungen der Schrecknisse, die auf die erste, zweite und letzte megatödliche Explosion folgen würden. Die Kehrseite solcher Grauensvisionen und der verborgene Reiz des dabei empfundenen Schauers ist nichts anderes als eben diese schöne, strahlende und lustvolle Menschheit. Die Heraufbeschwörung eines weltumspannenden Hiroshimas bildet dazu den Gegen-Spiegel. Seht mich an, ein wüster Globus bin ich nun, thermonuklearisch zerklüftet ziehe ich dahin; wenn *ich* sein werde, wird *sie* nicht mehr sein; also ist sie – himmlisch, botticellisch. Wenn Ihr sie nicht erblicken könnt, betrachtet mich noch eine Weile und vergegenwärtigt Euch, im Gegenstrom der Zukunft, die ich bin, eine Gegenwart, die Ihr seid; dann wird meine Zerstörung Eure Beatrice sein. Was sage ich da, sie gibt Euch – verunstaltet wie Ihr Euch fühlt durch eine Bescheidenheit, die nicht mehr angebracht ist – den Anblick und Leib der Beatrice. Nichts liegt so offen zutage wie die Verheerungen, die ein Kernkonflikt verursachen würde. Jede Großmacht liefert ihren möglichen Gegnern ein lükkenloses Verzeichnis derselben. Jedweder Waffenfabrikant hebt die Leistungsfähigkeit seiner neuesten Produkte hervor.

Die »Enthüllungen«, die in verschiedenen pazifistischen Bestsellern angeboten werden, beschränken sich nicht auf die Publikation solcher makabren und offenkundigen Statistiken. Sie erschöpfen sich ebensowenig in der gefälligen Art, in der die Texte verfaßt sind, mit denen das Lesen der graphischen Darstellungen erleichtert werden soll: erste Sekunde nach der Explosion: Schälen der Haut; zweite: Ausfall der Zähne; dritte: Hervorquellen der Augen; vierte: endgültiges Schweigen der Kinder und unwiederbringliches Verdampfen der Ökosphäre. Jonathan Schell hat katastrophale Bilanzen und Landschaften zu einem Bild zusammengefügt, das den Apokalypse-Effekt noch steigert, und dies war schon immer das Erfolgsrezept der verschiedenen Weltuntergangspropheten in der Art des Nostradamus: er prognostiziert mit viel Getöse den Untergang der Art und die Auslöschung allen Lebens, und hat – übrigens mit einer aufschlußreichen Sinnentstellung – aus alten heiligen Berichten den Begriff des »zweiten Todes« entlehnt, um das Ereignis zu kennzeichnen.

Das Wort schlug ein. Der friedenspolitisch und christlich engagierte Sozialdemokrat Erhard Eppler griff es auf: »So wie wir erst nach der Landung von Menschen auf dem Mond sehen konnten, wie unvergleichlich großartig dieser Erdball ist, so begreifen wir erst auf dem Hintergrund des ›zweiten Todes‹ ganz, was der Mensch ist...« Leider hinkt dieser Vergleich. Man kann aus der Sicht des zweiten Todes kein »Photo« von der Menschheit machen, so wie man auf dem Mond eine Kamera aufstellte und damit die Erde filmte. Der Schwenk, der mit einem Schlag über die ganze Menschheit hinwegfegen würde, setzte voraus, daß sich hinter dem Objektiv ein doppeltes Wesen befände, das einerseits dazu gehörte, andererseits aber nicht dabei wäre.

Na wenn schon, wird man sagen, dann nehmen wir statt der Photographie ein Puzzlespiel. Wir stapeln einfach die künftigen Opfer eines auf das andere und geben dem Haufen den Namen

Menschheit. Letztere Verfahrensweise besitzt nicht die Augenscheinlichkeit der Photographie, Opfer und Mörder werden dabei über einen Leisten geschlagen. Erste Annahme: die Vermengung ist legitim, denn sie sind alle Menschen. Zweite Annahme: die Vermengung taugt ebensoviel wie das Zusammenrechnen von Möhren und Automobilen durch einen faulen Schüler. In beiden Fällen erübrigt sich der dramatische Verweis auf den zweiten Tod: man beschließt nämlich, das was stirbt zusammenzuzählen, bevor dieser eintritt, oder man läßt es sein. Der Blick auf eine Mülldeponie verwandelt die Abfälle aller Art, die man glaubt darauf zu entdecken, nicht in gleichartige Einheiten.

Die Frage, ob nun alle Menschen der einen Menschheit angehören oder nicht, ist ein Problem, das Religionen und Glaubenslehren nicht ohne Schwierigkeiten und Ärgernisse schon wiederholt zu lösen versucht haben. Der Kernwaffentod gibt keine sofortige und einwandfreie Antwort darauf, er charakterisiert nicht den Menschen, den er bedroht; dieser bleibt weiterhin ein Jedermann, der zu jeder Sache imstande ist, sowohl als Doktor Folamour im Besitz der schrecklichsten Waffen wie auch als einer, der für alle Zeiten Auschwitz und Kolyma hervorbringen kann. Sie, meine Herren Bischöfe, glauben, feierlich erklären zu dürfen: der Mensch könne vom Erdball verschwinden, und indem man ihn rettet, rette man die »Ordnung der Schöpfung selbst«; der Nichteinsatz von nuklearen Waffen sei das allerhöchste Gebot, das alle weiteren bestimme; zum erstenmal sei die Menscheit mit einer solchen Herausforderung konfrontiert, sie entdecke die Möglichkeit, sich selbst auszurotten und, mit sich, Gottes Werk: »Für gläubige Menschen bedeutet dies, daß wir das Buch Genesis mit einem neuen Bewußtsein lesen; das moralische Problem, um das es beim Atomkrieg geht, versinnbildlicht die Sünde in extremer Form. ... Darum leben wir heute mitten in einem Drama kosmischen Ausmaßes.« Was Sie nicht sagen! Hinterfragen Sie einmal diesen famosen Primat, den Sie den Kernwaffen zuerkennen. Ihre Überzeugung beruht auch hier wieder nur auf einer Mystik der großen Zahl, und dies auf Grund einer rein quantitativen Auffassung vom zweiten Tod.

Ihre bischöflichen Binsenweisheiten scheinen sich von selbst zu verstehen: mit rückschauendem und leichtsinnigem Blick bewertet man die früheren Verbrechen gegen die Menschheit als wirtschaftlich tragbar, da sie einen wesentlichen Teil des menschlichen Geschlechts am Leben ließen. Der Dreckskerl, der den ganzen Planeten in die Luft jagt, macht alles kaputt. Eine Verbrechensbewertung nach Kilos und Zentnern ist anfechtbar im Sinne des von Romain Gary formulierten Einwands: er bekannte, daß seine Verwirrung nicht sosehr vom Konzentrationslager, als vom »sehr friedlichen und glücklichen kleinen Dorf neben dem Lager« herrührte. Sie werden vielleicht darauf antworten, daß dieses Dorf, so unmenschlich es auch sein mochte, dennoch die Chance verdiente, eines Tages aufzuwachen, gegen das eigene Glück aufzubegehren und dem Morden vor seiner Tür ein Ende zu machen. Stillschweigend sind Sie damit von der Quantität zur Qualität hinübergeglitten. Nehmen wir einmal an, daß Sie ein Quentchen mehr an Scharfsinn besitzen: Wenn die Menschheit sich bessern soll, muß sie weiterbestehen; die Atomgefahr ist nicht deshalb so andersartig, weil massiv; sie ist wesentlich, denn sie zerstört unsere geistige Zukunft, indem sie die Träger vernichtet. Vielleicht würde damit ein neuer Jesus atomisiert und ganz sicher irgendwo, heute oder in hundert Jahren, ein neuer Mozart. Das ist wahr. Aber das gilt in gleicher Weise für die Hungersnöte, die Verelendung, die Vernichtungslager und die konventionellen Kriege, die wer weiß wie viele gemordete Mozarte produzieren.

Für Jonathan Schell, dem Sie, hochwürdige Herren, mit Ihrer Liebe zum Leben manchmal so nahe zu stehen scheinen, gibt es keinerlei Problem: welches Ungemach uns auch droht, man dürfe die Menschheit nicht aufs Spiel setzen um es zu bekämpfen, denn das hieße, das Kapital verbrennen, um die Zinsen zu retten. »Der einzelne kann sein Leben zwar für andere opfern, der Menschheit aber ist dieser Weg verschlossen, da sie alle anderen umfaßt.« Die Menschheit habe den Vorrang vor jedem Einzelschicksal; wie das Ganze gegenüber dem Teil, müsse sie wie eine Kostbarkeit behütet und hochgehalten werden über dem Kampfgetümmel, als Schoß des Werdenden und »Quelle« der Zukunft: »Aus den vorstehenden Ausführungen folgt, daß es keine Rechtfertigung für die Vernichtung der menschlichen Art geben kann und deshalb auch keine Rechtfertigung für irgendeinen Staat, der die Welt in einen atomaren Konflikt stürzt.« Keine. Nicht einmal das Anliegen, ein neues Ausschwitz vereiteln zu wollen, denn Schell definiert die Menschheit als ein *genetisches Kapital.* Ein Vernichtungslager läßt die Mörder am Leben – ein atomarer Zusammenstoß aber nicht. Alles für das Genkapital!

Niemand habe das Recht, die künftige Menschheit in Gefahr zu bringen, also verbietet sich Schell einseitig das Recht zu drohen oder mit einem Massenvernichtungspotential gegenzudrohen. Er steht somit völlig wehrlos da, wenn sein Gegenüber Andropow nicht Vernunft annehmen will. Wenn sein Gegner – wer das auch immer sein mag – nun aber auf seiner Erpressung beharrt, verpflichtet sich Jonathan, nicht nur keine symmetrischen Waffen zu schwingen, sondern sich zu beugen: er könne das »Genkapital« seines eigenen Lagers nicht aufs Spiel setzen, selbst wenn der andere vor dem großen Schlagabtausch nicht zurückschrecken würde. Andropow droht, Jonathan gibt nach. Andropow geht aufs Ganze, er weiß, daß er gewinnen wird – er hat Jonathan gelesen, er glaubt ihm aufs Wort (denn wenn er der Ansicht wäre, daß es sich um einen propagantischen Bluff handelt, würde er im alten Stil weitermachen). Siegesgewiß und in bester Kenntnis der Gewissenskonflikte Jonathans, wird Andropow seinerseits von eben diesen verschont. Er wird sich an seinen eigenen Herrgott wenden und sagen: es war ja nur ein Spaß; Jonathan konnte aber nicht anders, als niederzuknien. Andropow streicht sämtliche Gewinne auf allen Tischen ein. Seine Drohungen zahlen sich an Ort und Stelle aus, sie finden keinen Widerspruch. Und aus demselben Grunde wird er auch dafür durch eine simple Kasuistik von jeder Schuld freigesprochen. Jonathan, der ganz damit beschäftigt ist, seinen Genbatzen zu hüten, überläßt diesen aber zur Nutzung demjenigen, der ihn von ihm fordert. Dieser A-priori-Defätismus macht jedes Gespräch überflüssig; man tut gut, verzeihen Sie, gleich vor die richtige Schmiede zu gehen. Wenn Jonathan von vornherein auf die Möglichkeit verzichtet, sich den strikten Anordnungen Andropows zu widersetzen, bleibt ihm nur noch das Gespräch mit letzterem und allein mit diesem, und er wird auf dessen guten Willen hoffen, ohne ihm Widerstand entgegenzusetzen. Unter allen Umständen erweist sich Jonathan als nutzloser Mittelsmann. Jonathan verschwindet von der Bühne.

*

Hochwürdige Herren, Sie scheinen oft im Fahrwasser von Jonathan Schell zu schwimmen. Glücklicherweise komplizieren Sie den Kurs. »In der Geschichte stehen jedoch zuweilen die Bemühungen um Frieden und Gerechtigkeit in Spannung zueinander: Der Kampf um Gerechtigkeit kann bestimmte Formen des Friedens gefährden.« Diese Feststellung entbehrt nicht der Richtigkeit, aber damit befinden Sie sich auf Schells Linie und unterlassen es gleichzeitig, die These umzudrehen, die sich damit noch immer mit den allgemeinen Erfahrungswerten decken würde: Der Kampf für den Frieden kann gewisse Formen der Gerechtigkeit in Gefahr bringen. Die meisten Ihrer feierlichen Ermahnungen ließen sich auf die gleiche Weise umkehren. Da, wo Sie Frieden schreiben, braucht man nur Gerechtigkeit oder Freiheit zu lesen. Ihre Sprüche blieben wahr und Ihre Leser wären im umgekehrten Sinne orientiert.

Sie zitieren mit Ehrfurcht Johannes Paul II., dessen These jedoch das Argumentationsgerüst von Jonathan Schell umwirft: »Die vorbehaltlose und praktizierte Achtung vor den unverlierbaren und unveräußerlichen Rechten des einzelnen Bürgers ist unabdingbare Voraussetzung dafür, daß Frieden in einem Volk herrscht. Im Hinblick auf diese Grundrechte sind alle anderen Rechte gleichsam abgeleitet und zweitrangig.« Wenn ich richtig gelesen habe, dann gibt es kein fundamentaleres »Lebensrecht« als das, mit einem Minimum an Freiheit zu leben. Genauer gesagt: Niemand hat mir gegenüber ein Recht auf Leben und Tod, die Sklaverei ist abgeschafft, ob nun in Konzentrationslagern oder in anderer Form. »In einem Volk, wo jene Rechte nicht geschützt sind, ist sogar die Idee des allgemeinen Charakters des Rechtes tot, da in diesem Falle nur einige wenige zu ihrem alleinigen Vorteil ein Prinzip der Diskrimination aufrichten, so daß schließlich die Rechte und selbst die Existenz der einen nach dem Gutdünken der Stärkeren aufgehoben sind.« Man muß sich entscheiden. Entweder für den »Schell«-Primat: Menschheit = genetisches Kapital, und wer das Kapital rettet, rettet alles. Oder man schafft es, die Menschengemeinschaften zu töten, indem man die Freiheiten erstickt und sie so vollständig vernichtet, daß »sogar die Idee des allgemeinen Charakters des Rechtes tot (ist)«. Der Papst artikulierte das Grundprinzip der europäischen Demokratie: kein Frieden ohne Freiheit. Welch ein Unterschied zwischen dem Papst und Ihnen, Hochwürden! Sie haben den unwiderstehlichen Hang, eine einzige tödliche Krankheit für die Menschheit zu zählen: die atomare; der Europäer läßt es sich aber nicht nehmen, bis zwei zu zählen.

Sie wiederholen, daß dies auch Ihr Standpunkt sei.

Sie erkennen an, daß die Menschheit Gefahr laufe, nicht nur genetisch, sondern auch im Geiste gemordet zu werden. Infolgedessen verstehe ich nicht mehr den globalen Sinn Ihrer Botschaft und der darin wiederkehrenden feierlichen Verweise. Räumen Sie nicht dem Frieden den absoluten Vorrang ein? »... das oberste Gebot ist, jeden Einsatz von Kernwaffen zu verhindern«, schreiben Sie. Wenn es das »oberste« ist, dann zieht Jonathan Schell mit Fug und Recht Schlußfolgerungen, die Sie sonderbarerweise nur halb formulieren. Liegt es vielleicht daran, daß Sie sie ein für allemal akzeptiert haben? In der katholischen Kirche werden sie diskutiert, aber kein Sterbenswörtchen findet sich davon in Ihrer wortreichen Schrift. Am 19. und 20. Januar 1983, als Sie mit den Vertretern der europäischen Episkopate zusammentrafen, hat Kardinal Casaroli eine *persönliche* Auslegung der Papstbotschaft zur Atomwaffenfrage vorgetragen, und die Erklärung wurde »dankbar von allen Teilnehmern angenommen«, zu denen Sie gehörten:

»1.) Die in Betracht gezogenen Punkte sind: a) die Gefahr eines *nuklearen Konflikts* (mit Folgen, die sowohl menschlicher als auch moralischer Art sind); b) die Gefahr für die Unabhängigkeit und die Freiheit ganzer Völker (im Osten wie im Westen die gegenseitige Verdächtigung des Imperialismus; im Westen die zusätzliche Furcht vor der Aufoktroyierung einer sozialistischen Ideologie und eines sozialistischen Regimes.) In beiden dieser Fälle handelt es sich um lebenswichtige Werte für die Menschheit. Ob zwischen diesen beiden erwähnten Punkten der eine oder der andere Vorrang hat, dies zu entscheiden ist ein Problem, das mit der allerhöchsten Aufmerksamkeit untersucht zu werden verdient.« So lautete die Einleitung des Kardinals.

Nun, hochverehrte Bischöfe, welche Beziehung stellen Sie her zwischen der Gefahr der Atomisierung und dem drohenden Gulag? Gleichwertigkeit? Übergewicht der ersteren? Haben Sie diese Frage überhaupt gestellt? Wo? Sie haben sie Ihren Lesern vorenthalten? Keine Zeile könnte mehr seine »höchste Aufmerksamkeit« erwecken. Für ihn wird diese Frage nun von Amts wegen beantwortet: Hauptsache ist diese rein atomare Gefahr, der Ihre Debatten und Ihr Denken seit Jahren gewidmet sind. Gewiß, Sie verurteilen den Totalitarismus. (Und die Abtreibung. Und die Masturbation.) Aber Sie umgehen mit Bedacht seinen Bezug zur Kernrüstung. Das ist es, was die Ernsthaftigkeit der Betrachtungen, die Sie über die Abschreckung anstellen, fragwürdig erscheinen läßt. Schenkt man dem Kardinal Glauben (seine Auslegung haben Sie »dankbar« angenommen), ist es gerade diese hochbedeutsame Verknüpfung zwischen der Gefahr des Atomtods und dem Verlust der Freiheit, welche die De-facto-Hinnahme der Abschreckung fundiert: »Es gibt etwas, das man als eine gemeinsame Überzeugung bezeichnen könnte (im Westen, aber auch im Osten), daß das einzig wirksame und zur Verfügung stehende Mittel, das zur Zeit vermag, diese beiden Gefahren zu bannen, eine ausreichende Abschreckung ist (was heutzutage faktisch nukleare Abschreckung heißt).« Die päpstliche Überzeugung kann richtig oder falsch sein. Sie legt jedenfalls klar und deutlich jene Frage auf den Tisch, die Sie immerzu verwischen: die Beziehung zwischen zwei Formen des Massenmords – Atomkrieg und Konzentrationslager. Ist es angebracht (eine im übrigen »gemeinsame Überzeugung im Westen wie auch im Osten«), mit dem einen zu drohen, um das andere abzuwehren? Die meisten Menschen denken an beide Gefahren zugleich, niemand zwingt Sie, diesen Standpunkt zu teilen, aber nichts berechtigt Sie, ihn zu verschweigen, und wenn Sie die Gründe der Abschreckung erörtern, das Wesentliche zu übersehen: die (im Westen wie im Osten gemeinsame) Angst vor einem neuen Hitler (oder Stalin), der im Besitz von Atomwaffen wäre.

Ganz beschäftigt mit der Abwendung der nuklearen Gefahr, scheinen Sie jeden Bezug zu Auschwitz für unangemessen zu erachten und sehen keine Notwendigkeit, diese unglückselige präatomare Episode auch nur zu erwähnen. Sie ergehen sich aber des langen und breiten über Ihr schlechtes Gewissen, weil Sie damals gegen die Bombardierung Vietnams durch die USA nicht protestiert haben.

Haben Sie niemals das Gefühl gehabt, daß Sie gegenüber Persönlichkeiten, die ebenso friedliebend waren, wie Sie es sind, etwas zu wenig Barmherzigkeit zeigen: Der Gelehrte Einstein und der Schriftsteller Thomas Mann drängten damals die Vereinigten Staaten dazu, die schreckliche Waffe unverzüglich herzustellen. Sie waren sich im klaren, daß Hitler diese Bombe bauen würde und daß er zum Äußersten entschlossen war. Zum äußersten Was? Er war gewillt, Konzentrationslager zu errichten und ganze Volksgruppen auszurotten. Von Anfang an sind das totalitäre System und die Bombe miteinander liiert. Um Objektivität bemüht, versäumen Sie es allerdings nicht, die Drangsale zu beklagen, denen die Völker hinter dem Eisernen Vorhang ausgesetzt sind. In diesem Punkte, finde ich, kommen Sie dabei etwas vom Thema ab: Meines Wissens hat niemand je den Vorschlag gemacht, die sozialistischen Länder atomar in Schutt und Asche zu legen, um den Menschenrechten dort zum Durchbruch zu verhelfen. Kernwaffen sind nicht dazu da, unterdrückte Völker zu befreien; christlich mitfühlende Gedanken über das Leiden der Sklaven klingen ganz nett, aber falsch in einer ernsthaften und schlüssigen Betrachtung über das Wesen der Abschreckung. Es sei denn, sie sind Ausdruck einer

Verwechslung: Der Kampf gegen die heute bestehenden Internierungslager und die Sorge darum, daß es ihrer in Zukunft nicht noch mehr werden, das ist zweierlei.

Ehrwürdige Väter, Hand aufs Herz, würden Sie es wagen, Einstein so zu antworten: Lieber Hitler als Kernwaffen? Ja? Nein? Die Frage wurde in dem Augenblick gestellt, da der Präsident der Vereinigten Staaten die allerersten Entscheidungen darüber zu treffen hatte. Daß Sie daran nicht erinnern und dieser Frage keine Ihrer feinsinnigen und sehr moralischen Überlegungen widmen, dies gibt zu der Befürchtung Anlaß, daß Ihre Erklärung im Papierkorb landen wird. Ich rede *nicht* vom Archipel Gulag, der heute schon fast ganz Eurasien überzieht, ich erinnere Sie lediglich daran, daß die Europäer, die bis zur Stunde diesem System nicht unterworfen sind, das Recht haben, sich um jeden Preis – ja, um jeden Preis – gegen eine solche Bedrohung zu wehren. Lautet Ihre Schlußfolgerung: Lieber den Gulag als eine atomare Abschreckung, die die zivile Bevölkerung mit völliger Vernichtung bedroht? Wenn ja, dann sollten Sie es schwarz auf weiß niederschreiben, anstatt ganz allein Andropow die Entscheidung dafür zu überlassen, ob Paris ein Auschwitz werden soll. Wenn nicht, dann nehmen Sie Ihr langes Pensum wieder auf, denn Sie wissen keine Antwort auf die Frage, die unsere Zeitgenossen bewegt: Ist es legitim, einen Hitler (oder Stalin oder Breschnjew oder Andropow) abwenden zu wollen, indem man dabei die Gefahr der Atomisierung heraufbeschwört? Ja? Nein? In welchem Maße? Das ist allem Anschein nach nicht Ihr Problem.

Fühlen sich Ihre Schäflein durch zwei Ozeane gut beschützt? Vielleicht sind Sie nur Gefangene einer langen Tradition? Sie denken an ein einziges Unheil, ansonsten schweben Sie in den Sphären des Guten. Erinnern Sie sich an die Karikatur, die Machiavelli an einen Seitenrand seines Titus Livius zeichnete? Es war ein Franziskaner, der dozierte: Egli è male dire male del mal (Es ist böse, Böses vom Bösen zu sagen). Welch eine Ähnlichkeit! Sie sehen nur die Waffe; Sie sollten doch einmal den Hochmut hinterfragen, der Sie urteilen läßt, ohne das Ziel zu bedenken. Jeder x-beliebige

Abriß zeitgenössischer Geschichte für Studenten des ersten Studienjahres hätte Sie darüber aufgeklärt, daß die Bombe geschaffen wurde, um einer verhängnisvollen Diktatur Einhalt zu gebieten und um zu verhindern, daß dieses System sich über den ganzen Erdball ausbreitet. Wurde die Angelegenheit zu den Akten gelegt? Ist der Himmel über Kolyma gnädiger als über Dachau? Die absolute Waffe zielte auf ein absolutes Ziel. Ich räume ein, daß man nicht jedwedem mit jeder Art von Waffen drohen darf. Ich habe selbst ein Buch geschrieben, das den Anspruch erhob, gelehrt und fundiert zu sein; ich erläuterte darin, daß es unsinnig sei, den Vietnam-Krieg gewinnen zu wollen, indem man mit dem ganzen atomaren Arsenal droht, wie Ihr neopazifistischer Freund McNamara es tat. Das war im Jahr 1967, ich habe nicht Ihre Gründe, das schlechte Gewissen zu pflegen, das Sie blind macht.

Geben Sie eine Antwort auf die Frage, die von Anfang an der tiefere Beweggrund für die Abschreckung war: wie kann man ein System der Konzentrationslager in Schach halten? Man kann nicht für alles eine Abschreckung finden; man bewaffnet sich gegen den Export und die Expansion von Auschwitz und seiner Nachfolgeeinrichtungen. Kennen Sie andere Präventivmittel? Waren diese in der Vergangenheit wirksam? Ist es Ihnen lieber, daß das Übel ungehindert Metastasen bildet? Das sind interessante Diskussionspunkte. Welcher Teufel hat Sie dazu bewogen, darüber zu schweigen, zumal Ihr Papst sie einzeln nannte?

Hätten Sie diese in Betracht gezogen, Sie hätten die Atomgefahr nicht ausklammern und die Sorgen, die der Totalitarismus in Ihnen erweckt, nicht auf irgendein anderes Sendschreiben verschieben können. Wie sind Sie bloß auf den Gedanken verfallen, man könne die Probleme voneinander trennen? Warum sie isoliert betrachten, als würden sie sich gegenseitig ausschließen? Man kann ein gebrochenes Bein und einen Herzinfarkt haben, die Syphilis und einen Tabakladen: ein Übel kommt selten allein, und das Jahrhundert bringt etliches zusammen. Das Amerika des Präsidenten Roosevelt startete das Projekt Manhattan nicht ohne Vorbehalte und keineswegs blindlings in der Folge des technischen

Fortschritts, sondern gezielt gegen Hitler und unter dem Druck emigrierter Wissenschaftler, die oft jüdischer Herkunft waren und genau wußten von wem und nicht nur wovon sie sprachen. Seinerseits begründete der Kreml den Bau der Bombe unter Hinweis auf den Überfall durch Hitler. Und so weiter. Sie schätzen Ihre Zeitgenossen etwas zu gering ein und erwecken den Eindruck, diese seien für Kernwaffen der Kernwaffen wegen. Ob nun zu Recht oder zu Unrecht, sie haben nie aufgehört, die Gründe des Friedens mit denen der Freiheit zu verknüpfen. Es ist keine Hilfe für sie, wenn man das Dilemma, das sie quält, als null und nichtig abtut. Die Menschen setzen ihr Leben ein, um eine bestimmte Lebensqualität zu bewahren. Handelt es sich dabei um einen vor-wissenschaftlichen Atavismus, wie es Schell suggerierte: Zum Teufel mit der Qualität, retten wir die Gene? Oder geben Sie zu, daß nicht jede Art von Leben lebenswert ist?

*

Sobald man Stacheldraht und Injektionsspritze mit in die Waagschale wirft, bricht die ganze schöne antinukleare Konstruktion zusammen. Nicht etwa, weil die Massenvernichtungsmittel keine Gefahr darstellten, aber sie sind nicht mehr die einzige. Liebe Bischöfe, der Mensch lebt nicht vom Leben allein. Er entdeckt sich Gründe zum Leben. Er kämpft dafür. Dieser Gründe wegen ist er dann auch bereit zu sterben. Ebenso wie er die verschiedensten Beweggründe für seine Existenz erfindet: Monteverdi, ein Kind, eine Liebe, eine Kirche ..., vermag er auch eine Vielzahl von Gründen aufzuzählen, deretwegen er sein Leben opfern würde. Er könnte es nicht ertragen, daß der von ihm geliebte Mensch atomisiert würde. Er würde es gleichfalls nicht dulden, daß dieser Mensch zum Spielzeug allmächtiger Kapos würde, die ihn nach Gebrauch erschießen würden. So dürfe man die Fragen nicht stellen, wenden Sie ein? Die Menschheit solle die Dinge auf eine andere Weise betrachten? Aber hochwürdige Herren, daran können Sie nichts ändern, es ist nicht die Menschheit, die die Fragen stellt, sondern Menschen, die sie anderen stellen, so der folternde

Offizier dem, den er martert, und der Aufsteller der SS 20 dem, den er zur Zielscheibe macht. Ob man sie nun spaßig findet oder nicht, diese Fragen sind unser Los, und Sie sollten sie sich einmal anhören, es sei denn Sie sind, wie Stalins Bolschewiken, aus einem anderen Stoff gemacht.

Ehrwürdige Herren, der Preis des Lebens ist manchmal der Tod. Dies ist keine neue Wahrheit. Sie haben Ihre Märtyrer, ich die meinen. Es gibt nichts Unrealistischeres, als zu schwören, daß ein Mensch unter allen Umständen und ungeachtet seiner Zuneigungen seine Haut retten würde. Warum sollte Ihre Menschheit denn so handeln? Verlangen Sie nicht von mir, daß ich Ihnen jenen höchsten Wert nenne, dieses Etwas, das besser-als-das-Leben-ist, im Namen dessen die »Menschheit« sich aufopfern sollte. Ich bin weit weniger in der Lage, als Sie es waren, Werte und Ideale hochzuhalten, mit denen so viele Kreuzzüge und Scheiterhaufen gerechtfertigt wurden. Für mich ist die Menschheit kein großes Wir, das zaudert, überlegt, sein Gutes und sein Schlechtes abwägt, dann handelt, taumelt, gewinnt oder tötet oder gar sich selbst umbringt. Dieses große einheitliche Subjekt ist Ihre Angelegenheit. Ich sehe nur Völker, Nationen, Staaten, Gemeinschaften, denen die Gründe zu leben oder zu töten selten ausgehen. Etwas »Besseres als das Leben finden«, ist eine so elementare und weitverbreitete Tätigkeit, daß ich von mir aus nichts hinzuzufügen brauche. Wenn Ihre Mitmenschen nicht allein vom Leben leben, heißt das noch lange nicht, daß sie sich auf das »Besser als das Leben« verstehen. Es genügt, wenn sie sich Lebenslagen vorstellen, die »schlimmer sind als der Tod«. An denen mangelt es nicht. Mit einer Vernunft, die Ihnen zur Ehre gereicht, erkennen Sie an, daß die atomare Zerstörung der Erde schlimmer wäre als Ihr Tod. Oder der meine. O.K. ehrwürdige Patres. Der Gulag aber auch. Und die schaurige Liste ließe sich beliebig fortsetzen.

Es gibt einen Tod, der schlimmer ist als der Tod. Die Apokalypse in der Offenbarung des Johannes nennt ihn den »anderen Tod«. Darunter versteht man etwas anderes als die Anhäufung toter Leiber, wie ein Jonathan Schell oder Erhard Eppler es sehen.

Die Apokalypsen verstehen sich als verborgene Offenbarungen; diese geheimen Texte waren für Eingeweihte bestimmt und zielten mitnichten darauf, die sieben Siegel zu sprengen, mit denen das große Buch der Weltgeschichte geschützt wurde, und dies aus dem alleinigen Vergnügen, allen zu verkünden: Ihr werdet alle sterben. In jener Zeit hätte diese Sondermeldung kaum Aufsehen erregt; ganz neu hingegen sind die darin formulierten Erleuchtungen über das Jenseits, die Hervorhebung eines zweiten Todes, dessen bedrohliche Möglichkeit weit tiefer erschreckt als alle bildhaften Beschreibungen von Metzeleien, Blutbädern und Androhungen des Bannstrahls.

Erinnern Sie sich (Offenb. 20,14,15): Nach dem Jüngsten Gericht werden die Verurteilten in den feurigen Pfuhl geworfen. Dieser *zweite Tod* steigert auf unwiderrufliche Weise den »ersten«, der unmittelbar auf die irdische Existenz folgte. Das Wort ist historisch eine Schöpfung aus jüngerer Zeit, man begegnet ihm in den damaligen hebräischen Targumim, in denen es stellvertretend für die ewige Verdammnis steht: »Der zweite Tod, der den Bösen in der kommenden Welt ereilt.« Der erste Tod ist das physische Ableben des Menschen, der Tod seiner fleischlichen Hülle. Der zweite ist ... der andere. Da die Hebräer damals keine Dichotomie oder Trichotomie (Seele/Herz/Körper) im Sinne der griechischen Philosophie kannten, wäre es unangebracht, von einem »geistigen« zweiten Tod zu sprechen, im Gegensatz zum ersten, der zweifelsfrei der des Körpers ist. Ein Verscheiden des Geistes wäre relativ sanft und eine Garantie gegen die Verdammnis ohne Ende in jenem feurigen Höllenpfuhl. Die Schreckensvorstellung, die sich mit dem Wort verbindet, ist nur halb so beeindruckend, wenn man ihn im Sinne einer Wiederholung des ersten Todes interpretiert, der nach dem Körper das Herz ereilt. Die Herausforderung erweist sich als etwas Gewaltigeres: Dem zweiten Tod ist es vorbehalten, den Tod selbst zu töten, und er verewigt die Unmöglichkeit, aus einer unendlichen Strafe zu scheiden, die gegenwärtig bleibt. Der zweite Tod ist kein Hinscheiden, sondern Leben, er ist der Zwang, ein Leben zu leben, das schrecklicher ist als der Tod: ein Konzentrationslager für alle Zeit, ohne Hoffnung auf Befreiung und ohne die Möglichkeit einer Selbsttötung.

Die Apokalypse klärt uns darüber auf, daß wir mehr noch als das Dasein verlieren können. Es ist hinreichend genug, um den betäubenden Widersinn im Denken der guten Apostel zu pointieren, die mit dem »zweiten Tod« ihre Aufrechnung bezeichnen: ein Leben + ein Leben + ein Leben. Da, wo die Apokalypse über dem Tod (dem physischen, dem »ersten«) eine furchtbare Verdammung erhebt, die zweiter Tod heißt, da verkünden unsere Fanatiker des Frieden-um-jeden-Preis genau das Gegenteil, indem sie diesen Begriff sich aneignen: der Verlust des Lebens sei das Schlimmste und wir nennen den »Zweiten Tod« die arithmetische Summe unserer ersten Todeskämpfe. Warum wohl, sehr geehrte Bischöfe, habe ich mit so viel Nachdruck diesen sprachlichen Exkurs unternommen? Aus der puren Achtung, die ein Intellektueller den alten Texten zollt, die wie große Vögel über unsere Grübeleien gleiten und mit einem ironischen Flügelschlag die Fliegen grüßen, die sie zum Träumen bringen? Möglich. Aber ich will gestehen, daß ein weniger edles Motiv mich dazu bewog. In der Kernbewaffnung sehen Sie eine entscheidende Wende der Geschichte. Als Schrecknis Nr. 1 dränge sie alle anderen in den Hintergrund. Und hier ziehe ich mein Netz zusammen: Auch für Sie ist der Tod, der der Menschheit droht, nur die Summe der »ersten« Tode; und wenn Sie den zweiten mit keinem Wort erwähnen, so liegt es vielleicht daran, daß dieser Begriff Ihnen nichts mehr bedeutet?

Sie haben sich zu Materialisten gewandelt, verehrte Bischöfe. Wer sagt denn, daß der Mensch nur eines zu verlieren habe – seine Haut? Sie. Wer begreift die Menschheit als eine Ganzheit von fleischlichen Hüllen? Sie. Keine Häute mehr, also keine Menschheit mehr und keine Schöpfung. Wenn man bedenkt, daß der arme Teilhard de Chardin auf die schwarze Liste geriet, der Zensur unterworfen, des Pantheismus und gar des Atheismus bezichtigt wurde! Derweilen nahm er gar manches zurück, berichtigte sich, veröffentlichte seinen Vorbehalt: »das ganze faßbare Weltall ist als solches gewissermaßen nur ein Überbleibsel ...«. So viel Zurückhaltung beweisen Sie nicht, Ihre faßbare Menschheit ist die gesamte Menschheit. Außerhalb derselben gibt es kein Heil. Alle Macht dem Überbleibsel. Finden Sie, daß ich übertreibe? Prüfen Sie einmal, durch welchen Trick Sie die Ansammlung jener so »schillernden und verschiedenartigen« Einzelwesen (Montaigne), die den Erdball bevölkern, zu einem Ganzen vereinen. Was ist, nach Ihrem Dafürhalten, das ihnen Gemeinsame? Die Seele? Das wollen Sie nicht wagen. Der Glaube? So weit wollen Sie nicht mehr gehen. Bleibt also das Leibliche: Wir besitzen einen Körper, und der ist faßbar. Wir leben in der Furcht, daß wir ihn alle gleichzeitig einbüßen könnten; das ist technisch machbar. Also bilden wir ein Ganzes. Das haben Sie gesagt. Einst versicherten Sie, die Menschen würden, wenn man sie ihrer Seele beraubte, sich untereinander auffressen. Und heute, da sie dies tun, erdichten Sie ihnen einen harmonisierenden Nachruf. Das Kampfgewühl gerät zur Anleitung für die geistige Mund-zu-Mund-Beatmung. Derlei Wunder geschehen nur einmal – das letztemal. Die alten Apokalypsen waren eine Anleitung zum Jenseits. Die Ihre verschließt den Ausweg, für sie zählt nichts als der Ausgang hinieden, denn es ist nichts von Belang als das Diesseitige. Die Menschheit ist ein Sammelsurium von Leibern, die Erde ist ein einmaliger Ort. Gott starb in Washington D.C., als er Ihr außerordentliches Bekenntnis zum Atheismus las: Er erlag einem Erstickungsanfall; Neugierige sollen in seinen Augen Folgendes gelesen haben: »Man erzählt noch, daß der tolle Mensch desselbigen Tages in verschiedene Kirchen eingedrungen sei und darin sein *Requiem aeternam deo* angestimmt habe. Hinausgeführt und zur Rede gestellt, habe er immer nur dies entgegnet: ›Was sind denn diese Kirchen noch, wenn sie nicht die Grüfte und Grabmale Gottes sind?‹« (Nietzsche)

Es bekümmert mich nur wenig, daß Sie die Seelen gegen die Leiber eingetauscht haben und daß Sie scheinbar gewillt sind, die Sterblichkeit der einen hinzunehmen (Kann die Bombe Ihrer Meinung nach die Seelen töten, zumal sie »die Schöpfung in Gefahr bringt«?), im Tausch gegen den Körper aus Staub, mit dem Sie phantasmagorisch die irdische Menschheit ausstaffieren. Ich mache Ihnen nicht den Vorwurf, daß Sie Dogmen zuwiderhandeln, die mir fremd sind, sondern daß sie es an Ehrlichkeit mangeln lassen. Mit Unredlichkeit macht man selten gute Politik. Die aufrichtige Angst, die angesichts einer atomaren Katastrophe in Ihnen aufsteigt, wird durch Ihren allzu biologischen und physiologischen Atheismus in Frage gestellt. Die berechtigte Sorge um die Erhaltung einer Art vermag keinerlei Frieden zwischen Atommächten zu begründen. Ohne Zweifel haben die Robbenbabys und die Wale zu einer recht wirksamen Willensbildung geführt, aber bisher hat noch niemand erlebt, daß ein Walfisch ein Blutbad unter Walfischen angezettelt hätte: Das Dasein eines autophagen Tieres kann nur von kurzer Dauer sein; weder das Tier selbst noch der Zoologe macht sich wirklich Gedanken darüber. So lebte es, so war sein Untergang, Gott bewahre seine fehlende Seele.

Sie werden zugeben: Die Angst erwächst nicht aus der möglichen physischen Vernichtung, selbst wenn diese durch einen Megatonnenschlag erfolgte. Das Wort Apokalypse bezeichnet in seiner ursprünglichen Bedeutung eine Offenbarung und seine traditionelle religiöse Verwendung kennzeichnet eine doppelte Offenbarung: die Verkündung einer Endzeit, die das bevorstehende Reich Gottes anzeigt. Die religiösen Apokalypsen sind eine Einführung in eine jenseitige Welt. Inwieweit kann man von einer abschreckenden Apokalypse sprechen? Was verrät das ungeheuerliche Vernichtungspotential, außer daß es sich um ein Wunderwerk militärischer Technologie handelt? In Ihren Schriften scheint die A- oder H-Apokalypse durch Versäumnis wie eine auf sich selbst zurückgeworfene Offenbarung zu wirken, die sehr darüber betrübt ist, daß sie keine Tür ins Jenseits öffnet.

Ich glaube zu erkennen, auf welchen abschüssigen Weg Sie als Bischöfe geraten sind. Die moderne Apokalypse ist in ihrer Wesensart streng atheistisch, ihre Mitternacht saugt wie ein Löschblatt die Gewißheiten des Tages auf und verhängt sorgsam die Lichter jenseits der Nacht. Jede Großmacht kann ihre besonderen Überzeugungen in bezug auf den Sinn der Geschichte, die Zukunft des Menschen und das ewige Leben hervorstreichen. Diese Standpunkte beseelen oder lähmen sie in Krisenzeiten; indessen fänden wohl ihre erregten Willensbekundungen ihr jähes Ende im atomaren Niedergang.

Die Bischöfe versammeln sich im Vatikan, das Politbüro im Kreml; schwer vorstellbar erscheint jedoch ein gemeinsames Gut zwischen diesen illustren Areopagen, das sie positiv und praktisch im Diesseits und im Jenseits einigen könnte. Das heißt nicht etwa, daß die politischen Mächte, die sich vor unseren Augen gegenüberstehen, behaupten, sie würden an nichts glauben, im Gegenteil, noch nie zuvor war der Abgrund mit so schillernden Ideologien bepflastert, und dennoch ist eine jede Seite bemüht, und sei es aus Erhaltungstrieb, nichts von dem zu glauben, was die andere beflissen preist. Mit vollem Recht haben Sie die Feststellung getroffen, daß jedes Lager stillschweigend die Anmaßung, sein umfassendes Gut dem anderen aufzuzwingen, zu entschärfen sucht: ein paranoisches Vertrauen in sich selbst oder in den Nächsten wird uns kaum vor einem schwindelerregenden Zusammenstoß bewahren. Sie wollen Ihre Überzeugungen niemandem mehr aufzwingen, Sie belassen es beim abschreckend gähnenden Abgrund. Aber wenn Sie hinfort darauf verzichten, diesen mit dem einfältigen Köhlerglauben zu füllen, wonach sich alles in der besten aller Welten zum Besten wenden werde, dann werden Sie ihn schließlich mit einem Ur-Atheismus zuschaufeln müssen.

Was ist ein Ende ohne Zukunft und ohne Jenseits? Was kann es uns noch offenbaren? Sie antworten, es handle sich um ein Verbrechen, das auf Grund des gewaltigen Schadens schlimmer sei als alle anderen. Sie bringen die Furcht und das Zittern auf den neuesten Stand. Die nüchternen militärischen Statistiken hinsichtlich der primären, sekundären, brudermörderischen Spätfolgen der Megatonnen treten an die Stelle der würzenden Zutaten der klassischen Apokalypsen: kosmische Schlacht, Vernichtung der Materie, Verfinsterungen, letztendlicher Weltenbrand, die sieben Plagen, Schlacht von Armageddon. Ihre Nüchternheit ehrt Sie, aber was bietet sie schon unserem Verstand außer einem etwas aufgebauschten Zwischenfall? Uns droht der Verkehrstod und der

Atomtod. Na wennschon. Und noch einiges mehr. In dem einen Fall ereilt er uns schön der Reihe nach im Zuge des großen Sterbens auf den Straßen. Im anderen Falle, alle gemeinsam. Und danach? Eben nichts. Wie könnten Sie sich der schlüssigen Logik entziehen, wonach eine profane Apokalypse gar nichts zu offenbaren hat oder allenfalls: »Die Apokalypse war – es ist vorbei«. So lautet die – meiner Ansicht nach falsche – Schlußfolgerung von Jacques Derrida, die dennoch logischer ist als die Ihre. Die letzte Stunde richtet ihre Offenbarung an einen Empfänger – an Ihre Menschheit –, den sie auslöschen wird, obwohl diese Stunde X die einzige wäre, in der wir Nachzügler alle vereint sein würden. Eine ebensolche moderne Apokalypse wird allen und zugleich niemandem offenbart werden; kraft des Satzes vom ausgeschlossenen Widerspruch fände sie keinen »entscheidungsfähigen Empfänger« (Derrida). Die schaurigen Statistiken lassen sich nicht widerlegen; ob sie nun die Opfer des Verkehrs betreffen oder die der Eisenbahn, des Surfens oder der zivilen und militärischen Kernnutzung, sie drängen uns die Schlußfolgerung auf, daß ein Unfall zu jeder Zeit, wenn auch mit einer variablen Wahrscheinlichkeit, passieren kann. In diesem Zusammenhang auf die vielfältigen und notwendigen Vorsichtsmaßregeln zu verweisen, bringt uns nicht viel weiter als die Ratschläge, die ein wackerer Verkehrspolizist vor Antritt einer Urlaubsreise einem jeden gern erteilt.

*

Die Apokalypse – es ist nicht vorbei. Erlauben Sie mir, daß ich Ihre Betroffenheit und die Milliarden anderer zu rechtfertigen versuche. Mich deucht, daß sie wahrhaftiger ist als die Diskurse, mit denen Sie glauben, sie zu untermauern, und die sie letztlich nur erdrücken. Woher nehme ich diese Kühnheit? Aus Ihrer Niederlage. So denkt der Mensch, von Niederlage zu Niederlage, bis ihm die Gunst oder die Gnade zuteil wird, den Einfall im Fluge zu fassen, jedoch ohne Gewähr und ohne Netz. So lebt der Mensch, und zum Teufel mit der Trauer darum! Die Apokalypse dürfte sich nicht darauf beschränken, uns über ein mögliches Auslöschen aller

Lichter zu unterrichten. Die alte Apokalypse siedelt ihre Offenbarung im Jenseitigen an, die neue im Diesseits der rußigen Stunde X. Gewitzt verschwiegen Sie Ihre Überzeugungen hinsichtlich des Jenseits; die Dringlichkeit der Abkehr vom Schlimmsten erlaubt es nicht, darauf zu warten, daß ein jeder sie teilt. Was dann? Die Offenbarung des Johannes schließt nicht mit dem physischen Tod – dem ersten – der meisten Menschen, und begnügt sich auch nicht damit, die Glückseligkeit der unsterblichen Gerechten oder der Sündenbeladenen zu schildern, die nach tausend Jahren zu neuem Leben erwachen. Die Apokalypse geht über den Katastrophenfilm und den seichten Groschenroman hinaus, sie findet ihr Happy-End in der Beschreibung eines Todes, der schrecklicher ist als der Tod und in dem die Verdammten in alle Ewigkeit qualvoll sterben. Die Apokalypse ist Selbst-Offenbarung der Menschheit im Jenseitigen, oder wovon auch immer, wenn – und nur wenn – sie von einer allerhöchsten Gefahr kündet, die schlimmer ist als der Verlust des Lebens, quälender als der erste, der physische Tod, den man nicht immer wieder von neuem sterben kann:

> Wollt ihr (eines allzu harten Schicksals
> scheußlich deutliches Emblem!) uns
> zeigen, daß der verheißene Schlaf auch
> in der Grube uns nicht gewiß ist;
>
> Daß das Nichts als ein Verräter an
> uns handelt; daß alles, selbst der Tod
> noch, uns belügt und daß wir ach! in
> alle Ewigkeit vielleicht
>
> In einem unbekannten Land den
> spröden Boden schinden und einen
> schweren Spaten mit blutig nacktem
> Fuß ins Erdreich stoßen sollen?

Die Exegeten sind befremdet. Wie ist es möglich, daß Gott, der die Güte selbst ist (ist er das in der Apokalypse? O Jakob Böhme!), seine Kreaturen der ewigen Verdammnis ausliefert? Wie können die anderen, die guten, bei einem solchen Schauspiel ihre unbeschreibliche Freude genießen? Jacques Ellul zieht den Schluß, daß die Apokalypse nicht als eine Beschreibung und topographische Veranschaulichung des Jenseits aufzufassen sei, sondern als eine Ermunterung und Ermahnung. »Der, an welchen sich das Wort Gottes richtet, der bekommt auch (von diesem Augenblick an) Kenntnis von der Möglichkeit einer Verdammung. Ich meine, damit wird die Drohung zu einem Bestandteil der Pädagogik Gottes, impliziert aber keineswegs, daß diese Drohung für die gesamte Menschheit Wirklichkeit werde.« Gott versichert nicht, daß es so kommen wird, wie er es vorhersagt, er verweist auf das Schlimmste, das geschehen kann, damit man sich davor hüte; dieser Pädagoge artikuliert eine *abschreckende* Ermahnung. Die Begegnung ist um so entscheidender, als sie unwillkürlich stattfindet. Der Autor stellt hierbei keinerlei Bezug zur Gegenwart her. Die alten und die neuen Apokalypsen unterscheiden sich im Hinblick auf den ersten Tod und das Jenseits; die Massenvernichtungsmittel entwickeln sich weiter und die Vorstellung vom Paradies wandelt sich, aber der abschreckende Sinn der Androhung eines zweiten Todes bleibt erhalten, denn er allein gibt der Apokalypse ihren tiefen Gehalt an unverrückbarer Angst. Welchen Sinn, werden Sie entgegnen, gibt heute der Gottlose dieser Androhung, da ihn kein Großer Abschrecker mehr ermahnt? Auf welche Weise könnte er die Warnung an sich selbst richten? Gehen wir dieser Frage einmal nach.

Die Botschaft der Abschreckung läßt sich wie folgt zusammenfassen: Wir sind gewillt, nicht nur das Leben des potentiellen Feindes, sondern auch unser eigenes aufs Spiel zu setzen, also gibt es da etwas, das uns fataler erscheint als unser und Euer biologischer Tod. Die apokalyptische Vision elektrisiert die Anhäufung von Leichen, sie ist eine Anspielung auf eine Bedrohung, die über den Häufungstod hinausgeht. Der atomare Weltuntergang wird apokalyptisch, sobald wir die durch die physische Auslöschung bewirkte Zerstörung des Geistigen mit einbeziehen. Sie müssen fortan hinnehmen, daß ich den Primat des Atomtods ablehne:

Wenn der Fakt des »Geistigen« Vorrang erhält, ist es gleichgültig, auf welche Weise er entsteht. Das System der Konzentrationslager schafft mit seinen umfassenden Möglichkeiten keine minder apokalyptischen Situationen. Doch begnügen wir uns nicht mit einem Wort und seinen ambivalenten Verwendungsmöglichkeiten; das Eigenschaftswort »geistig« besagt nichts weiter, als daß die Androhung des zweiten Todes der Gefahr des ersten etwas hinzufügt. Aber was?

Das Irreversible, Hochwürden. Ob wir nun atomar zugrunde gehen oder ob der Archipel Gulag sich ohne nennenswerten Widerstand ausdehnen kann, es ergreift uns da etwas, das sich nicht auf unser leibliches Leben bezieht, selbst dann nicht, wenn es durch die Aufzählung unserer Mitmenschen ins Unendliche multipliziert wird. Wagen wir einen Umweg. Was passiert, wenn uns der apokalyptische Schwindel nichts anhaben kann? Ich stelle X oder Y nach, ich mache das Spiel mit, wie ich es in den Büchern beschrieben fand oder bei meinen Mitmenschen beobachten konnte, vielleicht erreiche ich irgendeine Höhe; die einen träumen von Ruhm, die anderen von Kindern, von Musik, von Lust. Nichts von dem, was in unserem Leben von Wert ist – der Duft einer Blume oder der Kenntnisreichtum der Nationalbibliothek – muß notwendigerweise mit uns untergehen. Ich hungere nach einer unerschöpflichen Welt, bedenke ich die bescheidene Zeit, die mir noch vergönnt ist. An dieser Unerschöpflichkeit werde ich niemals zweifeln. Ihretwegen beklage ich die Begrenztheit meines Hungers: Stellen Sie sich vor, jeder Tag könnte in Ihrem Leben der letzte sein, und die Augenblicke, die Sie nicht erwarteten, werden um so schöner sein

Omnem crede diem tibi diluxisse supremum
Grata superveniet qua non sperabitur hora.
(Horaz, 1. Buch, Ep. IV)

So wie Horaz im Augenblick, leben wir über unsere Verhältnisse in der Zeit oder der Ewigkeit. Ob gut oder schlecht, unsere Erwartungen gegenüber dem Leben reißen uns mit; ob nun Nächstenliebe, Sinnenlust, Aufopferung oder Ehrgeiz uns bewegen, wir befinden uns stets in einem Anderswo, jenseits der Grenzen unseres physischen Körpers. Und die Zyklen einer Zeit, deren Minuten von uns niemals ganz gezählt werden, können wir nicht ermessen. Jenes Wesen jenseits der Haut, das Heidegger das In-der-Welt-Seiende nennt, läßt mich mich selbst erkennen angesichts einer Welt, die gleichzeitig kundtut, sie sei nicht ich und durch kein individuelles Schicksal determiniert; sie hört nicht auf zu sein, jedesmal wenn einer von uns geht. Die Apokalypse hingegen zeigt an – und darin ist sie außergewöhnlich –, daß die Landschaft, die uns in unserem Leben wie im Tod fortbestehen läßt, sehr wohl mit uns vergehen könnte. Das Nichts ist möglich: die restlose Ausschöpfung einer Welt des Geistes, aber auch des Genusses, des literarischen oder militärischen Ruhms, der Familie, einer Welt, in der wir über uns hinauswachsen, uns vergessen und wieder besinnen, sobald wir existieren. Denn wir können nur existieren, indem wir uns den Dingen und den Wesen auftun, sei es, um sie hinzuschlachten.

Der zweite Tod schließt in sich die plötzliche Enthüllung, daß auch die Welt verschwinden kann. Die moderne Technik schlägt verschiedene Methoden der Ausradierung vor: Hinrichtung der Existierenden, Abschaffung der Freiheit, Verbrennung aller Bücher ... Durch sie wurde sogar vorstellbar, daß uns der zweite Tod vor dem ersten ereilt. Es war die Offenbarung von Auschwitz, des anus mundi. Don't forget. Der technische Fortschritt hat nicht nur die Kriege grausamer werden lassen, sondern auch den Frieden: »Im Leben gibt es schmerzliche Begebnisse, die schlimmer sind als selbst der Tod« (Montaigne). Manche nennen Schande das, was sie als einen zweiten Tod erleben: »Nicht den Tod in Betracht ziehen, noch das Erschreckendste, das es gibt, sondern ganz damit beschäftigt sein, der Schande zu entgehen ...«, schwor sich Sokrates. Pelagia und Sophronia wurden heiliggesprochen; die erste ertränkte sich mit ihrer Mutter, um soldatischer Gewalt zu entgehen; die zweite nahm sich das Leben, um dem Kaiser Maxentius nicht zu Willen sein zu müssen. Die Umstände, unter denen man errötet, sind verschieden. Es gibt noch das Schamgefühl und die damit verbundene Wahrnehmung einer Situation, deren Unmenschlichkeit zum Himmel schreit und übermannt. »In der Nähe des Gottes und seinen Thron mit ihm teilend, die Scham, über allen Werken der Menschen stehend ...« (Ödipus auf Kolonos) Sollte nun Pelagia angesichts einer von Kernwaffen starrenden Truppe gefügig sein? Weil Widerstand gegen das Atomare sich als Selbstmord erweisen könnte? Sie hat, wie wir uns mühelos vorstellen können, Situationen erlebt, in denen die einzige Wahl darin bestand, das Risiko eines zweiten Todes gegen ein anderes auszuspielen. Wie hätten sich Ihre Heiligen entschieden in Anbetracht einer möglichen Atomisierung und der Gewißheit des Gulags? (Erlauben Sie mir, daß ich mich für die westlichen Mittelstreckenraketen ausspreche, wenn die des Ostens sich weiter vermehren; auf diese Weise werde ich die Gewißheit des Gulags in eine einfache Wahrscheinlichkeit umwandeln können.)

Das Thema ist heikel, ich will es nicht leugnen. Zur Ehre der Heiligen Schrift, ehrwürdige Väter, sei gesagt, daß sie sich nicht zaghaft und scheinheilig von diesem heiklen Sujet abgewendet hat. Schreibt doch der Protestant Pufendorf, ein bedeutender Vertreter des Naturrechts: »Es war Brauch unter den Heiden wie auch unter den Hebräern, denen die Ehre eines Begräbnisses zu verweigern, die sich selbst getötet hatten. Nichtsdestoweniger gab es unter den Hebräern einige, die eine Ausnahme gelten ließen. Der Selbstmord wurde als »vernünftiger Abschluß des Lebens« gewertet, wenn anders nicht mehr garantiert war, ein Leben zu führen, das der göttlichen Majestät keine Schande antat. Grundsätzlich hielten sie es für wahr, daß wir Menschen kein Recht haben, über unser Leben zu entscheiden, daß diese Entscheidung allein dem Schöpfer zustehe. Aber sie glaubten, daß es in diesem besonderen Falle der Wille Gottes sei, dem natürlichen Tode zuvorzukommen. In diesem Sinne deuteten sie den Selbstmord Samsons, der voraussah, daß durch ihn die wahre Religion in Zukunft den Beleidigungen und dem Spott der Ungläubigen ausgesetzt worden wäre, und den Selbstmord Sauls, der sich in sein Schwert stürzte, um nicht zum Spielzeug der Feinde Gottes zu werden.« Ich werde nicht »den

Willen Gottes« zum Argument machen, so weit möchte ich nicht gehen. Gestehen Sie einfach zu, daß es im Leben Dinge gibt, die schlimmer sind als der Tod, und Sie werden ebenfalls das Recht gelten lassen, daß man sich um den Preis des Lebens dagegen wehre. Haben Sie Schalamow, jenen sensiblen Dichter gelesen, der fünfundzwanzig Jahre in Ostsibirien verbrachte? Er berichtet über das Schicksal von Sandwich-Menschen: Zur Flucht in die eisige Tundra finden sich stets drei Strafgefangene zusammen – der dritte dient den anderen als Wegzehr. Während dieser den ersten Tod erleidet, essen sich seine Gefährten am zweiten satt. Solange, wie Sie die moderne Apokalypse auf das Atomare reduzieren, wird Ihnen das Verständnis dafür fehlen, was uns – Sie, mich – am atomaren Untergang so sehr beklommen macht: das Verschwinden einer Welt menschlicher Beziehungen und nicht allein das einer zähen Masse sterblicher Hüllen. Verlangen Sie nicht von mir, daß ich akzeptable Beziehungen definiere. Wir würden uns nicht einig werden. Aber wie auch immer, es gibt eine manifeste Unmenschlichkeit, die unsere Ungewißheiten hinsichtlich des Menschlichen in den Schatten stellt. Lesen Sie Schalamow.

Die Botschaft, die Offenbarung der apokalyptischen Offenbarung – das ist das Unmenschliche, die Bedrohung durch einen zweiten Tod, der auf unerträgliche Weise schwerwiegender ist als der erste. An wen richtet sich die Botschaft, wer ist dieses bedrohte »wir«? Wer ist der Absender, der Verfasser der Botschaft? Wir wissen nunmehr, was eine moderne Apokalypse besagen will, bleibt also zu erfahren, an wen sie sich wendet und von woher sie uns erreicht und damit jener Angst Ausdruck verleiht, die sich unser beim Anblick der photographierten Pilze und ihrer makabren Bilanzen bis zur geistigen Lähmung bemächtigt.

*

Seit frühesten Zeiten, ehrwürdige Väter, ist die apokalyptische Gefahr Bestandteil der europäischen Kultur. Da gab es die Pest, deren Verheerungen dieselben sind, wie die einer Wahrheitsseuche – als eine Plage die Athener dezimiert, ordnet Ödipus eine Untersuchung an. Da gab es ebenfalls die Pest des Krieges; sie versetzt den Europäer erneut in die »Schwerelosigkeit« eines zweiten Todes. Wovon berichtet Homers Epos, wenn nicht von den zehn Jahren, in denen das Gemetzel unter den Troern, Frauen, Kinder und Altäre einbegriffen, vorbereitet wurde; es handelt sich hierbei um den ersten Massenmord, der von Menschenhand ausgeführt wurde. Und was enthüllen uns im weiteren die Ilias, Aischylos' »Orestie«? Die Fortsetzung: Die Ausrottung der Ausrotter. Auschwitz bricht sich mit einem Vorsprung von zwanzig Jahrhunderten Bahn in der Kultur. Das jüngste Ereignis findet seine Ausdeutung in der ältesten Herausforderung, mit der sich der abendländische Mensch konfrontiert sah: nicht die Sintflut und der erhobene Zeigefinger Gottes, sondern das gewöhnliche Blutbad, das mählich und menschlich gedieh. Seit zweieinhalbtausend Jahren findet die Gefahr der Selbstvernichtung ihren Ausdruck in der europäischen Kultur und schwebt über unseren Institutionen, unserer Liebe, unserem Leben. Und Sie geben sich dem Glauben hin, die Abschaffung der Kernwaffen würde sie für immer bannen! Als ginge es noch darum, die Gefahr der Auslöschung auszulöschen und nicht vielmehr darum, durch Widerstand in ihr zu bestehen, in der immerwährend warnenden Erinnerung eines »Verbrechens gegen die Menschheit«:

Songe, songe, Céphise, à cette nuit cruelle
Quit fut pour tout un peuple une nuit éternelle.
Figure toi Pyrrhus, les yeux étincelants,
Entrant à la lueur de nos palais brûlants,
Sur tous mes frères morts se faisant un passage
Et de sang tout couvert échauffant le carnage.
Songe aux cris de vainqueurs, songe aux cris des mourants,
Dans la flamme étouffés, sous le fer expirants,
Peins-toi dans ces horreurs Andromaque éperdue.

(»Gedenke, gedenke, Céphise, dieser grausamen Nacht,
Die für ein ganzes Volk zur ewigen Nacht wurde.

Sieh Pyrrhus, der, funkelnden Auges
Eintritt, im Lichtschein unserer brennenden Paläste,
Der sich über meine toten Brüder hinweg einen Weg bahnt,
Und, selbst blutgetränkt, das Blutbad noch anheizt.
Gedenke der Schreie der Sieger, der Schreie der Sterbenden,
Die, erstickt von den Flammen oder durchs Schwert starben.
Sieh Andromache, außer sich, inmitten dieser Schrecken ...«)

An wen richtet sich diese bedrohliche Aufforderung, der »grausamen Nacht« zu gedenken?

An diejenigen, die Andromache zu hören vermögen und ihr das brüderliche Gehör dessen schenken, der selbst ein mögliches Opfer ist, aber ebensogut an die, die ihr das gefällige Ohr eines wahrscheinlichen Mörders zuwenden. Die Menschheit, die die Perspektive eines zweiten Todes vereint, ist die Gesamtheit jener, die des apokalyptischen Aktes fähig sind und den abschreckenden Ausruf hören lassen: Nichts Unmenschliches ist uns fremd! Sie gehören zu ihnen, Hochwürden, denn indem Sie die Blicke auf den zweiten Tod durch das Atom lenken, lassen Sie stillschweigend den anderen zweiten Tod, den des Gulags, umherschweifen. Auch ich gehöre zu ihnen, denn indem ich bemüht bin, die Risiken des einen durch die des anderen aufzuwiegen, um beide abzuwenden, kann ich weder das eine noch das andere absolut sicherstellen. Der Europäer ist als Bräutigam der Apokalypse geboren worden, er wurde, wie Heidegger vermerkte, nur unter der Bedingung zum Hirten des Seins, daß er Wächter des Nichts bleibe. Unsere ersten Schritte haben wir am Rande eines Abgrunds getan, der sich in uns, um uns und um Sie stetig weiter vertieft.

Wenn Sie mir den Empfänger bewilligen, möchte ich gleich nach dem Absender fragen. Wir, auch diesmal wir: Andromache plus Pyrrhus. Es ist nicht jene glorreiche Menschheit, die Sie als das unschuldige Opfer von Kriegstreibern hinstellen und deren Porträt der gute Eppler stehenden Fußes vom Mond aus, der über Armageddon hängt, knipsen möchte. Jede Apokalypse ist eine Ermahnung an eine höhere Ganzheit, die sich zugleich als Wunde und als

Dolch erweist und in der ein jeder allzeit Schaf und schlechter Schäfer sein kann. Die Ganzheit der Sterblichen ist sterblich. Das versteht sich nicht von selbst. Die Gesamtheit der Katzen ist nicht Katze, schläft nicht auf dem Abtreter und krallt nicht. Der Bürger des 19. Jahrhunderts miaute an seinem Ende, was nicht das Miauen der Gesamtheit seiner Zivilisation, die man ewig wähnte, zur Folge hatte. Ich habe den Eindruck, daß zahlreiche Pazifisten nicht einsehen wollen, daß Menschengemeinschaften ebenso vergehen können wie die Einzelwesen, aus denen sie sich zusammensetzen. Sie würden nicht die Abschaffung der Kernwaffen zum Allheilmittel erheben, wenn Sie nicht unsere Sterblichkeit von der erbärmlichen Wundertat Atomtod ableiten würden. Sie stellen die Dinge auf den Kopf: der Mensch erfindet seine mörderischen Waffen, weil er um seine Sterblichkeit weiß. Der Triumph des Inhumanen – jenes zweiten Todes, der nicht zwangsläufig thermonuklear daherkommen muß – läßt sich auf profane Weise als die Vernichtung der Ganzheit definieren, welche durch Teile dieser Ganzheit heraufbeschworen wurde.

Eine auf die Leiber der Opfer reduzierte Menschheit erscheint Ihnen faßbarer. Unter künftigen Atomtoten – die Atomisierer sind dabei ausgeschlossen, weggezaubert, in Acht und Bann getan – würdigt man die leichenmäßige Ähnlichkeit. »Das sind Milieus ... in denen man eine Art Stammesbewußtsein pflegt, wo man zu einer Gemeinde, einer Kongregation gehört ...; man ist dort honigsüß zu den Leuten, die dazugehören, und findet nicht genug Verachtung für die, auf die das nicht zutrifft. Die Frage ist hier nicht wie für Hamlet ›Sein oder Nichtsein‹ schlechthin, sondern ob man einer ist oder nicht ist, der dazugehört.«
»Dazu« gehören Andropow, allgemein als großer Belieferer der Verbannungslager bekannt, und Reagan, den einige von Ihnen als den Staatsfeind Numero eins ansehen. Die Gemeinschaft der künftigen Opfer, deren weltumspannende Einigkeit Sie sanft und dicht gedrängt erträumen, platzt von innen her wie eine Seifenblase. Sie können nichts dafür, aber »Reagan« und »Andropow« sind zwei Mächte, deren eine der anderen Hamlets Frage Sein oder Nichtsein

aufsagt und von der anderen zu hören bekommt. Selbst wenn man sie nicht ausdrücklich zu hören wünscht, diese Frage ist integrierender Bestandteil der Macht, die sie sich gegenseitig vor Augen führen. Gefangen in Ihrer Fiktion von einer leidenden Menschheit, die durch den zu erwartenden Strahlentod verklärt erscheint, haben Sie vergessen, daß man sein muß, um dazu zu gehören. »Sein oder Nichtsein« antwortet wie ein Echo – sehr zum Bedauern für die Empfindlichkeit Ihrer keuschen Ohren – diese Ganzheit, die Sie so begierig schufen und in die Sie sogar die Apokalypsestifter hineinstopften. Aber fassen Sie sich wieder: Die Ganzheit der Menschen ist imstande, sich selbst ums Leben zu bringen, und es ist gefährlich, so zu tun, als läge es nicht an ihr, sondern an irgendeiner unheilvollen Waffe oder törichten Eingebung.

Wahrheit ist unangenehm. Als Prousts Erzähler sich als junger Mann anschickt, die Türen der »Welt« aufzustoßen, vermeint er, in einen Salon zu treten und daselbst Wesenheiten zu begegnen, die sich herbeigelassen haben, prunkvoll aber vorübergehend nur einige fleischliche Hüllen zu bewohnen. Mit der Zeit entdeckte der Erzähler, daß Oriane ebensowenig die Unsterblichkeit Guermantes ist wie Guermantes Oriane. »... überall in der Liebe liegt das Allgemeine neben dem Besonderen ...« Damit entdeckt er vorerst nur eine Hälfte der Wahrheit, er wird erst noch – und das geschieht im majestätischen »Schluß« der *»Suche«*, während des letzten Empfangs bei Guermantes – die Erfahrung machen müssen, daß auch Allgemeingültiges und Wesenheit der Sterblichkeit anheimfallen. *»Auf der Suche nach der verlorenen Zeit«*, ehrwürdige Väter, brachte mich zu dem Punkt, wohin ich Sie führe. Die – literarische oder abschreckende – Bejahung der Sterblichkeit der Ganzheit, steht da geschrieben, ist wahr, unvermeidlich und notwendig. Die Raketen sind nicht verwerflich, weil sie den drohenden zweiten Tod denen vor Augen führen, die, ob Freund oder Feind, so tun, als sähen sie ihn nicht. Die Waffe ist ein Spiegel der Seele. Lesen Sie in ihm unsere Freiheit, streiten Sie um ihren Gebrauch, nicht um ihr Dasein.

*

Ich mache Ihnen den Vorwurf, daß Sie mehr als vonnöten zwei Fetische gewürdigt und gekrönt haben, die von Hypnotiseuren über der Menschengesellschaft hochgehalten werden, um den Taumel durch Schlaf zu heilen.

Erstens vergöttern Sie den atomaren *Gegenstand*. Sämtlichen seit vierzig Jahren erteilten Lehren mangelt es an Unerwartetem und sie widerspiegeln kaum die pädagogischen Tugenden, die sich aus einer beispiellosen Herausforderung ergeben würden. Freud hat »Das Unbehagen in der Kultur« 1930 geschrieben. Zu dieser Zeit ist der Horizont noch frei von Megatonnen. Im Vergleich zu seinen nüchternen Bemerkungen sind die ohrenbetäubenden Anklagen gegen die westliche Technik und Zivilisation, die man allenthalben auf dem weiten Feld der Aktualität zu hören bekommt, nur übertriebene Effekthaschereien: »Die Menschen haben es jetzt in der Beherrschung der Naturkräfte so weit gebracht, daß sie es mit deren Hilfe leicht haben, einander bis auf den letzten Mann auszurotten. Sie wissen das, daher rührt ein gut Stück ihrer gegenwärtigen Unruhe, ihres Unglücks, ihrer Angststimmung.« Sie sollten aber die Zeitfolge respektieren und nicht mit Ihrer Leichtgläubigkeit Waffen beweihräuchern – die an sich schon fatal genug sind –, indem Sie in ihnen die Ursache für ein Unbehagen erkennen wollen, das sich schon Jahrzehnte zuvor geäußert hat.

Die Faszination der Bombe dient Ihnen als Erkenntnismethode und Anleitung zum Handeln. Nehmen wir einen Augenblick an, Ihr Standpunkt würde sich durchsetzen: die Frage nach den Kernwaffen rückte an die erste Stelle, alle Ihre Schäflein wären überzeugt, die westlichen Politiker stimmten zu, die russischen Führer überzeugten sich davon, daß die Nato niemals als erste schießen würde. Sie hätten gewonnen: kein Atomkrieg in Sicht. Der Kreml würde klugerweise die Situation nicht schamlos ausnutzen. Er verschlingt ja nicht alles auf einmal. Of course. Er macht sich lediglich seine konventionelle Überlegenheit zunutze und gebraucht sie als ein variables Druckmittel, das ihm aufwendige Interventionen erspart. Zugegeben, die Sowjetmacht ist nicht DIE (ich meine: die einzige) Macht des Bösen. Sie werden mir Recht geben, wenn ich sage, daß sie sich unter den günstigen Umständen, die man ihr schafft, so verhält wie die meisten politischen Machtgebilde seit der Erschaffung der Welt: Sie spielt ihre strategischen Vorteile aus, wenn die Risiken ihr vertretbar erscheinen. Daraus ergibt sich, wenn Sie wollen, eine Wahrscheinlichkeit von fünfzig Prozent, daß sich das kommunistische Imperium in Anlehnung an die Afghanistan-Methode hier und da ausbreitet. Wieviele einverleibte Afghanistan wären das im Verlauf eines Jahrhunderts? Kein einziges Volk, wie sehr es auch danach gelüstete, hat es geschafft, sich vom russischen imperialen Joch zu befreien. Schlußfolgerung: Das sozialistische Imperium festigt sich. Wird dadurch die atomare Gefahr verringert?

Sie gewinnen, und Sie verlieren. Die eroberungslustige UdSSR bleibt im Besitz der Waffe. Daran können Sie nichts ändern. Nichts mehr. Ihre Ratschläge verhallen in den Sälen des Kremls weit mehr noch als in den Amtsräumen des Pentagons. Keine Kontrolle: weder ein Parlament noch eine freie Presse. Die Verantwortungslosigkeit in der Verfügungsgewalt über die Waffe wächst. Hinzukommt, daß während die demokratischen Politiker gegeneinander wetteifern, die Diktatoren und Anwärter auf die Diktatur sich gegenseitig zu Fall bringen. Denken Sie doch nur an die »unverbrüchliche Freundschaft«, die vietnamesische und chinesische Kommunisten miteinander vereinte. Moskau und Peking rufen abwechselnd zum Kreuzzug auf; wer wird sie daran hindern, sich atomar aus der Welt zu schaffen? Ihre Ratschläge? Die sind ihnen einerlei. Ihre Ideologie? Sie ist nicht friedlich. Die Angst vor den Folgen? Durch Millionen Leichen haben sie ihr Maß an Ehrfurcht vor dem menschlichen Leben hinreichend verdeutlicht. Die UdSSR wird einst junge Pariser und alte Berliner zum Waffendienst an die chinesische Grenze schicken; vielleicht. Sie aber hoffen, wie auch ich, daß es zu keinem nuklearen Schlagabtausch Peking–Moskau kommen möge. Und warum? Da wären wir wieder am Ausgangspunkt: die Abschreckung. Sie können sich nicht entziehen. In Ihrem Pamphlet gegen sie begnügen Sie sich damit, dieses sündige Tun den Kommunisten zu überlassen. Das Schicksal der Welt legen Sie in die Hände der sowjetischen und chinesischen Führer, damit Ihre eigenen weißen Hände sauber bleiben und Sie sich fast ungestört Ihren lauteren Betrachtungen hingeben können. Schwebt da nicht ein Hauch von Pharisäertum über Ihren voreiligen Erleichterungen?

Zweitens vergöttern Sie den atomaren *Akt*. Sie sinnen über die schreckliche Entscheidung nach, ob die Megatonnen »lediglich« gegen die Militärs oder auch gegen die Zivilbevölkerung eingesetzt würden, gezielt oder en bloc, mit oder ohne Fehltreffer. Sie wägen die Beweggründe und die moralischen Konsequenzen einer grauenvollen Tat. Seien Sie unbesorgt, hochwürdige Herren, es würde ganz anders vor sich gehen: die Eskalation erspart den moralischen Disput. Erstens ist man gar nicht derjenige, der den Anfang macht, man antwortet auf eine Provokation oder eine Handlung des Gegners. Man beginnt keinen begrenzten Krieg. Man führt einen Krieg der letzten Hoffnung, um den unbegrenzten und nahen Tod in Grenzen zu halten. Diese Übereinkünfte mit dem Himmel – er hat damit angefangen, und ich versuche, das Schlimmste zu verhüten – findet man in allen Kinderspielen. Sie wären nicht so furchtbar gefährlich, wenn sie nicht manchmal wahr wären, obwohl sie oft auf Unredlichkeit beruhen. Ein halbvolles Glas ist immer noch ein halbleeres Glas. Die Argumentation der Abschrekkung bewegt sich bis zum letzten Atemzug in der Kasuistik.

Indem Sie das moralische Anliegen bei der einseitig und reiflich erwogenen Entscheidung überschätzen, unterschätzen Sie die Gefahr. Schritt für Schritt kommt der zweite Tod näher; anders könnte er sich unser nicht bemächtigen. Vergegenwärtigen wir uns einmal, unsere Regierenden (die einzigen, die Sie in Betracht ziehen) würden immer leichtsinniger. Stellen Sie sich, bedingt durch kriegerische Initiativen des Politbüros, ein stetiges Abdriften zum Atomkrieg vor. Stellen Sie sich die stillschweigende und allmähliche Hinnahme der Ausbreitung des Archipel Gulag vor (in unserer Geschichte fehlt es nicht an Präzedenzfällen). In keinem dieser fiktiven Fälle erscheint die Stunde X, dieser entscheidende Augenblick, in dem das moralische Subjekt im vollen Bewußtsein seiner selbst die Entscheidung trifft, die Lunte ans Pulverfaß zu legen oder es nicht zu tun ... Der Blitz, in dem sich das Schicksal der Welt entscheidet und der voll und ganz in unserem Ermessen liegt, ist ein zeitliches Nichts. Indem Sie Ihr ganzes Denken auf diese Fiktion, diese nach dem Nullpunkt strebende Sekunde konzentrieren, bereiten Sie auf wunderbare Weise eine Frage vor, die sich niemals stellen wird (Soll ich auf den Knopf drücken, der mit einem Schlag die Menschheitsgeschichte beendet?). Sie lenken von den zahllosen einzelnen Räderwerken ab, die ein schonungsloses Weltinferno um so mehr verheißen, je weniger wir das wollten.

Ein Psychoanalytiker, höchst erbost über all die Therapien, die den Zaghaften sexuelle Erfüllung durch drei Lektionen und fünf Übungen versprechen und darüber hinaus betonen, die Anzahl der Lehrstunden könne beliebig variieren, ohne der inhärenten Dummheit ihrer Versprechungen Abbruch zu tun, tat den Ausspruch: »Es gibt keinen Geschlechtsakt.« Jacques Lacan folgert: Nichts von dem, was zwischen Menschen geschieht, kann Anlaß sein zu solchen Therapien. Es gibt keinen atomaren Akt. Die Entscheidung, mit der Menschheit Schluß zu machen, wird als solche nie getroffen werden. Also gibt es keinen Grund, die Legitimität derselben in Anbetracht der Umstände zu erörtern, denn diese werden dafür sorgen, daß sie sich immer wieder entzieht. Der »andere« trifft sie für uns, morgen für heute, gestern für übermorgen. Es ist immer zu früh, um an den letzten Augenblick zu denken – bis es zu spät ist. Es geschieht um so eher, als es nicht die Folge einer bewußten Entscheidung ist, und während man über die imaginäre Entscheidung berät, kommt die Katastrophe immer näher.

Vermeiden Sie es, das Melodrama zu kommentieren: Der atomare Akt hat keine Akteure, er geschieht, wenn er stattfindet, notwendigerweise hinter unserem Rücken. Nichts wird Ihre philosophischen Erkenntnisse schockieren. Aristoteles, der große Ergründer unserer »Gedankengänge«, zeichnete deren Grenzen auf; nur der napoleonische Mensch des 19. Jahrhunderts war so vermessen anzunehmen, er beherrsche seine Denkprozesse ebenso, wie er die industrielle Anwendung der Dampfmaschine meistere. Ihre Theologie sollte meinem Gesuch mit Wohlwollen stattgeben; durch ruhige und verständliche Beratungen ohne Aufruf zwischen Gut und Böse entscheiden zu wollen, das dürfte der Kompliziertheit nicht gerecht zu werden, die sie ahnen läßt: Sie lehrt, daß wir mit unserem Tun am Schicksal der Welt mitwirken, aber niemals – ausgenommen die ketzerische – behauptete sie, daß das Schicksal der Welt in unseren Händen liege. Sie bemühen Ethik, Strategie und Politik, um die Frage nach dem Einsatz der Bombe aller Bomben zu klären. Sie erteilen dem eine Rüge, der sich scheinbar zu diesem Akt entschlossen hat. Sie glauben, ich halte diesem Individuum entgegen, daß er – sollte er auf Sie hören – Gefahr läuft, den anderen zweiten Tod, das Krebsgeschwür der Lager, zu übersehen. Mitnichten! Ihr Anliegen erscheint mir ausgesprochen fiktiv. Ich lasse ihm weder einen Rat noch eine Aufforderung zukommen. Das-Schicksal-der-Welt-liegt-in-unseren-Händen ist ein Nonsens für mich, für Ihre Theologie und für die griechische Philosophie. Die letzten Entscheidungen werden zu dritt getroffen, und der Teil des Dritten wird dem überlassen, was Ihre Religion die Gnade und die Griechen Glück oder Zufall nennen.

Wenn das Schicksal der Welt in unseren Händen ruhte, müßte man auf der Stelle eine standhafte und sichere Haltung definieren. Wir können es zweifellos, scheint Ihre Zurückweisung einer so gänzlich unsicheren Abschreckung anzudeuten, die das Risiko zum Argument erhebt. Gehen Sie bis ans Ende Ihrer Beweggründe und verurteilen Sie die Strategie, die die Großmächte auf die Tatsache aufmerksam macht, daß das Schicksal ihnen wohl oder übel entgleitet und daß man noch viel vorsichtiger werden sollte, da man das Unkontrollierbare nicht kontrollieren kann. Sie wähnen die Zukunft der Welt in Ihren Händen und finden sie recht unsicher, also müssen Sie höchst schuldige Hände aufspüren. Hacken Sie die von Reagan oder die von Andropow ab, das hat nichts zu bedeuten: doch sind Sie damit schlimmere Manichäer als ich, der an den Elefant im Porzellanladen denkt; es ist nicht, absolut nicht das ganze Schicksal des Ladens, das unter seinen Füßen liegt.

Die Kraft der Abschreckung besteht darin, daß sie das Porzellan als zerbrechlich und die Gefahr der Apokalypse als den letzten Grenzpunkt erscheinen läßt. Falten Sie Ihre Hände um zu beten, und nicht um eine Welt zu fassen, die Sie weder halten noch behalten können; mit den meinen blättere ich in Proust. Dann werden wir das schwierige Verhältnis ausloten, das die Sterblichen zu einer Ganzheit pflegen, die ebenso sterblich ist wie sie selbst.

Post-Scriptum

Zu guter Letzt: Bezichtigen Sie mich nicht des Pessimismus, indem Sie mir Ihren Optimismus entgegenhalten und es beklagen, daß ich ihn nicht an der Quelle zu trinken wüßte, die Ihnen selbstredend übernatürlich vorkommt. Sie würden sich einen Gottlosen nach Maß schneidern, wenn Sie lauthals verkündeten, nur Sie achteten die Menschheit und ich nicht, nur Sie seien im Besitz der Offenbarung und ich nicht. Ich versuche meinerseits, Ihnen eine paradoxe Menschheit zu enthüllen.

Die Menschheit ist die Gesamtheit der Menschen. Die Menschen sind fähig, sich gegenseitig umzubringen. Die Menschheit ebenfalls. Warum ihnen diese Möglichkeit wegnehmen? Weil das Ganze besser ist als seine Teile? In diesem Falle muß die Ganzheit den Elementen entrinnen, indem sie sich entweder als elementarer erweist als sie – das wäre die Psychologie eines Schell und das Rette-sich-wer-kann seines Gen-Pakets. Oder es geschieht durch eine Rettung von oben, wobei die Menschheit als eine Schöpfung aus der Quintessenz angesehen wird; ihr seelenvolles Ganzes (Victor Hugo) setzt einen Gott voraus, der die gesamte Menschheit erfüllt, den Pantheismus und die spiritistischen Sitzungen.

Wenn Sie sich zu einem allgemeineren Standpunkt herabließen, wären Sie bereit zu fragen, ob es normal ist, daß eine Ansammlung von Wesen, die des Tötens fähig sind, auch imstande ist, sich als Ganzes ins Jenseits zu befördern. Auch der Logiker befragt die Ganzheit der Ganzheiten, die sich nicht selbst enthalten, und er entdeckt ein notwendiges Paradoxon: Wenn diese Ganzheit sich nicht enthält, muß sie sich enthalten, aber wenn sie sich enthält, ist sie kein Teil des Ganzen und enthält sich nicht. Wenn ja, dann nein. Wenn nein, dann ja.

Mit Hilfe der Mathematik lassen sich auf einfache und klare Weise Beziehungen darstellen, die sprachlich ausgedrückt stets etwas zweideutig klingen. Kann das Leben der Lebenden, die fähig sind, sich gegenseitig aufzufressen, auch sich selbst auffressen? Wenn ja, dann steht dieses Leben über den Lebenden und gehört keinem von ihnen, denn eine seiner Handlungen, die letzte, ist für sie unfaßbar und zwingt sich ihnen auf – kann sie töten. Wenn nein, entzieht sich ihnen dieses Leben ebenfalls, sie können es nicht töten. Schlußfolgerung: Wenn es ihr Leben ist, ist es, weil selbstverschlingend, nicht ihr Leben; wenn es nicht ihr Leben ist, verschlingt es sich nicht mehr selbst, sie bleiben der Hypothese nach selbstverschlingend, sie müssen es schließlich verschlingen, es ist wirklich ihr Leben. Wird sich die Gesamtheit der Wesen, die sich gegenseitig verschlingen, auch selbst verschlingen? ... fragen die thermonuklearen Waffen – wie schon Homer. Diese Frage mußte sich irgendwann aufdrängen, wenn nur das Verhältnis des Menschen zu seinesgleichen sich als zumindest ebenso kompliziert erweist wie das Verhältnis vom Teil zum Ganzen in der Ganzheitstheorie.

Die ständige Konfrontation mit dem zweiten Tod ist beklemmend. Die Vernichtungsgefahr, deren »Abnehmer« wir sind, obwohl wir sie nicht beherrschen, setzt uns der Paradoxie der von einigen Logikern so genannten »nicht-prädikativen« Beziehungen aus. Sätze, die sich auf Ganzheiten beziehen, deren Teile sie sogar sind, können bemerkenswerte Schwierigkeiten bewirken: »Ich lüge« ist als Wahrheit wahr, wenn sie falsch ist, und falsch, wenn sie wahr ist, also nicht bestimmbar. Die Wechselwirkungen in der Abschreckung sind von derselben Art, sie schaffen Sicherheit aus der Gefahr heraus, sie garantieren ein Ganzes, das sie ohne Garantie herstellen. Sie erhitzen bis zur Weißglut die gefahrvollen Beziehungen, die seit dem Beginn der neuen Zeit von den Nationalstaaten – im internationalen Zusammenspiel Richter und Kontrahenten zugleich – miteinander unterhalten werden. Als Vitoria (in seinen »Vorlesungen über das Kriegsrecht«, 1539) die Feststellung traf, daß »Fürsten nicht nur Macht über ihre Untertanen haben, sondern auch über Fremde, die sie daran hindern können, Unrecht zu begehen«, hat er einen scharfen Schluß aus dem Fehlen einer höheren politischen Autorität (des traditionellen Streitapfels zwischen Kaiser und Papst) gezogen: Jede Regierung wird mitverantwortlich für die Ordnung in der Welt, von der sie ein Teil ist. Politisch betrachtet, ist die Welt damit im strikten Sinne des Wortes international, sie besteht zwischen den Nationen und nicht über ihnen; das Beinhaltende verfügt über keine höhere Autorität als die der voneinander unabhängigen Beinhalteten.

Die Biedermänner konnten sich allerdings lange Zeit hindurch aus dem Zusammenspiel der Nationen heraushalten, da sie der Ansicht waren, das Menschliche entziehe sich deren Blutbädern. Dieses puristische und früher müßige Desinteresse ist durch die Kernwaffen hinfällig geworden. Das Überleben der Nationen hängt von den Gefahren ab, die sie wechselseitig übereinander heraufbeschwören. Der Bund der Nationen ist den Nationen ausgeliefert: Er beinhaltet eine Ganzheit von Ganzheiten, die sich selbst nicht enthalten. Wundern Sie sich nicht, wenn die internationalen Beziehungen mindestens so kompliziert sind wie die elementare Arithmetik. Rückblickend erscheint allerdings die internationale Logik des 19. Jahrhunderts – Wägung des Kräfteverhältnisses im Lichte einer Entscheidungsschlacht – etwas vereinfachend und einseitig. Ereifern Sie sich doch nicht gegen die sogenannte »Absurdität« der Abschreckung, und schieben Sie die »Schuld« dafür nicht Satan oder seinen sowjetischen Werken und seinen reaganschen Geschäften zu – das Verhältnis zwischen dem Ganzen und seinen Teilen ist nicht immer so leicht zu erfassen wie das Verhältnis zwischen einer Bonbonhälfte und einem ganzen Bonbon. Die Paradoxien der Ganzheiten sind ebenso streng aufzufassen wie der Satz 2 + 2 = 4: Es ist eher logisch als diabolisch, daß die Menschheit Paradox erscheint.

Der zweite Tod ist kein objektiver Vorfall, der einem physisch existierenden Wesen zustößt (dem großen Subjekt »Menschheit«), wie etwa eine Platane sich dem unglückseligen Fahrzeug in den Weg stellt. Der zweite Tod ist unser Tod zweimal, wir erleiden und vollbringen ihn. So lange wir leben, verhalten wir uns, durch ihn, gegenüber der Menschheit in ihrer Ganzheit wie zu einem Ganzen, das wir nicht übermenschlich beherrschen und das uns nicht durch untermenschlichen Zwang zum Sklaven macht. Ein Königreich für ein Pferd: Das Ganze zeigt sich als ebenso sterblich wie Sie und ich, nur eben auf eine andere Art. Die Bürger meinen, sie seien vor dem Tod alle gleich, und erfinden damit die politische Demokratie. Die Kunst, die Philosophie und die Literatur fügen ein Körnchen Salz hinzu, das lange Zeit als maßlos unpolitisch erschien: Ein Bürger und die Gesamtheit der Bürger sind vor dem Tod gleich. Ein jeder kann das Ganze in demselben Maße beurteilen, wie er sich im Ganzen beurteilt. Die Abschreckung zwingt uns eine ähnliche Wahrheit auf, indem sie eine zwischen unmeßbaren Mächten unanfechtbare Gleichheit andeutet. Das, was die hergebrachte Technik und Moral vergeblich zu kontrollieren versuchen, liegt seit eh und je der Kunst und der Literatur zugrunde. Und Ihrer Religion?

Wenn Ihr Glaube kein sanftes Ruhekissen ist, wenn er sich nicht damit zufrieden gibt, die Verkehrsordnung einer Menschheit auf der Autobahn der aufrechten Gefühle herzubeten, wird er die Fragen zu seinen Antworten neu lernen müssen, also die Paradoxien. Weder die moderne Mathematik noch ich haben sie erfunden, Ihr Kreuz zählt dazu. Ich sagte: neu lernen. Eine Rückblende wäre hier angebracht, denn unsere Vorfahren waren darin sehr bewandert und haben weniger idealisiert. Verurteilen Sie nicht allzu schnell die Verstocktheit meines Unglaubens; auch wenn es Ihrer pazifistischen Moralpredigt nicht gelingt, mich für Ihre heiligen Ansichten zu gewinnen, so denken Sie doch an die Schwierigkeiten, die Sie erwarten, wenn Sie damit Andropow bekehren wollen; und wenn er Ihre Argumente nicht hören will, werden Sie ihm, Ihren Möglichkeiten gemäß, die Welt ausliefern.

Eine Reform des Begriffsvermögens

»Der Mensch zündet in der Nacht ein Licht an,
wenn das Licht seiner Augen erloschen ist.«

Heraklit

»Also, Sie glauben doch nicht allen Ernstes, daß es zu einer russischen Invasion kommen wird: Panzer mit rotem Stern, die bis nach Lissabon vorstoßen, Migs über London und Kosakenpferde, die in den Bassins der Tuilerien ihren Durst löschen?«

Heiterkeitsausbruch in einer Hälfte des Auditoriums.

»Und Sie wollen mir doch nicht weismachen, daß eine Diktatur freiwillig den größten Teil ihrer wissenschaftlichen Forschungskapazität und ihrer Investitionen für die Schaffung eines Waffenarsenals verwendet, das kurz darauf wieder verschrottet wird. Sollten die SS 20 eine rein dekorative Funktion haben?«

Erfreute Gesichter in der anderen Hälfte des Auditoriums.

Unentschieden.

Entmystifizieren wir

Wir sind dem 19. Jahrhundert noch nicht entwachsen; noch immer bewerten wir Nutzen und Nachteil einer Bewaffnung anhand ihrer rein kampftechnischen Wirkung. Die Raketen zielen vor allem auf die Hirne. Die großen Schlachten unserer Zeit sind im wesentlichen geistiger Art. Gemessen mit der großartigen Elle der Kavalkaden von einst, ist eine von wo auch immer hereinbrechende Invasion geradezu lächerlich. Sie kommt entweder zu früh oder zu spät und kann in keinem Fall die Entscheidung erzwingen. Alles wurde im vorhinein festgelegt. Die Russen würden beispielsweise nur dann in Westeuropa einfallen, wenn sie vorher den Feldzug für möglich befunden hätten und davon überzeugt wären, daß die Europäer sich nicht bis zum verderblichen Ende verteidigen würden. Sie hätten gewonnen, bevor sie überhaupt handelten, und ihr militärischer Spaziergang wäre, selbst wenn er auf Millionen Leichen stattfände, nur die Vollstreckung eines vorher gefällten Urteils; die einzubringende Beute stünde schon fest. Die Russen würden einmarschieren, wenn eine Besetzung aus Gründen der Vorherrschaft nicht mehr nötig wäre, also nur, wenn sie diese aus nicht militärischen – wirtschaftlichen, politischen, psychologischen – Gründen für notwendig hielten. Napoleon mußte noch okkupieren, um sich die Herrschaft über das Terrain zu sichern; die atombewaffneten Bonapartes müssen das gegnerische Land beherrschen, bevor sie es in ihre Gewalt bringen. Oder so tun, als wollten sie es. Oder, um es von außen zu erdrosseln, indem sie die Zufuhr von Energie und Rohstoffen abschneiden, ohne daß die Betroffenen zu reagieren wagen. Die Truthähne sind fasziniert und entsetzt beim Anblick des Faustkampfes, den Reineke Fuchs vorwegnimmt. Sie erleben das 19. Jahrhundert – er nur zum Schein, denn er weiß, daß die entscheidende Niederlage und das Zerfleischen der großen, militärisch überholten Feldschlacht vorausgehen.

Das 19. Jahrhundert ist vom clausewitzschen Geist geprägt. Er definierte Feindseligkeiten als den Kampf zweier Willen, dessen Ausgang – sieht man von Vergleichen und Waffenruhen ab – stets zur Entwaffnung des Verlierers führen mußte, welcher verurteilt war, das Gesetz des Siegers anzunehmen. Das Kampfziel – die Entwaffnung des Gegners – war eine ausreichende Bedingung, um den politischen Zweck – seinen Willen aufzuzwingen – zu erreichen. Im Gegensatz dazu wird ein atomar bewaffneter und des Zweitschlags fähiger Gegner »entwaffnet«, nachdem man ihm seinen Willen aufgezwungen hat. Damit ist es künftig absurd, zwei Phasen zu zählen: ein militärisches »Vorher«, bei dem die Kräfte sich im Felde messen, und ein diplomatisches »Nachher«, bei dem die Konsequenzen aus der Kraftprobe gezogen werden. Es ist auch unmöglich, beide Instanzen, die militärische und die politische, messerscharf voneinander zu trennen, da die erste zwar der zweiten untergeordnet ist, dabei aber über ihren speziellen Maßstab – den Vergleich der Rüstung und der Heere auf dem künftigen Schlachtfeld – verfügt, während die zweite über Opportunität und Umfang des Kriegseinsatzes entscheidet. Handelt es sich hier um Detailkorrekturen, die lokal ein neues Verständnis des Friedens und des Krieges einführen, welche dennoch in ihrem Grundwesen dieselben geblieben sind? Diese doppelte Versuchung – Überbewertung und Verharmlosung der Folgen einer ungehemmten Erhöhung des Vernichtungspotentials – hat zur Folge, daß man die Neuerungen unterschätzt, die dadurch in unseren Denkmustern geschaffen wurden. Ob wir nun bewaffnete Konflikte mit kleinen Kompromissen für durchführbar oder für undenkbar halten, wir haben dabei immer einen Krieg vor Augen, wie man ihn sich im 19. Jahrhundert vorstellte. Unser Friedenswille dagegen beharrt darauf, den Alpträumen der Vergangenheit nachzujagen; wie gewohnt mobilisieren und demobilisieren wir – die grauhaarigen Kinder – mit einigen verspäteten Konflikten.

Bei Anbruch des atomaren Zeitalters wurde die absolute Waffe hochgejubelt. Man schrieb ihr die wunderbare Eigenschaft zu, die Kriege abzuschaffen und nicht nur das Ziel der Kriegshandlungen (den Gegner entwaffnen) zu verändern, sondern den Zweck (seinen Willen aufzwingen), den die kriegführenden Parteien verfolgten, aufzusprengen. Die Vorstellung eines Weltbrands ohne Grenzen sollte durch eine Art Schockwirkung dazu führen, daß alle Welt sich gewissenhaft und leidenschaftlich für die Bewahrung des Status quo einsetzt. Die ersten apologetischen Betrachtungen, die den neuen internationalen Beziehungen im Zeichen der Abschrekkung gewidmet waren, waren höchst erbauliche Traktate. Sie kündigten an und beschrieben eine Welt des Friedens, in der die Großmächte durch eine gegenseitige und unheilvolle Bedrohung einerseits und durch ein verlockendes Entgegenkommen andererseits zur Vernunft gebracht wären und das gemeinsame Interesse am Überleben über die Vorteile stellen würden, die eine jede hoffte, einseitig von der anderen abgewinnen zu können. So begann der dialektische Zauber eines Karfreitags, der vom Pentagon bis zum

Kreml das Übel aller Übel in höchstes Gut, die Kriege in Frieden und das vorweggedachte Desaster in harmonische Entspannung umwandeln sollte. Einhundertunddreißig bewaffnete Konflikte und Tote, deren Millionen sich dutzendweise zählen, haben seither diese zukunftsgläubigen Erwartungen um einiges gedämpft.

Wenn die Kernwaffe keinen totalen Wandel bringt, dann ändert sie auch nichts, scheinen die Strategen jenseits des Atlantiks errechnet zu haben, und enttäuscht schwenken sie um 180 Grad herum und beklagen, daß die Europäer sich nicht ebensoschnell von einer Abschreckung lossagen, die sie früher sosehr verherrlicht haben: »Zahlreiche Europäer sind nicht nur unfähig, die ganze abschreckende Wirkung der modernen konventionellen Bewaffnung zu erkennen, deren Zerstörungskraft unvergleichlich größer ist als alles, was man von den vergangenen Kriegen her kennt, sondern sie haben sich im Verlauf von drei Jahrzehnten daran gewöhnt, blind auf unseren atomaren Schild zu vertrauen; eine so eingewurzelte Denkweise läßt sich nicht einfach ändern. Tatsächlich leiden viele Europäer unter einem nicht zu unterdrückenden Im-Stich-gelassen-werden-Syndrom, sobald wir uns vornehmen, die Bombe zu entmystifizieren« (G. Ball). Ein paar Worte nur, und die Wandlung ist perfekt. Die kürzlich noch magische Waffe wird zur unhandlichen Streubüchse, die darüber hinaus mit dem Makel belastet ist, daß sie ein paar Schäden zu viel verursacht, also auch den Benutzer gefährdet. Und was das andere betrifft, ist sie eine Waffe wie jede andere. Der Zerstörungseffekt der konventionellen Waffensysteme kann sich mit dem der so gefürchteten Waffen ohne weiteres messen, lassen die Verfechter der »Einfrierung von Kernwaffen« so nebenbei anklingen. Auf einen Widerspruch mehr kommt es ihnen nicht an, wenn es darum geht zu zeigen, daß zusätzlich zu ihrer geistigen Rückständigkeit (in Sachen Entmystifizierung) die Europäer auch noch mit Blindheit geschlagen sind, wenn es um die Forschung und Entwicklung geht. Da ein jeder große kontinentale Krieg – atomar oder konventionell – Europa von der Weltkarte streichen würde, möge man den Europäern wenigstens das Recht zugestehen, sich über die – ohnehin selbstmörderische – Gefahr Gedanken zu machen, bei der es die bessere Chance gibt, daß sie vielleicht abgewendet werden kann.

Da die wunderbare Bekehrung der Mörder des Planeten Erde nicht stattgefunden hat, ruft die atomare Abschreckung eine Ablehnung hervor, die ebenso maßlos ist wie die vorangegangene Apologie überschwenglich war. Hier herrscht das Gesetz vom geringsten Denkaufwand und verhindert die Erkundung der Situationen, wie sie die Abschreckung deutlich macht, wenn sie nicht mehr als Placebo verabreicht wird. Sie ist nicht »alles«, sie verändert nicht die Bestimmung (Zweck) der Kriege und Frieden, mittels derer die verschiedenartigen Gesellschaften seit dem Neolithikum versuchen, sich gegenseitig ihr Gesetz aufzuzwingen. Sie fällt nicht in das »Nichts«, sie ändert die Spielregeln, zergliedert die Endabsicht (Ziel), zersplittert den Kriegsakt, der einst über eine Reihe aufeinanderfolgender und abgestimmter Kampfhandlungen die Entwaffnung des Gegners zum Ziel hatte. Zwischen dem »Alles«, das den vollkommenen Frieden herstellen würde, und dem »Nichts«, das zur Fortführung der Kriegskunst des vergangenen Jahrhunderts anregen würde, läßt sich die Chance einer konzeptuellen und diplomatisch-strategischen Wandlung erahnen. Seit den sechziger Jahren zeigen die Europäer eine bemerkenswerte Zurückhaltung in der Befolgung US-amerikanischer Aufforderungen (schon seit McNamara), sich doch bis an die Zähne »konventionell« zu bewaffnen, um die atomare Verteidigung gegen einen klassischeren Schild auszutauschen. Es versteht sich, daß der Kritiker jenseits des Atlantiks das Verhalten des Europäers nicht begreifen kann. Für einen Amerikaner ist die nach der Clausewitzschen Konzeption nicht beherrschbare Zerstörungskraft erst mit der Atombombe in Erscheinung getreten. In der Erfahrung des Europäers gerät die kriegerische Zerstörungsgewalt durch die beiden Weltkriege aus den Fugen; die Kernwaffe ist nicht der Auftakt, sondern die Krönung der explosiven Gewalt des technologisierten Gemetzels. Die Perspektive, die Blutbäder des Zweiten Weltkrieges mit Hilfe der Elektronik zu vervielfachen, verlockt nicht gleichermaßen die Völker beiderseits des Atlantik.

Die Atomwaffe taucht nicht plötzlich auf im kontinentalen Zeit-Raum-Geschehen wie das wunderbare oder teuflische Geschenk, das von einem Anderswo gekommen wäre. Sie ist eine einheimische Erfindung, sie wurde in und aus der Geschichte heraus geboren. Sie ist nicht Ursache sozialer und geistiger Umbrüche, diese gingen ihr voraus und kündigten sie an. Lange bevor es zu Hiroshima kam, gab es Verdun mit seinen unzähligen Opfern, die eine höhere Verantwortung trugen und noch versessener darauf waren, die Tore der Nacht aufzustoßen: »Der Krieg, die Revolution in Rußland und das Elend der ganzen Welt erscheinen mir wie eine Flut des Bösen. Es ist eine Überschwemmung. Der Krieg hat die Schleusen des Chaos geöffnet. Die äußeren Hilfskonstruktionen der menschlichen Existenz brechen zusammen.« (Kafka).

Gleichsam wie ein Punkt auf dem »i« pointiert die Atomwaffe den Prozeß der Zuspitzung der Gewalt, der, wie man wußte, sehr früh eingesetzt hat. »Der Krieg enttäuscht«, schrieb Freud 1915 mit berechnetem Understatement. Unvorhersehbar und massiv bewirkt er mit einem Schlag die Infragestellung aller bis dahin gültigen Meinungen. Er bringt jeden zum Zweifeln, wozu sich einst nur der Philosoph »einmal im Leben« entschied. Der böse Genius, der erscheint, ohne daß ein starker Geist ihn gerufen hätte, und der alles zum Weichen bringt: die freundlichen Gemüter, die himmlischen Berufungen und die eingefleischten Überzeugungen – das war lange vor der Bombe, auf die der dunkle Abglanz fällt, der sogenannte Weltkrieg:

»Der Krieg, an den wir nicht glauben wollten, brach nun aus und er brachte die – Enttäuschung. Er ist nicht nur blutiger und verlustreicher als einer der Kriege vorher, infolge der mächtig vervollkommneten Waffen des Angriffes und der Verteidigung, sondern mindestens ebenso grausam, erbittert, schonungslos wie irgend ein früherer. Er setzt sich über alle Einschränkungen hinaus, zu denen man sich in friedlichen Zeiten verpflichtet, die man das Völkerrecht genannt hatte, anerkennt nicht die Vorrechte des

Verwundeten und des Arztes, die Unterscheidung des friedlichen und des kämpfenden Teiles der Bevölkerung, die Ansprüche des Privateigentums. Er wirft nieder, was ihm im Wege steht, in blinder Wut, als sollte es keine Zukunft und keinen Frieden unter den Menschen nach ihm geben.« Sie haben richtig gelesen: die Missetaten, die die amerikanischen Bischöfe allein den Kernwaffen und die »Grünen« dem Beschluß von Casablanca zuschreiben – Grausamkeit, Unbegrenztheit, Vermengung von Kämpfenden und Zivilbevölkerung, Verzicht auf das jus gentium –, die gab es alle schon dreißig Jahre vor Los Alamos.

Diese »Enttäuschung« war entschieden größer als all die vorangegangenen, die durch Kolonialkriege und fehlgeschlagene Aufstände hervorgerufen worden waren; die trügenden Hoffnungen, die darauf folgten, waren die Mißgeburten einer närrischen und blutigen Farce, aufgeführt von einer Zivilisation, die sich vier Jahre hindurch selbstzerfleischte. Der Erste Weltkrieg »enttäuschte« auf eine so unerbittliche Weise die gesitteten Überzeugungen des Europäers, daß sein geistiges Debakel den Boden für die Revolutionen und Tragödien des Jahrhunderts vorbereitete und einen zweiten Konflikt einläutete, der ebenso weltumfassend und noch enttäuschender wurde als der erste. Kühn lassen sich Denker, Künstler und Literaten von dieser Raserei anregen: »Meine Philosophie: Zerstörung der alten Städte und Dörfer alle fünfzig Jahre, Verbannung der Natur aus dem Bereich der Kunst, Beseitigung der Liebe und der Aufrichtigkeit in der Kunst, aber auf keinen Fall Trockenlegung des menschlichen Lebensquells (des Krieges)«, schrieb der Maler Malewitch dem Kunstkritiker A. Benois im Jahre 1916. Hier äußert sich keine passive Enttäuschung, keine kapitulierende Absage an die blutige Obszönität der Welt. Im Gegenteil, Dada und die einander ablösenden Gruppen der Avant-garde gehen zur Offensive über und erfinden wieder eine gotteslästerliche Gewalt, einen »neuen geistigen Heroismus«, »eine Art literarischen Staatsbürgersinn« (Tzara): es wird reiner Tisch gemacht (»surrealistische Revolution«), um das vollkommen Neue aufzubauen (»der Surrealismus im Dienste der Revolution«). Die geistigen Strömungen des Jahrhunderts wandeln das Gemetzel in eine schöpferische Leidenschaft um, sie blähen sich auf mit dessen Ungestüm und sacken in sich zusammen, von der gleichen Enttäuschung erfaßt: geboren aus dem Abscheu vor dem Krieg, konnte sich Dada nicht auf den gewissermaßen schwindelerregenden Höhen halten, die er als Wohnstatt auserkoren hatte, und 1922 setzte er seinem Tun einen Schlußpunkt« (Tzara).

Der gewaltige Riß, der 1914 entstanden war, konnte niemals fest zugenäht werden, und es gehört ein gerüttelt Maß an Unbildung dazu, um Hiroshima als einen Donnerschlag aus heiterem Himmel zu begreifen. Die Enttäuschung liegt weiter zurück und schließt ein die Enttäuschung darüber, daß man über die Enttäuschung nicht hinauskommt. Die bloße entsetzte Feststellung der Katastrophe bewahrt uns nicht vor ihrer Wiederkehr, und die Beschwörung der atomaren Gefahr, so detailliert sie auch sei, wird diese Gefahr nicht abwenden. Es wäre sinnvoll, eine Gebrauchsanweisung zu entwickeln, etwa in der Art, wie Freud den richtigen Umgang mit der »Enttäuschung« umriß: gute Seele, sie nicht in Tränen ertränken, sie auch nicht avant-gardistisch überreizen, sondern sie ohne Bitterkeit prüfen, um die spitze und verborgene Wahrheit aus ihr zu locken. Die scheinbare Enttäuschung versteht sich dann als die Enthüllung eines Scheins: »Illusionen empfehlen sich uns dadurch, daß sie Unlustgefühle ersparen und uns an ihrer Statt Befriedigungen genießen lassen. Wir müssen es dann ohne Klage hinnehmen, daß sie irgend einmal mit einem Stück der Wirklichkeit zusammenstoßen, an dem sie zerschellen.« Also nicht die Bombe, lieber George Ball, sollte man entmystifizieren, sondern die törichten Hoffnungen, die man darauf setzte, und die ebensowenig begründeten Verzweiflungen, die ihre bloße Existenz hervorzurufen vermag. Nicht die Bombe terrorisiert, sondern der moderne Krieg. Stellen Sie sich also die Frage: Kann man sich – und wie? – der verzweifelnden Bombe bedienen, um dem Krieg die Hoffnung zu nehmen?

Der große Krieg wurde ersonnen, akzeptiert und von den Strategen des vergangenen Jahrhunderts geführt; er ist dessen Vollendung und – wegen der ungeahnten Zerstörungskraft, die er freisetzt – dessen Überhöhung. In erster Linie möchte der Europäer erfahren, inwieweit die Massenvernichtungswaffen verheerende Mobilmachungen überflüssig machen würden und die »klassischen« Bilanzen durch die über Kreuz stattfindende Rechnungsführung der Abschreckung ersetzt werden könnten. Europa hat sein letztes Wort noch nicht gesprochen.

Die neue Welt der Abschreckung

Zwei Jahrhunderte hindurch haben Militärs und Politiker Blutbäder und Drohungen aufeinander folgen lassen, ohne gewahr zu werden, daß ihnen der Boden unter den Füßen schwand. Sie verloren niemals die Orientierung; der große Waffengang bestimmte zweifelsfrei den Sieger und den Besiegten, er vereinheitlichte das Kriegsgeschehen und brachte feste Richtwerte für den zu schaffenden Frieden; Überlegenheit und Gleichheit waren unzweideutige Konzepte; zwar erwies sich der Umgang mit ihnen als nicht ganz frei von Unsicherheiten, aber jedermann wußte, wo sich der Rechenfehler spätestens zeigen würde: auf dem Seziertisch des Schlachtfelds. Die Worte entsprachen den Dingen, das Sturmgeläut der Gefahr, die Mobilmachung der einen den kriegshetzerischen Proklamationen der anderen. Irren blieb menschlich, aber die Menschheit irrte nicht, ihr strategisches System schloß sowohl Verirrungen als Schwindelanfälle aus.

Ohne Verstand führt man keine Kriege. Dennoch scheinen diese unaufhaltsam auf die völlige Ausschaltung des Denkens in einer letzten und höchsten Schlacht hinauszulaufen, in der jedes Geschwätz vor dem Ernst der Geschichte verstummt, wo aber die Mittel und die Sanktion, das Maß und die Gewichte auf beiden Seiten physischer Art sind. Was war schließlich der Große Krieg, wenn nicht eine erweiterte und auf die Dimensionen eines Planeten ausgedehnte klassische Schlacht, »bei der sämtliche Hilfsmittel, bis hin zu den entferntesten, nacheinander an der Feuerlinie verpulvert werden« (Valéry)? Der Konflikt wurde potentiell »allumfassend«, indem er vom militärischen Bereich auf den zivilen übergriff und von der Strategie auf die Ökonomie, durch die »totale Mobilisierung« (Jünger) der verfügbaren Hilfsmittel zwecks Abhaltung eines Jüngsten Gerichts. Schätzungen und Meinungen, Wissen und Ideologien, Voraussagen, Vorurteile oder Fieberphantasien wurden in den Tiegel geworfen und materiell getestet. Raum und Zeitdauer kreisten um diesen Punkt des heftigsten Ringens um Sieg oder Niederlage, und um eine fortan illusionslose Weltordnung.

Die Nuklearrüstung hat diese wohlstrukturierte Optik gründlich zerstört, denn sie verbietet den letzten Kampf. Einen durch die Kraft erbrachten Beweis gibt es nicht, da die bis zum Paroxysmus gesteigerte Kraftprobe sich im vorhinein als selbstmörderisch darstellt. Die Stunde der Wahrheit ist nicht mehr die Schlacht, sondern die Krise (Aron), wenn Absicht und Handlung, Bluff und Entschlossenheit unentwirrbar miteinander verstrickt sind. Nach Abschaffung des letzten Moments hätte man glauben können, daß das Spektrum kriegerischer Handlungen unverändert weiterbestehen und die Kriege weiter stattfinden würden, als wäre nichts geschehen. Das hieße aber, die erkenntnistheoretische Funktion der großen Schlacht im klassischen Kriegsgeschehen außer acht zu lassen: selbst wenn sie nicht stattfindet, allein schon ihre immerwährende Wahrscheinlichkeit wirkt zurück auf sämtliche Kampfformen, die als vorbereitende Aktionen zu verstehen sind, entweder zur Herbeiführung (offensiv) oder zur Vermeidung(defensiv) der letzten und höchsten Kraftprobe. Die Komponenten der Eskalation zum Äußersten lassen sich auf allen Stufen deutlich ablesen; auf der einen Seite bereitete man die Seelen vor (die Moral der Truppe), auf der anderen die Körper (die sich körperlich sowohl von der Seele als auch vom Körper unterscheiden). Von dem Moment an, da die Krise der Wahrheit näher ist als die Schlacht, greift das geistige Element im Kriegsgeschehen unaufhaltsam um sich, die wechselseitige Verstrickung von materieller Kriegführung und intellektuellem Taktieren wird unauflösbar.

Ein Krieg wird verloren oder gewonnen je nachdem, was man darüber denkt; das Ergebnis ist nicht mehr abhängig davon, was man in dessen Verlauf unternimmt. Mehr als zur Hälfte entscheidet er sich auf dem Fernsehschirm, der das Schlachtfeld in den Köpfen weiterführt. Während des Vietnamkrieges sind die amerikanischen Truppen – so siegreich sie gelegentlich auf dem Terrain auch waren – am selben Abend während der audiovisuellen Nachrichtenübertragung gescheitert. Anders die blutigen Taten der russischen Truppen in Afghanistan, sie fallen kaum ins Gewicht: keine Bilddokumente, keine Meldungen darüber in der UdSSR, keine Proteste in der Welt; das Napalm kann ruhig niederregnen, zu Hause wird man durch brennende Kinder in seiner Ruhe nicht gestört. Der sowjetische Genius zeichnet den kürzesten Weg vom Informations-Nichts zum Nichts des Gewissens. Ein Imperium, das über seine Untaten eine totale Nachrichtensperre verhängt, hat schon halb gewonnen, bevor es die Feindseligkeiten eröffnet: Kabul kann brennen, Moskau wiegt sich in höchst friedlicher Unkenntnis und die Pazifisten passen nicht auf, ganz nach Moskauer Art.

Im klassischen Krieg wurden der Sieger und der Besiegte nach physischen Kriterien bestimmt. Wer die große Schlacht gewann, wurde als Sieger der Offensive anerkannt. Derjenige, dem es gelang, dieses entscheidende Gefecht zu umgehen, indem er die Feindseligkeiten hinauszog, der triumphierte in der Defensive. Napoleon veranschaulichte den ersten Fall, der russische Raum bestätigte den zweiten. Wenn nun an die Stelle der Schlacht die Gefahr einer doppelten Vernichtung tritt, dann verliert diese präzise Einteilung ihre Gültigkeit. So verteidige ich mich im Raum meines potentiellen Gegners, indem ich seine Bevölkerung zur Geisel mache, und gewinne oder verliere, bevor der Krieg richtig in Gang gekommen ist. Aus meinen Unternehmungen zu Lande, zur See und in der Luft ziehe ich weiterhin psychologische Vorteile (eine Einschüchterungsaktion wirkt wie ein vorgetäuschtes Arcole oder Castiglione); aber auch meine auf die Psyche zielenden Aktionen zeigen überzeugende materielle Wirkungen (die Auslösung einer Panik und die Überflutung der gegnerischen Armee durch Millionen umherirrender Flüchtlinge führt mitunter zur endgültigen Desorganisation derselben: Frankreich, 1940; Vietnam, 1975).

Am Horizont eines klassischen Krieges zeichnete sich der totale Krieg ab, und dieser spitzte die Logik der Kriegführung derart zu, daß er sich bis hin zum Wahnsinn steigerte. Auch die nukleare Rüstung stößt, wenn auch auf ganz andere Art, die hergebrachten militärischen Denkkategorien um; sie geraten in die Schwebe. Im Raum lösen sich die Abgrenzungen auf: da es kein unversenkbares Heiligtum mehr gibt und da man droht, sich durch Angriff zu verteidigen, verschwimmt die kanonische Unterscheidung zwischen Defensiv-Krieg und Offensiv-Krieg. Auch in der Zeit verfließen die Grenzen: es gibt kein Danach mehr, wie soll man da das Vorher bestimmen? Die »große Schlacht« als Bezugsgröße strukturierte einen »Zeit-Raum«, der klar umrissen war; sobald sie fehlt, erweist es sich als schwer, nicht nur die kriegerische Tat, sondern selbst den Frieden eindeutig zu bestimmen.

Die europäischen Bündnisse entstanden auf der Grundlage von Gegnerschaften, die sie verhindern sollten. Diplomaten und Militärs laborierten unentwegt, um Aggression und Zusammenarbeit mit Hilfe vielfältiger Varianten des Gleichgewichts der Kräfte zu stabilisieren. Der Bezug auf die »große Schlacht« ist Leitmotiv der Ideologie des Friedens, wie auch der des Krieges. Die atomare Gefahr stößt beide um, und mit einem Hieb wird ein dicht gefügter Aufbau von Konzepten, mit deren Hilfe das gesamte Netz internationaler Beziehungen zusammengehalten wurde, kopflos. Als Surrogat der Schlacht schafft die Krise weit weniger klare Verhältnisse, ihre Lösungen findet sie erst in einer anderen Krise, denn der Gedanke selbst einer Kontenbereinigung am großen Tag der Barauszahlung ist aufgehoben. Die Schlacht war Abschluß und Trennung zugleich, die Krise vermengt, verewigt und schafft einen Zustand, der weder Krieg noch Frieden, weder Fisch noch Fleisch ist; wird man darum trauern, daß sie Kriege und Frieden undenkbar macht? Welche Kriege und welchen Frieden? Jene des Europas der zwei letzten Jahrhunderte; Clausewitz hat die ersteren in Worte gefaßt, Valéry den zweiten:

»Der Friede ist nur ein System von Konventionen, ein Gleichgewicht der Symbole, ein Gebäude, das im wesentlichen auf Vertrauen basiert. Die Bedrohung ersetzt die Tat; das Papier ersetzt das Gold; das Gold ersetzt alles. Der Kredit, die Wahrscheinlichkeiten, die Gewohnheiten, die Erinnerungen und die Worte sind damit unmittelbare Bestandteile des politischen Spiels, denn eine jede Politik ist Spekulation, ein mehr oder weniger reales Geschäft mit fiktiven Werten. Alle Politik läuft darauf hinaus, Macht in Diskont zu nehmen oder in Übertrag zu bringen. Der Krieg schafft diese Positionen endlich ab, fordert die Gegenwart und Ausschüttung der wahren Kräfte, prüft die Herzen, öffnet die Truhen, setzt den Fakt dem Gedanken entgegen, die Ergebnisse den Voraussagen, den Tod der Phrase. Er tendiert dazu, das fernere Schicksal der Dinge allein von der nackten Wirklichkeit des Augenblicks abhängig zu machen.«

Die große Schlacht verknüpfte ein strategisches Abschlußunternehmen (es brachte die Entscheidung) mit einer erkenntnistheoretischen Querfunktion (es definierte). Der Begriff selbst der »Kräfte« wird vom Wegfall der Golddeckung der idealen und realen Variablen des internationalen Zusammenspiels betroffen, welche festlegen, daß die moralischen und geistigen Mächte tatsächlich flach auf dem Gelände in Erscheinung zu treten haben. Wir sind hinfort verurteilt, auf Kredit zu leben; bis zum letzten Augenblick ersetzt die Drohung die Tat und zwingt uns, über jene fiktiven Werte zu spekulieren, die Valéry glaubte, den blutigen, klingenden und strauchelnden Kriegsabrechnungen unterordnen zu können.

Die Definition der »wahren Kraft«, welche durch die Bündnisse und die Gleichgewichte zum Einsatz kommt, ändert sich. Sie wird ebenso zur Idee wie zum Fakt. Die Macht der Worte überlagert die Todesmacht, und damit erweist sich eine jede Krise oder bewaffnete Auseinandersetzung gleichzeitig als eine Prüfung der Herzen und ein Aufeinanderprallen der Entschlossenheiten, als ein militärisches Manöver und ein politisches Wortgefecht. Man bedient sich nicht mehr der bloßen Gewalt, man umhüllt sie mit Worten, man schmückt sie aus mit Eidessprüchen, und wenn jemand in Erfahrung bringen möchte, was sich hinter den Kulissen tut, wird er immer wieder nur seinen eigenen Fragen begegnen, die von den Fragen seiner Widersacher-Partner noch schwerer geworden sind. Die Kriege, die einst materieller Art waren, sind, ohne ihr Gewicht an Blut verloren zu haben, in vollem Maße zu Unternehmungen des Geistes geworden. Die Schlachten werden in den Köpfen oder gar nicht geführt: »Der Schrecken, der die Macht umgibt, hat sie zu etwas Abstraktem, Unwägbarem und Trügerischem gemacht« (Kissinger).

Man sollte sich das Denken nicht allzu sehr vereinfachen und unter allen Umständen das begriffliche Gebäude des Gleichgewichts der Kräfte und der Machtverhältnisse erhalten wollen. Denn damit begnügt man sich – da alle Dinge im übrigen gleich sind –, an die Stelle der Bezugsgröße »große Schlacht« den Zielpunkt Apokalypse zu setzen. Da wird die Gleichwertigkeit der Bewaffnungen erörtert und auch die jeweilige Anzahl von Raketen, als gäbe es irgendein potentielles Waterloo, bei dem jedes Lager die Gesamtheit seines Arsenals aufbieten müßte. Oder – aus der umgekehrten Absicht heraus, aber mit unveränderten Kategorien – wird das überschüssige Vernichtungspotential (»overkill«) von Gegnern, deren zusammengefaßte Waffen das Menschengeschlecht mehrfach ausradieren könnten, einfach für absurd erklärt ... Sonderbare Absurdität, die darin gipfelt, Additionen vorzulegen, im einfältigen Glauben, daß im entscheidenden Augenblick ein nuklearbewaffneter Danton ausrufen würde: Kühnheit und nochmals Kühnheit! Und dabei seine Raketen mit einem Mal abschießen würde. Stellen wir uns einen atomaren Spieler vor, der im Besitz einer einzigen Weltuntergangsmaschine wäre (der doomsday machine), die mit einem einzigen Schuß den Erdball zerstören könnte; selbiger wäre bei der geringsten Verletzung entweder zur Niederlage oder zum Selbstmord verurteilt. Die nukleare Rüstung läßt sich nicht wie die konventionelle global aufrechnen, sie ermöglicht im Zuge von Teileinsätzen differenzierte Gegenschläge. Das Kräfteverhältnis büßt seine metallische Klarheit ein, es wird zum Gefahrenverhältnis, und die absolute Waffe demoliert das Konzept der großen Schlacht, ohne etwas Neues an dessen Stelle zu setzen.

Das dreifache Verständnis der Abschreckung

Da es der Abschreckung nicht gelang, sich als Ersatzprodukt durchzusetzen, wird es notwendig, sie auf der Grundlage ihrer eigenen Logik und Ambivalenzen zu begreifen; selbst wenn wir dabei unsere Betrachtungen über Krieg und Frieden ent-napoleonisieren müssen. Zwei große Armeen, also zwei Lager, zwei Hauptquartiere, ein Sieger und ein Verlierer bilden eine Handlungseinheit, die wiederum eine Einheit von Ort (der Krieg ist »weltweit«) und Zeit (die Mobilmachung ist »allgemein«) bestimmt. Zu seinem eigenen Schaden ließ sich Europa von dieser Inszenierung faszinieren, und es verbrannte seine letzten Schiffe im manichäisch-mythologischen Rausch des kalten Krieges. Seither zersplittern die Auseinandersetzungen und die Abschreckung erhält vielfältige Sinngehalte, mit denen unterschiedliche Situationen gekennzeichnet werden, die man sorgsam auseinanderhalten sollte.

Das Wort selbst, »Abschreckung«, klingt in jeder Sprache anders. Die deutsche verlegt es in den Bereich des Gefühls, des Affekts, der Leidenschaft, jedoch mit einem Hauch von Geringschätzung: *»Abschreckung«* kann mit Einschüchterung übersetzt werden; es geht darum, in Schrecken zu versetzen und damit an einem Tun zu hindern (wie das Präfix *ab* ausdrückt). Das Englische siedelt die Zwänge der »deterrence« in einem quasi objektiven Raum an; sie soll den anderen vom Handeln ab-bringen (deter), die Einwirkung ist als ein Eingriff von außen zu verstehen, bezogen auf die Wirkungen (ablenken) und nicht auf die eingesetzten Mittel (in Schrecken versetzen). Das französische Wort bezeichnet einen Vorgang, der weder subjektiv erlebt noch objektiv und nahezu lokalisierbar ist, sondern sich auf das Denken bezieht. »Dissuasion«, ein recht altes Wort, ist ein Antonym von »persuasion« (Überredung, Überzeugung), und Descartes treibt sein Spiel damit in seinem Brief an Prinzessin Elisabeth: »Ich war vorstehend bemüht, Ihre Hoheit von der Zwanglosigkeit zu überzeugen, in der Meinung, daß zu ernsthafte Beschäftigungen den Körper schwächen und dabei den Geist ermüden; ich will aber wiederum nicht abraten von der Mühe, die nötig ist, um Ihren Sinn von Dingen abzulenken, die Sie traurig stimmen könnten, und ich zweifle nicht, daß die Zerstreuungen des Studiums, die anderen recht mühselig erscheinen mögen, ihr mitunter zur Entspannung dienen könnten.«

Hier bezeichnet das Wort dissuasion (Abbringen = Abschrekkung) die Einwirkung eines Verstands auf einen anderen, unterscheidet sich dabei vom gleichlautenden theoretischen Verhalten (»Ablenken«) und von der verwandten Einwirkung eines Verstandes auf sich selbst (»Zerstreuung«). Wenn Abbringen in allen Sprachen darauf hinausläuft zu *bewirken, daß etwas nicht getan wird,* so entspringt doch diese potentielle Untersagung aus verschiedenen Registern. In der deutschen Lesart zeigt sie sich als etwas, das nicht berechnet und eher dem Instinkt verhaftet ist, nachgerade an der herabsetzenden Grenze zum Irrationalen. Auf Englisch versteht sie sich als etwas Nützliches, Pragmatisches; das Ergebnis wird mit einberechnet, die Mittel erweisen sich von vornherein als untereinander austauschbar, und die Abschreckung tendiert dahin, automatisch den gesamten Komplex nuklearer und konventioneller, verhandelter wie gewaltätiger Möglichkeiten zu umfassen. Der französische Begriff führt eine philosophische Nuance ein: überzeugen, etwas nicht zu tun, heißt weder besiegen noch zwingen, denn die Abschreckung schließt den Willen aus, mit der Waffe in der Hand oder dem Argument auf den Lippen den anderen zu überzeugen. Je nach den Idiomen wird der Abschrekkungsdialog Akzente setzen, mal wie ein Spiel unter der Gürtellinie, mal mit offenen Karten und Voraussagen auf dem Tisch und ein anderes Mal noch im Sinne einer Wahrheitsprobe. Die tonale Vielschichtigkeit der Vokabel läßt die damit verknüpften und jedesmal besonderen Gefühle erahnen, die das nukleare Ding in den verschiedenen Öffentlichkeiten erweckt. Keiner dieser Aspekte ist unwesentlich, die Abschreckung integriert alle drei Bedeutungsebenen, die durch die jeweiligen Sprachen, aber auch durch das Geschehen, hervorgehoben werden.

Homogenisierung

Das Element des Schreckens ist ursprünglich und durch nichts zu übertreffen; das wurde sofort begriffen, als zu Beginn des Atomzeitalters die Vereinigten Staaten mit der Waffe, deren Monopol sie damals besaßen, drohten, um Stalin potentiell davon abzuhalten, unter Einsatz seiner »konventionellen« Überlegenheit den ganzen alten Kontinent in seinen Einflußbereich zu bringen. Die Möglichkeit, eine Aggression dadurch *unter Strafe zu stellen*, daß man dem Aggressor die totale Vernichtung androht, bleibt ein unerläßliches Element einer Einschüchterung, die seitdem erst bilateral und später multilateral wurde. Die Möglichkeit, auf jedweden Angriff so zu antworten, daß dem Schuldigen ein außerordentlicher Schaden zugefügt wird (Fähigkeit zum »zweiten Schlag«), definiert die Abschreckung als »Gleichgewicht des Schreckens« und die nuklearen Mächte als souverän. Im klassischen Europa bedeutete Souveränität für einen Staat das Vermögen, die Eroberung seines Territoriums und die Einnahme seines politischen Zentrums (oder seines Schwerpunkts) zu verhindern. Die heutige Souveränität wird an der Möglichkeit gemessen, dem anderen zu verbieten, daß er uns verbietet, ihn zu strafen. Ich bin souverän, wenn der andere, bei aller Verschiedenheit, durch mich nicht mehr verletzt werden kann, als ich durch ihn. Einst sollten meine Waffen die Unantastbarkeit meiner Grenzen gewährleisten. Heute besteht ihre Aufgabe nur darin, die Undurchlässigkeit der gegnerischen Verteidigungslinien aufzuheben. Der deutsche Sinngehalt trifft ins Schwarze: die Sicherheit durch Abschreckung beruht auf einer

Angst, die keineswegs abgebaut, sondern vielmehr mit den anderen geteilt werden soll.

Es wäre historisch betrachtet naiv und irrig, in diesem Zuge die Abschreckung als eine reine Aufwertung des Schreckens anzusehen. Lateinische Rechtsgelehrte leiteten das Wort Territorium etymologisch nicht von terra (Erde), sondern vom Verbum »terrere« ab: in Schrecken versetzen. Moderne Rechtswissenschaftler (Cujas) sind ihnen auf diesem Weg gefolgt, und selbst wenn sie die etwas phantasievolle Etymologie nicht übernehmen, sie lassen denselben Sinn gelten: der Besitz eines Gebietes wird durch die Fähigkeit gesichert, denjenigen einzuschüchtern, der ebenfalls Besitzansprüche geltend macht (Grotius). Natürlich wohnt jeder Abschreckungsstrategie ein gut Teil Schrecken inne, aber darauf allein ist sie nicht beschränkt, das Neue in ihr kommt woanders her.

Verallgemeinerung

Mit atomarem Vorzeichen gerät der Schrecken in die Schwebe. Er breitet sich über alle und über alles aus. Auch scheint er ummünzbar zu sein und teilbar, je nach Druck und Gegendruck. Als Element des Feilschens – wie das englische Wort es suggeriert – eröffnet die Abschreckung eine Perspektive allgemeiner Berechenbarkeit: wenn jede Sache ihr Quantum Schrecken wert ist, werden alle Dinge austauschbar. Getreide = Kernwaffe = Afghanistan. Wenn du dieses Territorium nimmst, verweigere ich dir dieses Nahrungsmittel, drohten lautstark die amerikanischen Spitzenpolitiker. Kissinger nennt eine »Verkettung« (linkage) diesen um sich greifenden Formalismus, der Sitten und Bräuche umstößt, unerwartete Gleichwertigkeiten erfindet und den Wert der Karten, die ein jeder Spielpartner glaubt, fest in der Hand zu halten, verändert. Nach und nach dehnt sich die Macht der Verhandlungen aus, und die Dynamik des Tauschwertes verwässert die diplomatischen Gegebenheiten, ebenso wie sie die lokalen Tauschgeschäfte in den fortlaufenden Fluß des Weltmarktes eintaucht: Mais gegen Pässe, ein Salt-Abkommen für einen Nichtangriffsvertrag, diese Krise im

Tausch gegen jene Krise, Olympische Spiele zu politischen Bedingungen. Es wäre müßig, am Ende zu fragen, was denn nun welchen Wert besitzt, denn wie schon gesagt, es gibt keine Endabrechnung. Man verhandelt um des Verhandelns willen, der weltweite Kuhhandel hat keinen anderen Zweck als sich selbst. »Wir sind in einen unendlichen Prozeß verwickelt und nicht auf der Suche einer endlichen Bestimmung« (Kissinger).

Dieses Geschäft nimmt sich selbst zum Gegenstand. Die »Verkettung« verändert den Sinn der Dinge (Getreide ist ein Nahrungsmittel), indem sie diesen überdeterminiert (Getreide ist ein Freundschaftsbeweis) und gar mit Widersinn befrachtet (Getreide ist als Nahrungsmittel eine Waffe, mit der man andere aushungern kann). Dieser Vorgang ist keinesfalls belanglos, er bringt unmerklich die Staatschefs dazu, zwischen intra-national und inter-national, sowie zwischen Intra-Block und Inter-Block zu unterscheiden. Jede Großmacht hat ihre endogenen Bewertungskriterien, nach denen das Getreide (sozialistisch, kapitalistisch, national oder nach Auffassung der regionalen Politiker) als Getreide und der Sport als Sport gilt. Aber sobald der Empfang einer Tischtennis-Mannschaft an Stelle eines Botschafteraustausches stattfindet oder die Olympischen Spiele als weltweites politisches Prestigeunternehmen angesehen wurden, wird der innere Gebrauchswert mit einem abstrakten, der Außenpolitik entnommenen Wert überlagert. Da wir die Werte des anderen nicht akzeptieren; da wir aufgehört haben, ihm die unseren aufzwingen zu wollen; da keiner von vornherein nachgeben will, müssen wir eben nach diesem Prinzip verfahren, so merkwürdig die Provinzler des 19. Jahrhunderts ein Kommunikationssystem finden mögen, dessen Schlüssel keiner der Gesprächspartner beherrscht, obwohl jeder das System zerstören kann oder versuchen könnte, es zu verändern.

Der Verkehr zwischen den Nationen hat eine originelle Praxis (die Abschreckungs-Verkettung) hervorgebracht. In der klassischen Diplomatie ging es um klar definierte Kräfteverhältnisse; die Macht eines Eroberers zielte auf territoriale Expansion; durch einen anderen Eroberer oder eine lokale Macht wurden ihm Grenzen gesetzt; die Landkarte war Spiegelbild dieses Gleichgewichts der Mächte. Die nukleare Bewaffnung dagegen ist Ausdruck des abstrakten Charakters der modernen Mächte; ihre Beziehungen lassen sich nicht mehr vereinfachen in einer Welt der Beute, des Besitzes, der Schlacht oder der Gegnerschaft: das gehört mir und das gehört dir. Das Ringen um Herrschaft wird nunmehr am Verhältnis der negativen, zerstörerischen und subversiven Kräfte gemessen: gefangen in einer Feindschaft ohne Ende, verständigen sich die einträchtigen Gegner, indem sie sich gegenseitig trotzen: das gehört dir nicht (völlig), denn ich kann es zerstören.

Der deutsche Akzent hebt die Gleichheit des erduldeten Schrekkens hervor. Der englische betont die Aufteilung, die ihn gleichwertig über fünf Kontinente wirken läßt. Und der französische? In ihrer antonymischen Stellung zur Überredung wird die Abschrekkung (*la dissuasion,* das Abbringen) zu einer spezifischen »cosa mentale«. Sie will nicht durch Anwendung von bloßer Gewalt zu etwas zwingen, sie will auch nicht überzeugen, indem sie Glaubenssätze einflößt; sie eröffnet eine dritte Ordnung abseits der positiven Realitäten des Körpers und der Seele. Es wird nur auf die Nicht-Überzeugten eingewirkt in der Absicht, nicht etwa sie zu bekehren, sondern sie gewissermaßen in ihrem Nicht-Überzeugtsein zu bestärken. Ich rate dir ab, fordere dich auf, alles Überzeugtsein abzulegen, ich widerspreche nicht deinem Köhlerglauben, aber stutze ihm die Flügel, bevor er auf den Gedanken kommt, mir seine Glaubensartikel aufzuzwingen. Ich rate mir selber ab und grabe mir eine Leere, die der Überflutung durch den Schrecken Einhalt tut: von mir zu dir und von dir zu mir darf keine auffordernde Weisung durchdringen.

Verinnerlichung

Die Abschreckung im 3. Sinne zielt darauf, sofort und in den Köpfen eine Strahlungs- und antimissile-Missilesperre zu schaffen, so wie es das High-Frontier-Programm materiell für eine fernere Zukunft vorsieht. Der souveräne Spieler muß – auf welche Weise auch immer – eine autonome Entscheidungszentrale vor jedem Zugriff seines Gegners bewahren. Sein Gegenschlag entspricht dem gegnerischen Angriff in dem Maße, wie er nicht automatisch erfolgt, ansonsten würde die unweigerliche Kettenreaktion Stimulus-Antwort das Ende des Spiels entscheiden, kaum daß es durch den Kühnsten oder Aggressivsten in Gang gebracht worden wäre. Die alternative Möglichkeit, entweder die Einsätze zu steigern oder zu verringern, modifiziert das Abschreckungsverhältnis durch das Aufkommen der subjektiven Ungewißheit. Diese wird nicht sosehr durch die Ungenauigkeit der Fakten, als vielmehr durch die Eigenart des Spiels selbst bestimmt, in welchem die Spielpartner um ihre Existenz wetten, dabei nicht nur Schlag auf Schlag einander antworten, sondern gleichzeitig auch entscheiden, ob sie weitermachen werden oder nicht. Eine zweite, mit der Pascalschen Wette verwandte Wahl, die immerzu individuell neu getroffen wird, überlagert sich implizit den diplomatisch-strategischen Erwägungen. Indem die Abschreckung klarstellt, daß die Fortführung des Spiels nicht ein für alle Mal gesichert ist, stellt sie nicht nur die Gegner einander gegenüber, sie konfrontiert jeden einzelnen mit dem Ganzen und macht ihn dabei zum Richter und zum Kontrahenten zugleich. Lohnt es, unter diesen Bedingungen von Leben und Tod das Leben zu leben? Und unter den anderen? Indem die Abschreckung diese hyperbolischen Fragen aufwirft, ist sie im Endeffekt nicht nur Ausdruck eines Verhältnisses von Kräften, von Waffen oder des Schreckens – sie setzt uns in Beziehung zu diesem Verhältnis und erweist sich daher als etwas unerschöpflich Geistiges.

Jeder Gegner geht voran oder weicht zurück, er handelt notwendigerweise auf zwei Ebenen. Er kann sich irgendeines Vorteils auf dem Felde nicht sicher sein, ohne gleichzeitig die andere Wahl in Betracht zu ziehen, durch die ein alter ego die volle Freiheit sich bewahrt, das Spiel mit den geteilten Risiken auffliegen zu lassen. Die materielle Unternehmung wird unweigerlich von einer Aktion begleitet, die auf die Köpfe des Gegners wirken soll. Ich werde davon nicht abgehen; das Spiel ist die Mühe nicht wert; ich breche alle Brücken hinter mir ab; ich verschanze mich mit dem Rücken zur Wand; geht ihr einen winzigen Schritt zurück, macht eine Geste. Das sind ebensoviele rhetorische wie auch banale Floskeln, die aber von einer komplizierten Logik zeugen, nach der die Kämpfenden mit ihrer eigenen Freiheit ringen und jene erkennen, die sie auf der anderen Seite narrt. Ich schrecke dich ab, also erachte ich dich für fähig, deine Eroberungsgelüste zu zügeln und deine fanatischen Vorurteile zu dämpfen. Ich schrecke mich ab, also bist du der Meinung, ich sei imstande, meine verstockten Überzeugungen zu ändern, meine Versprechen zu brechen, meine Verpflichtungen zu verraten, zu weichen, obwohl ich zuvor Widerstand geleistet habe, oder mich festzuklammern, obwohl ich zuvor willensschwach war. Nur der Tod könnte den Nebel vertreiben, in dem wir uns gegenseitig festhalten.

Seltsame Wandlung. Die unteren Chargen haben eine berufliche Vorliebe für martialische Musik, Männlichkeitssymbole und tönende Reden. Der Feldherr Laches, dem Platon ein Dialogstück widmet, lehnte seinerzeit schon die Schnörkel des lydischen Baustils ab sowie die frivolen Verzierungen des phrygischen, er akzeptierte allein den lakonischen, spartanischen, dorischen Stil als die einzige Ordnung, die »das Wort und die Tat in Einklang« bringe. Die Militärkapelle und das Generalstabsdenken verbinden gleichermaßen das Innere und das Äußere, Gefühl und Haltung, Worte und Dinge, indem sie dieses Glied für Glied aneinanderknüpfen. Wenn Programm und Ausführung so nahtlos und in doppel-eindeutiger Verquickung aufeinander folgen, dann kann es nur Störungen disziplinarischer Art geben, die allein auf Fahrlässigkeit und Unfähigkeit zurückzuführen sind. Aus einem so strikten Rahmen sind die Widersprüche nicht verbannt und nicht unter Strafe gestellt, sie sind nur nicht formulierbar: man weiß oder man weiß nicht, man baut auf oder zerstört, man gewinnt oder verliert, und das, was man erobert, das hat der andere aufgegeben. Diese einfache Welt (des Nullsummenspiels oder der Booleschen Algebra) wird durch eine Elementarlogik (der ersten Ordnung) beherrscht. Sie muß durch Komplikationen bereichert werden, damit man

Paradoxa im kretischen Stil »ich lüge« (lüge ich, wenn ich wahr spreche?) oder in sokratischer Art (ich weiß, daß ich nichts weiß – weiß ich es?) formulieren kann. Es wurde nicht ohne einiges Aufsehen bewiesen, daß die gewöhnliche Mathematik eine solche Kompliziertheit in sich schließt. Geht man von der klassischen Strategie zur Abschreckung über, so überschreitet man die gleiche logische Schwelle und verläßt eine Welt, in der »ich lüge« auf dem Schlachtfeld bestimmbar ist (»zeige, ob du so bist, wie du vorgibst zu sein«), um in ein verwickelteres Kommunikationssystem zu geraten, in dem dieses Prädikat nicht mehr bestimmbar ist. Die Strategien der Abschreckung kennzeichnet dieselbe unverbesserliche Zweideutigkeit, die einen Finanzminister sagen läßt: »ich werde nicht abwerten«, oder auch die hintergründige Ambivalenz einer ewigen Treue, die um so mehr versprochen wird, als sie unwahrscheinlich ist, und um so weniger gehalten wird, als sie haltlos ist.

Die meisten militärischen oder pazifistischen Programme, die für das Atomzeitalter ausgearbeitet wurden, widerstreben noch den Winkelzügen, die die unentscheidbaren Logiken ermöglichen. So sind die Vorstöße noch immer »unabwendbar«, die Positionen »uneinnehmbar«, die Verteidigung »unbezwingbar«, die Bündnisse sind »zuverlässig« und das Engagement ist »eindeutig«. Und wenn nicht, dann ereifert sich die Kritik, die brüchige Stelle liege in der stählern gewünschten Sicherheit, wer nicht von vornherein Sieger ist, gilt schon als besiegt. Die Forderung nach absoluter Unanfechtbarkeit glättet die Probleme, ohne die Konflikte zu schlichten und verleitet zu einer Argumentation nach zwei Dimensionen, wenn die Schwierigkeit drei davon verlangt. Da sich der materiellen Sphäre der klassischen Strategie durch die Abschrekkung eine Sphäre des Geistigen überlagert, lassen wir zugunsten Sokrates' den Feldherrn Laches fallen: »Unsere Harmonie ist nicht im geringsten dorischer Art, mein lieber Laches; denn unser Handeln stimmt mit unseren Worten nicht überein …« Es gibt keinen Anlaß dazu, nostalgisch der Kriege nach clausewitzschem Muster und dem exakten Frieden à la Valéry nachzutrauern, denn sie verhüllten nur ein Debakel des Denkens und ein Zuviel an Gleichschritt-marsch. Das viele Träumen von simplen Lösungen für komplizierte Zivilisationen führt im Endeffekt nach Verdun und zur Blutbadgenese der radikalen Vereinfachungen.

Der nukleare Hamlet

Die Krisen, die im nuklearen Zeitalter den Takt markieren (Berlin, Kuba, Naher Osten, Mittelstreckenraketen usw.), ersetzen den Krieg und erfüllen voll und ganz dessen Funktion, sie enden mit Niederlagen, Siegen oder Patts; es handelt sich keineswegs um Spiegelfechtereien, die anstelle effektiverer Schlachten stattfinden, noch um fiktive Zusammenstöße, noch um Zwiste, die im Sande verlaufen, weil eine grenzenlose Eskalation nicht stattfindet; wenn ausgeschlossen wäre, daß sie übel enden, dann würden sie einem nicht den Atem nehmen. Krisen mit dem Maßstab des Blutbades bewerten zu wollen, das durch die Menge Blutes und die vergossenen Tränen nunmal schwerer wiegt, läuft darauf hinaus, eine überlebte Bilderbuchgeschichte der Konflikte einer anderen Zeit zusammenzutragen. Und wenn nun die Abschreckung versagen sollte? Die Frage ist absurd. Mit der Abschreckung ist es wie mit der Religion: wer in ihr aufgenommen wurde, verläßt sie nicht mehr. Selbst in der Annahme eines begrenzten Nuklearkrieges schrecken sich die Gegner weiterhin ab, um sich im Zaume zu halten. Auch wenn sie vollständig abrüsten, vergessen sie nicht, daß die Waffen möglich sind, da sie waren, und sie bringen sich gegenseitig davon ab, neu aufzurüsten. Es gibt einen Ausweg. Einen einzigen. Die Abschreckung würde versagen, wenn einer der Abschreckungspartner verschwände, oder zwei, oder alle. Aber so lange die Welt für einen Europäer und ein Europäer für die Welt existiert, überdauern sie nach dem Modus der Abschreckung.

Vermengung des Geistigen und des Materiellen, Überlagerung der militärischen Unternehmungen und der psychologischen Aktionen – die Krise schert alles über einen Kamm, weil sie, im Kleinen, die große Schlußverwirrung widerspiegelt. Sie entfaltet ein Theater innerhalb des Theaters. Hamlet hatte jene Strategie der Pantomime erfunden, wonach Schauspieler Verbrechern das Verbrechen vorspielen: Sieh her! Hast du es getan? fragt das Schauspiel den Zuschauer. Beobachte! Wirst du es tun? fragt der Abschrecker. Handelte es sich hierbei um reine Dichtung, man würde es als eine abgekartete Sache abtun; aber Hamlet zweifelt, das fluchbeladene Paar weiß, der Auftritt findet statt. Gleiches geschieht auf der Bühne des alten Europa: die Selbstverschlingung hat es schon gegeben, und zwei Kriege verbürgen die Möglichkeit einer Wiederholung. Die atomare Krise findet ihren Ernst darin, daß sie beunruhigt: aller guten Dinge sind drei? Sie kreditiert die künftige Gefahr mit der vergangenen Wahrheit, sie ist retro-prospektiv.

Europa zieht es vor, seinen Frieden in Frieden zu leben. Auf sündhafte Weise suggeriert die Abschreckung hinter dem Wunsch nach Ruhe eine abwartende Enttäuschung. Am hellichten Tag pflegt sie einen Kult der Nacht, greift sie der »Zerstörung der Illusion« vor, die sich im nachhinein während des Ersten Weltkrieges unter Freuds aufmerksamen Blicken vollzog. Natürlich zögert der Europäer vor dieser gegenseitigen äschyleischen Durchdringung – »Schatten und Licht halten sich die Waage«, das Szenarium der Abschreckung bedroht ihn mit der Wiederholung des Traumas vom Großen Krieg, es läßt ihn nicht los und hindert ihn daran, all das im frisch-fröhlichen Leben zu vergessen. Der gewöhnliche Mensch verhält sich »anständig«, er sucht die Verständigung mit seinen Mitbürgern und klärt Mißverständnisse auf andere Weise als mit roher Gewalt oder durch einen bewaffneten Konflikt; ein jeder delegiert nach oben die Fähigkeit, sich »fehl« zu verhalten, und hofft dabei, daß die oberen Instanzen dasselbe Tabu respektieren werden, zumal die Ansicht verbreitet ist, zivilisierte Einzelnationen seien um gute Nachbarschaft bemüht. Wenn jede Nuklearmacht ihre Sicherheit dadurch erreicht, daß sie die Bevölkerung der anderen Seite zur Geisel nimmt, dann wird die »Revolution« von 1914 zum unumgänglichen Apriori des internationalen Kräfteverhältnisses: »Der einzelne Volksangehörige kann in diesem Kriege mit Schrecken feststellen, was sich ihm gelegentlich schon in Friedenszeiten aufdrängen wollte, daß der Staat dem Einzelnen den Gebrauch des Unrechts untersagt hat, nicht weil er es abschaffen, sondern weil er es monopolisieren will wie Salz und Tabak. Der kriegführende Staat gibt sich jedes Unrecht, jede Gewalttätigkeit frei, die den Einzelnen entehren würde.«

Die Existenz des modernen Staates beruht auf der Achtung des Gesetzes und der sittlichen Normen. Er bestraft die Gesetzesbrecher, und es ist zu erwarten, daß er selbst die Gesetze auch achten wird. Der Besitz der Kernwaffe zwingt ihn stillschweigend, sich einzugestehen, daß dem nicht immer so ist. Die Prinzipien, die das moralische und geistige Gleichgewicht des Bürgers begründen, drohen zu zerbrechen, und seine Tugend wehrt sich erschrocken: verhüllt diese Raketen, die ich nicht sehen will! Der Staat behandelt, wie Freud bemerkte, seine Bürger wie »Unmündige« und »verbirgt ihnen die Wahrheit«, er »zensiert« sie. Heute ist es umgekehrt, und der Bürger wirft dem Staat vor, er breite eine Wahrheit aus, die er gar nicht kennen möchte. Wenn er in seiner freiwilligen Unwissenheit weiter verharrt, wird er wie seine Eltern und die Eltern seiner Eltern die nächtliche Sorge um seine Zukunft einer überragenden Autorität überlassen müssen, gegebenenfalls auch einer ausländischen. Er schwankt zwischen einer ungewissen pax americana und einer endgültigen pax sovietica, und taumelt in seiner uralten Weigerung, schon in Friedenszeiten sich jene Gedanken zu eigen zu machen, die der Krieg aufkeimen läßt.

Im System der Abschreckung »enttäuscht« der Krieg den Frieden und hebt seine Vergänglichkeit hervor, während der Friede den Krieg »enttäuscht« und ihn nicht zu Ende kommen läßt. Der friedliche Gedanke arbeitet im Konzept und ruht in sich selbst; das kriegerische Fieber handelt in der Gewißheit seiner Unternehmungen. Und nun sollen sie sich gegenseitig verleugnen. Keine Argumentation vermag hinfort das erste und das letzte Risiko zu beseitigen, aus denen sie ihre Argumente gewinnt; keine potentielle oder tatsächliche Kraftprobe könnte ein klares und stabiles Gleichgewicht bestimmen, da die sich selbst überlassene Gewalt unwiderruflich das Gleichgewicht stört. Der Realist alter Schule brandmarkt als Bluff die »Politik der Deklarationen«, die das Handeln durch Mahnungen, die Offensiven durch die Androhung von Offensiven und die direkte bewaffnete Auseinandersetzung durch das diplomatisch-militärische Poker ersetzt. Der ewige Idealist kritisiert immerzu die Anhäufung von Waffen, die nicht verwendet werden sollen, und verwendet aber seinerseits Worte, die zu ganz Verschiedenem dienen können.

Die Abschreckung entzieht sich den klassischen Deutungsschemen, sie räumt auf mit den überholten Staffagen, die Komödie aber geht weiter: »Ich werde ihn mit Worten, aber nicht mit der Hand erdolchen«; Hamlet schafft es.

Die Strategen der Abschreckung werfen sich gegenseitig Bilder an den Kopf. Nicht ganz die Dinge des heißen Krieges. Noch nicht Konzepte, deren Austausch ein treuhänderisches Gleichgewicht voraussetzt sowie das Ansehen eines stabilen Friedens. Der militärische, das heißt der konventionelle Militär stellt genaue Berechnungen an: dieses System erlaubt es, mit den feindlichen Kräften gleichzuziehen, jenes gewährt einen Vorteil. Der Fundamentalpazifist lebt in derselben Gewißheit, nur eben mit umgekehrten Vorzeichen. Beide Parteien stellen die Geschichte auf die gleiche Weise dar: »Ein natürlicher Geschichtsprozeß« (Lenin); außerhalb ihres geopolitischen Kontextes erscheinen ihnen die Waffensysteme wie Träger einer unzweideutigen Notwendigkeit, die sofort entschlüsselt werden kann. Beide wissen, wovon sie reden – sancta simplicitas. Das Gegenüber im Zeichen der Abschreckung setzt eine größere Vielschichtigkeit voraus, es zeigt sich nur schemenhaft und andeutungsweise: »Der Mund tötet mehr als das Messer« – »la bocca n'ha morti piu che'l cotello« (Leonardo da Vinci).

Solange die Abschreckung wirkt, stimmen Wörter und Dinge, Ideen und Wirklichkeit nicht mehr; Todesdrohungen werden nur ausgesprochen, um ihre Verwirklichung zu vereiteln, und Versprechungen werden desto formeller, je mehr sie im Umgewissen lassen. Die Abschreckung beschränkt sich keineswegs darauf, diese

Spanne zwischen dem Sinn und seinem Referenten hinzunehmen; sie zeigt sie her, sprengt sie auf und schafft Bilder, die uns weit mehr zu sagen haben als die uns umgebenden Dinge und die in uns wohnenden Ideen. Einst zelebrierten unsere Gedanken in Friedenszeiten das reine Wesen einer Zivilisation, die sich selbst klar erkannt hatte; zwar störte der Krieg ab und zu jene Festmahle der Unsterblichkeit, ließ es aber bei einer Frage bewenden, die als die höchste hinausposaunt wurde: die Frage nach der Existenz und der Nicht-Existenz. Wenn die Störung vorbei war, war alles wieder beim alten: einhundert Taler sind noch immer einhundert Taler, ob ich sie in der Hand halte oder nicht. Der Essentialismus des Friedens und der Existentialismus des Krieges haben sich gut vertragen: trennt man sie, so antwortet der eine auf die Frage: was ist es? Der andere auf die Frage: ist es? Im heutigen Abschreckungskonzept werden die Wesenheiten ganz bewußt verwechselt, und die Seienden, die zu Wesenheiten werden, erkennen, wie es zu ihrem Wesen gehört, nicht sein zu können. Dieses Konzept sagt nicht, was kommen wird, denn es versichert ja, *daß* niemand es weiß. Es brüstet sich nicht mit der entwerteten Augenscheinlichkeit eines zukünftigen, taumelnden und unwahrscheinlichen Geschehens. Es zögert nicht zwischen dem halben Sein einer noch nicht geschaffenen Wesenheit und dem halben Nichts eines im Keime ruhenden Geschehens, es ist die Zukunft hier und jetzt, die ruhige Kraft des Schwindels, die immer gegenwärtig ist. Wann kann man sagen, daß die Abschreckung Erfolg hatte? Wenn sie fortdauert (Sie sehen doch, daß es nur darauf ankommt, im Dasein zu beharren). Wann besteht sie fort? Wenn sie sich in allen Lagern durchsetzt und deren Haltung bestimmt (wenn sie zum Wichtigsten wird, verstehen Sie ...).

Der Europäer hat schwere Zeiten durchgemacht und seine Erfahrungen zu recht einfachen Denkmustern verarbeitet. Auf der einen Seite gab es die Zeit des Friedens, auf der anderen die Zeit des Krieges. Zwischen diesen beiden Welten haben Wissenschaftler nicht wenige ökonomische, soziale und ethische Wechselbeziehungen ergründet, aber die Zweifel, die sie hegten, erschütterten keineswegs das Grundpostulat, das die Aneinanderreihung der Wörter als etwas rein Äußerliches festhielt: Kriege besetzen die Zwischenräume zwischen den Friedenszeiten, der Friede winkt »am Ende« des Krieges. Wir müssen nunmehr diese voneinander abgeschotteten und geschützten Bereiche unseres Gehirns wechselseitig miteinander durchdringen. Vierzig Jahre sind keine Zeit, um eine Korrektur dieser Grundaufteilung zu bewirken. Wir verstehen es nicht, mit der Abschreckung zu leben, vielleicht werden wir niemals lernen, wie man zahlungsunfähig bleibt.

Die Aufgabe kann sich nicht darauf beschränken, daß man sämtliche objektiven diplomatischen und militärischen Fakten in Betracht zieht, um daraus subjektive Schlüsse zu ziehen oder gar um sich die nukleare Tatsache »ins Bewußtsein zu rücken« und zu verinnerlichen. Die Einteilung in außen und innen kippt ebenfalls um, kaum daß man die Beziehung zwischen Leben und Tod, also den Kern der Abschreckungsfrage berührt. Die Kriege des 19. Jahrhunderts, die sich bis in das 20. Jahrhundert hineinzogen, haben Unsterbliche auftreten lassen, die Einheit war heilig, das Vaterland war ewig. Die Macht der Zerstörung, die vom Atom nicht erfunden, sondern nur sanktioniert wurde, verwandelt einen Wettkampf der Olympier in ein tödliches Gefecht zwischen Sterblichen. Die Abschreckung stellt nicht nur den Frieden durch den Krieg und den Krieg durch den Frieden in Frage; die Subversion in diese lange Zeit unabhängigen Bereiche einzuführen, ist ihr nur dadurch gelungen, daß sie den Geist des Krieges und die Seele des Friedens mit den sichtbaren Zeichen einer unwiederbringlichen Sterblichkeit konfrontierte. Haben wir überhaupt noch einen Blick für diese Zeichen und ein offenes Ohr für Geschichten der Nicht-Ewigkeit? Der Tod ist eine Tatsache, aber spricht diese Tatsache auch zu uns? Anders als irgendein gleichgültiges Datum oder ein Ereignis ohne Würze?

Vom natürlichen Recht auf Abschreckung

»... was uns schließlich birgt,
ist unser Schutzlossein ...«
RAINER MARIA RILKE

Dem Leser, den die Geduld noch nicht verlassen hat, soll auf den folgenden Seiten ein Ausflug in die Vergangenheit vorgeschlagen werden, und zwar dreihundertfünfzig Jahre zurück. Damals gehörte die Rakete noch nicht zum Inventar der Dinge, die das Denken mitbestimmen, und sie wird – oder nicht – in unserer Zeit ihren festen Platz gefunden haben, noch bevor ihre Befürworter und Gegner so weit sind, das klassische Zeitalter zur Wahlkampfparole zu erheben. Der eventuelle Leser kann getrost einiges überspringen, ohne den Faden zu verlieren. Es sei denn, er begegnet einem grünen Theologen, der Bücher mit Füßen tritt und auf seinem Schild »bombastisch« für eine bevorstehende Demonstration »bombastisch« wirbt: Der heilige Thomas ist tot! Die Bombe hat die »gerechten Kriege« getötet!

Ein kurzer Ausflug in die Bibliotheken von einst genügt, um die Sterbensurkunden des christlichen Konzepts vom gerechten Krieg aufzuspüren: Es wurde mit allen, seinem Rang und seinem jahrtausendalten Bestand (vom heiligen Augustin bis zu den Jüngeren des heiligen Thomas von Aquin) gebührenden Ehren begraben; die Daten belegen es eindeutig. Die Zeremonie fand ihren Abschluß, ohne daß irgendein nuklearer Mephisto bei der Grablegung mitgeholfen hätte. Die klassischen Rechtsgelehrten besorgten eine Totenfeier, sie erfanden ein Kriegsrecht, das sie Naturrecht nannten und das auf den heutigen Universitäten nur noch in homöopathischen Dosen verabreicht wird. Ganz zu Unrecht: In der klassischen Lehre werden die Grundbegriffe eines jeden Rechts auf Abschreckung definiert, und selbst unbeachtet beherrscht dieses Recht unter der Hand das heutige Völkerrecht.

Ein anderer, näher liegender Grund ist Anlaß zu diesem historischen Exkurs: Der Autor dieser Zeilen und vermutlich die meisten seiner Leser haben oft ihre Kerzen an dem großen Brand angezündet, den Michel Foucault mit seinem Werk »Wahnsinn und Gesellschaft« entfacht hat. »Eine Geschichte des Wahns im Zeitalter der Vernunft.« Ein Buch überläßt es seinen Lesern, falsch gelesen zu werden. Fast eine ganze Generation von Intellektuellen versteifte sich darauf, das 17. Jahrhundert zu hassen, indem sie die Gleichung aufstellte: *Klassik = Einsperrung,* und sie scherte sich nicht darum, daß Foucault nirgendwo eine so groteske Äquivalenz zum Ausdruck gebracht hat. Seine voreiligen Leser mögen es allein ihrer Hast anlasten, wenn sie im folgenden daran Anstoß nehmen sollten, die Vorzüge einer Klassik beschrieben zu sehen, die sie als solche an den Pranger gestellt haben.

»Gute Seiten« und »schlechte Seiten« der klassischen Epoche überschneiden sich; in den neuen polizeilichen Praktiken des Durchkämmens und der Absonderung deuten sich schon die mikro-totalitären Keime der kommenden großen und rational durchdachten Säuberungsaktionen an; auch entgeht einem nicht der kalte und abschätzige Blick, mit dem die Autorität dadurch entwürdigt wird, daß man sie würdelos erscheinen läßt. Aber es hat wenig Sinn, verbissen das Für und Wider abzuwägen und ermessen zu wollen, was das Stärkere wäre; es käme dem Versuch gleich, das »wahre« Gesicht des Jahrhunderts neu zusammenfügen zu wollen, als ob die Epochen eine gute oder schlechte Figur abgeben müßten, etwa wie der einer Moral unterworfene erwachsene Mensch.

Ein Historiker, der es wagt, synchrone Schnitte vorzunehmen, um »den Geist« einer Gesellschaft herauszuarbeiten, etwa in der Art Lucien Febvres, der »das religiöse Herz« des 16. Jahrhunderts abhorchte, bietet den kommenden Historikern eine Blöße, denn diese werden die Ausnahmen hervorheben und sein Porträt wieder zerpflücken. Die Klassik des 17. Jahrhunderts kommt nicht in der Einheit eines Lebens zum Ausdruck, das man »der Menschheit« glaubt andichten zu können, sie ist auch keine Jugendzeit, weder das Alter der Vernunft noch eine Phase im »europäischen Bewußtsein«, noch eine »Figur« im »Leben des Geistes« (Hegel). Durch solche Brillen wurde die Lektüre des schönen Buchs von Michel Foucault verzerrt, und so manche haben darin die Phantasmagorien eines Jahrhunderts erkennen wollen, das nur daran dachte, Menschen einzusperren. Ein Jahrhundert denkt nicht. Auch das Europa der Klassik ist kopflos, aber insofern originell, als die modernen Unterdrückungstechniken, die in ihm ersonnen wurden, und die korrelativen Rechte auf Widerstand, die sich daraus ableiteten, auf dieser erwiesenen und akzeptierten Kopflosigkeit beruhen. Und daher sind wir, ohne es zu wissen, nach wie vor klassisch, wenn wir uns abmühen, ein Gelände vom Gestrüpp zu befreien, das längst erkundet und gerodet worden ist.

Nach den Kreuzzügen – das Recht

Handeln oder gewähren lassen? Die ungeheuere Zerstörungskraft, die in zwei Weltkriegen zum Tragen kam, ist vorläufig gestoppt und planetarisch eingelagert. Die Situation ist absurd, aber sie ist nun mal so. Der Austausch von Geiseln ist eine uralte Sitte; nach Beendigung einer Schlacht vertrauten sich die Fürsten gegenseitig ihren Nachwuchs an und gaben sich damit ein Unterpfand für die Einhaltung der unterschriebenen Verträge. Auf gleiche Weise besiegelten Vernunftehen zweifelhafte Bündnisse. Heute operiert eine demokratische Großmacht mit größeren Zahlen, sie plant die Tötung von zwanzig (oder mehr) Millionen Kindern auf der anderen Seite des Flußes, um die Gefahr auszugleichen, die über den Knäblein und Mägdelein schwebt, die auf dieser Seite umhertollen. Mit der letzten Tat wird das exekutiert, was sie retten sollte, sie bringt jene ums Leben, für die Gerechtigkeit gefordert wurde. Wie begründet man sich auch die Eskalation vorstellen mag, das durch sie verübte Unrecht packt uns würgend am Hals.

Die Drohung hinnehmen oder gegendrohen? Was auch immer kommen mag, die Unschuldigen werden nie wieder »draußen«

bleiben; das Jahrhundert legt den Kriegführenden und danach dem Sieger die Macht in die Hände, jene mehrmals zu vernichten, innerlich wie äußerlich. Wir sind zur doppelten Unmoral verurteilt: gewähren lassen oder selbst handeln. Entweder – oder. In beiden Fällen stehen wir mit schmutzigen Händen da, beschmutzt entweder durch die chirurgischen Techniken, die wir selbst anwenden, oder durch jene, die wir zulassen, wobei wir von vornherein die Straffreiheit des möglichen Mörders garantieren. Das Spiel mit der doppelzüngigen Sprache hat lange genug gewährt: Ich bedrohe dich ernsthaft, um dich einzuschüchtern, aber ich beschwichtige mich, indem ich mir zuflüstere, daß ich mich im letzten Moment enthalten werde. Wetten, daß? Bei der kleinsten Krise muß der Bluffer noch stärker auftragen oder sich entlarven lassen. Die Heuchelei des verdoppelten Gewissens kann sich weiter aufblähen bis hin zum Weltuntergang, den sie fördert, ja sogar beschleunigt. Das Täuschungsmanöver desjenigen, der innerlich und moralisch Aggressivität ablehnt, sie aber nach außen hin für nötig hält, fügt den üblichen Sünden der Abschreckung noch die der Unredlichkeit hinzu; man sagt, ich werde es tun, und denkt dabei, daß man es nicht tun wird, und weiß nicht, was man tun soll.

Die Angst vor dem atomaren Desaster hat in den vergangenen Jahrzehnten wiederholt Appelle zu mehr Moral in den politischen Beziehungen initiiert. Moral ja, aber wie? Indem man sich für das Gemetzel rüstet? Indem man angesichts hochgerüsteter Partner selber abrüstet? Wir leiden an einem Mißbrauch von Glaubensbekenntnissen in diesen Dingen, und wenn wir uns zugrunde richten sollten, werden wir es mit moralischen Pauken und Trompeten tun. Während wir uns damit abmühen, die mit der Abschreckung verbundenen Probleme zu lösen, und indem wir behaupten, wir würden nach den unzweideutigen Regeln eines allgemein gültigen höchsten Guten handeln, irren wir umher. Schlimmstenfalls als Gefangene irgendeines Fanatismus. Und bestenfalls in unseren Gewissensfragen, die wir genüßlich als unlösbar erleben. Selbst wenn wir unseren Einsatz an guten Gefühlen verdoppelten, entgingen wir dennoch nicht der doppelten Unmoral der nuklearen

Wahl. Wenn wir uns entschieden, jene ethische Welt zu Grabe zu tragen, die auf alles eine Antwort hat, würden wir endlich die Moral aufgeben und lernen, uns verhältnismäßig moralisch zu verhalten, um damit in eine Welt des Rechts einzutreten.

Die Intellektuellen dieses Jahrhunderts, ich und die anderen, haben die Gabe entwickelt, sich mit erstaunlicher Leichtigkeit, negativ wie positiv, mit dem Priesteramt zu identifizieren. Der Antiklerikalismus bot das Schauspiel eines von seinem nächsten Waffenbruder verfolgten Klerikalismus, und verschiedene Theorien des Engagements erhoben den Anspruch, Seelsorgeeinrichtung zu sein, als sie feststellten, daß der Posten frei war. Diese Querelen um das Priestertum und um die Eroberung der entsprechenden Bereiche verebbten, weil der Gesprächsstoff ausging. Das weltliche Engagement der Geistlichen verirrte sich in ebensoviele Richtungen wie das der Weltlichen – von der Kalaschnikow über die Folter bis hin zu noch heroischeren Perspektiven: Der Unterschied zwischen dem, der eine Soutane trägt, und dem, der sich ohne Religion behaupten will, fand schließlich seinen Ausdruck allein in der jeweiligen Art sich zu kleiden. Folglich wird man verstehen, daß die Versöhnung der Intelligenz der verschiedenen Länder der Welt mit den umliegenden Kirchen den durch den Integralismus beider Seiten bis dahin verursachten Schaden wohl kaum wiedergutmachen wird.

Wenn der Intellektuelle, der sich in diesem Jahrhundert wie ein Priester aufführt, die Versöhnung mit dem Priester sucht, der seine Kirche intellektualisiert, dann programmieren sie beide, sofern sie nicht achtgeben, die priesterherrschaftliche Verschmelzung ihrer jeweiligen Neigungen zum Dogmatismus. Die schiitische Mystik mag wohl von bewunderswertem Scharfsinn sein, sie ist jedoch keine Gewähr für den Gebrauch oder Mißbrauch der Macht durch die iranischen Mullahs, die in der Lage sind, auf militärischem Wege die Energieversorgung der Welt abzuschneiden. Die christliche Lehre erweist sich in mancher Hinsicht als vollkommen, aber niemand wird einem amerikanischen Bischof, nur weil er ein Bischof ist, die Befugnis erteilen, über die europäische Sicherheit zu entscheiden. Wenn eine Theologin – Dorothee Sölle – behauptet, der Militarismus sei erfunden worden, um »Gott abzuschaffen«, dann muß die Frage erlaubt sein, ob die Gleichsetzung eines – am besten amerikanischen – Offiziers mit dem Teufel auch nur um ein Quentchen zum Verständnis der großen Fragen unseres Jahrhunderts beitragen kann.

Man sollte den Ton wechseln – und, zu diesem Zweck, das Terrain. Während ich beharrlich aller Welt verkünde, daß das, was ich moralisch gut finde, auch politisch gut sei, und umgekehrt, und zutiefst unglücklich bin, weil das Weltliche nicht im Geistigen keimen kann, entgleitet mir das dazwischenliegende Gebiet, das gerade durch diese Un-Macht bestimmt wird. Das Bündnis der konfessionslosen polnischen Intellektuellen und der katholischen Kirche bildet mehr als nur eine aus den Umständen geborene politische Übereinkunft, und dennoch zielt es nicht auf eine Umwandlung, die beide Standpunkte miteinander verschmelzen würde. Michnik, ein vermutlich atheistischer Intellektueller, betont: »Allein die totalitäre Macht kann die Aufforderung von Petrus und den Aposteln nicht hinnehmen: ›Man muß Gott mehr gehorchen als den Menschen‹ (Apostelgeschichte 5,29). In der Sprache der konfessionslosen Linken bedeutet dies, daß der Mensch eben aufgrund der menschlichen Natur Rechte sein eigen nennt, die keine Macht je zu Fall bringen darf. Aus diesen Gründen sollte die konfessionslose Linke für den Schutz der Glaubensfreiheit eintreten.« Hier ist das Recht das gute Recht, nicht weil es das Recht des Guten ist – das konfessionslose Bewußtsein hat sich nicht bekehren lassen –, sondern weil es eine schlechte (»totalitäre«) Macht einschränkt.

Diese Autonomie der Sphäre der Gesetzlichkeit, und zwar in gleichem Abstand zu den politisch wie auch moralisch definierten Gütern, wurde für alle Diktaturen hörbar proklamiert, als Papst Johannes Paul II. das angeborene Recht der Arbeiter auf gewerkschaftlichen Zusammenschluß und auf Streik bekräftigte. »Angeboren« bedeutet – neben weiteren Sinngehalten – von vorn herein, natürlich, unabhängig von Gesellschaftsordnung und Ideologie, also von den verschiedenen Zielsetzungen, nach denen das gesellschaftliche Leben gestaltet, gerechtfertigt oder verbrämt wird. Das angeborene Recht ist das durch und durch geltende, es wirkt weiter, auch wenn die Systeme und die vorherrschenden sittlichen Ordnungen einander ablösen. Weil das Zusammentreffen auf dem Boden des Rechts stattfindet, verlangt die Kirche nicht von den konfessionsfreien polnischen Linken, daß sie ihren Intellekt aufgeben, und sei er noch so gottlos, und jene verleitet nicht zur Vermengung von Weltlichkeit und Geistlichkeit in irgendeinem heiligen Bund. Die Begegnung ist nicht neu.

Vor Jahrhunderten schon hat Europa das Talent bewiesen, seine enttäuschten Träume in Rechtsschöpfungen umzuwandeln.

Die kopernikanische Revolution der Rechtsgelehrten

Was ist ein angeborenes Recht? Ein Recht, das mit uns geboren wurde. Und damit ein »Natur«-Recht. Was heißt »uns«? Das der menschlichen stoischen Natur, die von einem kosmischen Ganzen ausging, welches im Rhythmus seiner zyklischen Feuersbrünste stirbt und wieder aufersteht? Oder die Gesamtheit der von der biblischen Offenbarung überstrahlten Kreaturen? Die zwei Bedeutungen des Begriffes »Naturrecht« sind in der Renaissance noch bestimmend. Die erste stammt von den Lateinern (in erster Linie von Cicero); die zweite, illustriert durch den herausragenden Lehrer, den heiligen Thomas von Aquin, unterscheidet – mehr ineinandergreifend als einander überholend – das Naturgesetz (von Adam bis Moses), das jüdische Gesetz und das des Evangeliums. Eine dritte Tradition sagt Europa weit mehr zu, sie wird die laizistische genannt, womit man sie unterschätzt.

Europa wurde klassisch, als es gewahr wurde, daß die von ihm geschaffene Zerstörungsmacht, die ethnozentrische Welt, aus der es sein Selbstverständnis schöpfte, aus den Angeln hob. Der Theologe Francisco de Vitoria (1492–1546) hat als erster erkannt, daß ein Krieg auf beiden Seiten gerecht sein kann, wenn durch

»unüberwindbare Unkenntnis« jede Partei von seinem guten Recht überzeugt und – außer Gott in seiner Allwissenheit – kein Beobachter in der Lage ist, zwischen den »gerechten Forderungen« der Spanier und der Indianer, oder der Franzosen und der Burgunder zu entscheiden. Das brachte den Bruch mit dem tausendjährigen christlichen Konsensus, wonach der gerechte Krieg rechtlich bestimmbar war und nur ein einziges Lager recht haben konnte. Die Wandlung war unumkehrbar, Europa entdeckte an seinen Grenzen, in den neuen Ländern, in denen es »mechanische Siege« (Montaigne) errang, eine seinem Christentum fremde »Natur«. Mechanisch steht hier im Gegensatz zu großartig und bedeutet, daß die Kontinente ohne Glanz in Besitz genommen wurden, daß keine Idee des Guten oder der Offenbarung die rauhe, naturhafte Grausamkeit der Eroberung zu lindern vermochte. Eine vergleichbare Gewalt kam bald darauf mitten in Europa zum Ausbruch. Als Grotius sein großes Werk »Vom Recht des Krieges und des Friedens« (1625) veröffentlichte, waren Böhmen und die Kurpfalz gerade verwüstet worden und die Religionskonflikte steigerten sich zu zwischenstaatlichen Massakern von kontinentalem Ausmaß. Wir schreiben das Jahr 8 des Dreißigjährigen Krieges, bis zur Revolution und zu Napoleon würde kein Krieg je wieder so schrecklich sein: »Ich sah in den christlichen Ländern eine entartete Kriegführung, deren sich selbst rohe Völker geschämt hätten«, vermerkte Grotius. Dieser im übrigen zutiefst religiöse Geist zieht gleich zu Beginn den Schluß, das Recht müsse sich, um »natürlich« zu sein, weltlich darstellen, und vom Denken wird ihm nur die Selbständigkeit gewährt, Gott auszuklammern: »Diese hier dargelegten Bestimmungen würden auch Platz greifen, selbst wenn man annähme, was freilich ohne die größte Sünde nicht geschehen könnte, daß es keinen Gott gäbe oder daß er sich um die menschlichen Angelegenheiten nicht bekümmere.« (Vorrede)

Die Einigung über das klassiche Recht erfolgte jenseits aller Ideologie. Vitoria war Dominikaner, Grotius war ein Reformierter und wurde als Anhänger von Arminius, einem Gegner des Jansenius, zur Haft verurteilt und mußte aus Holland fliehen. Domat, ein Freund Pascals und bedeutendster französischer Jurist seiner Zeit, steht theologisch in Widerspruch zu Grotius, unterscheidet aber ebenso streng wie dieser zwischen dem Bereich des Gesetzes und dem des Glaubens, zwischen dem »Amt der Polizei« und dem »geistlichen Amt«. Gott »hat sich der Ausübung seiner Macht auf das Weltliche enthalten« (Traité des Lois, de la Religion et de la Police). Da, wo Gott sich verbirgt, setzt das Recht ein. Der Ausgangspunkt ist bei allen derselbe. Bodin, Montaigne, Alberico Gentili, Pascal stimmen zu, auch Pufendorf (1632–1694), dessen »De jure naturae et gentium« einen Zeitabschnitt beschließt und jenes andere, auf Menschenliebe, auf »Philosophie«, das heißt auf Philanthropie begründete Recht einleitet, das für das 18. Jahrhundert so charakteristisch war.

Wenn die klassische Rechtslehre nunmehr davon abging, sich auf einer der gesamten Christenheit gemeinsamen Idee des Guten zu gründen, worauf beruhte sie dann? Ausgeschlossen sind von vornherein jene Mächte, die sich, unabhängig von allen Zwistigkeiten und im absoluten Sinne, die geistliche oder politische Gerechtigkeit einer Sache zu eigen machen. Man muß fortan das Sein und den äußeren Schein unterscheiden. Kriege können im positiven Sinne gut sein (jedes Lager führt sie unter diesem Gesichtspunkt); Kriege müssen im negativen Sinne gerecht sein (die Juristen sind in der Lage, eine Bewertung vorzunehmen). »Mit ›Recht‹ wird hier nur das Gerechte bezeichnet, und zwar mehr im verneinenden als bejahenden Sinne; so daß Recht ist, was nicht Unrecht ist.« (Grotius). Das Recht definiert Gerechtigkeit in einem negativen Sinne, es sagt nicht, was man tun müßte (die gute Tat), sondern kennzeichnet das, was man unterlassen sollte (die Missetat), es ist kein Verfolgungsrecht, sondern ein Fluchtrecht. Jedes Lager behauptet, für ein edles Ziel zu kämpfen, und da kein unbestrittener Schiedsrichter zu Gebote steht, muß das »Geschehen als Richter des Rechts im Kriege dienen«. Der Krieg richtet über den Krieg. Bedeutet das eine Begünstigung des Rechtes der besseren Bewaffnung, und daß unweigerlich Kraft vor Recht gehe? Keineswegs. Der Krieg richtet über den Krieg in seiner himmelschreienden und widerwärtigen Grausamkeit. Das Naturrecht der Klassiker ist insofern negativ, als es nicht ein zu verfolgendes Gutes im Auge behält, sondern ein zu begrenzendes Übel. Ein geringeres Übel, das mit einem größeren verglichen wird, gilt als etwas Gutes (Grotius).

Jedes Recht und jede Rechtsordnung zielen auf Versöhnung, und wenn es nicht die der haßerfüllten Gegenparteien ist, so doch wenigstens die der gutwilligen Beobachter. Auf eine schon sehr »abschreckende« Weise begründet das klassische Naturrecht die Möglichkeit einer Verständigung auf der Grundlage des kleinsten gemeinsamen Nenners. Man verständigt sich »negativ«. Nicht aus einem natürlichen Hang heraus, sondern aus dem Wunsch, ein noch größeres Übel zu vermeiden, haben die Menschen bürgerliche Gesellschaften gebildet. Mit dieser Aussage geht Pufendorf mit Grotius konform, der eine so bedeutsame Umwälzung des Begrifflichen vollzogen hat, die allerdings von den zeitgenössischen Philosophen des »Verlangens« (désir) noch gar nicht in Betracht gezogen worden ist. Die spätgriechische Tradition überliefert dem Christentum eine sehr »platonische« (oder neoplatonische) Anschauung eines vom verfolgten Ziel nicht zu lösenden Verlangens. Verlangen heißt immer, nach etwas verlangen und nach einem Vorteil streben (nach einem reellen oder nach einem scheinbaren? Das steht auf einem anderen Blatt). Grotius sprengt diesen »gewöhnlichen«, aus der Tradition überbrachten Begriff: »Unter dem Wort *Verlangen* verstehe ich hier nicht nur das, was man gewöhnlich als solches bezeichnet, sondern auch jene innere Regung, die uns das Böse zu vermeiden hilft, diese natürlichste Regung unter allen, die folglich unter allen Verlangen das ehrlichste ist ...« Die Fluchtbewegung ist eine Grundregung, in uns und für das Recht, das sich daraus ableitet: »... deshalb werden die unbilligen Handlungen, die man begeht, um dem Tod, dem Gefängnis, den Schmerzen oder der äußersten Armut zu entgehen, als die verzeihlichsten angesehen ...« (Grotius).

Die Auffächerung des Verlangens schärft wieder den Blick für das Leiden; bevor er sich auf einen Vorteil richtet, hat er die Gabe, sich vor Scham zu verschleiern, sobald er das Schandbare wahrnimmt: »Die Beschämung ist ein gewisser Kummer und eine gewisse Rührung, die man beim Anblick des Leidens empfindet.« Dieser Anblick des Leidens fördert den unabänderlichen phänomenologischen Grundaspekt der Wahrnehmung des Unrechts als solches zutage. Im Sinne der europäischen Klassik heißt der Kampf für das Recht Kampf gegen das Unrecht. Letzteres liefert sich unmittelbar meinem Vermeidungs-Verlangen aus. Wir befinden uns nicht im Teufelskreis und stehen nicht vor der unlösbaren Aufgabe, eine Gerechtigkeit im allgemeinen zu definieren, die ebenso ambivalent und zweifelhaft wäre wie das Gute im allgemeinen, das wir über Bord geworfen haben. Das abschreckende Recht ist defensiv, es wurzelt in meinem Vermeidungswunsch: Es »ist festzuhalten, daß dieses Recht der Verteidigung von selbst und zuerst aus dem hervorgeht, was die Natur jedem empfiehlt, und nicht aus dem Unrecht und der Sünde dessen, von dem die Gefahr kommt.« (Grotius). Das »Recht des Krieges« beschreibt die Entstehung des Rechts ausgehend vom Kriege, es untersucht das Recht, sich gegen Gefahren, Risiken und Folgen des Krieges zu wehren, und sei es durch den Krieg selbst; es ist das Recht zum Kriege, um defensiv dessen Wirkungen abzuwenden (jus ad bellum), so wie es das Recht im Kriege bleibt (jus in bello), um dessen Schäden zu begrenzen.

Vom Krieg zum Recht

Das Naturrecht hält sich nicht mit langen Kommentaren über den Beginn des Krieges auf. Wer hat als erster geschossen? In den Spielen zwischen den Staaten wie auch im Kindergarten ist es immer der andere, der angefangen hat. Hat man erst den Grundsatz des Gegenkreuzzuges von Vitoria anerkannt, erweist sich der Naturzustand als ein Zustand potentieller Kriege. Beide Parteien können auf eine Weise, die nicht in menschlichen Ermessen liegt, fest daran glauben, daß sie jeweils für die »gute« Sache wirken.

Hobbes Lieblingsthese vom grundbösen Menschen erübrigt sich und das Streitgespräch mit dem nach Rousseaus Ansicht guten Menschen gehört hier nicht zur Sache. Der Naturzustand geht nicht aus einem Verhältnis zum Guten hervor, sondern aus der unüberwindbaren Unwissenheit, welche dieses Verhältnis verzerrt. Da der gute oder der böse Mensch das Gute nicht zu erkennen vermag, erfindet er sich, nach Vitoria, ein Recht. Fortan ist die Offenbarung wahr, bevor sie gut ist; in ihrer religiösen wie auch in der atheistischen Auffassung macht sie mit einer Wahrheit vertraut, die sich nur widerstrebend enthüllt. Die Vorstellungen vom verborgenen Gott, vom gerechten Sünder oder vom einfachen historischen Relativismus leiten gleichermaßen die gelehrte Unkenntnis des Rechts ein, »Jene, zu der die großen Seelen gelangen, die, wenn sie alles erkundet haben, was Menschen wissen können, erkennen, daß sie nichts wissen, und die sich in derselben Unwissenheit wieder begegnen, von der sie ausgegangen waren, die aber eine gelehrte Unwissenheit ist, die sich selbst erkennt« (Pascal).

Den Klassikern widerstrebt es, sich in eine Debatte einzumischen, die ihre Höhepunkte im Mittelalter hatte. Sie bekunden weder den Wunsch noch das Bedürfnis, ein »Recht zum Kriege« (ad bellum) zu krönen. Die Frage büßt an Bedeutung ein, sobald die potentiellen Kontrahenten eines Krieges am Anfang nicht mehr dieselben Überzeugungen teilen; da eine Einigung über die Ordnung der Welt nicht in Betracht kommt, strebt ein jeder nach seinem Frieden, glaubt an seine Rechtmäßigkeit und gibt dem anderen die Schuld für den Ausbruch der Feindseligkeiten. Die Klassiker nehmen zu Protokoll, die heiligen Kriege seien vorbei, das einzige Recht zum Krieg sei das, sich zu verteidigen. Das Grundproblem verlagert sich: Zwei Gegner, die gleichermaßen davon überzeugt sind, »daß sie sich nur verteidigen«, können ihre Beziehungen auf einer profanen, »natürlichen« Grundlage befrieden, ohne daß die Idee eines gemeinsamen Universums sie mit fertigen Lösungen beglücken käme. Der Jurist greift in seinen Überlegungen nicht höher als die Kriegführenden, er muß das

Recht von ihrem Standpunkt her betrachten: »Denjenigen, die Krieg führen, obliegt es auch zu verhandeln, um ihn zu beenden: denn ein jeder ist Herr seiner eigenen Interessen, und er allein kann darüber befinden.« (Grotius). Eine mühselige Übung, die keine Ausflüchte zuläßt, der Friede muß aus dem Krieg hervorgehen, die Krieger müssen sich gegenseitig befrieden.

In Anbetracht unserer ursprünglichen Unwissenheit was die Welt anbelangt, sind Konflikte eine Dauergefahr. Das Rechtsproblem besteht nicht darin, sie mit Gerechtigkeit zu beginnen, sondern sie zu begrenzen und abzustellen. Werden zwei Hitzköpfe, die beide in der Überzeugung leben, daß sie sich rechtmäßig verteidigen, sich je verständigen können, ohne sich zu überzeugen oder zu besiegen? Eine dreifache Frage: Worauf wird sich das Abkommen beziehen? Wie läßt es sich mitteilen? Welchen Frieden wird es umreißen?

Defensive Bewegungen gehorchen einer Fluchtkraft im Inneren, die sie nach außen treibt, im Gegensatz zu den vereinnahmenden Eroberungszügen, bei denen man seinem Gegner am anderen Pol durch Offensivkriege Boden streitig macht und das gewinnt, was der andere verliert. Zwei nur auf Gegenwehr bedachte Gegner können sich hingegen über das negative Ende (vermeiden) verständigen, auf das ihre Kriegsanstrengungen gerichtet sind: »Der Schmerz, auf den jede Art von Übel hinausläuft, sowie jedes Fehlen von Gutem, ist kein bloßer Entzug, sondern ein sehr reales und positives Gefühl, das sogar soviel Kraft besitzt, daß es einem den Geschmack und die Wertschätzung für die höchsten Güter nehmen kann …« (Pufendorf). Zwei Gegner, die fliehen, müssen einander nicht unbedingt bekriegen; wenn es ihnen gelingt, sich die panischen Gefühle, die sie empfinden, gegenseitig mitzuteilen, können sie versuchen, sie gemeinsam zu mindern.

Auf diese Weise wird eine der ältesten Kriegslisten zum Grundsatz des Abschreckungs-Rechts erhoben. »Wenn es Grund zur Hoffnung gibt, daß man durch das Drohen und den Lärm seiner Vorbereitungen seinen Zweck erreichen kann … nach Plinius dem Jüngeren besteht der schönste aller Siege im Bezwingen seines

Feindes durch Einschüchterung« (Grotius). Jede Seite schwört, sie öffne die Tore zur Nacht aus Gründen der Selbstverteidigung, sie beschwört Ängste, die ihre eigenen sind, und der Krieg löst sich in Wohlgefallen auf, sobald die Gegenseite die gleichen Ängste verspürt. Das klassische Recht verschafft sich Geltung, indem es nicht Hoffnungen, sondern Ängste sozialisiert: »Die zivilen Gesetzgeber haben also gute Gründe, mehr mit Strafen als mit Belohnungen für die Einhaltung ihrer Gesetze zu sorgen« (Pufendorf). Das Naturrecht verankert auf diese Weise gleichzeitig die Achtung des Bürgers vor den Gesetzen seines Landes und die der unabhängigen Staaten vor den Verträgen, die sie binden: »Das Völkerrecht hält die Furcht auf beiden Seiten für angebracht; dies veranlaßt das Verhandeln in dieser Art von Kriegen ...« Und Grotius fährt fort wie ein »geschickter« Pascalianer: »Denn anders wäre es nicht möglich gewesen, diesen Kriegen Einhalt zu gebieten, die da geschehen und solcherart sind, daß dem Menschengeschlecht sehr daran gelegen sein müßte, alle denkbaren Mittel zu ersinnen, um sie einzudämmen und zu beenden.« Ein Krieg beginnt, wenn ein jeder vom Gefühl beherrscht wird, er laufe unmittelbar und einseitig Gefahr. Wenn eine nicht weniger drohende Gefahr aber als gemeinsame Gefahr erkannt ist, ist es möglich, ihn zu beenden. Woher kommt dieser Gedanke eines gemeinsamen Übels, dessen Erwägung die Feindseligkeiten zum Stehen bringt, wenn nicht von diesen Feindseligkeiten selbst? Fällt er vom Himmel? Ist er Ausdruck einer plötzlichen Bekehrung zur unerwarteten Weisheit des Friedliebenden? Keineswegs, die Kriegführenden verdeutlichen einander militärisch das, was sie beide vermeiden wollen. Das klassische Europa verhandelte damals schon am Rande des Abgrunds und unterschrieb abschreckende Friedensabkommen, deren einziges Fundament der Krieg selbst war, den sie zum Inhalt hatten und den sie zugleich im Zaume hielten.

»Bei dem Begriffe des Völkerrechts, als eines Rechts zum Kriege, läßt sich eigentlich gar nichts denken ... es müßte denn darunter verstanden werden, daß Menschen, die so gesinnt sind, ganz recht geschieht, wenn sie sich untereinander aufreiben und also den ewigen Frieden in dem weiten Grabe finden, das alle Gräuel der Gewalttätigkeit sammt ihren Urhebern bedeckt.«

Grotius' theoretische Revolution ersetzte die große christliche Sorge um das Recht zum gerechten Krieg (jus ad bellum) durch das Primat des Rechts vom Krieg und im Krieg (jus in bello). Dieser zweite Abschnitt einer jeden rechtswissenschaftlichen Lehre faßte seit langem schon die Sitten und Bräuche zusammen, welche Intensität und Ausdehnung von Konflikten mäßigen oder helfen, deren Ausgang zu verhandeln (Austausch von Botschaftern usw). Als zweitrangiger Bereich der Rechtswissenschaft, der Verzeichnisse, behutsame Rezepte und wohlmeinende Ratschläge anbietet, gerät er in den Vordergrund, sobald die entscheidende Frage nicht mehr der Beginn des Krieges, sondern das Beenden desselben ist. Der Übergang vom Frieden zum Krieg droht in einem fort sich einer juristischen Vernunft zu entziehen, die unsere fundamentale Unwissenheit mit in Betracht zieht. Sie konzentriert sich auf den Übergang vom Krieg zum Frieden, indem sie Verfahren und Verfahrensweisen festhält, welche es den streitenden Parteien möglich machen, sich gegen ihre Feindschaft zu verbünden. Grotius' großes Werk »Vom Recht des Krieges und des Friedens« ist der Versuch einer Bestandsaufnahme aller möglichen Ausgänge; dabei untersucht er die zwischenmenschlichen und zwischenstaatlichen Beziehungen unter dem Gesichtspunkt der Abschreckung. Diese versteht sich allein im Rahmen des Kriegsrechts (in bello), sie prüft nicht, wann es gerecht und wann es ungerecht ist, den Erdball in die Luft zu sprengen (jus ad bellum), sondern warum man den unbegrenzten Kriegen begrenzte Kriege entgegensetzen muß, warum man diese durch glaubhafte Drohungen vereiteln und durch die Aufteilung der Risiken am Gängelband führen sollte. Die Abschreckung ist nicht gegen den einen gerichtet, die sie einschüchtert, oder gegen den anderen, dem sie Einhalt gebietet und Schrecken einjagt; das sind nur althergebrachte Kriegslisten; nein, sie bündelt diese um eine zentrale Perspektive: Abschrecken heißt, den Krieg »abschrecken« und damit auch die Kämpfenden.

Frieden schließen läuft darauf hinaus, den Krieg zum Rückzug zu zwingen. Sonst nichts. Der Frieden stellt sich »negativ« dar, als das Fehlen von Krieg, versichert auf sachliche Weise das klassische Europa von Grotius bis Kant (selbst der ewige Friede ist ein dauerhafter Nichtangriffspakt). Jedoch nicht weniger als das. Indem sich das klassische Europa dazu entschloß, den Kriegen entgegenzuarbeiten – und nicht, ihnen in irgendeine Moralfiktion zu entfliehen –, formte es eine neue Welt: die des bürgerlichen Individualismus.

Der Bürgerfrieden

Das Recht, das aus der Betrachtung des Krieges erwächst, schafft die Voraussetzungen für das Bestehen eines jeden Rechts, sowohl des öffentlichen als auch des privaten. Die klassischen Rechtswissenschaftler beschränken sich nicht auf das Gebiet der internationalen Beziehungen, sie stoßen zum Grundsätzlichen vor: Die »negativen« oder abschreckenden Gründe des Rechts wirken sowohl innerhalb der Gemeinschaften als auch zwischen diesen.

Gleiches gilt für das Eigentum. Seit Locke sucht der spät-klassische Liberalismus nach einer positiven Begründung desselben; durch Arbeit eignet sich der Mensch Dinge an, markiert sie als sein Eigentum und äußert seine Rechtsansprüche darauf (»wer sich von Eicheln ernährt, die er unter einer Eiche auflіest, oder von Äpfeln, die er von den Bäumen des Waldes pflückt, hat sich diese offensichtlich angeeignet ...«). In diesem Sinne rechtfertigt der Liberalismus den Besitz: nicht durch die Willkür des Erstbesitzenden, sondern durch die geradezu analytische Beziehung, die den Produzenten an sein Produkt bindet. Im gleichen Sinne fordern die Kommunisten die Enteignung der Enteigner im Namen der Rückkehr des Besitzes zur Arbeit. Genau diese Gleichung, die die Arbeit »positiv« mit den Früchten der Arbeit verknüpft, wirkt unaufhaltsam in beide Richtungen und schafft zwischen Liberalismus und Kommunismus einen umso unauflösbareren Widerspruch, als ihre jeweiligen Grundsätze absolut die gleichen sind.

Das Naturrecht hingegen begründet den Besitz auf »negative Weise«: »Man kann sich leicht in Gedanken vollkommene Menschen vorstellen; problematisch ist es nur, darunter solche zu finden, die es wirklich sind. Man kann noch so sagen, daß das Mein und Dein der auslösende Faktor aller Kriege ist; dieses Sprichwort, so verbreitet es auch ist, kann nicht als richtig angesehen werden. Es ist im Gegenteil sicher, daß das Mein und Dein eingeführt worden ist, um die Streitigkeiten zu vermeiden«, schreibt Pufendorf ein Jahrhundert vor Rousseau, der auf diesem abgedroschenen Sprichwort sein ganzes Verständnis des gesellschaftlichen Lebens aufbaute und das Eigentum als die Ursache allen Übels anprangerte. Das Fundamentale – ob Wahrheit oder Irrtum – besitzt wie der Phönix die Fähigkeit, aus der Asche wiederzukehren; heute entdecken die »Dissidenten« die schützenden Qualitäten des Privateigentums, dessen Fehlen zur Allmacht des Staates führt. Es gibt keine Versammlungsfreiheit, wenn der kollektive Besitzer Verfügungsgewalt über sämtliche Versammlungsorte besitzt; es gibt keine Meinungsfreiheit, wenn er die Alleinherrschaft über alle Setz-, Druck-, oder Vervielfältigungsmaschinen hat ...

Das Naturrecht begreift an keiner Stelle das Recht auf Eigentum als ein ursprüngliches Recht, das auf sich selbst begründet wäre (erst Locke macht sich diesen Standpunkt zu eigen: »Obwohl die Dinge der Natur allen zur gemeinsamen Nutzung gegeben werden, lag dennoch *die große Grundlage des Eigentums* tief im Wesen des Menschen (weil er der Herr seiner selbst ist und *Eigentümer seiner eigenen Person* und ihrer Handlungen oder *Arbeit.*«). Die Klassiker gehen von einem noch grundlegenderen und unveräußerlicheren Recht aus als dem Eigentumsrecht; es ist das Recht auf Verteidigung. Daher leitet sich ein unbeugsamer Individualismus ab: »Der einzelne Staatsbürger hat auf seinen eigenen Schutz ein größeres Recht als der Staat Gewalt hat, über ihn zu verfügen.« (Grotius). Das Individuum ist das Rechtssubjekt par excellence: »Jede Notwendigkeit zur Bestrafung kommt daher, daß man sie verdient hat; nun aber ist jeder Verdienst oder jede Verfehlung persönlicher

Art, da sie als Grundlage den Willen eines jeden Einzelnen haben, der das ist, was man am Ureigensten und am Nichtmitteilbarsten hat; ein Gedanke, den das griechische Wort nahelegt, dessen man sich bedient, um den freien Willensentscheid auszudrücken.« Die Rechtfertigung des Eigentums geschieht erst an zweiter Stelle, es ist relativ, ein Mittel individueller Verteidigung in einer Gesellschaft von Individuen. Das höchste Recht – das Recht, sich zu verteidigen – kann bestimmte Verletzungen des Eigentums »entschuldigen«, Hunger ist ein zulässiges Motiv. Die klassische Gesellschaft legitimiert das Eigentum, sie baut aber nicht zentral darauf auf, wie die liberale Sozietät es später tun wird. Vorrang haben die Erfordernisse des individuellen und des kollektiven Schutzes.

Das Unverständnis, das Marx (in »Die jüdische Frage«) bei der Lektüre der Erklärung über die Rechte des Menschen und des Bürgers von 1793 zum Ausdruck brachte, ist typisch. Sein Mißverstehen eines Textes, der durch das klassische Naturrecht geprägt ist, rührt sowohl von Locke als auch von Hegel her. Marx lehnt die vorgeschlagene Definition der Rechtsbeziehungen zwischen Individuen ab: »Freiheit ist die dem Menschen gegebene Möglichkeit, all das zu tun, was den Rechten anderer nicht schadet« (Artikel 6). Diese Freiheit wird rundweg als »formal« und »negativ« kritisiert, sie würde den gesellschaftlichen Beziehungen keinen positiven Inhalt geben, sie verschleiere deren konkretes Zusammenwirken und schalte zwischen sie und die Bürger das Trugbild einer unmöglichen Koexistenz. Das Recht wird als etwas Negatives verurteilt, denn es bestimme nicht, wo meine Freiheit »in der Tat« aufhöre und wo die meines Nachbarn beginne. Diese Kritik macht sich eine Verwechslung zunutze: Der englische Liberalismus besteht darauf, das »Tun« innerhalb des Rechts zu definieren (die »Arbeit« verbindet die beiden Größen dieser Gleichung wie ein Gleichheitszeichen); die deutsche politische Philosophie pflegt den gleichen Anspruch: »Alles, was vernünftig ist, ist wirklich«, (Hegel). Das klassische Denken dagegen unterstreicht: Vor dem gesellschaftlichen Tun kommt das Recht.

Die Grundrechte, auch Naturrechte genannt, erhalten ihre

Begründung durch die geteilten Gefahren, gegen die sie schützen, und ganz sicher nicht durch ihre Ableitung aus einer sozialen Wirklichkeit, die die Klassiker – mit vollem Recht – für wandelbarer hielten aus die Rechtsprinzipien. Die Erklärung von 1793 legt Wert darauf, an diesen Zusammenhang zu erinnern, als sie die Rechte jüngeren Datums festlegte: »Artikel 7 – Das Recht, seinen Gedanken und Meinungen durch die Presse oder auf jede andere Art Ausdruck zu geben, das Recht, sich friedlich zu versammeln, die freie Ausübung von Gottesdiensten können nicht untersagt werden. Die Notwendigkeit, diesen Rechten Ausdruck zu geben, setzt das Vorhandensein oder die frische Erinnerung an Despotismus voraus.« Ironie des Textes: Die »Notwendigkeit, diesen Rechten Ausdruck zu geben« scheint durch die Umstände gegeben zu sein, allein die zeitliche und räumliche Nähe der Tyrannei macht die Feierlichkeit der »Erklärung« in ihrer Gesamtheit verständlich. Hebt man diese Nähe auf, so wird die ausdrückliche Erwähnung überflüssig, das Recht ebenfalls. Weitere Ironie: Es ist das Recht selbst, das den »Umstand« schafft und die Despotien auf Abstand hält; beseitigt man das Recht, so nehmen jene sofort den Platz ein. Die Freiheiten sind grundlegend, weil sie die Diktatur abschrecken – und nicht, weil sie sich mit der sozial-historischen Wirklichkeit »decken« oder mit ihrer Epoche »übereinstimmen«. Als Marx sie »formal« und »negativ« nannte, kritisierte er damit, ohne es zu wissen, ihre abschreckende Seite, er verkannte die Hölle und die Schranke, die sie versperrt. Wegen seiner Blindheit wird man noch blutige Tränen weinen.

Das klassische Recht zielt nicht darauf ab, den Einzelnen und die Gesellschaft zu bessern, es bewirkt nicht gute Beziehungen zwischen den Menschen, aber es bewahrt die Möglichkeit von Beziehungen überhaupt, welcher Art auch immer, und es verspricht nicht, menschliches Verhalten besser, sondern durchschaubarer zu machen. Der Weg zur Hölle ist mit guten Absichten gepflastert; um diese Pflasterung zu verhindern, beruft sich das Naturrecht auf die »Natur« und gibt diesem Wort drei Bedeutungen:

1.) Natürlich heißt profan und verweist auf die Abwendung der theokratischen Versuchung im Innern, des Kreuzzuggeistes außen; man wird zum »Atheisten in der Politik« (Stendhal), bewahrt sich aber die Freiheit, die nicht politische Mystik eines Deus absconditus zu untersuchen.

2.) Natürlich steht im Gegensatz zu bürgerlich und gesittet, es evoziert das nicht auslöschbare Bild einer in allen menschlichen Beziehungen möglichen Gewalt; in diesem Punkt ist Kant ebenso bestimmt wie Freud: »Wenn gleich eine gewisse in der menschlichen Natur gewurzelte Bösartigkeit von *Menschen,* die in einem Staat zusammen leben, noch bezweifelt und statt ihrer der Mangel einer noch nicht weit genug fortgeschrittenen Cultur (die Rohigkeit) zur Ursache der gesetzwidrigen Erscheinungen ihrer Denkungsart mit einigem Scheine ausgeführt werden möchte, so fällt sie doch im äußeren Verhältnis der *Staaten* gegeneinander ganz unverdeckt und unwidersprechlich in die Augen. Im Innern jedes Staats ist sie durch den Zwang der bürgerlichen Gesetze verschleiert ...« Wenn man die Behauptung aufstellt, daß die Gewalt das enthüllt, was verschleiert ist, muß man auch die »Natur« als Wahrheit anerkennen.

3.) Natürlich bedeutet fundamental, im Gegensatz zu historisch, »positiv« oder durch Umstände bedingt; die Naturrechte sind unveräußerlich, Naturrecht versteht sich als das Recht vom Recht, von ihm leiten sich die Grundsätze her, die einen von Religion, Moral und Politik freien und autonomen Bereich sichern: »Das Problem ... kann selbst für ein Volk von Dämonen gelöst werden, so seltsam das erscheinen mag, wenn diese nur vernunftbegabt sind« *(Kant).* Das »Naturrecht« untersucht die *Grundvoraussetzungen einer jeden Soziabilität* (insofern diese Einzelpersonen umfaßt, die in der Lage sind, sich zu verteidigen, und zwar in einem empirisch variablen Maße, das unter Umständen sehr eingeengt sein kann, aber grundlegend und unveräußerlich sein muß.).

Durch die drei Sinngehalte des Wortes »Natur« ist das klassische Naturrecht ein Eckpfeiler einer Gerichtsbarkeit der Abschreckung: 1. Abschrecken heißt nicht überzeugen, Ausklammerung von Überzeugungen, die zu edel oder fanatisch sind. 2. Abschrekken beinhaltet das geteilte Risiko einer gemeinsamen und vernichtenden Gewalt. 3. Abschrecken bedeutet Herstellen von feingewobenen Beziehungen zwischen unabhängigen Staaten, die sich die Unabhängigkeit ihrer letzten Entscheidungen bewahren. Ein klassischer Geist hätte die nukleare Abschreckung, die durch ihre scheinbare Sinnlosigkeit so viele moderne Prediger verstört, selbstverständlich als »natürlich« angesehen.

Wie der Anstand das Recht verzehrte

Sollte man mit der Bombe drohen? Sollte man das den anderen überlassen, damit sie ganz allein und ungestraft aus dem Monopol der Drohung Vorteile ziehen? Das pompöse Zur-Schau-Tragen von menschenfreundlichen Gefühlen läßt einen verstummen vor so banalen Fragen; sie gehören in eine Welt des Rechts, das von jenen explosiven Widersprüchlichkeiten handelt, welche die moralisierenden Morallehren verwirren. Kant, den man der Unmoral kaum verdächtigen kann, hat sehr wohl die einzigartige Originalität des Rechts hervorgehoben und darüber hinaus auf den Vorteil verwiesen, den wenig skrupulöse und demagogische Politiker daraus ziehen, so daß sie diese bewußt verkennen: »Beides, die Menschenliebe und die Achtung fürs Recht der Menschen, ist Pflicht; jene aber nur *bedingte*, diese dagegen *unbedingte*, schlechthin gebietende Pflicht, welche nicht übertreten zu haben, derjenige zuerst völlig versichert sein muß, der sich dem süßen Gefühl des Wohltuns überlassen will. Mit der Moral im ersteren Sinne (als Ethik) ist die Politik leicht einverstanden, um das Recht der Menschen ihren Oberen preis zu geben: aber mit der in der zweiten Bedeutung (als Rechtslehre), vor der sie ihre Kniee beugen müßte, findet sie es rathsam, sich gar nicht auf Vertrag einzulassen ...« Wer verkündet: »Ich liebe den Frieden« und sich dem angenehmen Gefühl der eigenen Anständigkeit hingibt, dabei aber vergißt hinzuzufügen: »Ich liebe das Recht«, das Recht meiner Freiheit, das

Recht mich zu wehren, der läßt sich – nach Ansicht des erschrecklichen kriegshetzerischen Philosophen aus Königsberg – durch die »Arglist einer undurchsichtigen Politik« zum Narren halten. Ein jeder Eroberer liebt den Frieden ohne Recht. Europa erfand die bürgerliche Gesellschaft, indem es diese beiden Dinge zugleich betrieb.

Wer sein Leben riskiert um zu leben, lebt noch lange nicht, um sein Leben zu riskieren. Der offengehaltene Abstand zwischen dem Gewagten und dem Abenteuerlichen bestimmt das Wesen einer Zivilisation. Das klassische Zeitalter verfaßt seine Lehre von der Finsternis anhand des doppelten Registers der Erfordernisse des Friedens und der Notwendigkeit des Kampfes, der Pflicht und der Leidenschaft, der Liebe und des Todes, der Reinheit und des Lebens. Die Begriffe wechseln, aber der Zweikampf, der sie auseinandersprengt, wird erst aufhören, wenn Spieler und Spiel verschwunden sind.

Et la mort, à mes yeux, dérobant la clarté
Rend au jour, qu'ils souillaient, toute sa pureté

Des Phädrus letzte Worte wurden eingangs schon zitiert: »Solei, je viens te voir pour la dernière fois ...« Auch nach eingehender Überlegung bleibt das Vorhaben der klassischen Epoche – sich allein auf der Grundlage einer vermiedenen Selbstzerfleischung zu verständigen – ein schwieriges Unterfangen. Es schmeichelt weder der Zuversichtlichkeit des Herzens noch dem Ehrgeiz der Vernunft. Zum einen versteht sich Brüderlichkeit keinesfalls von selbst, zum anderen vermag keine Gewißheit die Zukunft vorauszubestimmen. Weder die grenzenlosen Optimisten noch die Befürworter einer gnadenlosen Zerstörung kommen auf ihre Kosten. »Troja hört nicht auf zu brennen«, sagt Shakespeare in »Die Schändung der Lukretia«. Etwas mehr als ein Jahrhundert trennt die letzten Illusionen der Renaissance von den stürmischen Wallungen eines eroberungslustigen, schulmeisterlichen und sentimentalen 18. Jahrhunderts; das Europa des »Naturrechts« erkannte sich wohl wieder in Cervantes, in Shakespeare und vielleicht noch in Goethe, doch bald traten scheinheilige Bekehrer auf und lehrten die Europäer, mathematisch, dialektisch oder religiös die Abgründe zu überspringen, die einst als unüberwindbar erkannt worden waren.

Der Angriff erfolgte gleich an zwei Fronten. Im Namen der Vernunft warfen die Kartesianer (Hobbes, Leibniz) Grotius und seiner Schule mangelnde Strenge vor, sie forderten, man müsse im Recht die in der Physik so erfolgreiche geometrische Deduktionsmethode anwenden, und die Mathematisierung der Natur, die in dieser Zeit ihren Durchbruch erlebte, regte sie zu einer ähnlichen Behandlung der gesellschaftlichen Zusammenhänge an, was Descartes selbst ja ausdrücklich verworfen hatte. Die scheinbare Harmlosigkeit der methodologischen Vorwürfe verbarg indessen die wahre Spitze des Streits. Die erklärte Nichtbeherrschbarkeit der sozialen Beziehungen war früher die Voraussetzung gewesen, von der ausgehend das Naturrecht die rechtlichen Strukturen einer mordernen Gesellschaft begründet; die Absage an diesen Ausgangspunkt brachte das ganze Gebäude ins Wanken. Die Kritik der »Kartesianer« ist keineswegs methodologischer Art, sie trifft den Kern. Die nostalgischen Befürworter einer »positiven« Definition des Gemeingutes, der Verständigung und eines weltumspannenden Frieden traten immer zahlreicher auf. Es verwundert nicht, daß die vom klassischen Recht enthüllte »Natur« sie enttäuschte, denn diese Enthüllung hatte zum Ziel, den fanatischen Eifer zu brechen, indem sie die Wurzeln der Überzeugungen kappte, die ihm Nahrung boten. Der Zusammenschluß beider Vorstöße vollzog sich im Verlauf von nur ein paar Generationen, erst in England, danach auf dem Kontinent.

Der Niedergang der Klassik erklärt sich vermutlich aus ihrem eigenen Erfolg. Die Gesellschaften festigten sich in der Betrachtung des geteilten Risikos, und diese Stabilisierung rückte sowohl das Risiko als auch die Erinnerung daran in die Ferne. Kurz nach den Religionskriegen und Adelsaufständen begreift man Pascal ganz ohne Übersetzung: »Das größte aller Übel sind die Bürgerkriege. Sie sind gewiß, denn wenn man die Verdienste belohnen will, werden alle sagen, daß sie Verdienste haben. Das Übel, das man von einem Dummkopf befürchten muß, der durch seine Geburt die Nachfolge antritt, ist kaum so groß noch so sicher.« Die noch erinnerten Kriege verblassen bald und die Spitzfindigen fragen sich: War Pascal ein verstockter Konservativer oder ein verkappter Revolutionär? Da sie nicht begreifen können, was er als das Hauptübel definierte, fragen sie sich, was er als das Gute erkannt hätte, als sei die Idee, eine – natürlich gute – Gesellschaft zu *schaffen*, in den Augen der Klassiker nicht eine zerstörerische Phantasmagorie sondergleichen gewesen. Hinter den Verwüstungen einer solchen Eitelkeit wittern die Moralisten den Feind Nummer eins: die Eigenliebe, die, weil sie nicht dem Tod ins Antlitz zu schauen wagt, den Tod um sich greifen läßt.

In dem Maße, wie sich der moderne Staat festigte, die bürgerliche Sicherheit andauerte und die Wirtschaft aufblühte, trennte der Europäer immer mehr den Gedanken an den Krieg von dem an den Frieden. Er zählte nicht mehr nur eine Welt – die des Naturrechts –, sondern zwei. Da er diese Trennung vollzog, war es kaum noch von Belang, ob er die Natur als gut oder böse ansah, er löste sie vom zivilisierten Recht, das er abwechselnd feierte oder verwünschte. Und mochte er noch so sehr die Bruchstücke dieser Spaltung in die Zeit schleudern – indem er »Vorgeschichte« und Geschichte einander gegenüberstellte – oder in den Raum – Zivilisation gegen Barbarei –, er sollte nicht mehr zu jener einheitlichen Betrachtungsweise zurückfinden, die in der ursprünglichen Natur die Grundlagen des Rechts und im Recht die Einbeziehung der natürlichen Ursprünglichkeit erkannt hatte. Als Verfechter des Kolonialismus oder der Dritten Welt kann der Europäer Kant das Wasser nicht reichen: »... der Unterschied der europäischen Wilden von den amerikanischen besteht hauptsächlich darin, daß, da manche Stämme der letzteren von ihren Feinden gänzlich sind gegessen worden, die ersteren ihre Überwundene besser zu benutzen wissen, als sie zu verspeisen, und lieber die Zahl ihrer Unterthanen, mithin auch die Menge der Werkzeuge zu noch ausgebreitetern Kriegen durch sie zu vermehren wissen.«

Der Angriff gegen das klassische Naturrecht hatte Erfolg. Die

Geschichte der Rechtsphilosophie übergeht oft diese Tatsache und zwängt den großen Bogen Grotius-Pufendorf-Kant zwischen das Naturrecht des mittelalterlichen Christentums und das wohlmeinende Humanitätsdenken der letzten zwei Jahrhunderte (gerechnet ab Emer von Vattel: »Das Völkerrecht«, 1758). Wer ist im Besitz der höheren Erkenntnis, wer ist der Obskurant: Der verklärte Doktor, der sich über eine Welt beugt, die ein Gott erhellt, der sich nicht verbirgt? Oder die Schulmeister, die nach Belieben postulieren, es gäbe eine für das Menschengeschlecht vorbestimmte Harmonie? Jagd und Gegenjagd auf den Frevler laufen ab unter dem kalten, unbeteiligten Blick der Klassiker. Diese hielten sich nicht mit Disputen über das Gute auf, sie begnügten sich mit einer detaillierten und sehr genauen Aufzählung aller Übel.

Die Zitadelle des Naturrechts fiel unter dem vereinten Ansturm der Pfaffen und der Freidenker, der geometrischen Geister und der moralisierenden Gemüter; außerdem zerbrach sie auch von innen her. Die Bruchlinie verläuft quer durch Pufendorfs Meisterwerk. Grotius' oft genialer Schüler neigt dazu, das zu trennen, was sein Meister als zusammenhängendes Ganzes gedacht hatte; das unlösbare Recht »vom Krieg und vom Frieden« wird zum Friedensrecht als Gegensatz zu einem Krieg, in dem das Recht vollkommen fehlt. Innerhalb der Lehre selbst zeigen sich die gravierenden Konsequenzen des Risses. Ein Beispiel mag dies belegen: Ein Gefangener, der sich dem Sieger ergeben hat, bleibt zwar am Leben, wird aber zum Sklaven; hat er das Recht zu fliehen, wenn sich eine Gelegenheit bietet? Ja, folgert Grotius. Nein, bestimmt Pufendorf. Bezüglich des sehr wesentlichen Rechtes auf Widerstand gehen ihre Meinungen auseinander.

Grotius erläuterte die Situation im grellen Licht des Natürlichen: »Der Grund der Sache ist ..., der Sieger bekommt das absolute Recht, das zu tun, was ihm gefällt.« Auf diesem Grund fußte eine Konvention des Völkerrechts, die das »Recht« der Sieger anerkennt und bescheinigt, damit im allgemeinen das Leben der Gefangenen verschont bleibe. Interesse und Moral wirken hier vereint, um die Auswirkungen des Krieges zu mildern. Aber, bemerkt Grotius weiter, diese Konvention bleibt »extern«, sie erheischt »keine innere Verpflichtung«. Die Konvention als äußere Verpflichtung wird gerechtfertigt »um ein noch größeres Übel zu vermeiden«; sie ist »nach dem Gewissen« nicht zwingend, und sobald der Gefangene-Sklave es kann, wird er natürlich fliehen. Zu Recht, heißt es im Naturrecht. Pufendorf erkennt aber dieses Recht auf Widerstand nicht an. Seiner Ansicht nach steht es dem Besiegten frei zu sterben; zieht er es aber vor zu leben, schließt er mit seinem Sieger, der ihm das Leben gewährte, einen Vertrag; damit akzeptiert er ausdrücklich oder stillschweigend alle seine Bedingungen. Es sei ganz sicher legitim, vermerkt jener, während eines Krieges den Feind mit List und Betrug zu täuschen, aber diese Erlaubnis »sollte nicht auf Vereinbarungen ausgedehnt werden, die man trifft, um Feindseligkeiten zu beenden«. Nach dem Friedensschluß ist Treueid gleich gebührende Treue. Eine in gehöriger Form erfolgte Kapitulation verbindet endgültig Menschen und Völker miteinander: »Man erwirbt durch die Waffen außerdem das Recht, den besiegten Völkern, genauso wie jedem einzelnen Menschen, Befehle zu geben. Aber damit diese Herrschaft gesetzlich ist und damit sie diejenigen, die ihr unterworfen sind, im Gewissen bindet, ist es notwendig, daß die Besiegten dem Sieger versprochen haben, ausgesprochen oder unausgesprochen, ihn als Herrn anzuerkennen.« Wenn ich in die Enge getrieben bin und mich einem Sklavenhalter ergebe, anstatt den Kampf bis zum Tode fortzuführen, nehme ich stillschweigend das Los des Sklaven hin und damit sämtliche an seinen Frieden gebundenen Bedingungen.

Für Grotius befinden sich Krieg und Frieden in einem ständigen Prozeß der Neu-Erschaffung: Ich verpfände nicht mein Leben für das Leben. Nach Pufendorf ist der Friede ein Ganzes, wer ihn billigt, muß ihn im Ganzen akzeptieren. Ersterer erläutert die Logik der Unabhängigkeitskriege, in deren Verlauf der »barbarische« Skythe Alexander anherrschte: »Zwischen Herr und Sklave kann es niemals Freundschaft geben; mitten im Frieden bestehen die Gesetze des Krieges weiter« (Quintus-Curce). In diesem Falle sieht der Skave seine Knechtschaft völlig undialektisch, er verinnerlicht seine Bindung an den Herrn nicht, er läuft ihm davon. Die andere Lösung deutet schon auf die pax romana und kündigt die Friedensschlüsse der Kolonialzeit an. Paradoxerweise bindet der Frieden stärker als der Krieg, er verwandelt den gelegentlichen Verlierer in einen Sklaven auf Lebenszeit, den Pufendorf – als Hegelianer vor der Zeit – auf folgende Weise belehrt: Nicht der Friede kommt vom Leben, sondern das Leben kommt vom Frieden. Vorbei sind damit die ständig wiederholten Versuche, Frieden auf induktive Weise zu schaffen, indem man die Kriege begrenzt, mäßigt und zivilisiert, um sie zurückzudrängen. Gleichzeitig kündigen sich damit der endgültige – auf ein wohlwollendes »Naturrecht« und auf die Liebe zum menschlichen Geschlecht gegründete – Friede und jene Kriege an, die man die »letzten« nennt, weil sie ganz ihrer zum Himmel schreienden Unmenschlichkeit überlassen bleiben. Nachdem Europa auf diese Weise den Erdball zivilisiert hat, braucht es sich nur noch einem stärkeren Pazifikator zu unterwerfen, es sei denn, es gelingt seinen Bewohnern, zur ruhigen Kraft eines an und für sich recht klassischen Zustands der Nichtbalance zurückzufinden.

Das Verbrechen der Nicht-Abschreckung

Herstellung, Lagerung und angedrohter Einsatz von Massenvernichtungswaffen – sind das zulässige Tätigkeiten oder sind es Verbrechen gegen die Menschheit? Man kennt so viele Antworten, wie es Auslegungen des Naturrechts gibt.

1.) Die Thomisten würden zunächst prüfen, ob es sich um einen gerechten Krieg handelt, und abwägen, wie sich Mittel und Zweck zueinander verhalten. Indem die pazifistischen Theologen die Feststellung treffen, daß das Fehlen eines Konsensus hinsichtlich der Zielstellungen sowie das Mißverhältnis der eingesetzten Mittel die Frage nach dem Recht zum Krieg hinfällig machen, stimmen sie mit einiger Verspätung einer Wahrheit bei, die seit Vitoria und Grotius offenkundig ist. Doch lassen sie dabei außer Acht, daß, auch wenn es strenggenommen keine gerechten Kriege mehr gibt, die Kriege dennoch weiterbestehen, es sei denn, sie glauben, die Gewalt abschaffen zu können, indem sie den Heiligen Thomas widerlegen!

2.) Das verbreitete Humanitätsdenken beurteilt seit dem 18. Jahrhundert die Sittlichkeit der Drohung nach der Sittlichkeit dessen, was sie androht: »Die Androhung einer ungerechten Strafe ist an sich ungerecht; sie ist eine Beleidigung und ein Unrecht. Aber vor allen Dingen wäre es scheußlich und barbarisch, die Strafe zu vollstrecken. Wenn man aber zugibt, daß die Drohung keine Wirkung haben kann, ist sie unnütz und lächerlich.« Wir streben den Frieden an, fährt Vattel fort, »vergessen wir niemals, daß unsere Feinde Menschen sind.« Der Sieger hat nicht das Recht, einen Gegner zu töten, der geschlagen ist und ihn nicht mehr bedroht ... Aber der Feind kann vergessen, daß wir Menschen sind. In diesem Falle wandelt sich die Sanftmut des guten Vattel und der philanthropischen Legionen, und zwei Jahrhunderte stimmen an: »Krieg ist eben Krieg«, nachdem sie unentwegt »im Frieden dem Frieden dienen« gepredigt hatten. Das biedere Völkerrecht von Vattel faßt in einem Satz das Hin und Her der frommen Wünsche zusammen: »Die Plünderung und Zerstörung der Städte, die Verwüstung des Landes, das Sengen und Brennen sind nicht weniger verwerflich und verabscheuenswert, sofern man sich ohne Not und gewichtige Gründe dazu verleiten läßt.« Von dem Augenblick an, da die friedfertigen Gemüter und die kriegslüsternen Geister aus Engstirnigkeit es ablehnen, die »Notwendigkeiten« und die »hohen Gründe« des Krieges *und* des Friedens gemeinsam zu überdenken, werden schreckliche Blutbäder und schändliche Kapitulationen weiterhin einander ablösen.

3.) Das klassische Recht erachtet ein bestimmtes Maß an potentieller Kriegslust für »natürlich« und unvermeidbar; es beharrt darauf, den Frieden aus dem Krieg heraus zu begreifen – darin ist es optimistisch – und in Friedenszeiten an die drohenden Konflikte zu denken, worin seine pessimistische Seite liegt. Zwischen den Extremen eines totalen Weltenbrands und der erzwungenen und aufgezwungenen Ruhe unter der Knute einer imperialen Macht, eröffnet es mittels Drohung und Gegendrohung der Kommunikation einen Raum. Die Moralität der Drohungen läßt sich nicht so einfach abwägen, wie Vattel es vorschlägt, etwa durch die Unmoral der Tat, die sie ankündigen, denn sie sagen diese an, um ihre Durchführung zu verhindern. Schlußfolgerung: Die Abschreckung ist kein Verbrechen, sie begründet die Beziehungen der souveränen Mächte im Sinne des Naturrechts. Nicht-Abschreckung aber ist ein Verbrechen, und zwar das der unterlassenen Hilfeleistung für Menschen, denen die Gefahr droht, eine abscheuliche Untat zu erleiden (als Mitbürger) oder zu begehen (als potentielle Feinde): »Jene also, die zur bösen Tat anhalten, jene, die sie billigen, zumal wenn ihre Billigung für deren Durchführung erforderlich war, jene, die dem Täter irgendwelchen Beistand leisten, oder Zuflucht gewähren oder auf andere Weise am Verbrechen beteiligt sind, jene, die zum Verbrechen raten, die es lobend herausstellen oder den Menschen rühmen, der in die Versuchung gerät, ein solches zu begehen, jene, die aufgrund einer ausdrücklichen Pflicht in der Lage und gehalten sind, es zu verhindern und es nicht tun, oder die eine ebensolche Pflicht haben, einem Menschen zu helfen, dem man Unrecht zufügt, diesen unbestraft beleidigen lassen, jene, die es versäumen, den Anstifter der bösen Tat von dieser abzubringen, wie sie es sollten, jene, die über ein Verbrechen schweigen, anstatt es aufzudecken, all jene können bestraft werden … « Schuldhaft ist nicht das Messer, sondern die Weigerung, jenen abzuschrecken, der damit droht.

Proust oder die innere Erfahrung der Abschreckung

Ist ein Leben mit der Abschreckung denkbar? Diese postuliert, der unmittelbar mögliche Untergang könne zu heilsamem Denken anregen. Liegt vielleicht in der höchsten Not eine Macht, Angst einzujagen, die den Religionen mit der Zeit verlorenging? Werden die Militärakademien und Diplomatenschulen künftig neue Missionare ausbilden, um jenen Gottlosen die nukleare Absolution zu erteilen, die selbst am äußersten Rand des Abgrunds noch immer nicht an die Endzeit glauben wollen? Die Zahl der Verkündiger der Unfrohen Botschaft ist Legion, und mit viel Getöse ziehen sie aus einem einmütigen »Morgen wird es zu spät sein« ihre widersprüchlichen Schlüsse. Wenn morgen, warum nicht schon heute? Wenn es eines neuen Adams und einer neuen Eva bedürfte, um die nukleare Gefahr zu bewältigen, zu entschärfen und aus der Welt zu schaffen, dann wäre es längst zu spät: Denn wer würde diese Erzieher des neuen Menschengeschlechts erziehen?

Ich bin überzeugt, daß die Frage so falsch gestellt ist: Die Kultur, die die Atomwaffe hervorbrachte, ist zugleich Trägerin der Gefühle und Gedanken, die es erlauben, diese Herausforderung anzunehmen. Deshalb möchte ich hier den Vorschlag machen, daß sich die Friedens- und Kriegsschulen auf dem Feld der Literatur nach neuen Einsichten umschauen, bevor sie weiter theologisieren. Das napoleonische Modell beherrschte das 19. Jahrhundert; Hüttenmeister, Meisterdenker, Verführungskünstler, Hochstapler und alte Kämpen des Klassenkampfs – alle gesellschaftlichen Kräfte fügten sich dem militanten Geist des Militärs, mit einer Ausnahme: Die Entnapoleonisierung des geistigen, politischen und sexuellen Lebens wurde von den Poeten und Schriftstellern unermüdlich weitergeführt, unter anderem von Hölderlin und Wagner, Stendhal, Flaubert und Dostojewski.

Da die Abschreckung erst durch den Zusammenbruch der napoleonischen Strategiekonzepte begriffen werden kann, wird es nicht sonderlich verwundern, daß die Intimität der Abschreckungs-Beziehungen schon sehr früh, im größten Roman des 20. Jahrhunderts, erkundet worden ist. Um zu erfahren, ob die Abschreckung im Innern formulierbar und ertragbar ist, muß man »Auf der Suche nach der verlorenen Zeit« noch einmal lesen; die Erzählung beginnt vor dem Ersten Weltkrieg, nimmt diesen als unmerklichen Drehpunkt in sich auf und versteht sich als eine Verlängerung. Combray wird untergehen im Sturm, stellt Marcel Proust ausdrücklich fest, doch ohne sich länger zu verweilen, denn er hatte schon damals erkannt, daß das Gefühl des Hierseins wesentlich vom Abwesendsein lebt; den Tod seiner Großmutter erlebte er als sein Austerlitz und Waterloo in einem:

»Verloren für immer; ich konnte es nicht verstehen, und mühte mich, den Schmerz dieses Widerspruchs bewußt auf mich zu nehmen: einerseits eine Existenz, eine Zärtlichkeit zu spüren, die so in mir weiterlebten, wie ich sie gekannt hatte ... daneben aber zu fühlen, wie dieses Glück in dem Augenblick schon, als ich es wie gegenwärtig wiedererlebt hatte, von der Gewißheit durchzuckt wurde, die wie ein in wiederholten Anfällen wiederkehrender physischer Schmerz aus dem Nichts hervorbrach, welches mein Bild von dieser Zärtlichkeit ausgelöscht, diese Existenz zerstört, unser wechselseitiges Vorherbestimmtsein zunichte gemacht hatte, und daß meine Großmutter in dem Augenblick, als ich sie wie in einem Spiegel wiederfand, bereits zu einer Fremden geworden war, die ein Zufall ein paar Jahre in meiner Nähe hatte verbringen lassen, wie sie es auch bei jedem anderen hätte tun können, für die ich aber vorher und hinterher nichts war und nichts sein würde.«

*

Die Philosophie ist eine verkehrte Welt, bemerkt sehr treffend Hegel in einer Betrachtung über eine aus der Antike überlieferte Erfahrung: Als der weise Thales seinen Blick gen Himmel hob, dessen astronomische Regeln er gefunden hatte, fiel er in ein Loch; eine thrakische Magd brach darüber in lautes Lachen aus: Der

Weise geht auf dem Kopf in einer verkehrten Welt, die Hausfrau steht auf festen Füßen in einer normalen Welt; beide wollten nicht wahrhaben, daß sie dieselbe Welt bewohnen, in der Thales Geschäfte mit Öl machte und als guter Meteorologe ein Wörtchen mitzureden hatte, wenn es in den Gesprächen um das schlechte und das gute Wetter einer Dienstmagd ging, die ihrerseits geometrische Zusammenhänge *begriff* und sich sowohl mit wahrem als auch mit falschem Wissen vollstopfte. Ob einfältig oder gelehrt, weder die eine noch der andere ist ein Philosoph, denn beide sind sie noch nicht betroffen vom Eindruck des Verblüffenden, wo Einfalt und Erkenntnis sich wechselseitig in Erstaunen setzen.

Wie eine Halb-Philosophie entfaltet die Abschreckung eine rückläufige Zeit in einem gewöhnlichen Raum. Das erste Bulletin der amerikanischen Atomphysiker schmückt sich mit einer symbolischen Uhr; der kleine Zeiger steht auf Mitternacht, der große verdeutlicht den veränderlichen Abstand einer Zeit in der Schwebe, die fortan das ganze Leben bestimmen soll. Die Aufforderung zur Reise in die Abschreckung bemißt in einem gewaltigen Countdown alles, was ist, die Dinge, die deshalb sind, weil sie dauern, und die Dinge, die nicht für das Niemals sind, dem sie zu verfallen drohen. Große Premiere: Die Folgen eines Krieges gehen ihm voran, die Lehren, die man zieht, sind nützlich, wenn, und nur wenn er nicht ausbricht; damit, und ausschließlich damit er nicht stattfindet.

Aber auch diese einmalige Erfahrung des Denkens hat ihre Vorläufer. Ein Jahrhundert lang haben Schriftsteller voller Leidenschaft die Grenzsituation erkundet, die man die »Vision der Sterbenden« nannte, jene Phase höchster Erregung des Gedächtnisses, welche durch einen brutalen Schock oder einen plötzlichen Erstikkungsanfall ausgelöst wird und dazu führt, daß man glaubt, blitzartig sein ganzes Leben noch einmal vorüberziehen zu sehen. Bergson hat eine berühmte Beschreibung dieses Phänomens vorgeschlagen »Bei Personen, die unvorhergesehen vor sich die Drohung eines plötzlichen Todes auftauchen sehen, bei dem Alpinisten, der in einen Abgrund stürzt, bei dem Ertrinkenden und Gehängten scheint es, daß eine plötzliche Rückwendung der Aufmerksamkeit entstehen kann, – etwas wie eine Änderung in der Orientierung unseres Bewußtseins, das bis dahin der Zukunft zugewendet und von den Notwendigkeiten des praktischen Handelns absorbiert, plötzlich sein Interesse dafür verliert. Das genügt, damit tausend und abertausend vergessene Einzelheiten wieder auftauchen, daß die ganze Geschichte der Persönlichkeit sich vor ihr in einem bewegten Panorama abrollt.«

Stellt man sich einmal die Frage, auf welche Weise die Herren der Raketen aufeinander einzuwirken versuchen, warum sie am »Schiff« des Gegners »rütteln« und mit welchen Mitteln sie glauben, einander Schrecken einjagen zu können, so wird man an die letzten Eindrücke eines Ertrinkenden oder Gehenkten erinnert.

Schriftsteller (Ballanche, de Quincey) und Psychologen (Ribot, Derepas) geben verschiedene und meist indirekte Darstellungen, doch einig sind sie sich alle hinsichtlich des umfassenden Rundblicks, der diese Erscheinung auszeichnet. Der Sterbende nimmt eine unendliche Fülle von Einzelheiten aus seinem vergangenen Leben wahr, entweder in einer beschleunigten Bildfolge oder alle gleichzeitig, wobei die Zeit hinter seinen sich schließenden Augenlidern zum Raum-Gemälde wird. Oder die Bilder durchdringen einander wie die Teile einer Melodie, die in ihrer letzten Note noch einmal ganz erklingt. Umkehrbarkeit der Dauer, Raffung oder gleichzeitiges Nebeneinander der unterschiedlichsten Momente der Zeit – die Erklärungsversuche für eine nunmehr als unzweifelhaft angesehene Erfahrung gehen auseinander, sie beschreiben sie als ein Erleben, in dem das Bewußtsein sich in sich selbst verdichtet, konzentriert und in einem Zustand von gleichzeitiger Spannung und Entspannung in der Gegenwart seine Vergangenheit entdeckt: »Das Gerüst wurde zum Aussichtspunkt, von dem aus Hester Prynne den gesamten Weg überblickte, den sie seit den glücklichen Tagen ihrer ersten Kindheit zurückgelegt hatte« (Nathaniel Hawthorne, *Der scharlachrote Buchstabe*).

Das Gefühl, daß meine letzte Stunde geschlagen hat, wird oft in höchst exemplarischer Weise erlebt; es ist Bergson zufolge der

Schlüssel zu den Träumereien und Traumzuständen, den ästhetischen oder auch mystischen Regungen; dieser Universalschlüssel öffnet sogar die Tür zur philosophischen Anschauung, welche bestrebt ist, »die Aufmerksamkeit von der praktischen interessanten Seite der Welt abzulenken und auf das zu richten, was praktisch nutzlos ist. Diese Umkehrung der Aufmerksamkeit wäre die Philosophie selbst«. Lange bevor der Philosoph sich damit beschäftigte, haben die Schriftsteller diese Erregungszustände beschrieben, und sie entdeckten in ihrem Zauber das Prinzip der Dunkelkammer, in der das gewöhnliche Leben sich in Literatur verwandelt: Juliens Todeszelle; Fabrices Kartause, für die und für eine endgültige Abgeschiedenheit von der Welt er sich entscheidet; das sind ebensoviele gedachte Höhen, von denen aus der Blick des Helden auf sein Leben mit dem Blick des schreibenden Stendhals verschmilzt. Ich sehe mich, also denke ich.

Der Abschreckungsstratege will, daß der abgeschreckte Gegner der Gefahr vorgreifend ins Auge schaut, und durch einen Vorgeschmack des Untergangs jene qualvolle Spannung erlebt, die dem Ertrinken vorausgeht. Die Vergangenheit taucht in dem Maße wieder auf, wie die Gegenwart versinkt; der Ertrinkende lebt nicht, aber er erblickt sein Leben ein erstes, letztes Mal; es wohnt kein Wille mehr in seinem Körper der diesen beherrschen könnte, aber er befindet sich auch noch nicht im Zustand reflexartiger Willenlosigkeit; in diesem Schwebezustand ziehen die Gefühle vor einem in seiner Art einzigartigen inneren Blick über. Im etymologischen, machtvollen Sinn des Wortes »Theorie« – »im Sinn einer katholischen«, allumfassenden Vision (im Griechischen: das Ganze, die Gesamtheit mit dem Gedanken erfassend) – gibt es eine *Theorie des Ertrinkens,* die sich wie ein roter Faden durch alle großen Werke der Weltliteratur zieht; G. Poulet hat sich damit ansatzweise befaßt, ohne zu versuchen, das Thema erschöpfend zu behandeln. Er ließ Stendhal sowie Dostojewski außer acht, dessen »Spieler« jedoch auf dem Höhepunkt seiner Epilepsie ein Bewußtsein offenbart, das wie eine untergehende Sonne im eigenen Licht badet. Je nach den natürlichen oder sittlichen Katastrophen, die solche Grenzerlebnisse auslösen, kann es zu verschiedenen Erfahrungen kommen, was eine sachliche Auswertung erschwert; dennoch unterscheidet sich diese Situation eindeutig vom physischen Koma und von künstlichen Versuchen, diesen Zustand kurz vor dem Tod zu erreichen. So bleibt die sartresche Heldin der »Grenzzustände« gleichsam am Rande der Stürme, die sie entfesselt, während ihr Freund Roquentin beharrlich die Welt der langsamen Erstickung erkundet, die er Ekel nennt. Die Literatur durcheilt, wie ein Fisch im Wasser, hypermnesische Erregungszustände und findet darin sowohl das Prinzip ihres Schauens als auch den Stoff ihrer Bilder; tiefgreifendere Deutungsversuche schlugen fehl, da sie nur von voluntaristischen oder medizinischen Prämissen ausgingen.

*

Es ist mit den Ertrunkenen wie mit den Atomtoten: Die Gefühle, die man ihnen zuschreibt, rufen keine Meinungsverschiedenheiten hervor; aber diese Einmütigkeit hört auf, sobald man daran geht, Erklärungen zu suchen und Schlüsse zu ziehen. Der nicht-literarische Kommentar, ob nun von psychologischer oder philosophischer Warte her, entgeht nur schwer der schulmeisterlichen Versuchung, zwischen »gutem« und »bösem« Ertrinken zu unterscheiden. Bergson entwirft das Bild des Ertrinkenden entweder im Sinne eines Bewußtseins, das sich auflöst, auseinandertreibt und einschläft, oder im Sinne einer sich verdichtenden Dauer, die gewissermaßen aufsteigend entflieht und sich den irdischen Zwängen der Tat entzieht. Ebenso Sartre, der zwischen dem Abgleiten des Ekelerregenden ins Vegetative schwankt und der Erhebung in die sich selbst genügende Sphäre der Kunst. Dauer oder Raum? An sich oder für sich? Verschmelzung oder Reihenbildung? Eine analoge Ambivalenz neutralisiert die Lehren, die ein jeder vorgibt, aus der nuklearen Gefahr zu ziehen, von der abwechselnd behauptet wird, sie würde die Massen in panische Furcht versetzen und den einzelnen in eine fatalistische Haltung drängen, oder sie rüttle die Seelen wach und entzünde die Willenskraft – der Kriegslüsternen oder der Friedensbewegten.

Woher kommt es, daß in der gefühlsmäßigen Bewertung der letzten Sekunden eine solche Einmütigkeit herrscht, während die Regeln, die sich angeblich darauf gründen, willkürlich und vergänglich erscheinen? Der Schriftsteller folgt der Empfindung, erkundet ihre Windungen, erfindet sie manchmal neu, nimmt Anteil an ihren Häutungen; er bleibt ein Beobachter des Geschehens, ohne an die Spitze zu laufen, zum Gleichschritt anzuhalten, rechtsum kehrt zu kommandieren, oder das Ganze linksum kehrt! Die kluge Bescheidenheit des Schreibenden macht kurzen Prozeß mit dem Wust von Anordnungen und Verfügungen, mit denen im Namen eines sentimentalen Hofmeisteramtes mobilisiert und gegenmobilisiert werden soll. Unterscheiden wir messerscharf zwischen dem entfremdenden und verderblichen Ertrinken, welches die Selbstaufgabe bewirkt, und dem verfeinerten Ertrinken, das zu einem esoterischen und höheren Ich erhebt, erklären (das ist ihre Lieblingsversuchung) die Seelenfänger und die Prediger des guten Willens. Gegen solch löbliche Verpflichtungen wäre nichts einzuwenden, wäre da nicht die Versteinerung der Empfindung, die subtiler ist, und die sie nur beschleunigen.

Im Angesicht der atomaren Gefahr, sagt man, sei es an der Zeit, vorurteilsfrei und unvoreingenommen nachzudenken. Auf die gleiche Weise entferne die bewußte Erinnerung des Sterbenden die Scheuklappen des aktiven Lebens und tilge die selektiven Versäumnisse, die sich aus exklusiven und einzigartigen Zukunftsplänen herleiten. Die extreme Gefahr bewirke eine Gefühlswandlung, wird allgemein versichert, aber Wandlung wohin? Keine Antwort, die nicht im Zweideutigen stecken bliebe, und so hört man ebensoviele Predigten, wie es Prediger gibt. Erfassen wir denn im letzten Augenblick den Saum eines kontemplativen Lebens, eine erste Rückwendung des Blickes auf sich selbst, der dem Weisen gehören wird, oder dem Künstler, dem Helden, dem Heiligen? Sind wir nicht vielmehr Zeugen des Zerfalls desjenigen, der dem aktiven Leben den Rücken zukehrt und im Angesicht eines versperrten Horizonts verzichtet, seinen Intellekt ablegt, jedes Interesse verliert und allmählich in die Irrungen eines geistig minderwertigen

Lebens zurückfällt: »Ein Bewußtsein, von der Tätigkeit abgelöst und so die Totalität seiner Vergangenheit im Auge behaltend, hätte gar keinen Grund, sich auf einen Teil dieser Vergangenheit mehr zu richten als auf einen anderen.« Durch zu langes Betrachten der Totalität würde es nichts mehr erkennen. Die Einheit der Erscheinung wird somit durch ihre Ausdeutung aufgelöst; die Vision des Ertrinkenden verirrt sich, sie spiegelt die Nähe des körperlichen Sterbens und die düstere Zersetzung wieder; oder sie wird ganz zur Vorahnung eines transzendenten Lichts.

Kurz, von oben wie von unten betrachtet wird die Vision des Sterbenden unsichtbar. Die Beleuchtung kommt woanders her, und die Szene, auf der die Literatur ihr Winterquartier aufschlug, scheint für immer dem Nichtsein anheimgefallen zu sein.

Ist nun diese analytische Auflösung beweiskräftig oder besteht nicht vielmehr die Gefahr, daß sie das findet, was sie nie wirklich suchte? Indem sie die Frage aufwerfen, was denn ein letzter Rundblick – Mechanik oder erhabene Eingebung – umfasse, vertiefen die gelehrten Deutungen unnützerweise eine Erfahrung, die in sich selbst das Prinzip eines zusammenfassenden Abschlusses und der Rückbesinnung fand. Bergson dehnt die Erfahrung des Ertrinkenden auf Zustände der Verträumtheit und der Sehnsucht aus, läßt dabei aber das Spezifische einer Situation außer acht, in der das, was mich ansieht, das, wodurch ich meine Vergangenheit betrachte, sich so plötzlich und scheinbar unbarmherzig als mein Tod erweist. Dieser soll umgangen werden mit all den moralisierenden Höhenflügen, die eine Erfahrung aussparen, der sich bis heute allein eine trockenäugige Literatur angenommen hat.

Das Tilgungsverfahren bedient sich einer eleatischen Tradition: Das Nichts gibt es nicht, die Literatur experimentiert mit einem illusorischen Gegenüber; wenn sie den Tod belauscht, gibt sie sich mit Worten zufrieden; »Analysieren Sie doch diesen Satz: ›Es kann nicht nichts sein‹, Sie werden sehen, daß Sie es mit Worten zu tun haben, nicht mit Ideen, und daß ›nichts‹ keine Bedeutung hat ... in Wirklichkeit gibt es die Leere nicht. Wir nehmen nur die Fülle wahr, nur sie können wir fassen. Etwas verschwindet nur, wenn etwas anderes an seine Stelle getreten ist. Unterdrückung heißt somit Ersetzung.« (Bergson). Abwesenheit ist immer Abwesenheit von etwas: Man hört nicht auf zu sein. Dennoch wird man die Frage stellen: »Warum existiert etwas oder jemand?«; auch Bergson hat dies empfunden: »Von Fall zu Fall fühlen wir uns in einem Lauf ins Unendliche fortgerissen. Wenn man anhält, dann, um dem Schwindel zu entgehen.« Und doch ist dieses Schwindelgefühl eine Lüge, denn rückwärtsschreitend befreit man sich davon, es ist nur die Sogspur eines Problems ohne Lösung, das »nicht aufgeworfen werden dürfte«, wäre da nicht der linguistische Lichthof, der auf die Dinge den trügerischen Schein ihres Verschwindens wirft. Auf diese Weise hat Bergson mit einem einzigen Schlag Literatur und Tod widerlegt, und die Sprache dazu. Und, ohne es zu beabsichtigen, auch die Bombe: unfreiwilliger Beweis dafür, daß sich diese vier Nicht-Dinge gegenseitig halten.

Um zu herrschen, bedienen sich die herrschenden Ideologien einer doppelten Entschärfung: Der Tod ist nur ein Vorfall und als solcher zweifelhaft. Das Wunder des Ertrinkenden, der einen Tod sieht, welcher das Sehen aufhebt, habe niemals stattgefunden; das Anliegen einer Literatur, die über den Abstand zwischen dem Erscheinen und dem Verschwinden des Erscheinens nachgrübelt, schafft einen begrifflichen Widerspruch, die logische Nichtausführbarkeit verdoppelt die physische Nichtausführbarkeit, die sie überlagert. Der Ertrunkene erstickt in seinem Körper oder ergießt sich im Jenseits, begegnet aber niemals einem Ertrinken im eigentlichen Sinne, das weder in den Worten noch in den Dingen eine Spur hinterläßt. Man versteht nun besser, warum ein nukleares Desaster für die hochsinnigen Gemüter undenkbar ist und nur von der unbeschreiblichen Barbarei der Zeit zeugt. Der Denkmechanismus, der diese »Undenkbarkeit« hervorbringt, ist derselbe, der uns verbietet zu sagen: »ich ertrinke«, es handelt sich um den Gedanken eines Gottes, und der Gott der Richtigdenkenden weigert sich, solchen Unsinn auszusprechen. Haben nicht die Ideologien der Neuzeit den Streit darüber geführt, welches der kürzeste Weg sei zur Vernichtung der seltsamen Wahrnehmung, die seit zwei Jahrtausenden Mensch und sterblich zu Synonymen macht? Die Gefahr der atomaren Auslöschung würde keine solche Entrüstung bewirken, wenn sie nicht Wesen wachrüttelte, die sich angesichts ihrer prosaischen Endlichkeit für ewig halten.

Man sieht nur das, was erscheint (das Erscheinen selbst nimmt man nicht wahr). Man sieht nur das, was verschwindet (das Verschwinden kann man nicht erfassen). Die doppelte Behauptung gliedert einen optischen Apparat, der den Tod »scotimisiert«, indem sie ihn in die Verschwommenheit einer zweideutigen Aktualität taucht, die sich nicht scharf einstellen läßt. Der glückliche Benutzer dieser Maschine – dem mystische und überirdische Schwärmereien erspart bleiben – gewinnt dadurch, daß er nichts sieht, das Gefühl, unvergänglich zu sein: Durch diesen Hyperrealismus, mit dem er sich dazu zwingt, nur endliche Gegenstände in Betracht zu ziehen, läßt er sein eigenes Verschwinden verschwinden. Der solcherart über die Probe der Nicht-Sterblichkeit hergestellte Beweis der Unsterblichkeit hat zur Folge, daß die Ungewißheiten der theologischen Ekstasen durch die Gebote eines kurzsichtigen Objektivismus ersetzt werden, damit man den durch Kurzsichtigkeit zum Gott gewordenen Menschen feiern kann.

Die auf den Kopf gestellte Welt, die durch die Literatur halb aufgebrochen wird, sowie durch eine Philosophie, die es wagt, die Leere und die wohlverstandene Abschreckung zu denken, läßt sich nicht einfach dem Alltäglichen hinzurechnen, wie ein Diesseits oder ein Jenseits. Das andere der Welt ist nicht eine andere Welt. Den Tod kann man nicht sehen. Er verhilft zum Sehen, würde ich sagen. Aber was sehen wir? Der Tod ist kein Ereignis, das ich feststellen könnte, ist auch nicht in das indirekte Licht des bevorstehenden Geschehens, eines Anderswo getaucht, er trennt mich von meiner Zukunft, faßt meine Erinnerung zusammen, stülpt meine Gegenwart in Richtung Vergangenheit um, und macht mich auf diese Weise gegenwärtig – aber wie? Können alle verjährten Ereignisse zum Appell auf einem Platz erscheinen, den der schwindende Geist mit einem einzigen Blick überfliegt? Oder können sie sich zu einer Melodie verdichten, die der Eingebung im letzten

Augenblick noch einfällt? Trotz unterschiedlichster Spitzfindigkeiten werden wir wohl Gefangene einer allzu rechnerischen Phantasie bleiben, wenn wir mutmaßen, daß die Vergangenheit weiterlebt wie ein Lagerbestand von Geschehnissen, die inventarisiert wurden oder zu inventarisieren wären. Es ist wohl nicht der richtige Zeitpunkt, um sich zum erschöpfenden und wissenschaftlichen Biographen zu küren. So lange »die ganze Vergangenheit sehen« bedeutet, daß man die komplette Ansammlung vergangener Ereignisse durchmustert, wird man sich in einer Sackgasse befinden. Das, was der Sterbende betrachtet, kann nicht »alle Dinge« sein, es kann nur ein Gesamtüberblick sein, wenn die Gesamtheit keine Sache ist, auch nicht mehrere Sachen oder ihre vollständige Aufzählung, sondern das Licht, das sie überströmt und das allein imstande ist, sie zu einer Ganzheit zusammenzufassen. Der Tod sammelt das schon Gesehene, und zwar vielmehr in seinem Erscheinen als in der Form eines maßvoll oder melodisch erschöpfenden Verzeichnisses.

Es geht um das, was bei jedem individuellen oder kollektiven Ertrinken, im Zuge einer jeden Abschreckungsstrategie unterzugehen droht: Leiber, Güter, Regeln natürlich, aber auch die Macht, sie auszutauschen, zu ändern oder sie aufzuopfern. Und über diese Macht hinaus, in Verbindung mit der notwendigen Ohnmacht, die erstere stützt, ist da ein Gefühl, das wir unbeholfen Verhältnis zur Welt nennen und in dem sich die bewegende, ergreifende Teilung unseres Möglichen und unseres Unmöglichen entscheidet – als seien die Dinge und Geschehnisse zuvor in ein Ganzes eingetaucht, das mit einem Mal ebenfalls zu ertrinken scheint. Das Gefühl zu verschwinden ist nur denkbar, wenn man zwischen dem unterscheidet, was zu sein scheint – die Dinge, ich, ihr – und seiner Kehrseite, der Manifestation, die bewirkt, daß das, was zu sein scheint auch erscheint; darauf vielleicht werfen wir mit verdrehten Augen einen letzten Blick.

Wie schafft es die Literatur, daß sie nicht in die Sackgasse des Unsagbaren gerät? Mit jedem ausgesprochenen Wort ertrinke ich, erlebe ich im voraus das Geschehen, das Wasser bis zu den Lippen, aber noch nicht ganz untergetaucht. Beschreibt nicht die Abschreckung einen ähnlich teuflischen Kreis, indem sie darauf abzielt, daß sich einem die Haare sträuben und sich damit im Schrecken die Gefahr selbst aufhebt? Wie soll man zwischen dem Schweigen des wirklich Ertrunkenen und der Überschwenglichkeit des Davongekommenen den rechten Ton und die richtige Ergriffenheit noch finden? Wie kann man auf natürliche Art flüstern: Ich sterbe? Literatur und Abschreckung beschwören mich, ich solle mich für die Prüfung meines Abgangs bereit machen. Werde ich mich fernsteuern müssen von dem phantastischen Moment an, wo ich Zeuge meines eigenen Untergangs sein werde?

Der Widerspruch tritt auf, sobald ich mich darauf versteife, das Versinken auf die Stunde X festzusetzen, in der ich noch zu sein und gleichzeitig nicht mehr zu sein habe. Es gibt keinen Widerspruch, wenn das Geschehen ununterbrochen abläuft, mehr Sterben als Totsein, weil es die Zeit selbst und damit nicht faßbar ist und an keinem Punkt der Zeitfolge festgesetzt werden kann: »Ich gelangte zu der Einsicht, daß Sterben nicht etwas Neues, sondern daß ich im Gegenteil von meiner Kindheit an schon viele Male gestorben sei.« (Proust) Die grundlegenden Erlebnisse gibt es seit eh und je, sie gehen einander selbst voran, man wird schon als ertrinkbar und halb ertrunken geboren. Daher rührt das der »Suche« und der Abschreckung gemeinsame Axiom: Der Tod macht das Sehen möglich, doch blicke man nicht mit dem einen Auge auf ihn und mit dem anderen auf die Dinge des Lebens, denn würde man ihn nicht anschauen, und sei es mit voreingenommenen Augen, die anderen Dinge würde man ungesehen erleben. Dem eleatischen oder bergsonschen Theoretiker, der behauptet, wer den Weltuntergang denkt, denke an nichts, entgegnet der Schriftsteller, daß man an gar nichts mehr denkt, wenn man ihn verwirft; akzeptiert man hingegen die Voraussage, so wird es möglich, gewissermaßen das Kleingeld entgegenzunehmen und das Unheil, das verstreut in vereinzelten Lokalereignissen zum Ausbruch kommt, in Grenzen zu halten.

*

Abwesenheit ist über die Optik des Nachhineins eine Anleitung zur Lust: »Ich hatte das Vergnügen in Balbec ebensowenig finden können wie später das des gemeinsamen Lebens mit Albertine, das mir erst nachträglich wahrnehmbar geworden war.« Dieses scheinbar banale Trauern um Gewesenes bewahrt von einem Ereignis nur die enttäuschende Erinnerung, von der Enttäuschung nur noch die Erinnerung und von der Erinnerung nur noch die ästhetische Wahrheit der Wiederbelebung des Gedächtnisses. Dennoch, die Trauer begnügt sich damit zu beweisen, wie eitel die äußeren Dinge sind, während die Literatur sich mit der Wahrheit befaßt, die innerlich diese Eitelkeit leidenschaftlich erregt: »... Anstatt sich ein hundertstes Mal in der Wendung zu gefallen: ›Sie war sehr lieb zu mir‹, muß man die darunterliegende Wahrheit lesen: ›Sie zu küssen hat mir Vergnügen gemacht.‹« Der Tod, dieser Künstler, beschränkt sich in seiner Arglist nicht darauf, den reinen Kristall einer unpersönlichen Wesenheit von der Schlacke des Seins zu befreien, er zwingt dazu, »von der Rückseite her anzusehen«, er bewirkt eine Rückbesinnung, »... [dies] ist genau das umgekehrte Bemühen wie das in jeder Minute – solange wir uns selbst entfremdet leben – von der Eigenliebe, der Leidenschaft, dem Verstand und auch der Gewohnheit in uns vollzogene, wenn diese, um sie uns ganz und gar zu verbergen, über unsere wahren Eindrücke die konventionellen Bezeichnungen, die praktischen Zwecke breiten, die wir fälschlich als das Leben bezeichnen.« Unser Seelenfrieden beruht auf diesen friedlichen Entfremdungen, »die wir fälschlich als das Leben bezeichnen«; die vorweggedachte Gefahr, sie zu verlieren, zwingt uns, ihre Mini-Mystifizierung bloßzulegen und durch die inneren Besetzungen, deren Rinde sie sind, »die darunterliegende Wahrheit zu lesen«. In dem Maße, wie die Abschreckung jeder Überzeugung entgegenwirkt, leiht sie vom Tod die Freiheit und die Fähigkeit aufzulösen.

Nur gegen den Strich bringt man Klarheit in ein Leben. Dessen kontrastreiche Wahrnehmung erfolgt keinesfalls nach den Regeln einer umständlichen und retrospektiven Gedächtnisfeier. Wenn Proust die »unwillkürliche Erinnerung« betont, so ist es das

Unwillkürliche und nicht das Denkwürdige, das die Wirkung des Vorgangs verstärkt. Der Erzähler, der sich niederbeugt, um seine Halbstiefel aufzuschnüren, wird unvermittelt, auf dem Umweg einer vertrauten Handlung, mit einem Jahr Verspätung vom Tod seiner Großmutter ergriffen: »Und so ... erfuhr ich erst jetzt, in diesem Augenblick ... – auf Grund jenes Anachronismus, durch den so oft der Kalender der Tatsachen mit dem Kalender der Gefühle nicht zusammenfällt –, daß sie gestorben war.« Das Gesetz des Anachronismus schafft die vorangegangenen Umkehrungen der »rückläufigen« Entschlüsselung. Daß etwas fehlt, wird uns erst durch den Kontrast zum vorherigen klar, er »macht unser wechselseitiges Vorherbestimmtsein rückblickend zunichte«. Die Erinnerung durchmustert rückwärtsblickend, sie erweckt zu neuem Leben nicht gegen den Tod, sondern in ihm. Wenn leben darin besteht, aus Eigenliebe zu vergessen, daß man vergehen kann, wenn leben mit ... darauf hinausläuft, daß man in einem fort die hauchdünne Beschaffenheit des »mit« überfliegt, und dies in der Illusion einer gegenseitigen prästabilierten Harmonie, dann erweist sich die authentische Erinnerung als wahrer denn das Leben, weil sie dessen verborgene Seite enthüllt.

Sie ist tot. Verloren, weil gefunden. Gefunden verloren. Ich könnte eine weise Teilung versuchen: hier mein Friede, da mein Krieg. Ich würde an ihre Photographie Worte und Gebete richten, die das schwindende Sein einer vergilbten Erinnerung hin zur ewigen Wesenheit der Großmutter transzendieren. »Niemals tat ich es ...«. Warum nicht? Um »die Originalität meines Leidens ... diesen seltsamen Widerspruch zwischen Nachleben und Nichts ...« zu bewahren. Die bloße Überlagerung der Erinnerung an ihr Dasein durch das Bedauern ihres Fortseins wäre ein Rückfall in die Illusion von Ewigkeit, die fast verbietet, sie leben zu sehen, ganz sicher, sie sterbend zu begleiten. Durch einen einzigen Schritt schafft der Tod den nötigen Abstand und ermöglicht es, den Blick wieder auf das Wesen einzustellen, im Spannungsfeld eines »... so schmerzlichen und im Augenblick unbegreiflichen Eindrucks ... den nicht mein Verstand in mich eingezeichnet und mein Kleinmut abgeschwächt hatte, sondern den der Tod selbst, die jähe Offenbarung des Todes wie ein Blitzstrahl ... in mich eingegraben hatte als eine geheimnisvolle Doppelspur.« Man sieht nicht nach, gegen, trotz des Blitzes, sondern mit ihm; die unwillkürliche Erinnerung ist ein optisches System mit doppelter Öffnung, deshalb läßt sie sich nicht nur auf die Vergangenheit anwenden.

In der Hinterher-Vision konnte auf trügerische Weise der Eindruck entstehen, der Tod befreie eine Wesenheit und trete vor ihr zurück. In Wirklichkeit lebte der Erzähler an der Seite einer ständig anwesenden Großmutter, deren Sterblichkeit ihm entging, und er erweckte nicht eine irreführende Vergangenheit zu neuem Leben, die er im Heute als Trugbild erlebt; aus der Distanz wirkt die Großmutter viel gegenwärtiger, als sie es als Person je gewesen ist. Den Aspekt ihrer Sterblichkeit, der wesentlich war, überging der Erzähler ständig, solange sie für ihn da war.

*

Die Präsenz des Unüberwindlichen öffnet die Tür zur Wahrheit des Vergangenen, sie übt außerdem einen bestimmenden Einfluß auf die Gegenwartswahrnehmungen aus: »Selbst eine tiefere Art von Freude, diejenige zum Beispiel, die ich in mir hätte fühlen können, als ich Albertine liebte, wurde mir in Wirklichkeit nur umgekehrt, in Gestalt jener Angst, bewußt, unter der ich litt, wenn ich sie nicht bei mir hatte.«

In der »umgekehrten Bewußtwerdung« des Liebeserlebnisses, wie auch in der erinnernden Rückschau, erweist sich die Abwesenheit als eine Gegenwartsform, die wahrer ist als das Sein hier und jetzt. Es wird gewöhnlich angenommen, der närrische Idealist mühe sich, eine kalte, mitunter schäbige Wirklichkeit mit den schillernden Farben einer Über-Wirklichkeit zu drapieren, deren einziger Fehler es ist, daß sie nicht existiert. Die Illusion geht weit gewöhnlicher und wirksamer vor. Sie spiegelt Realität vor, und anstatt die großen Abwesenden in Erinnerung zu rufen, schlägt sie ihnen die Tür vor der Nase zu, indem sie jede Tiefe an die Oberfläche lockt und die Mikro-Utopie einer lückenlosen, intensiven Sinnlichkeit schafft, die sich ohne zu zögern und für immer anbietet. Der geistige oder sensible Idealist ist ein Überzeugter. Wovon? Davon, daß das gute und göttliche Wesen, das er beweist, oder das nicht minder göttliche Wohlbefinden, in dem er lebt, das Maß des geringeren Vorteils, des schlechteren Seins und letztlich des Übels selbst ist. Er fühlt sich wohl in seinem Wohlsein, amen. Die »umgekehrte Bewußtwerdung« ernüchtert, versetzt das Gegenwärtige zurück in den fahlen Lichthof der Abwesenheit, der es umrahmt; nicht das Gute vermittelt unter der Hand eine Vorstellung vom Bösen; nicht das Positive dient als Prüfstein für das sekundär Negative; nicht die Gesundheit lehrt, was Krankheit ist: Die scheinbaren Minderwertigkeiten sind keine überflüssigen Nachlieferungen, sie sind von vornherein Bestandteile unserer glücklichsten Visionen. Sie sind die notwendigen Komponenten des optischen Apparats, der uns das Leben sichtbar macht.

Es wird mit apodiktischer Bestimmtheit und im Brustton der Überzeugung versichert: Um sich das Böse vorstellen zu können, müsse man eine Vorstellung vom Guten haben. Die Abschreckung tut ironisch ein übriges, sie stellt sogar die Argumentation auf den Kopf: Wir brauchen ein Gut, von dem wir noch nicht einmal eine Vorstellung haben, um – und ausschließlich um – uns eine Vorstellung davon machen zu können, wenn es nicht mehr ist. »Was das Glück anbelangt, so dient es fast nur einem nützlichen Zweck: das Unglück möglich zu machen … Wenn man nicht glücklich gewesen wäre, und sei es auch nur durch die Hoffnung, würde einen das Unglück jeweils ohne Grausamkeit und damit furchtlos treffen.« Die Grausamkeit des Unglücks betont seine Verwandtschaft mit dem Tod, seine Frucht ist Wahrheit. Die idealistischen Utopien vom vollkommenen Glück – entweder das eines einzelnen oder das der Menschheit – sind keine neuen Ideen, sie sind überhaupt keine Ideen: Das angenehme Wohlbefinden, das wir anstreben, kann sich – und das ist ohne Belang – als eine Illusion erweisen, es bleibt ohnehin jenseits eines Kummers, einer Freude, eines Wahren, eines Falschen, die es uns aus der Ferne vermittelt, auf dem Umweg einer »umgekehrten Bewußtwerdung« und im jubelnden Erfassen eines schmerzlichen Abstands. »Ideen sind Ersatz für Leiden; in dem Augenblick, da diese sich in Ideen verwandeln, verlieren sie einen Teil ihrer schädlichen Wirkung auf unser Herz, und im ersten Augenblick löst diese Umwandlung selbst plötzlich Freude aus.«

Die Abschreckung erscheint in der Literatur entweder optimistischer als sie es dem Pessimisten nach zu sein scheint, oder zu pessimistisch nach Ansicht des Optimisten; sie verlangt eine Steigerung der Bewußtheit und nicht der euphorischen Überzeugtheit. »Wenn es sich ums Schreiben handelt, ist man gewissenhaft, man sieht sehr genau hin, man verwirft, was nicht Wahrheit ist. Solange es aber nur um das Leben geht, ruiniert man sich, macht sich krank oder begeht Selbstmord, und das um lauter Lügen.« Hat man erst einmal die Faszination der tödlichen Waffen überwunden, so liegt es an einem selbst, hinter der verunglückten Vision ihrer katastrophalen Wirkung die flüchtige Intuition ihres Wahrheitswertes zu erfühlen: So sehen die Menschen einander an.

Die Literatur wendet sich an zeitliche Wesen. Sie vermittelt das Gefühl des Ertrinkens, aber sie produziert es nicht. Sie flüstert uns zu »erinnere dich«, und allein derjenige, der nie zu ersticken glaubte, wird es nicht hören. Man würde sich vergeblich mühen, die Sterblichkeit zu beweisen, man bringt sie dem Vergeßlichen wieder in Erinnerung, auf sanfte oder derbe Weise, über die Abschreckung oder über die Literatur. Weder der Krieg noch die Schreckenswaffen scheinen geeignet zu sein, um einer Zivilisation ihre Vergänglichkeit glaubhaft zu machen, sie bilden nur Hindernisse für das Vermeidungsverhalten des Menschen.

Das Ertrinken ist die Erfahrung wie vergänglich wir sind, da wir vergänglich sind. Durch sie erfahren wir die drohende Vernichtung, die für das ruhige Gewissen eine linguistische Illusion sowie ein Widerspruch in adjecto bleibt, die Verwünschung eines Irren, den es nicht einmal für gefährlich halten kann, ohne sich auf absurde Weise selbst zu widersprechen. Der Schriftsteller – selbst der vor-nukleare – arbeitet mit Explosiv-Stoff, wenn er am Konvertibilitätspunkt der Todesversprechungen und der Liebesdrohungen eine aufkeimende Soziabilität entdeckt.

Die Kehrtwendungen der Angst

»Wer aber in die Möglichkeit versank, dessen Blick schwindelte, sein Auge verwirrte sich, so daß er den Maßstab nicht mehr zu fassen vermochte, den Kreti und Pleti dem Versinkenden als einen rettenden Strohhalm hinreichen; sein Ohr verschloß sich, daß er nicht mehr hörte, wie hoch der Mensch der Gegenwart im Kurse stehe, nicht hörte: daß er ebensogut sei wie die meisten. Er sank absolut; dann tauchte er aber auch wieder von der Tiefe des Abgrundes auf, leichter als all das Beschwerende und Schreckliche im Leben.«

S. Kierkegaard,
Der Begriff der Angst

Menschen, die jahrelang derselben Gefahr ausgesetzt waren, mögen sich durch ihr soziale Herkunft, ihre Überzeugungen und ihren Glauben noch so sehr unterscheiden, sie zeigen eine gewisse Ähnlichkeit, denn sie haben dieselbe »Feuertaufe« bestanden, man hat ihnen einen Namen verpaßt, der ihnen allen steht und allein ihnen gehört: »Haudegen«, »Muschkote«, »Kriegsversehrter«. Diese Umschmelzung eines individuellen Menschseins im Tiegel der geteilten Gefahr wurde als Fronterfahrung beschrieben. Sie ist die Triebkraft sowohl der heiligen Bünde wie auch begrenzterer und echter Brüderschaften.

Der um sich greifende Alarm verwandelt eine individuelle, tiefsitzende Angst in ein Prinzip der Sozialität; das Atomzeitalter überträgt diese Angst im Zuge der vielfältigen Krisen, die ein planetarisch gewordenes Leben ins Taumeln brachten, auf alle Beteiligten. Keiner entgeht ihr. Andropow, dessen Polizei den Mann auf der Straße in Angst und Schrecken hält, hat ebenfalls Angst. Ausnahmen gibt es nicht. Die Soziologen streiten über die Veränderungen des Sexual- und Moralverhaltens, die durch eine

Situation hervorgerufen wurden, die sie übereinstimmend als nicht indifferent bewerten. Daß sich das Innenleben des »nuklearen« Menschen so schwer erfassen läßt, liegt möglicherweise daran, daß eine wichtige Frage übersprungen wurde. Wonach sollte man suchen? Welche Form des kollektiven Zusammenlebens bringt eine Gefahrengemeinschaft hervor und auf welche Weise »humanisiert« die Angst? Was ist vom Übergreifen der Frontprüfung auf eine ganze aufmarschierte Gesellschaft zu erwarten, die – vor ihre Fernseher gebannt – immer weniger imstande ist, das Hinterland und die Feuerlinie, die Einberufenen und die Etappenhasen, den schwarzen Schützengraben des Kriegsalltags und den rosaroten Horizont einer verheißungsvollen Zukunft voneinander zu unterscheiden? Da die Massenvernichtungswaffen nicht Ursache, sondern Krönung jener Bewegung sind, durch die die Fronten auf immer umfassendere Weise die Menschengemeinschaften dieses Jahrhunderts mobilisieren, dürfte es niemanden wundern, daß die spezifischen Züge des nuklearen Menschen nachgewiesen wurden, lange bevor die Physiker die Wundermaschinen erfanden, denen er diesen Namen verdankt.

Die Angst als kollektives Phänomen

An einem Frühlingstag des Jahres 1981 rief mitten in einer Fernsehdebatte ein siebzehnjähriger Schüler dem deutschen Bundeskanzler zu: »Ich habe Angst, Ihre Politik macht mir Angst.« Das war die Geburtsstunde des grünen Pazifismus: Der junge Elias hatte die Wahrheit ausgesprochen, und, ohne es zu ahnen, den Startschuß zur Bildung der ersten europäischen Volksbewegung gegeben, die sich als fähig erweist, die seit Jalta festgelegte Geographie Europas umzuwälzen. Die Aufregung darüber, daß er zum erstenmal vor einer so ehrwürdigen Versammlung das Wort ergriff, schnürte ihm fast ebenso die Kehle zu, wie es die Bedrohung durch die fernen Raketen tat. Schon Proust bemerkte, daß der Grad unserer Ängste nichts mit der Gefahr zu tun haben muß, die sie auslöst. Man kann Angst davor haben, nicht schlafen zu können, aber es ist möglich, daß man ein gefährliches Duell nicht fürchtet. Wir können Angst vor einer Ratte haben und keine vor einem Löwen. Wenn man auch, der hochgradigen Plastizität der Ängste wegen, diesen gegenüber Vorsicht walten lassen muß, vor allem im Hinblick auf die Begründung ihrer Ursachen, so sind sie doch einleuchtend und damit ansteckend, denn es genügt, daß die Ergriffenheit des Vortragenden die Ängste, von denen er spricht, zu bestätigen scheint, damit der Vortrag wirkt. Der Gymnasiast wurde transparent. Er verlosch. Was werde ich sein, wenn ich nicht mehr bin? Die Frage, die jeden Menschen an seine Einsamkeit schmiedet, bewirkte, kraft der Alchimie einer bloßen Addition, genau das Gegenteil, nämlich den Überschwang einer sich auf sich selbst besinnenden Gemeinschaft: Was werden wir sein, wenn wir nicht mehr sind? Im stillen Jubel eines wiedergefundenen »Wir« begeisterte sich Deutschland für den Pazifismus. Im Gedanken an seinen Tod entdeckte es den Beweis seiner Existenz; aus dem Schaum der unendlichen Auflösung kehrte es zurück in das süße Gefühl der Selbstfindung.

Die Zurückhaltung des Kanzlers verwundert; da in der Presse keine Spur seiner Erwiderung zu finden ist, darf man auf sein Schweigen schließen. Die von dem jungen Mann zum Ausdruck gebrachte Beklemmung wurde als eine Absage an die Tat des Politikers bewertet: Sollte ein guter politischer Führer seine Wähler nicht vor unangenehmen Empfindungen bewahren? Unsere Prominenten halten die Angst für eine schandbare Krankheit, sie schätzen es vielmehr, wenn sich bei ihrem Erscheinen die Reihen schließen, wieder Mut gefaßt wird und die Jammerlappen zu zittern aufhören; aber nicht ein jeder ist zum Regimentsvater geboren.

Europa hat Angst, und Europa hat Angst vor seiner Angst. Die Eliten des Kontinents haben den Abschreckungsfrieden hingenommen wie ein fremdes Schicksal; die unsichere Ruhe, die man genießt, indem man Drohungen und Gegendrohungen austauscht, wird als widernatürlich betrachtet; nur ein auswärtiger Zwischenfall, versichern sie – ein böser Nachbar oder ein geistesgestörter

Beschützer –, nur ein von außen unerwartet hereinbrechendes Geschehen könnte einem diese eiskalte und perverse Argumentation eingeben, wonach man seine Sicherheit in der Verunsicherung des anderen sucht. Absurd erscheint der Gedanke, man könne Angst durch Angst austreiben. Vorwärts! Frischauf! riefen früher die kriegsbegeisterten Mengen. Nieder mit den Waffen! Rette sich wer kann! empfehlen heute die zahlenmäßig nicht geringeren Manifestationen. Diese sich widersprechenden Haltungen dienen auch der Vermeidung. Dasselbe Leitmotiv bestimmt ihre Kadenz: lieber ein Ende mit Schrecken als ein Schrecken ohne Ende.

Kaum zeigt sich irgendwo Angst, eilen etliche Chirurgen herbei, um sie auszubrennen. Wenn du sagst, du hättest Angst, dann gibst du zu, daß dein Herr nicht gut ist. Wenn du deine Furcht von dir weist, wirst du das Opfer einer Radikalamputation werden. Gib dem anderen Kandidaten nicht deine Stimme: Er verbreitet Angst und Schrecken. Wähle mich: Ich garantiere Sicherheit.

Das Kind, das Entsetzensschreie ausstößt, hat begonnen zu sprechen; auf der Momentaufnahme ist es zu Unrecht erstarrt, sein erstes Wort wird zum letzten erhoben. Man muß ihm Zeit lassen, damit es erkennen kann, daß seine Angst nicht wie ein böses Ding in seinem Kopf steckt, wie ein Splitter, den man nur, mit oder ohne Schädelöffnung, herauszuoperieren braucht. Nein, sie kommt aus den tiefsten Tiefen, sie ist geschmeidig, wandelbar und aus dem Holz, aus dem man Flöten macht, und aus dem Marmor, aus dem die Koren des Erechtheion gehauen wurden.

Das Hörnchen der Madame Verdurin

Vor der Zeit der Abschreckung entfaltete das Militär seine lokalen Konflikte und das Spiel seiner Kräfte im Schatten eines Untergangs, von dem es behauptete, daß es ihn mit seinen Berechnungen und Vorbereitungen außer Kraft setzen könne, obwohl es gerade aus diesem eventuellen Untergang seine Existenzberechtigung herleitete. Der Friedfertige errichtet das Gleichgewicht des guten Willens, er startet sein Wett-Abrüsten und geht dabei von der Annahme aus, daß die gewaltsame Erpressung verboten sei; aber er würde gewiß nicht weiterdemonstrieren, wenn das Verbot wirklich eingehalten würde. Ob gut- oder übelgesinnt, der Experte alter Art sägt am Ast, der seine Begriffsgirlanden trägt, so sehr trachtet die Angst, die ihm im Nacken sitzt, nach einem Grund, nicht zu sein. Er konfrontiert die nackten Tatsachen miteinander, stapelt die moralischen Größen übereinander, und der bedrohlich dunkle Schlund, den er mit größtem Aufwand beschwört, scheint weder den einen noch den anderen etwas anhaben zu können und ebensowenig seiner exakten Buchführung. Er vergleicht die Raketenzahlen miteinander wie zur Zeit der Kanonenboote, und wird nicht müde, auf den Völkerkongressen, die in der Zeit zwischen den europäischen Kriegen stattfinden, die üblichen Bekenntnisse abzulegen. Die nukleare Gefahr beschleunigt zu allem Übel noch die Waffenproduktion und vergrößert die Anzahl der erbaulichen Reden. Nichts hat sich geändert, die halbe Logik des Militarismus und des Pazifismus trennt unbeirrt die angstfreie Freude an einer »alternativen Lösung« und die freudlose Angst vor einem endzeitlichen Scheiterhaufen.

Dennoch haben wir alle schon glückliche Pazifisten und glückliche Militärs getroffen, die Megatonnen vorzauberten, Hekatomben von Toten aufzählten, im großen Buch der Katastrophen blätterten und apokalyptische Bilanzen vortrugen, und sich nebenbei noch anderen netten Beschäftigungen hingaben. Eine wählerische Technologie der Lust und des Leids bringt, in einer Art Wechselwirkung, die Mikrostrategie der hautnahen Begegnungen und die großen Tragödien der Massenvernichtungen zusammen. Gefahr wirkt befreiend, die sich kreuzenden Blicke werden vielsagender, wenn die versperrte Vergangenheit ihnen den Durchblick verbietet: »Wir waren niemals zuvor so frei wie unter der Besatzung«, gestand Jean-Paul Sartre und schockierte damit nicht wenige. Er drückte nur das aus, was jeder ehemalige Kriegsteilnehmer weiß: »Ich war frei und ich fühlte mich frei«, schreibt Teilhard de Chardin in seinem Buch »Nostalgie du front«. Auch hier stellt die

Abschreckung die Zeit auf den Kopf, sie gibt uns einen Vorgeschmack dessen, was im nachhinein nicht ausgekostet werden kann, und versorgt die Buchhandlungen mit den Memoiren des künftigen Kriegsteilnehmers.

Eine Not, die bis zum Äußersten gesteigert wird, läßt alle kleineren Sorgen in ihrem Umfeld verblassen; sie schafft eine seltsame Sorglosigkeit. Die Frontnostalgie verklärt die große Gefahr und macht jene, die ihr ausgesetzt sind, davon frei. So nimmt es nicht Wunder, daß das trauernde Gedenken an die vergangenen und künftigen Hiroshimas oft ein willkommener Anlaß ist zu fröhlich-gesunden Ausflügen in die Natur, und in Form von Tonbandaufnahmen dazu herhalten muß, die mannhaften, traditionellen Exerzitien klanglich zu untermalen, in denen, im Rahmen eines stillschweigenden Abkommens, die Hüter der Ordnung und die symbolischen Champions der Unordnung aufeinandertreffen. Anstatt hier gleich Unredlichkeit zu wittern, sollte man in den Inszenierungen der alternativen »Szene« eher ein generelles Nützlichkeitsdenken erkennen, das Angst in Lust umwandelt.

Strategen wie auch Industrielle besitzen die Gabe, aus den Angstgefühlen der Öffentlichkeit Kapital zu schlagen. Und jene, die das Unheil antizipieren, das sie voraussagen, horten auf gleiche Weise hier und jetzt die kleinen Profite der Trauer. Eine Blume, die auf keine Befruchtung mehr hoffen kann, wird ohne zu warten zu Ende blühen. Alles wird verbrennen, also genieße man, was sich noch bietet, daran haftet schon die berückende Aura des Vergänglichen: »Du fühlst, daß du bald wirst Abschied nehmen müssen, und dieses Gefühl ist wie eine untergehende Sonne, die dein Glück bestrahlt« (Nietzsche). Die dunklen Prophezeiungen kollektivieren den Rausch, zu früh recht zu haben, die Meditation über die Schlußszene datiert die posthumen Gesellschaften vor: »Der dem Leben unvergleichbare Tod, der außerhalb von ihm ist, erhellt es mit einem fremden Licht. Aber durch die Angst und den Schrecken ist er auch innerlich, und menschlich, und vergleichbar« (Valéry).

Durch einen merkwürdigen Umstand, der den Dichtern vertraut ist, glaubt man mehr den Unglücksverheißungen als denen, die

Glück versprechen, denn erstere begründen die Freude am Leben. Da Eros ein Trieb ist, der die Tendenz hat, zu verbinden, »Organisches zu immer größeren Einheiten zusammenzufassen« (Freud), so tritt die Sinnenlust nicht in seinem Wirkungskreis in Erscheinung, sondern vielmehr in der Nähe des Todes, der durch seine vorzeitige Anwesenheit Ganzheiten, die zu kompakt sind, um Teilbeglückungen ohne Einbruch zu dulden, in sinnliche Splitter auseinandersprengt. Der tatsächliche Tod zerstreut, was vereint war; der antizipierte Tod vereint das, was sich außerhalb von ihm nicht gleicht. Ob in vertrauter Nähe oder weit entfernt, er verbindet.

Ein Duft von Heuchelei schwebt indessen über den Gelüsten, die man am Rande des Abgrunds genießt. Tausenderlei »Kriegsgewinnler« ziehen aus einer gefälschten Buchführung ideologische Vorteile, die zwar weniger beachtet werden als die finanzieller Art, aber dennoch nicht unerheblich sind. »Aber eine jeweils entgegengesetzte Operation vervielfältigt in einem solchen Maße das, was unser eigenes Wohl betrifft, und dividiert andererseits durch eine so ungeheure Zahl, was nichts mit ihm zu tun hat, daß der Tod von Millionen Unbekannten kaum und beinahe weniger unangenehm als ein Luftzug unsere seelische Epidermis berührt.« Die Blutbäder von gestern werden von den Futurologen zum Sieden gebracht. Sollte man nun folgern, daß der von Proust abgeschossene Pfeil an Schärfe verloren hat? Sich engagieren hat zur Folge, daß man einen Teil der Gegenwart opfert, um das zu retten, was man sich unter Zukunft vorstellt, aber sich engagieren heißt auch – und das wird immer verschwiegen –, daß man die Gefahren von morgen beschwört, indem man im Heute ausharrt, indem also jeder auf seine Weise sich seiner Lust hingibt. In jedem Engagement schlummert eine Madame Verdurin. Ihre Heuchelei ist keineswegs Ausdruck des ganz sicher zu vermeidenden doppelten Spiels der Gegenwart und der Zukunft, sondern des doppelten Spiels, durch welches zwei Gewichte, zwei Maßstäbe und eine gleichbleibende Aufrichtigkeit es erlauben, einen Leckerbissen zu genießen, der um so köstlicher ist, als im Gegensatz dazu die Nöte der Welt höchst beklagenswert erscheinen: »Da Madame Verdurin an Migräne litt, weil sie morgens keine Hörnchen mehr in ihren Milchkaffee tauchen konnte, hatte sie schließlich von Cottard ein Attest erlangt, das ihr gestattete, aus einem bestimmten Restaurant, von dem wir gesprochen haben, solche kommen zu lassen. Es war fast ebenso schwer gewesen, dies von den zuständigen Stellen zu erreichen, wie jemandes Beförderung zum General. Ihr erstes Hörnchen nahm sie an dem Morgen wieder zu sich, an dem die Zeitungen über den Untergang der ›Lusitania‹ berichteten. Während sie nun das Hörnchen in den Milchkaffee tauchte und ihrer Zeitung kleine Stupse gab, damit sie sie aufgeschlagen halten konnte, ohne zum Umblättern die mit dem Eintauchen beschäftigte Hand zu benutzen, sagte sie: ›Wie grauenhaft! Das ist ja fürchterlicher als die entsetzlichsten Tragödien.‹ Aber der Tod aller dieser Ertrunkenen mußte ihr wohl doch auf ein Milliardstel seiner Größe reduziert erscheinen, denn während sie mit vollem Mund diese trostlosen Überlegungen anstellte, war der Ausdruck, der auf ihrem Gesicht lag und wahrscheinlich durch den Wohlgeschmack des Gebäcks darauf hervorgerufen wurde, das ihr so unschätzbare Dienste bei ihrer Migräne leistete, eher der eines sanften Behagens.«

Die Feuerlinie

Der Heuchler schafft zwischen seinem Glück und dem Unglück eine zugleich äußerliche und funktionelle Beziehung. Er achtet auf bewundernswerte Weise darauf, daß Freuden und Nöte getrennt bleiben, so daß diese voneinander abgesonderten Realitäten sich nicht anstecken oder gegenseitig beeinflussen; und doch leuchtet auch ihm die Notwendigkeit ein, auf zwei antithetische Gefühlsregungen zu setzen, will er den Gipfel der Lust oder der Gesellschaft erreichen. Der Aufstieg des Salons der Verdurins, die am Anfang Dreyfus-Anhänger und antimilitaristisch waren, dann national und schließlich extremistisch wurden, dokumentiert den sozialen Werdegang. Das »Haus«, das der Baron Charlus unterhält, beleuchtet den ersten verschlungenen Weg der Lust.

Charlus, der weniger vergeßlich ist als die Verdurins, weiß, daß sich der Genuß des Hörnchens auch aus der Gewalt der Umgebung herleitet. Im Bordell, das er von seinem Sekundanten Julien führen läßt, hält man beide Enden der Verkettung in der Hand. Da sind zum einen die Angestellten, die als gräßliche Schurken dargestellt werden, deren Bösartigkeit durch die schon begangenen Verbrechen, die sie aufzählen, gezeigt wird, was eine Vorstellung davon gibt, welche sie noch verüben werden. Zum anderen sind, auf der »Hörnchenseite«, die erotischen Ereignisse von Charlus so vorprogrammiert, daß jede böse Überraschung erspart bleibt. Hinter den Kulissen läuft die mündliche Schilderung der verruchten und verrückten Brutalitäten ab, während sich auf der existentiellen Vorderbühne zahlreiche kleine, klare und deutlich gezeichnete Tableaus auftun, von leichter und kindlicher Leseart wie die Bahnhofsliteratur, die sie illustrieren sollen. Als Regisseur des Unsinnigen und Kunde des Sinnlichen in einer Person, dosiert Charlus die Klugheit des Todes, den er zu erteilen scheint, und die Genüsse des anderen Todes, den er empfangen möchte.

Dieses Unterfangen, in dem der Stammgast die Schmähungen, mit denen er spontan überhäuft werden möchte, im voraus bedenken muß, ist zum Scheitern verurteilt. Prousts Gnade und ein Fliegerangriff auf Paris bewirken den Rausschmiß aller Gäste aus diesem hegelianischen Palast, während dessen Besitzer, der sich seiner Lage als Sklave des Sklaven sehr wohl bewußt ist, jene in klingender Münze auszahlt, die ihm die Medizin vom »betrogenen Betrüger« verabreichen. Die Gewalt, die jeder, wie er beklagte, zu gut kontrollierte, entgleitet und bricht vom Himmel herab. Der Baron, der in den dunklen Gängen der Metro Schutz findet, läßt sich vom Reiz eines sozialen Lebens betören, dessen Geheimnis er früher vergeblich zu ergründen versucht hatte, denn zu häufig alternierten das von der »Welt« nicht sanktionierte galante Raffinement und die unmotivierten Gewalttätigkeiten der Halbwelt. Die öffentlichen Häuser und Salons wirken mit einem Mal sehr plump mit ihren Freuden und Nöten, als der Krieg Charlus und seine Gefährten – »Pompejaner, auf die der Feuerregen des Himmels niederging« – in ein neues Element eintaucht. Da entdecken sie Formen der Kommunikation, die auf dem Feld der unerlaubten Prostitution unbekannt waren und in der Welt der erlaubten Beziehungen wenig Ansehen genossen.

Das neue Element, in dem sich dieser Wandel der sozialen Beziehungen vollzieht, ist nichts weiter als die Obskurität, bemerkt Marcel Proust nicht ohne Ironie. »... am Abend jedenfalls ist (wie schwach beleuchtet eine Straße auch sei) mindestens ein Vorspiel fällig, bei dem zunächst nur die Augen das Vergnügen vorwegnehmen, da allein schon die Scheu vor den Vorübergehenden ... einen zunächst daran hindert, mehr zu tun als zu schauen, zu reden. In völliger Dunkelheit wird dieses ewig alte Spiel jedoch überflüssig, die Hände, die Lippen, die Leiber können von vornherein sich betätigen. Notfalls stehen immer noch als Entschuldigung die Dunkelheit selbst und die Irrtümer zur Verfügung, die durch sie entstehen, wofern der Vorstoß schlecht aufgenommen wird. Findet man aber Verständnis, so erweckt in uns die unmittelbare Antwort des Körpers, der sich nicht zurückzieht, sondern annähert, die Vorstellung, daß die, an die wir uns schweigend wenden, vorurteilsfrei und eher lasterhaften Neigungen unterworfen sind, eine Vorstellung, die eine Vermehrung des Glückes bedeutet, ohne weiteres die Frucht genießen zu können, ohne sie zuvor mit den Augen zu begehren und um Erlaubnis zu bitten.«

Die Proustsche Dunkelheit enthüllt eine unerwartete Variante der Fronterfahrung. Die Ursache des Wunders, in dem sich Charlus auslebt, ist nichts weiter als ein Bombenangriff; niemand mehr reguliert nach Wunsch die Lichter im Hôtel Jupien. Demokratischerweise wird der Tag zur Nacht und die Zeit unterbricht ihren gewohnten Trott, während die unerwartete Gleichheit den Bürger an der Gurgel packt wie niemals zuvor die ruhigeren und bedürftigeren Gemeinsamkeiten. Charlus, der unter den Bomben eine »Welt der Zärtlichkeit« entdeckt, verfeinert jene Empfindungen, die immer wieder durch den Ruf zu den Waffen und durch Mobilmachungen geweckt worden waren, in denen die Massen glaubten, in Erwartung eines kommenden Sieges eins zu sein, während sie letztlich nur unter dem plötzlichen Eindruck einer völligen Übereinstimmung der Gefühle den Sieg beschworen.

In der Perspektive eines Raketenkrieges kann es keinen siegreichen Ausgang geben, dennoch bleibt das Gemeinschaftserlebnis der großen Gefahr voll erhalten. Die Gefühlswallungen sind nicht auf die wenigen Sekunden vor dem großen Knall beschränkt, wie Metastasen breiten sie sich auch in ruhigeren Zeiten aus. Charlus entdeckte in der kollektiven Furcht und dem geteilten Beben die Gelegenheit zu einer einweihenden, weil letztmöglichen Zärtlichkeit und erfand aus dem Stegreif die Sitten und die Praktiken eines neuen nuklearen Hedonismus.

Der Philosoph Patočka schlägt vor, im Fronterlebnis das Prinzip einer Umwandlung zu sehen, in dessen Verlauf der äußere Krieg zum inneren Frieden wird: »die tiefste Erkenntnis der Front ist also dieses Weichen des Lebens in der Nacht ...« Dieses grundlegende Wanken überträgt sich, es hilft dem Prinzip einer unverhofften und dissidenten Soziabilität zum Durchbruch: »die ›Solidarität der Erschütterten‹, derer, die den Schock erlitten haben, derer, die in der Lage sind zu begreifen, worum es im Leben und im Tode geht, also auch in der Geschichte«. Deckt sich die Erfahrung des Barons Charlus in der Metro mit der Eingebung Patočkas? Ja. Zwischen den üppigen Tischgesellschaften und der Erschütterung durch die Luftangriffe entdeckt der homosexuelle Aristokrat eine Verbindung, die Mme Verdurin zwischen dem Hörnchen und der versunkenen Lusitania nicht herzustellen vermochte und die im Hause »Jupien« oberflächliches Gehabe blieb. Nein. Die heroische Solidarität, die Patočka beschwört, und die freundliche libidinöse Toleranz, die Proust beschreibt, sind miteinander nicht identisch, und wollte jemand sie einander gleichsetzen, man würde ihm entgegenhalten, daß Gemeinschaft noch lange nicht sexuelle Freizügigkeit bedeutet. Patočka startet zum Höhenflug; er meint, die gemeinsam erlebte Gefahr schweiße eine neue Gemeinschaft zusammen. Sollte er das Geheimnis entdeckt haben, das zwischen dem Schiffbruch und dem Geschmack eines Croissants eine rein innerliche Verbindung knüpft, die eindeutig und analytisch wäre?

Proust läßt mehr Zweideutigkeit gelten im Zusammentreffen der Einzelwünsche und der allgemeinen Gefahr, auf dessen Hintergrund diese Wünsche sich überschneiden; die gemeinsame Gelegenheit macht die individuellen Diebe, und selbst wenn wir uns an Bord desselben Schiffs befinden, bewahren die Hörnchen des Schiffbruchs ihren unvergleichlichen Wohlgeschmack. Was kommt hier zum Ausdruck? Ein simpler Unterschied der Empfindsamkeiten: Wobei die eine tugendhaft wäre und die andere nicht? Keineswegs. Die Proustsche Vieldeutigkeit ist von wesentlicher Bedeutung; sie läßt sich nicht auf irgendeine persönliche »lasterhafte« Gleichheitsformel reduzieren, sie macht klar, unter welchen Bedingungen eine »Front«-Erfahrung möglich wird, da ohne sie jede Umwandlung der Angst illusorisch bliebe.

Es ist keinesfalls dasselbe, ob man seine Angst in ein heiliges Bündnis, oder in »Agonie« umsetzt, in jenen Seelenkampf, der in jedem Menschen das Unmenschliche vom Rest scheidet. Es gibt zwei Möglichkeiten, Angst zu erleben. Entweder man sieht ihr ins Auge und tritt ihr entgegen. Oder man erkennt an, daß sie etwas Innerliches ist, spaltet sie ab, zähmt sie und träumt nicht davon, sie jemals loszuwerden.

Die Frontmetapher warf Fragen auf: Wie kollektiviert eine kollektive tödliche Gefahr? Auf welche Weise prüft sie jene, die sie sich selbst überläßt? Deutlicher formuliert konfrontiert die Frage das Einheitserlebnis der vordersten Linien mit der liberal-libertären Sozialität, wie sie in Charlus' Metro-Erlebnis zum Ausdruck kommt.

Überschwang oder Solidarität?

Proust befreit von der Angst, indem er die Angst freisetzt, er läßt sie zum zentrifugalen Fluge aufsteigen, der uns aus allen Himmelsrichtungen die Dinge und die Wesen mit dem Nimbus ihrer Vergänglichkeit zurücksendet. Die Versuche hingegen, einen heiligen Bund zu schaffen, schüren einen erstarrten und nach innen gerichteten Schrecken, der stets vom anderen ausgeht. Denn je mehr ich zittere, je heftiger ich mich hineinsteigere in diese ungebetene und abscheuliche Angst, desto heftiger bläht sie sich auf: In der Art einer verschlossenen Emotion – vergebliche, reine Angst –, die, weil sie die Umstände, aus denen sie erwächst, nicht abschaffen kann, auf Umwegen offensiv wird, das Objekt durch Vernichtung des Subjekts trifft und ihre Panik am sartreschen Punkt festsetzt, da, wo ich vor Angst die Besinnung verliere, auf daß mit mir auch die Angst vergehe. Oder auch sich einniste – Furcht vor der Bombe – in die zwanghafte Vorstellung, die die vielfältigen kleinen Ängste zu einer einzigen großen Angst bündelt: Angst vor allem, Angst vor einer einzigen Ursache, Beklemmung angesichts meiner selbst und schließlich panische Flucht vor meiner Flucht.

Die Operation »Heiliger Bund« läßt die Vielfalt der Welt auf einen Vorgang der Selbstblendung ohne Objekt und ohne Subjekt zusammenschrumpfen, der sich im höchsten Maße ernstnimmt. Heidegger würde eine augenscheinliche Manifestation der Verwirrung von Sein und Seiendem in all den Ermahnungen erkennen, die – untermalt mit Dia-Aufnahmen der Atompilze – an eine Menschheit gerichtet werden, welche als das definiert wird, weswegen man Angst hat, wovor man Angst hat, was Angst hat und was die Angst selbst ist. Die Furcht, die die heiligen Bünde erstarren läßt, gebiert Ungeheuer. Man muß zwischen dem heiligen Bund und der Solidarität der Erschütterten eine Wahl treffen; entweder die Welt geht unter in ihrer Angst oder die Angst wird, im Sinne der Abschreckung, zur Möglichkeit für eine Welt. Was in gewissem Sinne darauf hinausläuft, daß man sich – gegen den jungen deutschen Gymnasiasten – nicht für ein schreckliches Ende entscheidet, sondern für einen Schrecken ohne Ende aber nicht ohne Reiz.

Lange vor dem großen Krieg hat Proust, am Anfang seiner »Suche«, dargestellt, nach welchem illusorischen Axiom die mit guten Absichten gepanzerten Bündnisse zustande kommen. Vielleicht war es ihm eine Lehre, aufmerksam das Aufflammen des nationalen Antisemitismus in der Zeit des Dreyfus-Prozesses zu verfolgen. Vielleicht erübrigt sich eine konkrete Bezugnahme auf die Aktualität oder auf die Politik, bietet doch das Familienleben recht aufschlußreiche Analogien. Tante Léonie, zum Beispiel: »Sie liebte uns wirklich und wahrhaftig, es hätte ihr Genuß bereitet, uns innig zu beweinen.« Wieviele lautstark geäußerte Humanitätserklärungen hat es nicht seit Hiroshima gegeben, in denen aber doch nur das Bedauern zum Ausdruck kam, daß man eine abstrakte Gesamtheit von Ermordeten und Mördern nicht beweinen kann, daß man sie höchstens in der Aneinanderreihung vorweggenommener Wehklagen als Ganzheit fetischisiert, die man dann zwangsläufig liebt. Wir sind alle Tote – wir sind alle Brüder. Und ich, der euch ohne Sentimentalität und ohne Aufschub exekutiert, bin brüderlicher als ihr, die ihr zu Lebzeiten eure Verwandtheit nicht recht zu schätzen wißt. In den meisten philanthropischen Stellungnahmen, die sich des Unheils bedienen, um ihre Wunderlösungen anzupreisen, klingt Tante Léonies nekrophiles Wunschdenken mit: „... die etwa in einem Augenblick, da sie sich wohl fühlte und nicht an Schweißausbrüchen litt, eintreffende Nachricht, daß das Haus einer Feuersbrunst zum Opfer gefallen und die ganze Familie dabei umgekommen sei, daß bald kein Stein mehr davon stehen werde, wobei ihr aber noch Zeit bliebe, sich ohne Eile in Sicherheit zu bringen, wofern sie auf der Stelle aufstände, hat sicher als Möglichkeit in ihren Hoffnungen eine Rolle gespielt, besonders da sich hier zu dem nicht ganz so ins Gewicht fallenden Vorteil, ihre ganze Liebe zu uns in langer Wehmut auszukosten und zum grenzenlosen Staunen des ganzen Dorfes hinter unseren Särgen herzuschreiten – mutig, wenn auch tiefgebeugt, todgeweiht, aber ungebrochen – noch jener weit verlockendere gesellt hätte, daß sie dann gerade im richtigen Augenblick ohne enervierendes Zaudern den Sommer auf ihrem hübschen Landbesitz Mirougrain hätte verbringen können, wo es einen Wasserfall gab.«

Die Angst – weniger dumm, als sie gern in Erscheinung tritt – fordert vom Menschen, den sie befällt, keinerlei besondere Initiative; man hält sie für animalisch, automatisch, mechanisch, und weiß doch nichts über ihre psychische Wirkungsweise. Weit entfernt davon, ins Widersinnige zu fallen, denkt die Angst für den mit, den sie packt, und zwar weiter als er selbst, und sie leistet Widerstand gegen jeden Versuch, sie zu kühlen Denkmodellen und emotionsgeladenen Ideologievorlagen zu verwässern. Technische und theoretische Diskurse fliegen über sie hinweg, krankengymnastische Übungen und Körpertherapien, die man gegen sie einsetzt, greifen unter ihr durch. Nicht nur, daß sie sich nicht ausmerzen läßt, sie vermag Objekt und Subjekt in Wohlgefallen aufzulösen. Da es vor ihr kein Entrinnen gibt, sollte man die Rettung mit ihr suchen. Allein der Einfältige glaubt an die Wunderrettung, bevor er anfängt zu denken, oder an sein Verderbnis, bevor er handelt; Angst haben oder nicht Angst haben, ist nicht und war niemals die Frage, und man verschwendet nur seine Zeit, wenn man das Unvermeidliche zu vermeiden sucht, anstatt aus dessen Formbarkeit mit Verstand Nutzen zu ziehen:

»So findet die Furcht auf einfallsreiche Weise Mittel und Wege, um sich selbst zu vertreiben, dieses geschieht im Zuge der Errichtung bürgerlicher Gesellschaften, deren Bräuche und Gebote sehr treffend im allgemeinen Sprichwort zum Ausdruck kommen: Wenn es kein Recht gäbe, würden sich die Menschen gegenseitig auffressen. Denn ... die Menschen haben alle guten Grund, sich voreinander zu fürchten.«

Um welchen Preis könnte man in der nuklearen Welt nach einem Frieden trachten? Als erstes sollten wir die innere, andauernde Erfahrung der Ängste akzeptieren, die sowohl der Militär als auch der Friedenspolitiker als äußere Feinde verfolgen. Ersterer meint, er sei verpflichtet, sie aus beruflichen Gründen von der zivilen Bevölkerung und von sich fernzuhalten, um sich seinen Mut zu beweisen. Der zweite verklärt sie zum Zeichen des Unannehmbaren, zum Brandmal eines Kriegszustands, den er ein für allemal aus der Welt schaffen will.

Sowohl der schwadronierende Offizier als auch der unverbesserliche Friedensapostel fordern voller Aufgeblasenheit eine angstfreie Existenz. Mit dem Schwindelgefühl zu leben, das erfordert allerdings jenes Maß an Klugheit, das der Literatur einen Vorsprung von fünfzig Jahren gesichert hat.

Die Proust-Apokalypse

Im Kriminalroman handelt es sich immer
um die Aufdeckung von Geheimnissen,
die hinter außerordentlichen Ereignissen verborgen sind.
Im Leben ist es aber gerade umgekehrt.
Das Geheimnis sitzt nicht verkrochen im Hintergrund.
Es steht im Gegenteil! – ganz nackt vor unserer Nase.

GUSTAV JANOUCH,
GESPRÄCHE MIT KAFKA

Flucht in die Abkapselung. Ich halte mich außer Reichweite, die zahllosen Krankheitserreger kommen nicht durch, ich behänge mich doppelt und dreifach mit Moskitonetzen, filtere die zersetzenden Gedanken und bin niemals ungedeckt. Jahrhundertelang übertrug sich die Blindheit von Mensch zu Mensch, und das Fieber ergriff jenen Schriftsteller, jenen Seneschall, jenen Verliebten, der sich plötzlich um die eigene Achse drehte und sich der Verwirklichung der eigenen Unsterblichkeit selbst annahm. Napoleon entriß dem Papst die Krone und setzte sie sich auf den Kopf – ein klinischer Fall. Das Übel wurde zum kollektiven Phänomen; die Franzosen wähnten sich in einem unverwundbaren Frankreich und das Rheingold erblaßte beim Anblick der unverwüstlichen deutschen Gen-Reserven, die sich am Ufer stauten. Die selbstgeschaffenen Mittel, die auf furchtbare Weise überzeugend waren, obwohl sie die unmittelbare Schlagkraft der jüngsten Verfahren nicht besaßen, erbrachten den Europäern den klaren Beweis, daß es keine uneinnehmbaren Festungen gibt und ebensowenig Panzerungen, durch die man gegen den zweiten Tod gefeit wäre. Das Ewigkeits-Ödem emigrierte auf die andere Seite des Atlantik.

Die amerikanischen Bischöfe halten ihre Schäflein unter der

schützenden Glocke ihrer schönen einseitigen Vorsätze gefangen, und im gleichen Geiste verspricht Präsident Reagan seinen Wählern: In dreißig Jahren wird eine »hohe Grenze« – ein über der Erde aufgebautes defensives Maschenwerk, bestehend aus Satelliten, Schutzstrahlen und Abwehrraketen – die Undurchlässigkeit der amerikanischen Festung perfekt machen. Seit der Erfindung des Pfahls und der körperumhüllenden Rüstung findet sich jedoch in der Geschichte kein einziger Beweis für die Unüberwindlichkeit irgendeines Verteidigungmittels Angriffswaffen gegenüber. Die Dialektik von Granate und Panzerung, sowie die jüngsten Leistungen des Exocet können das Hirngespinst vom Schutzgürtel, der im Fluge jeden Angriff abschlägt, kaum bestätigen. Die Skepsis des Spezialisten hinsichtlich der angeblichen technologischen Unüberwindbarkeit des Projekts High Frontier ist ebenso vernichtend wie die Zweifel, die die Vertreter der Kirchen der alten Welt an der Triftigkeit der Lösungen äußern, die von den amerikanischen Bischöfen für die Gebiete der Diplomatie und der Strategie vorgeschlagen werden.

Die Kritik verurteilt sich indessen zur Wirkungslosigkeit, wenn sie ihr ganzes Augenmerk auf die zukünftige Wirksamkeit der Projekte richtet – werden sie die Abschreckung durch einen unbezwinglichen Frieden ersetzen können? –, denn die utopischen Programme werden nach dem Kriterium der sofortigen Machbarkeit entwickelt, mit dem einzigen Ziel, eine Abschreckung abzuschaffen, die moralisch als nicht mehr tragbar empfunden wird. Eine »garantierte Überlebens-Versicherung« schiebt die Sorgen und Bedenken beiseite, die aus gutem Grund von den Zusicherungen einer gegenseitigen Vernichtung (MAD) geweckt worden sind. Die Erfinder des High-Frontier-Systems geben vor, sie würden »die traditionelle Ethik der amerikanischen Armee« wiederherstellen, und die »jüdisch-christliche Tradition« dazu; nicht minder furchtlos als die Bischöfe wettern sie gegen die »unmoralische Theorie« und den »militärischen Bankrott«, die ihrer Ansicht nach vom Gleichgewicht des Schreckens herrühren. Mir nichts dir nichts geben sie zu, daß das Raketenabwehrsystem »niemals vollkommen undurchlässig« sein werde (bei 99 % genügt das 1 %, um das so vorzüglich verteidigte Lager in die Luft zu sprengen); sie geben zu verstehen, daß die Abschreckung sozusagen die »Löcher« in der technologischen Undurchlässigkeit zu stopfen habe, ebenso wie sie stillschweigend von den Bischöfen in Anspruch genommen wird, in Erwartung einer Situation, die ihren frommen Wünschen besser entspräche. Kurz, MAD wird weiterbestehen, aber man denkt an etwas anderes. Pascal hätte seine wahre Freude daran gehabt, wie Soutanen und Uniformen, die sonst in höchster Emsigkeit ihre unüberwindlichen Widersprüche gegeneinander austragen, sich in der Praxis so gut verstehen, daß sie – die einen mit ihren Moralvisionen, die anderen mit ihrem Traum von Technik – gemeinsam hinter den Kulissen agieren und ihr Vergnügen haben.

Europa hat den Preis für solche Luftschlösser wie die Heilige Allianz und die Maginotlinie gezahlt und kann nun seine Einwände vorbringen; in Erinnerung an seinen eigenen vergangenen Starrsinn wird der Europäer jedoch nicht allzu vehement darauf hoffen, daß man auf ihn höre. Die päpstlichen Vorhaltungen wurden vom amerikanischen Episkopat respektvoll zur Kenntnis genommen, Zitate des Oberhirten wurden in den bischöflichen Brief eingestreut, und das ergab ein noch inkohärenteres Patchwork als die zwei vorangegangenen Briefe, doch in unverändertem Geist. Ein französischer General hat nicht die Autorität des Vatikans; wenn er sich mit seinen US-amerikanischen Kollegen ins Benehmen setzt, kann er sicher sein, daß er mit seiner Kritik am High-Frontier-Projekt nur tauben Ohren predigt. Stellen wir uns einmal das Wunder vor, würde er argumentieren, die Vereinigten Staaten und die UdSSR wären nuklear unverletzbar geworden; wenn nun durch ein weiteres Wunder Westeuropa in das amerikanische Abwehrsystem mit einbezogen würde, folgte die Katastrophe auf dem Fuße. Die Abschreckung würde ihren absoluten Nullpunkt erreichen und auf dem alten Kontinent wären alle Abenteuer möglich, und zwar mit den »klassischen« Mitteln einer ungeheuren Zerstörungskraft. Der Durchschnittseuropäer denkt voller Sorgen an das Ende eines Endes, das 1914 begonnen hat. Da in den USA keine vergleichbaren historischen Erfahrungen vorliegen, wird man dieses Unbehagen dort nicht begreifen.

Die feierlichen Erklärungen gehen vorbei. Die technokratischen Trugbilder ermüden das Auge. Die kollektiven Gefühlsausbrüche folgen aufeinander. Die Abschreckung aber besteht weiter. Wenn sie eines Tages versagen sollte, werden wir keine Tränen haben, um sie zu beweinen, da entweder das Leben oder die Freiheit fehlen wird. Angesichts dieses möglichen Endpunkts ist es ein Gebot der Ehrlichkeit, die gegenwärtigen Überlebenschancen zu prüfen, anstatt den Blick abzuwenden und sich in eine bewußte Unwissenheit einzukapseln. Kultur, meine ich, wäre die Möglichkeit, einen solchen Blick zu wagen.

Mit großer Sorgfalt hat J. P. Richard die Fäden verfolgt, die von Proust phantasievoll um den Namen Guermantes geflochten worden sind, und es gelang ihm, ein Knäuel von Handlungen zu entwirren, »geprägt durch einen mächtigen Aggressions- und Gewalttrieb« – den Wald, die Jagd; bald »wird diese Jagd zum Krieg, und zu Schlimmerem noch: Beutezug, Plünderung, Ausschweifung». In Guermantes erschließen sich Züge, die an Blaubart oder Gilles de Rais erinnern und ausdrücklich auf die »Zeit der Merowinger« verweisen, deren Geschichte der Historiker Augustin Thierry geschrieben hat. Beflissen liest Proust – wie einen Urmythos – diese faszinierende Beschreibung der Geburt der europäischen Zivilisation in der »merowingischen Nacht«, als fränkische Barbarei Zügellosigkeit, blutige Roheit und Freiheit miteinander verwob. Die grausame Nacht, jene archaische Wahrheit des Geschichtsforschers, geistert als geheime Gestalt durch »Die Suche nach der verlorenen Zeit«, verinnerlicht, verstreut in den Salons oder erstarrt auf den Schlachtfeldern. Der Merowinger wurde niemals bewältigt.

Die Gesellschaft beruht auf einer gemeinsamen Schuld, auf einem gemeinsam begangenen Verbrechen, schlägt Freud vor, um das Inzestverbot zu erklären. Stellen wir das Verbrechen in den Vordergrund und nicht nach hinten, begehbar gegen die Gesamtheit der Menschen und nicht nur gegen einen mythischen Urvater, und schon beruht unsere Gesellschaft auf der Furcht der gegenseitigen totalen Vernichtung. Das biedere 19. Jahrhundert verstand absurderweise unter einem Verbot Dinge, die-man-nicht-tut aus praktischen oder physischen Gründen (unsere Gene verbieten uns, der Natur zufolge, die Ehe zwischen nahen Verwandten) oder aus Gründen der Moral (der Junge eines gesunden Vaters wünscht sich nicht, mit seiner Mutter zu schlafen). Ein Jahrhundert lang war es außerordentlich schwierig zuzugeben, daß ein Verbot eine äußerlich mögliche und innerlich plausible Handlung betraf, da man sich nur das verbieten kann, wozu man auch fähig wäre. Gleiches gilt für den nuklearen Tatbestand.

*

Machen wir einen Versuch. Ich bin nicht Proust. Ich bin Proust-Leser; also auf Umwegen noch einmal Proust: »Die Profanierung einer meiner Erinnerungen durch unbekannte Leser hatte ich selbst bereits vor jenen in mir vollzogen.« Wir treffen uns am Schluß von »Die wiedergefundene Zeit«, letzter Band, letztes Kapitel. Ich verlasse mit ihm die Bibliothek und begebe mich in einen der Salons, in denen die Guermantes empfangen. Ich denke, und da Proust sich selbst immer wieder las, sage ich mir, daß er auch wiederholt zu sich sagte: Es kommt zu einer überraschenden Wendung der Dinge, aus der »sich der denkbar schwerste Einwand gegen mein Unterfangen ergeben sollte«.

Kurz zuvor weilte der künftige Schriftsteller noch in der Einsamkeit der Bibliothek und flüsterte wohl andächtig die ehrfurchtsvollen Worte, die einem angehenden Literaten einfallen, wenn er an Nerval denkt und sich vor Baudelaire verbeugt. »... um mir vollends einen Platz in einer so noblen Gesellschaft von Vorfahren und damit die Gewißheit zu verschaffen, daß das Werk, an dessen Inangriffnahme ich mich durch nichts mehr gehemmt fühlte, das Bemühen wert war, welches ich ihm widmen wollte«. Ein essentialistischer Proust, Liebhaber feiner Impressionen und ungewöhnlicher Ideen, ging auf dem Bibliotheksquai der Guermantes auf und ab und wartete auf den Zug in die Ewigkeit: vom Scheitel bis zur

Sohle der platonische Ästhet, den Sartre verurteilt und Deleuze lobt. Frivole Freunde, gebt acht: Der Erzähler ist gerade die Treppe hinunter gerannt, da packt es ihn, und seine Verwandlung beginnt. Am Ende eines mondänen Vormittags erstarrt dieser sich Wandelnde vor der Tür zum Salon – Schlußphase des Berichts, jedoch Auftakt jener Phase, in der sich seine Bestimmung als Schriftsteller erfüllt – und erkennt diesen »schwersten Einwand«. »Ich« hatte mich zum Platoniker erhoben; »ich« bin mir nun mein Einwand. »Ich« werde nicht der sein, den ihr euch vorgestellt habt: Der Erzähler verwandelt sich in den Schriftsteller, er durchschreitet die Wand der Zeit mit dem Kopf nach hinten gewandt: er taucht ein ins Vergängliche.

Er verhält sich ganz still, zögert noch, jene Gesellschaft wiederzuerkennen, in der er nicht mehr verkehrte – jeder schien »Maske gemacht« zu haben –, ihn bestürzte die Befremdlichkeit dieser Menschen, die, wie er selbst, um ihre Fremdheit nicht wußten. Faßlich werden diese Masken erst durch den musternden Blick der Augen und des Gedächtnisses: »Puppen, die von den unstofflichen Farben der Jahre umwoben waren, Puppen, die die Zeit konkret macht, die Zeit, die, ihrer Art nach nicht sichtbar, um es zu werden nach Körpern verlangt und, wo immer sie auf solche stößt, sich ihrer bemächtigt, um den Schein ihrer Laterna magica über sie hingleiten zu lassen.« G. Deleuze meint, der Erzähler entdeckte damals die »Idee vom Tod«. Wir wollen das gelten lassen, obwohl die Entdeckung viel früher schon stattgefunden hat. Sagen wir, es war eine Vorstellung, die Einführung der Idee vom Tod in die vornehme Welt.

Was verstehen Sie unter dieser Idee vom Tod? Sobald die verlorene Zeit – dem Kritiker zufolge die der Weltlichkeit – als Gegensatz zur wiedergefundenen Zeit, der Zeit der Fülle – Gedächtnis, Kunst, Wesentlichkeit – verstanden wird, läßt sich der Tod nirgendwo mehr einordnen oder allerhöchstens noch als dritte »Maschine«, die neben den beiden anderen stünde, so daß man meinen könnte, sie ruhen Seite an Seite und weich gelagert wie Omnibusse im Depot. Erfahrungen bestehen jedoch nicht in solcher Gleichgültigkeit nebeneinander: Die wiedergefundene Vergangenheit und die wiedergefundene Zeit sind zwei Dinge, wobei die zweite gegen die erste »den schwersten Einwand« vorbringt. In der Bibliothek träume »ich« noch von literarischem Ruhm und tauche ein in den Strudel der Reminiszenzen, die »aus der Zeit heraus« führen. Wem in dieser Phase die Zeit »verloren« ging, der wähnt sich unsterblich. Unterdessen erzeugt »der Augenschein der furchtbaren Tatsache« Beklommenheit: »Ich entdeckte dieses zerstörerische Wirken der Zeit gerade in dem Augenblick, in dem ich mich daran begeben wollte, in einem Kunstwerk Wirklichkeiten klarzustellen und verstandesmäßig zu formulieren, die außerzeitlich waren.« Ein Faible und Berufstick der Kritiker ist es, die Dinge systematisch zu entdramatisieren; sie ordnen brav die Erfahrungen und Pläne des Autors auf dem jährlichen Klassenphoto, das ganz ohne Streit und ohne Schabernack zustande kommt. Man muß aber aus der Reihe tanzen, will man erfahren, auf welche Weise die zerstörerische Macht der Zeit jede Absicht zunichte macht, im Schlußsprung eine intakte, also außerhalb der Zeit liegende Vergangenheit einzuholen.

Der Erzähler hat nicht etwas *in* der Zeit wiedergefunden, sondern die *Zeit* wiedergefunden. Die Tiefkühltruhen glücklicher Familien in einer schönen Welt bewahren Gemüse und Frühlingserinnerungen unabhängig vom Wettergeschehen; die Zeit hingegen zerbröckelt, nutzt ab, zerstückelt, und es ist nunmehr dieses Auflösungsvermögen der Zeit, das jenes literarische Vorhaben möglich machen wird: «... es gab mehrere Herzoginnen von Guermantes, wie es seit jener Dame in Rosa auch mehrere Madame Swann gegeben hatte, die durch den farblosen Äther der Jahre voneinander gesondert waren und die ich ebensowenig durch einen Sprung von einer zur anderen erreichen konnte, als solle ich einen Planeten verlassen und mich auf einen durch den Äther von diesem getrennten begeben.«

Die Zeit verhält sich zweifellos wie ein Enthüller – »Äther« –, aber man sollte nicht glauben, daß sie Identitätsblöcke freilegt, jene unantastbaren Essenzen, die der Fluß der Zeit umspült und durchnetzt, ohne sie anzugreifen oder zu zersetzen. Sie ist ein Säurebad, und bei den Objekten, die darin eingetaucht sind, zählt nicht so sehr das, was sie über sich selbst berichten, sondern vielmehr das, was sie über die tödlichen Eigenschaften des sie umgebenden Milieus auszusagen haben. Der mondäne d'Argencourt, wie alle anderen Mitglieder seiner Familie auch, flößt keinerlei psychologische oder metaphysische Verachtung ein, er wird erfaßt »wie die Offenbarung der Zeit, von der er eine Anschauung vermittelte«. Man soll nun nicht glauben, es würde sich hier leise eine zersetzende Gesellschaftskritik einschleichen, die Aggression ist eher unpersönlicher Art, sie überläßt es der Zeit, alle Festungen zu belagern und einzunehmen, und es wird höchstens die Feststellung getroffen, daß die Unterkunft des Reichen durch den Prunk der angesammelten Materialien glänzt, also oft durch Lächerlichkeit, und manchmal durch die Pracht einer kostspieligen Schutzanlage. Kein Festungswerk ist uneinnehmbar, und das ist der Grund, warum d'Argencourt, nicht weniger als die schöne Oriane, über den schillernden Schein hinweg auch wahr ist. »Aus den neuen Elementen, die die Gestalt d'Argencourts und seine Persönlichkeit bildeten, las man eine bestimmte Zahl von Jahren ab, man erkannte die symbolische Gestalt des Lebens darin, nicht wie es uns erscheint, das heißt permanent, sondern wie es wirklich ist, nämlich als eine so wechselnde Atmosphäre, daß der stolze Grandseigneur sich am Abend darauf in der karikierten Gestalt eines alten Trödlers zeigt.« Die Zeit als der große Demokrat zeichnet zwischen den Trödlern oder denen, die mit Begriffen, Hoffnungen oder Waffen Handel treiben, Verbindungslinien aus Kreide auf dem Mantel der Nacht.

Am Beispiel d'Argencourts, so dünn es auch sei, erfaßt man das proustsche Gesetz des Krieges: Die Zeit kommt durch das zum Ausdruck, was ihr widersteht. Man mache die Gegenprobe vor dem Kunstwerk: Was der Zeit im absoluten Sinne widerstand, zeigt sich unverfälscht. J. P. Richard macht die zutreffende Feststellung, daß der Erzähler seine Lieblingsmusik, die »petite phrase de Vinteuil« stets in der Form eines *Duells* darstellt, wobei die

Violinstimme ihre strenge Linearität dem verträumten und weiblichen, verfließenden Spiel des Klaviers entgegensetzt. Diese binäre Struktur kommt gelegentlich in Zwischenräumen zum Ausdruck, wenn das Auftauchen der steilen Flächen des Vordergrunds die entweichende Flucht des Hintergrunds vertieft »... unter dem Beben der Geigentremoli, die es mit ihrem zwei Oktaven darüber liegenden lang angehaltenen Klang beschützten – und von deren Höhe gesehen es wirkte wie in einer Gebirgslandschaft hinter der scheinbaren, schwindelnden Unbeweglichkeit eines Wasserfalls zweihundert Fuß tiefer die winzige Gestalt einer Spaziergängerin – tauchte, fern, bezaubernd hinter dem unsichtbaren, von unaufhörlich niederströmenden Klängen gewobenen Perlenvorhang die kleine Weise auf.« Die Sonate erklingt in einer schwindelhaften Landschaft. Indem die räumliche Metapher das Continuo als Contiguo (was sich berührt) wiedergibt, zeigt sie die übliche Fehlerhaftigkeit der dreidimensionalen Transponierungen, sie neigt zur Trennung dessen, was sehen macht, und dessen, was man sehen kann, während die Musik unentwirrbar die Erwartung und das Erwartete verwebt, also das, was sie von der Zeit fordert, und das, was sie in einem einzigen Taumel vollbringt.

Im Falle von d'Argencourt manifestiert sich die Zeit darüber, dann dagegen und schließlich darin. In der Kunst tauscht nicht die Zeit eine Sache gegen eine andere ein, indem sie von einem heruntergekommenen Weltmann zu einer Großen Idee übergeht, »das, was diese Musik enthält – wenigstens für mich enthält – [ist] keineswegs der ›Wille an sich‹ und die ›Synthese des Unendlichen‹ ..., sondern zum Beispiel der alte Verdurin in seinem Überrock im Palmenhaus des Jardin d'Acclimatation«. Die Kunst verdeckt nicht die Banalität ihres Sujets, sie spart sie aus im Zuge eines Klärungsprozesses. In der kleinen Melodie von Vinteuil will sich die Zeit selbst zum Ausdruck bringen. Sie »... schwebte wie eine irisierende Kugel, die sich selber trägt. Wie ein Regenbogen, dessen Leuchten immer schwächer wird, abklingt und dann vor dem völligen Verlöschen noch einmal einen Augenblick erblüht wie niemals zuvor.« Die Zeit der Welt des Alltags und das, was ihr

sich das Urbild des Guten, seine bescheidenen Untertanen vegetieren in einer Höhle dahin, und durch die seltene Gunst einer höheren Erziehung wird der eine oder andere seine Ketten ablegen dürfen, allmählich das Tageslicht erkennen lernen und ausnahmsweise vielleicht bis in das Herz dieser Strahlung hinaufsteigen. Die proustsche Revolution ersetzte den Fahrstuhl zum Urbild des Guten durch die Grube, in der Adern dunklen Gesteins stufenweise aus der Tiefe aufsteigen.

Die Oberflächlichen orakeln am Rande des Schachts. Erinnern wir uns doch an die Szene mit den roten Schuhen. Swann setzt seine Freunde über seine unheilbare Krankheit in Kenntnis und beugt sich den Regeln der Vermeidung: »… doch vor allem möchte ich nicht, daß Sie sich verspäten, Sie sind zum Diner eingeladen, setzte er hinzu, weil er wußte, daß für die andern ihre eigenen mondänen Verpflichtungen dem Tode eines Freundes vorgehen.« Madame Verdurin zeigt dieselbe konsequente Gleichgültigkeit, das Bekanntwerden des Todes eines Hausfreundes könnte ihren geplanten Abend in Frage stellen, also wird es ihm bis zum nächsten Morgen noch gut gehen. Proust hütet sich davor, das sozialkritische Schwert zu schwingen oder mit dem Weihwasserwedel der moralischen Exkommunizierung zu hantieren; er hat den Männern von Welt ihre Zerstreuungen nie vorgeworfen, bewunderte gar das köstliche Raffinement, mit dem sie gelegentlich das, womit sie sich zerstreuten, gar nicht wahrnahmen; aber die Tarnungen, denen sie sich unterzogen, ließen sie zwangsläufig zu Sammlern werden, zu Kunstkennern, Liebhabern oder Mäzenen, aber niemals zu Künstlern. Die Kunst verlangt den Abstieg, und der außer-zeitliche Glanz dessen, was sie zutage fördert, erinnert an die dunklen Lagerungen, in denen sie schürft.

Der Herzog von Guermantes hat Ideale und pflegt eine gute Gesinnung; ihn zum Egoisten zu stempeln, hieße übertreiben; je nach dem Stand der Gestirne, die ihn mit einer allgemeinen Erkenntnis erleuchteten, änderte er seinen Standpunkt im Verlauf der Jahrzehnte, mal gegen, mal für Dreyfus, ohne jedoch an seiner angeborenen Unwissenheit etwas zu ändern, natürlich nur im Hinblick auf die niedrigen Dinge und nicht die höheren Geschäfte betreffend. Wer kennt nicht den Prahlhans oder Friedensfreund, der ebenso frischfröhlich wie die Leute von Welt die Risse im Boden verdunkelt und mit Stentorstimme in die Kulissen ruft: »Und dann lassen Sie sich nur von den Ärzten keine Dummheiten einreden. Potz Blitz! Das sind ja alles Esel. Sie sind solide wie der Pont-Neuf und werden uns noch alle begraben!«

Die Idee des Guten ist zugleich das Letzte (man erfaßt sie zuletzt) und das Höchste (sie ebnet den Weg zu all dem, was sie nicht ist). Der Erzähler legt seine Zeitbombe an derselben Stelle nieder und fordert für die Idee vom Tod die gleichen Attribute der Souveränität, die Befugnisse des Letzten und die Erfahrung des Höchsten. Das »Gute« (agathon) bedeutet im Griechischen »was zu etwas befähigt«, erinnert Heidegger. In diesem Sinne befähigt die Idee des Guten den Menschen (den Bürger) und die Welt (seine Welt), miteinander zu sein. Der Tod, meint der Künstler, befähigt zum Leben (auf intensive oder auf ruhige Weise, aber stets unwiederbringlich). Er höhlt aber aus, anstatt aufzufüllen oder aufzublähen, seine Erhöhungen erfolgen im freien Fall, und dennoch ist er es, den Proust jedesmal nennt, wenn die von Platon aufgeworfenen Fragen wieder auftauchen: Wodurch sind das gesehene Ding und die Handlung des Sehens das, was sie ihrer Beziehung nach zueinander sind, welches Joch führt sie vor und hält sie zusammen? Eine schwarze Sonne erzieht das Auge, das sich an die Ängste vor den ineinanderfließenden Schatten und Lichtern, die es durchdringt, langsam und beständig gewöhnt.

Indem der Erzähler in seine Nacht hinabsteigt, anstatt zum siebten Himmel emporzusteigen, will er keineswegs Platon umstülpen oder auf den Kopf stellen, er macht ihn zu einem würzigeren und schärferen Trunk als die süßlichen Säfte, die sonst die Platoniker verabreichen. In seinem Dialog »Parmenides« meint der griechische Philosoph, es dürfe nicht von Belang sein, daß eher das Eine nicht sei, als das Eine sei. Die Idee vom Tod ist die Idee, daß die Idee des Guten nicht ist. Die Zeit, geträumt in der Bibliothek als ein bewegliches Bild der Ewigkeit, bleibt als solche in den apokalyptischen Räumen des Guermantes-Empfangs erhalten, zeigt sich aber als das bewegliche Bild einer Ewigkeit, die als nicht seiend gezeigt wird.

Man beweist die Zeit niemals besser als dadurch, daß man ihr bis zum Schluß widersteht, denn dieser Schluß ist sie ebenfalls. Davon zeugt die Erfahrung des Erzählers; als er sich daran macht – erste Phase, das Verlassen der Höhle Ewigkeit –, sein Leben zu erzählen, löst sich dieses in eine Serie von Episoden auf: Diese scheinbar negative Anschauung macht die sehr positive Erfahrung, daß man die Zeit nicht so von außen betrachten kann, wie Susanna von den beiden alten Voyeuren betrachtet wird. Das Gedächtnis, nicht jenes, das im Lehrbuch für Psychologie als Gegensatz zu Wahrnehmung und Phantasie erläutert wird, sondern das Gedächtnis als die innere Erfahrung ist ein inneres Bewußtsein der Zeit, wie Husserl es nannte. Ein Schriftsteller wird wieder zum Kind, ein Gott wandelt sich zum Sterblichen, um die Zeit verrinnen zu sehen und »um den Menschen zu beschreiben, nicht nach der Länge seines Körpers, sondern nach der seiner Jahre«.

*

Die letzte Etappe, die Platon als das Hinaustreten ins Tageslicht und die Entdeckung der Sonne darstellt, wird durch Prousts Wille der endgültige Eintritt in die Zeit sein. Wird man hier Glied um Glied einen Gegensatz herstellen wollen zwischen der aufstrebenden Bewegung, die aus der Höhle hinaus führt, und dem fast hinabstrebendem Antrieb, der sich dem Fluß des Vergänglichen anvertraut? Auch hier wittere ich Schematismus, der antike Philosoph wird, wenn er die Inseln der Glückseligkeit erreicht hat, ebenfalls umkehren müssen, denn unsere Höhlen brauchen ihn so dringend, daß man den Verdacht haben kann, er sei niemals aufgebrochen. Vielleicht gelang es Proust – in der Einheit einer Erfahrung des Zeitlichen –, in einem Zuge den Ausflug aufzuzeigen, den der griechische Philosoph mit Hilfe räumlicher Bilder so mühelos als Aufsteigen und Niedergehen verdoppeln konnte. Was ist gleichzeitiges Aufsteigen und Niedergehen, wenn nicht das Schauen der Zeit von Innen her und das Erfassen der Menschen (»und wenn sie daraufhin auch wahren Monstren glichen«) auf einem so begrenzten Platz im Raum, daß er in die Zeit »unermeßlich ausgedehnt« wäre, »da sie ja gleichzeitig wie Riesen, die, in die Tiefe der Jahre getaucht, ganz weit auseinanderliegende Epochen streifen, zwischen die unendlich viele Tage geschoben sind«.

Der platonische Mensch klettert zum Himmel hinauf, der Mensch als Platoniker klettert abwechselnd auf und ab, der proustsche Mensch dünkt sich ungeheuerlich und gigantisch, weil er sich im Fluß der Zeit weitet. Ich berühre meine Vergangenheit, und die in den Bibliotheken verzeichneten Auferweckungsversuche sind nicht falsch, sondern nur unvollständig. Ich streife meine Zukunft, und der Tod ist gegenwärtig in allem meinem Erleben. Diese doppelte Nähe führt mich wiederum zum letzten Empfang der Guermantes: »Ein Gefühl der Ermüdung und des Grauens befiel mich bei dem Gedanken, daß diese ganze so lange Zeit nicht nur ohne Unterbrechung von mir gelebt, gedacht und wie ein körperliches Sekret abgelagert worden, und daß sie mein Leben, daß sie ich selber war, sondern, daß ich sie auch noch jede Minute bei mir festhalten mußte, daß sie mich, der ich auf ihrem schwindelnden Gipfel hockte und mich nicht rühren konnte, ohne sie ins Gleiten zu bringen, gewissermaßen trug. Das Datum, zu dem ich das Geräusch des Glöckchens an der Gartentür in Combray gehört hatte, jenen Klang, der jetzt so fern und dennoch in mich eingebettet war, bildete einen Markstein in dieser unendlichen Weite, von deren Vorhandensein in mir ich im Grunde nichts geahnt. Es schwindelte mir, wenn ich unter mir und trotz allem in mir, als sei ich viele Meilen hoch, so viele Jahre erblickte.« Dieses Schwindelgefühl ist die »Suche« selbst, in der das Abgründige das Abgründige anruft.

Eine Geschichte wird erst individuell, wenn sie sich vom Anfang bis zum Schluß als schwindelerregend enthüllt. Die einleitende Szene der »Suche«, die Beschreibung des langen Wartens auf den Kuß und das krankhafte Bangen sind deutliche Anzeichen einer

Nervosität, die scheinbar die andere Seite der Berufung zum Schreiben ist. »Von jenem Abend her, an dem meine Mutter meinem Wunsche gewichen war, datierte zugleich mit dem langsamen Sterben meiner Großmutter das Nachlassen meiner Gesundheit und meiner Willenskraft.« So bereitet die Angst den Boden sowohl für das Ungewollte wie für die Kunst. »Die Suche« ist letztlich nur die Geschichte eines immer wieder auflebenden Schwindels, mit den herausgelösten Pflastersteinen, die sosehr das Gleichgewicht des Raumes stören, daß die Straßenbahnfahrer den Erzähler für angetrunken hielten, und dem metallischen Klingeln, das ihn stolpernd in die Zeit entläßt. Hat Proust das Cogito des Schwindels erfunden? Keine Umkehrung zu und auf sich könnte sich die Empfindung erlassen, selbst umgestülpt zu sein.

Der Schwindel wurde zu seiner Methode, zur Methode einer Kunst, die nicht im Primitiven schwelgt, nicht genial sein will und sich nicht im Ewigen niederläßt, wie es vor ihm Ruskin und Séailles erträumten, oder, höher als die beiden, Schelling und sämtliche platonischen Geister seit Ficino. Bergotte stirbt in der »Suche« und hat treu nach ihren Überzeugungen gelebt: nicht zu verwechseln mit dem Erzähler oder mit Proust. Die Kunst ist ebenfalls kein Ding der Vergangenheit, wie Hegel äußerte. Swann glaubt es und lebt als mondäner Realist, wie andere als sozialistische Realisten, er kauft die Schals für Odette bei Botticelli und beglückwünscht sich selbst, daß er die Kunst »verwirklicht« habe. Dem großen Streit der deutschen Ästhetik zwischen Dichtung und Prosa, zwischen der Kunst als ewiger Quelle des Lebens und der Wahrheit, die durch platte Entzauberung die wunderbare Illusion zerstört, diesem Streit ist Proust ausgewichen, er hat ihn ausgespart oder transzendiert, wie man will. Er hat herausgefunden, warum die Eule der Minerva erst bei Einbruch der Nacht ausfliegt. Der Vogel der Weisheit braucht keinen Blick auf die verblaßten Wahrheiten eines erloschenen Tages zu werfen und empfindet kein Verlangen danach, mit seinem Ruf einen strahlenden neuen Tag anzukündigen – er bricht auf in der Dämmerung, weil die Nacht sein Element ist: Er kann im Dunkeln sehen.

Werdet wieder klassisch, meine Herren und liebe Genossen. Die Abschreckung werden wir nur begreifen, wenn wir uns immer wieder sagen: »weder die Sonne noch den Tod darf man starr anschauen«. In einer ersten Lesung tadelt La Rochefoucauld den Mangel an Mut, welcher das Auge ablenkt, den Blick abstumpft und den Künstler in einen Kunstliebhaber, den Platoniker in einen platonischen Geist, den Anarchisten in einen Pazifisten verwandelt. Bei aufmerksamerem Entziffern erfahren wir, daß der mögliche Mangel an Tugend nicht der Schlüssel zum vorangegangenen Blendungsvorgang ist, durch den die Sonne, oder der Tod, denen ausweicht, die sie verfolgen, den mit Verachtung straft, der sie zu beherrschen sucht. Der Blick, der den Tod verfolgt, dreht dieser verschlingend um. Er läßt sich nicht festnageln wie ein Gegenstand, und raunt: gehe in dich – das Schwindelgefühl der Moralisten trifft sich mit dem des heiligen Augustin. »Um ihn noch näher hören zu können, mußte ich noch tiefer in mich hinein gehen.« Die Kunst ist kein Einwecken des Gegenwärtigen in der Gegenwart, Schönheit läßt sich nicht zusammenfassen als das Unendliche, das als Endliches dargestellt wird (Schelling), sie steht in einem Verhältnis zur Abwesenheit, das nicht den Tod der Kunst herbeiführt (Hegel), sondern den Tod in der Kunst. »Die Erschaffung der Welt hat nicht ein für allemal stattgefunden ... sie findet notwendigerweise jeden Tag statt.« Nicht anders als Descartes, Haydn und der Sokrates des »Gastmahls« empfindet Proust seine Schöpfung als einen Ausblick zwischen zwei Sintfluten; und wenn die schwindelhafte Wiedergeburt immerfort »neu erfolgt«, so nur, weil sie – barsche Wahrscheinlichkeit – alle Tage nicht stattfinden könnte. Wer sucht, der »findet« die Zeit außerhalb der Ewigkeit wieder, in der das 19. Jahrhundert vor sich hinschlummerte. Wenn der Gedanke des Todes die Bunker aufbricht, in denen unsere gewöhnlichen Existenzen überwintern, dann erfinden wir die Literatur, die Waffen und die Einrichtungen, mit denen wir in der Schwebe eines zweiten Lebens den zweiten Tod vertagen.

Ohne länger zu warten

Von Anfang an waren die großen Geister untröstlich: Die neuen Waffen, die sie eben erfunden hatten, lösten im Bereich der öffentlichen oder privaten Moral keine Revolution größeren Ausmaßes aus – »Kein einziger ethischer Diskurs hat das Kernwaffenproblem mit der gebührenden Würde und dem angemessenen Ernst erörtert« (J. R. Oppenheimer). »Wenn die Menschheit überleben soll, muß eine wesentlich neue Methode des Denkens gefunden werden«, wiederholt Einstein und zieht den betrüblichen Schluß: »Politik ist komplizierter als Physik.« Zwischen der Forderung des Physikers und den Angeboten der verschiedenen Unheilspropheten deutet sich bald ein Konsensus an; der erstere hofft, eine gute Idee möge die Welt so verwandeln, wie eine unerwartete Hypothese das theoretische Feld einer Wissenschaft umwälzt; die letzteren produzieren scheffelweise Ideen des erforderlichen Formats, die jedoch nur die Zukunft bestätigen kann, also niemand. Die Unschuld des Wissenschaftlers, die Verlegenheit der Eliten und die Geschwätzigkeit der Skrupellosen bergen in sich die Gefahr, das Jahr 2000 mit der Leidenschaft zahlloser millenaristischer Bewegungen in Brand zu stecken. Dabei spielt es kaum eine Rolle, ob diese pazifistischer oder militaristischer Gesinnung sind, denn der Fanatismus der Apokalypse ist unergründlich und läßt sich wenden wie ein Handschuh; so manche zogen betend nach Jerusalem und fanden sich plündernd in Konstantinopel wieder.

Daß die Apokalypse enttäuscht, ist zu begrüßen. Und um so besser, wenn sie auch noch den allzu engelhaften Aufschwüngen die Flügel beschneidet – auf die Gefahr hin, die Geister zu betrüben, die, ein jeder auf seinem Gebiet, den Nobelpreis verdienten. Ich halte denjenigen für scharfsinnig, der als erster die Bemerkung machte »Wenn meine Oma Räder hätte, wär sie 'n Omnibus«, und unsagbar dumm finde ich die pseudo-poetische alte Leier: »Wenn alle Jungs der Welt einander die Hand gäben, würden sie einen Reigen bilden ...« Die Anwendung der Bedingungsform verdient jedoch Beachtung, denn die bedingungslosen Anhänger des Friedens um jeden Preis und des Krieges bis zum Gehtnichtmehr mißbrauchen das »Wenn«, um die Zukunft in eine Ideenflasche zu sperren.

Neue Tötungsart – neue Denkungsart. Die Nukleargefahr ist nicht nur weit davon entfernt, den lauschig-lyrischen oder ethischen Illusionen neuen Auftrieb zu geben, nein, sie nötigt sogar dazu, diese kurzweg über Bord zu werfen, und erscheint darum den Moralschwätzern ebenso unerträglich wie das Ende der Welt an sich. Die schwindelerregende Maschine wurde von Wissenschaftlern gebaut; was wundern sie sich nun, daß kein Zauberspruch deren Wirkungen aufzuheben vermag? Tut mir leid, meine Herren, aber Sie haben uns, ganz selbstverständlich übrigens und ohne daß irgend jemand es Ihnen zum Vorwurf machen könnte, in die kosmische Schaukel gesetzt, es ist zu spät, um aus ihr wieder auszusteigen, es gibt auch keinen Ort mehr, wo man den Anker auswerfen könnte, wir müssen unser Gleichgewicht innerhalb dieses großen Schwindelgefühls neu finden. Möge der Friede in uns sein, denn wir werden ihn, ganz gleich wie es ausgehen mag, mit uns forttragen.

Wir haben Angst, gewiß, aber wovor? Nicht vor dem körperlichen Tod, der sich recht solide und friedlich ausnimmt im Vergleich zu dieser undefinierbaren Angst vor nichts und allem, von dem die Ökologie oft nur die zahllosen Möglichkeiten aufzählt: Verkunststofflichung, karteimäßige Erfassung, Verkabelung, Hunger in der Welt und Energiegier und darüber hinaus die genetischen Manipulationen, neue Krebsarten, Hitzköpfe und die weltweite Krise. Daher beschleicht uns neben der Furcht vor diesem und jenem die Angst schlechthin, jene schwindelerregende Angst, die sich an nichts konkret festmachen läßt, und die, unter uns gesagt, wohl zu allem fähig ist: Die politischen Lösungen werden am Rande des Abgrunds verhandelt, wie seit langem schon die Liebe und die Kunst an den Ufern des »anderen Todes«.

Die Hochblüte der antiken apokalyptischen Texte ist datierbar und begann, als sich jüdische Religion und hellenistische Kultur durchdrangen, im Scheitelpunkt ihres Zusammentreffens. Diese einzigartige literarische Gattung – die ihre biblischen, iranischen und griechischen Elemente zu einem explosiven Strauß vereint – zitiert die herrschenden Imperien vor das Ende, das sie ihrerseits wieder beherrscht. Als Erfinder einer neuen Poetik verewigt sich ein kleines Volk und stellt damit die Ewigkeit der Großen in Frage, die es zu verschlingen versuchen; es wohnt irgendwo am Ende der Welt, am äußersten Rande des Abendlandes, wo die Mächtigen ihre Waffen und ihr Gepäck niederlegen. Die Apokalypsen werden bald Allgemeingut, sie vermitteln vom Juden bis zum Heiden die höchste Botschaft eines geistigen Widerstands, den die Herren der Zeit niemals werden überwinden können. Die moderne Abschreckung wird mit Recht als apokalyptisch bezeichnet. Bestimmt nicht aufgrund der quantitativen Ausmaße der Schäden, die sie uns nötigt, ins Auge zu fassen. Eine wichtigere Überlegung begründet den Abschreckungswillen mit dem Recht, sich zu wehren, und führt die verwickelten Verfahren zur Herstellung eines Gleichgewichts des Schreckens auf ihren ersten Antrieb zurück, nämlich auf die Entscheidung, sich um jeden Preis zu wehren. Heute wie einst erfindet der Widerstand die Abschreckung des Starken durch den Schwachen. Durch die Gleichsetzung der Ungleichen vor der höchsten Gefahr streift der Knecht sein Knechtsein ab und verweigert sich den Umerziehungsmaßnahmen des großen Bruders: die Apokalypse ist geistig stärker als die Hegelsche Dialektik, und die Listen des Schwindels kümmern sich nur wenig um die Rattenfallen der höheren Vernunft.

Der Fehler der amerikanischen Strategen, der im vietnamesischen Abenteuer gipfelte, war zu glauben, Abschreckung könne Ordnung stiften. Der Fehler der Pazifisten liegt darin, daß sie aus einem analogen Schluß die Abschreckung verteufeln. Die Kernwaffen schützen den Frieden, aber sie stiften ihn nicht, und sie erobern ihm noch weniger die Teile des Planeten, die sich ihnen entziehen. Die Abschreckung ist als Schild, niemals als Degen zu verwenden, und ihr Schutz erfolgt keinesfalls automatisch und endgültig; die allzu materiellen Metaphern führen denjenigen irre, der unter dem alten »Atomschirm« oder hinter dem futurologischen »Schutzwall aus Anti-Missile-Strahlen« Zuflucht sucht. Die Abschreckung läßt sich nicht ein für allemal in einen bestimmten geographischen Raum einfügen, etwa wie eine befestigte Grenze oder ein Manöver auf einem Schlachtfeld. Sie errichtet keine unantastbaren Monumente, sondern erweist sich vielmehr als eine Praxis, die sich unablässig selbst bestätigen muß. Durch Kennedys Ausspruch »Ich bin ein Berliner« wurde erklärt, daß Berlin kein Verhandlungsgegenstand sei, und dennoch wird das Schicksal der Enklave nach wie vor durch die veränderlichen Absichten seiner Bewohner, seiner Beschützer, seiner Wärter und der sie umgebenden Räuber bestimmt. Der Status Berlin, kein Gegenstand einer Verhandlung zu sein, muß mit den Mitteln der Abschreckung ständig neu ausgehandelt werden.

Die effektive Abschreckung konfrontiert die Physik der Kräfte mit ihrer labilen geopolitischen und geophilosophischen Wahrheit. Eine Verteidigung durch Abschreckung setzt voraus, daß man das anerkennt und anerkennen läßt, was zu verteidigen ist. Man muß schon einen wirklich triftigen Grund angeben können für die Bereitschaft, die gesamte Menschheit und sich dazu in die Luft zu sprengen. Die Abschreckungsdeckung erweist sich als Bluff oder Schall und Rauch, sofern die Kultur, die sie zu schützen vorgibt, nicht selbst auch, auf irgendeine Weise, zum Schild erhärtet. Die Glaubwürdigkeit ist ein Eindruck, den man in sich selbst erweckt und den man musikalisch vermittelt, und ein jeder, der Militär ebenso wie der Dichter und die Köchin, spielt dabei einen Part.

Da der Planet so ist, wie er ist, wirkt der verschämte Europäer wie ein Anachronismus. Die Freiheiten, die ihm zur zweiten Natur wurden, die oft verloren gingen und immer wieder zurückerobert wurden, diese Freiheiten glänzen an allen Ecken und Enden der Welt durch Abwesenheit. Die europäische Kultur definiert die Freiheit selten positiv als einen Schatz, den man besitzt, sie betrachtet sie lieber von der negativen Seite her, und bemißt ihren

Wert an der Tiefe des Abgrunds, der sie zu verschlingen droht. Ebenso ist die Wahrheit, *aletheia*, das, was dem drohenden Vergessen entrissen wird, und die Schönheit eine ununterbrochene Zersprengung einer um sich greifenden Häßlichkeit. Europa lebt seine Freiheiten wie eine Befreiung ohne Ende, solange es wagt, der Tyrannei »allen Ernstes« ins wechselnde Antlitz zu sehen.

Geschichte der Freiheit und Geschichte der Gewaltherrschaften entsprechen einander. Als die Erfindung der Schrift den Fortbestand der großen Reiche begünstigte und diese sich deren Möglichkeiten auf religiösem, bürokratischem und wirtschaftlichem Gebiet als Monopol zunutze machten, erfanden die Griechen die Demokratie des Kriegerischen, des Hopliten, und des Marktplatzes, sie schufen ein Gegengewicht zur Autorität des Geschriebenen durch die Abgabefreiheiten des öffentlich ausgehandelten Geschäfts, bei voller Risikogleichheit hinsichtlich der Gefahren und der Wahrheit. Das Schießpulver, die individuelle Schußwaffe und die Buchdruckerkunst sind Begleitmomente der Entstehung der modernen Staaten; die direkte Demokratie der Agora oder der Piazzetta – von der sich noch die auf Selbstverwaltung beruhende ›virtu‹ eines Machiavelli, dieses Mannes der Vergangenheit, herleitet – genügt nicht mehr. Um der drohenden Massenmilitarisierung und selektiven Einsperrungspolitik Einhalt zu tun, die von der neuen, rationalisierten Verwaltung immer stärker betrieben wurden, mußte – von Bodin über Montaigne bis zu den Prinzipien der amerikanischen und Französischen Revolution – eine bürgerliche Kultur erfunden werden, die stark genug war, um eine notwendigerweise indirekte und repräsentative Demokratie zu unterstützen, wobei die damals als »Grundrechte« bezeichneten Rechte ihr Fundament verdeutlichen.

Der Fortschritt fördert unaufhaltsam die Technologien der Kommunikation und des Mordes; er verschafft den kleinen Gruppen von Menschen, die die Schalthebel der Macht an sich reißen, die Möglichkeit, eine Politik durchzusetzen, die – von Stalin bis Pol Pot – auch den Völkermord einplant. Die Diktaturen verfügen über einen unverkennbaren, allgemeinen Vorsprung in der

Anwendung neuer Kommunikations- und Massenvernichtungsmittel; sie sind in der Tat ihren unfreien Bevölkerungen keine Rechenschaft schuldig und brauchen nicht die traditionellen Grenzen der Angemessenheit zu respektieren, die sie als die der »alten Welt« abtun können. Der Despotismus will so schnell wie möglich die Geschichte zu Ende bringen, und so wird er zwangsläufig die Entdeckungen des 20. Jahrhunderts zu seinen üblen Zwecken mißbrauchen. Daher ist es eine der Aufgaben der europäischen Demokratie, für diese Entdeckungen eine befriedigende Verwendung zu ersinnen, wenn sie weiterhin auf die Fortsetzung einer ungewissen Geschichte setzt und danach strebt, dem Willen, mit ihr Schluß zu machen, Einhalt zu gebieten. Die Raketen sind eine Tatsache und die Abschreckung erkennt sie als solche an und kehrt sie gegen die einseitige und damit ultra-terroristische Verwendung der SS-20.

Der Despotismus ist mehr als ein bloßer, nicht nachahmenswerter Fehler, er verhält sich wie ein Professor im negativen Sinne, er bedrängt und fordert dieses Europa heraus, das stets besser wußte, was es nicht wollte, als was es zu wünschen glaubte. Andropow, oder jenes vielgestaltige und mehrköpfige Wesen, das diesen Namen einstweilen trägt, war in diesem Buch vom Anfang bis zum Ende gegenwärtig; verliert man ihn aus den Augen, sinkt jedes Nachdenken über das nukleare Faktum, den Frieden und die Wahrheit auf die Ebene des Groschenromans und der Heiratsanzeigen herab »... suche Partner, der bereit ist, freundschaftliche Beziehungen zu pflegen, nur ernstgemeinte Zuschriften erbeten ...« Sollte ich aufgrund mangelnder Arglosigkeit das Politbüro verteufelt haben? Mitnichten. In der UdSSR das Reich des Bösen zu sehen, hieße, sich selbst de facto im Reich des Guten zu wähnen, keine einzige Zeile dieses Werks ist Anlaß für eine derartige Selbsteinschätzung. Der Europäer ist mitnichten ein Tugendbold; wenn er heute weniger aggressiv erscheint, so erklärt vielmehr der recht enge Raum, auf dem er seine Heime baut, diese plötzliche Zurückhaltung, und es ist überflüssig anzunehmen, er sei wie durch ein Wunder ein guter Mensch geworden; es genügt, daß er in den Augen der anderen als Mensch »gar nicht so übel« ist, für den jede Andropowisierung Absturz und Verfall bedeuten würde. Man braucht auch nicht gleich hinter den SS 20 einen allmächtigen Luzifer vermuten, das Politbüro ist kaum ein äußerer Feind, eher der böse Genius loci, der in diesem Buch die Stelle des – sozusagen kartesianischen – ›malin génial‹ einnehmen dürfte, an dem wir uns messen.

Andropow ist unser vertrautestes Nicht-Ich. Die Totalitären Systeme sind Kinder Europas, sowohl durch den Radikalismus, der sie beseelt, als auch durch das Gewährenlassen, das Durchgehenlassen und das Wachsenlassen derer, die sie umgeben. Die europäische Kultur hat sich selbst ihre eigene Negation erschaffen. Entweder hält sie sie sich durch Abschreckung auf Distanz oder aber sie fügt sich in die allmähliche Absorption. Es handelt sich um einen Familienstreit, für den man als Schauplatz den Erdball ausgesucht hat, der nicht weniger mörderisch und radikal verläuft als eine napoleonische Schlacht, wobei er schwerlich auf die simple Formel »zwei gegnerische Lager plus drei Truppenbewegungen« zu reduzieren ist.

Ehezwiste unterscheiden sich von einer banalen Prügelei im wesentlichen dadurch, daß jeder der beiden Protagonisten den anderen seinem Wesen nach genau kennt, wodurch er innerlich einen äußeren Feind und äußerlich einen inneren Feind bekämpft. Westeuropa muß sich gegen den eigenen, selbstmörderischen Hang zur Demission der Abschreckung als fähig erweisen; andererseits sind der Wohlstand und die Freiheiten, die der Europäer unbefangen genießt, für die benachbarten Diktaturen Beunruhigung und Provokation zugleich. Solche Schlachten auf dem geistigen Gebiet verlangen die rein nukleare Abschreckung als eine notwendige und dennoch unzulängliche Bedingung. Die verführerische Anziehungskraft der individuellen Freiheiten und die unaufhörliche Bombardierung des gegnerischen Territoriums mit mehrköpfigen Wahrheiten (Schriften, Rundfunkberichte, über Satelliten verbreitete Fernsehsendungen) fügen der Defensive, der Offensive und dem »Schutzschild« einen spitzen, überlegenen und absolut friedlichen Degen hinzu. Er steckt bis jetzt noch in der Scheide, denn die einst in ihre Kolonialkonflikte verstrickten Bewohner der westlichen Welt, die nun versessen sind auf ihre billige Ruhe, meinen, nicht jede Meinung sei der Verbreitung wert. Die Fragen der Zeit klopfen verzweifelt an die geschlossenen Läden.

Haben wir das Recht, Frauen, Kinder und Kindeskinder eines ganzen Planeten als Geiseln zu nehmen? Dürfen wir die Zivilbevölkerungen, zu denen wir selbst gehören, mit der Apokalypse bedrohen? Verdient eine Kultur weiterhin diesen Namen, wenn sie, um zu überleben, wissentlich ihre Auslöschung riskiert? Das ist die höchst philosophische, ernsteste und einfachste Frage, die uns von der banalen Aktualität gestellt wird.

Die Antwort lautet – was die allzu ruhigen Gewissen auch immer sagen mögen – ja.

Anmerkungen

Die zitierten Schriften werden kapitelweise angegeben und gemäß der Reihenfolge ihrer Anführung im Text.

Das Evangelium der Rakete

Sigmund Freud, *Warum Krieg?* in: Gesammelte Werke, Imago, London 1940–1952, Bd. XVI, S. 11–27.

Sigmund Freud und William C. Bullit, *Thomas Woodrow Wilson, A Psychological study,* Houghton Mifflin Company, Boston 1967.

Marek Edelman, *Mémoires du ghetto de Varsovie* (Memoiren aus dem Warschauer Getto), Ed. du Scribe, Paris 1983.

Platon, *Der Staat,* Buch II, 358 e, 359 b, 361 a, 367 a, in: *Platon,* Werke in acht Bänden, Griech. u. Deutsch, hrsg. von G. Eigler, Wiss. Buchges. Darmstadt, Bd. IV, S. 99, 105, 121.

Paul Valéry, *Cahiers,* Centre National de la Recherche scientifique, Bd. 4 (1906–1913), S. 639, Paris 1958.

De Bollardière, in: J. Toulat, *Combattants de la non-violence* (Kämpfer der Gewaltlosigkeit), Cerf, Paris 1983.

G. Bataille, *Gilles de Rais,* J.-J. Pauvert, Paris 1965.

R. Queneau, Dans *Vingt mois à Auschwitz* ... (Zwanzig Monate in Auschwitz), Bâtons, chiffres et lettres, Gallimard, Paris.

Bemerkung: Bezüglich McNamaras Strategie der Eskalation verweise ich auf mein Buch *Le Discours de la Guerre* (Abhandlung über den Krieg) (1967, Nachauflage 1979); ich unterschreibe auch heute noch bis zur letzten Zeile dieses Buch und stehe zur Kritik, die ich darin an der amerikanischen Strategie geübt habe, lange bevor das Ende des Vietnamkrieges den empirischen Beweis ihrer Absurdität erbrachte. Ich bedauere keineswegs, aufgezeigt zu haben, daß der Guerilla-Kampf in der »Dritten Welt« die kraftvollste Kriegsform ist (was jedoch nicht heißt: überall und jedesmal erfolgreich), denn erstens ist es wahr, und zweitens – wie auch André Fontaine in »Le Monde« betonte – sind die gegenwärtigen Guerillabewegungen in ihrer Mehrzahl gegen die UdSSR und gegen kommunistische Diktaturen gerichtet. Dieser letzte Hinweis galt den Freunden des trügerischen Klischees: Es verbrennt das, was es verehrend hervorhob. Die Zeiten haben sich rascher verändert als wir selbst; vor fünfzehn Jahren erschien es uns notwendig, nachdrücklich auf die »Dritte Welt« und ihre Kriege einzugehen; heute ist es dringend nötig, über Europa sowie über seinen wahren und seinen falschen Frieden nachzudenken und sich die Frage zu stellen – da die Sturmfronten bedrohlich näher kommen –: Warum ist dieser Zipfel eines Kontinents, der doch als die zweitgrößte Wirtschaftsmacht der Welt dasteht, so wenig in der Lage, seinen eigenen Frieden zu schützen?

Die Voraussetzungen des Eurofriedens

Jan Patočka, *Essais hérétiques* (Ketzerische Essays), Verdier, Paris 1981, S. 106.
René Descartes, *Discours de la méthode,* (Abhandlung über die Methode, des richtigen Vernunftgebrauchs), Reclam, Stuttgart.
Carl von Clausewitz, *Vom Kriege*, Ferdinand Dümmler Verlag, Bonn 1980.
Martin Heidegger, *Vorträge und Aufsätze,* Neske, Pfullingen 1978.

Weiterführende Literatur:
Edgar Morin, *Le pacifisme européen*, in: Passé-Présent, Nr. 1, 1983.
Sigrid Meuschel, Le néonationalisme allemand et les pacifistes (Der deutsche Neonationalismus und die Pazifisten), in *Esprit,* 1983, Heft 7.
Peter Brandt und Herbst Ammon, *Die Linke und die nationale Frage*, Rowohlt, 1981;
Dies., *Frieden mit anderen Waffen*, Rowohlt, Reinsbek 1981.
Carl Friedrich von Weizsäcker, *Der bedrohte Friede*, Hanser, München 1981, S. 491–558.
Ders., *Après la détente,* présenté par H. C. d'Encausse et F. de Rose, Pluriel, Paris 1982.
Jean-François Revel, *Comment les démocraties finissent*, (So enden die Demokratien), Grasset, Paris 1983.

Beschreibung eines Anschauungskriegs

Peter Schneider, *Interview*, in Libération, 19. Mai 1983.
Blaise Pascal, *Pensées*, 156, nach der Brunschvicg-Ausgabe, (Übersetzung Thomas Dobberkau).
P. Lellouche u. a., *Pacifisme et Dissuasion* (Pazifismus und Abschreckung), IFRI, 1983, S. 17–18.
Ronald Reagan, Das Wesentlichste über das Projekt »ballistischer Schild« oder Krieg der Sterne steht in: Gal. D. Graham, *High Frontier, a Strategy for National Survival*, TOR Book, 1983.
E. T. Thomson, Rudolf Bahro u. a., *L'Exterminisme*, PUF, Paris 1983.
G. Duby, *Les Trois Ordres ou l'imaginaire du féodalisme* (Die drei Stände oder das Fabulieren im Feudalismus), Gallimard, Paris, S. 36, 49.
Platon, *Phaidros*, 230 a, in: Sämtl. Dialoge, Felix Meiner Verlag, Leipzig 1939.
Hesiod, *Theogonie*, 306–308, in: Hesiod, Sämtliche Werke, Schünemann, Bremen, S. 16
Platon, *Das Gastmahl*, 221 b, in: Werke in acht Bänden, Griech. u. Deutsch, hrsg. v. G. Eigler, Wiss. Buchges., Darmstadt, Bd. III, S. 383–385.
T. W. Adorno, *Negative Dialektik*, Suhrkamp, Frankf. 1966, S. 356–358, 362.
Ernst von Salomon, *Der Fragebogen*, Rowohlt, Hamburg 1953.
Henri Bergson, *Les Deux Sources de la morale et de la religion,* PUF, Quadrige, S. 76.
Jean Guitton, in: *L'Enfer,* Foi vivante, 1950, S. 237

Pierre Mauroy, *Gespräch beim Rundfunksender EUROPE 1*, Januar 1982.
A. Solschenizyn, *Der Archipel Gulag*, Rowohlt, Hamburg 1978.

Das Nürnberger »Tribunal« tagte vom 18. bis 20. Februar 1983. Das Protokoll der Beratungen wurde unter dem Titel »Nürnberger Tribunal gegen Erstschlag und Massenvernichtungswaffen« vom Verlag der »Grünen« (Bundesgeschäftsstelle, Colmanstraße 36, 5300 Bonn 1) herausgegeben. Der Ausspruch des Propagandaministers Goebbels ist auf Seite 5 abgedruckt: »... Wollt Ihr den totalen Krieg? Wollt Ihr ihn, wenn nötig, totaler und radikaler als wir ihn uns heute überhaupt noch vorstellen können?«

Hier nun der Wortlaut des Anklagepunktes 15:

Aufhebung des Kriegsvölkerrechts seit 1943

Großbritannien und USA – damals noch nicht Nuklearmächte – vereinbarten auf der Konferenz von Casablanca (14.–26. 1. 1943) mit der gemeinsamen »Casablanca-Direktive« die Kriegführung durch unterschiedslose Flächenbombardierungen gegen deutsche Städte und setzten damit die – bis dahin weitgehend eingehaltene – kriegsvölkerrechtliche Grundregel der Schonung von Zivilisten außer Kraft. Mit dieser offiziellen Abkehr vom Völkerrecht schufen diese beiden Demokratien eine Rechtfertigung für den seitherigen Fortfall jeglicher Rücksichtnahme gegen die Zivilbevölkerung in der Kriegführung und beseitigten die rechtlichen und moralischen Hemmungen gegen die Verwendung von Atomwaffen als Mittel zur nationalen Interessendurchsetzung.

(Völkerrechtliches Prinzip der Schonung der Zivilbevölkerung im Krieg).

(Flächenbombardierung von Hamburg, Dresden und weiteren 70 deutschen Städten durch Großbritannien und USA; Flächenbombardierung von Hiroshima (atomar), Nagasaki (atomar), Tokio und weiteren 70 japanischen Städten durch die USA; Flächenbombardierung von Beirut durch Israel; Vorbereitung und Übung des massiven Atomwaffeneinsatzes (in »Packages« von je 50–200 Atombomben) in der Bundesrepublik durch die USA.)

Wer Genaueres über die geschichtlichen Zusammenhänge erfahren möchte, dem sei die ausgezeichnete Studie von H. R. Southworth über die Zerstörung von Guernica (26. April 1937, nach dem Bombenangriff auf Durango am 31. März) empfohlen. In der Vorphase des Zweiten Weltkrieges wurde die Bombardierung von Zivilisten durch die Afrika-Armee des General Francos erprobt, die später »die im Riff geübte gnadenlose Kriegstechnik gegen die spanische Bevölkerung anwandte«. Das Vorgehen der »Legion Condor«, die (an einem Markttag) die historische Stadt Guernica, Stolz der baskischen Patrioten, in Schutt und Asche legte, deckt sich voll und ganz mit der Schrekkensstrategie des Generalstabs von Franco, der damit drohte, die ganze Biskaja zu zerbomben, falls sich die Stadt Bilbao ebenso standhaft verteidigen würde wie Madrid. Der Beschluß von Casablanca schafft somit keine völlig neuen Tatsachen, denn schon sechs Jahre zuvor hatte Franco – Hitler folgte ihm kurz darauf – sich in der Kunst geübt, wie man Wehrlose in Angst und Schrecken versetzt und wie man Schutzlose unter Beschuß nimmt: mit dem Ziel der

Demoralisierung. Vgl. Herbert R. Southworth, *La Destruction de Guernica* (Die Zerstörung von Guernica), Ruedo Iberico, Paris, 1975, S. 478–507.

Jean Monnet, *Mémoires*, Livre de Poche, Bd. II, S. 423.

Radikalität und Schwindel

Zwischen Berlin und Warschau

René Descartes, *Abhandlung über die Methode*, a. a. O., Teil III, Zweite Maxime.

Ernst Bloch, *Thomas Münzer als Theologe der Revolution*, in: Gesamtausgabe, Suhrkamp, Frankfurt 1969, Bd. II, S. 228.

Sprecher der »Grünen«: Joschka Fischer, Abgeordneter der Stadt Frankfurt/Main, in *»Unter dem Pflaster liegt der Strand«*.

Blaise Pascal, *Pensées* 294 und 72, nach Brunschvicg, (Übersetzung Thomas Dobberkau).

A. Michnik, *Penser la Pologne* (Gedanken über Polen), Maspero, Paris 1983, S. 123.

Schwindelerregende Kämpfe

R. Caillois, *Les Jeux et les Hommes*, (Spiele und Menschen), Idées, Gallimard, Paris S. 325.

Blaise Pascal, *a. a. O.*, Ged. 72 (Übersetzung Thomas Dobberkan)

A. Michnik, *a. a. O.*, S. 141, 166, 92.

Karl Marx, *Manifest der Kommunistischen Partei*, Einleitung 1. Teil.

J. de Maistre, *Les soirées de Saint-Pétersbourg* (Sankt-Petersburger Abende), Siebtes Gespräch, in: Oeuvres complètes de Joseph de Maistre, Genèves, Slatkine 1979, Bd. 5/6.

Strategie der Tragödie

J.-F. Marquet, Über die Gnosis: »Préhistoire et posthistoires« (Vorgeschichte und Nachgeschichten), *Revue de métaphysique et de morale*, 1979, Nr. 1.

Blaise Pascal, *a. a. O.*, Ged. 213 (Übersetzung Thomas Dobberkan)

J. Le Goff, *La naissance du Purgatoire* (Entstehung des Fegefeuers), Gallimard, Paris 1981, S. 313/314.

Blaise Pascal, *a. a. O.*, Ged. 518 (Übersetzung Thomas Dobberkan)

Der radikale Abgrund

J. P. Sartre, *Das Sein und das Nichts*, Rowohlt, Reinsbek 1962, S. 71, 74.

Blaise Pascal, *a. a. O.*, Ged. 82 (Übersetzung Thomas Dobberkan)

Georg Wilhelm Friedrich Hegel, *Phänomenologie des Geistes*, in: Gesammelte Werke, hrsg. v. d. Rheinisch-westf. Akad. d. Wissenschaften, Felix Meiner Verlag, Hamburg 1980, Bd. 9, S. 29.

»Ce jour-là, tout était possible« (An diesem Tag war alles möglich), vgl. Kommentare von F. Furet, *Penser la Révolution*, Gallimard, Paris 1978.

Die klassische Leere

Blaise Pascal, *a. a.* O. Ged. 381, 385 (Übersetzung Thomas Dobberkan)
Blaise Pascal, *Esprit de géométrie*, Bibliothèque de Pléiade, Gallimard, Paris S. 585
Blaise Pascal, *a. a. O.*, Ged. 182.
Blaise Pascal, »Allein, mein Herr, urteilen Sie selbst ...«, *Versuche über die Leere;* Brief Pascals an Le Pailleur, Pléiade, Gallimard, Paris S. 377–391.
Blaise Pascal, »Zerstreuung«, *a. a. O.*, Ged. 142.

Die Versuchungen des Nihilismus

Friedrich Nietzsche, *Aus dem Nachlaß der Achtziger Jahre*, Herbst 87 – März 86, in: Werke in drei Bänden, hrsg. von Karl Schlechta, Hanser, München Bd. 3, S. 567, 680, 685.
Friedrich Nietzsche, *Fröhliche Wissenschaft, a. a. O.*, Bd. 2, S. 127/128
Friedrich Nietzsche, *Der Antichrist, a. a. O.*, Bd. 3, S. 1222.
Leo Tolstoi, *Ma religion,* Fischbacher 1885.
Octavio Paz, *Pacifismo y nihilismo*, Vuelta, Mexico, August 1983. Der Autor vermerkt die Verwandtschaft der »grünen« Ideologie mit der nietzscheanisch-nihilistischen Denkungsart. Wir haben uns nicht abgestimmt, um so mehr freut mich die Übereinstimmung mit diesem vorzüglichen Poeten und scharfsinnigen Denker.
Über den Freitod des Diogenes siehe *Cynisme et Passion*, Grasset, Paris 1981, Teil II.

Brief an die amerikanischen Bischöfe, um sie auf den zweiten Tod vorzubereiten

Pastoralbrief der katholischen Bischofskonferenz der USA über Krieg und Frieden, in: Stimmen der Weltkirche 19, Bischöfe zum Frieden, hrsg. vom Sekretariat d. Dt. Bischofskonferenz, Bonn 1983, S. 35, 38, 55.
Jonathan Schell, *Das Schicksal der Erde. Gefahr und Folgen eines Atomkriegs*, Piper, München 1982, S. 139, 144.
Erhard Eppler, *Die tödliche Utopie der Sicherheit,* Rowohlt, Hamburg 1983, S. 151.
Erhard Eppler, ehemaliger Minister und Mitglied des Vorstands der Sozialdemokratischen Partei Deutschlands, führte den Vorsitz des Kongresses der Evangelischen Kirche im Jahr 1983 und forderte die EKD auf, den Standpunkt der amerikanischen Bischöfe zu übernehmen. In ähnlicher Weise äußerte sich der bekannte katholische Publizist Franz Alt: »Entweder gelingt es uns, angetrieben von der Idee der Feindesliebe, die Atombomben abzuschaffen, oder die Atombomben werden irgendwann uns abschaffen. So wie Himmler Europa »judenfrei« machen wollte, so können die Atombomben die Welt irgendwann

»menschenfrei« machen.« (Frieden ist möglich, Piper, München 1983, S. 12). Himmler hatte eine Seele, wie man so sagt. Aber wie steht es mit der oder den Bomben? Wird hier nicht wiederum auf sonderbare Weise fetischisiert? Das »Wort der Deutschen Bischofskonferenz zum Frieden« dagegen (»Gerechtigkeit schafft Frieden«, 18. April 1983, lehnt jede pazifistische Einseitigkeit ab:
1. Zwei drohende Gefahren:
»Hier sehen wir uns vor allem, wie schon angedeutet, zwei drohenden Gefahren gegenüber: der Bedrohung der Freiheit von Nationen und deren Bürgern durch totalitäre Systeme, die in ihrem Herrschaftsbereich elementare Menschenrechte außer acht lassen und die außerdem versucht sein könnten, ihre Macht zur Expansion oder zur politischen Einflußnahme und Erpressung zu nutzen; zum anderen der Bedrohung durch eine Rüstungseskalation mit einer ungeheuren Anhäufung nuklearer und konventioneller Waffen, die eines Tages, wie viele fürchten, in die Katastrophe eines Krieges führen könnte. Beiden Gefahren ist gleichzeitig zu begegnen, und zwar vor allem mit politischen Mitteln.«
2. Ein einseitig erklärter Verzicht auf Schutz und Widerstand kann gerade das begünstigen, was verhindert werden soll:
»Die Bereitschaft zur Versöhnung und zum Frieden muß daher das Heimtückische und Hinterhältige des Bösen in der Welt nüchtern und wachsam im Auge behalten, sonst erliegt sie leicht einem luziferischen Schein. Die Notsituation und die Gebrochenheit dieser zwar erlösten, aber noch immer in Wehen liegenden Welt dürfen nicht übersehen werden.

Deshalb hat die Kirche immer an der Notwendigkeit festgehalten, Unschuldige vor Gewalttat und Unterdrückung zu schützen, dem Unrecht zu wehren, Recht und Gerechtigkeit zu verteidigen. Ein einseitig erklärter Verzicht kann gerade das begünstigen, was verhindert werden soll: daß Unschuldige unterdrückt werden, daß ihnen Leid oder Gewalt angetan wird.«
3. Man muß beide Enden der Kette in der Hand behalten:
»Wir verschweigen nicht, daß wir mit unseren Aussagen vor allem zur Friedenssicherung vor einem großen Dilemma stehen. Auf der einen Seite sind wir mit Massenvernichtungswaffen konfrontiert, die in den vergangenen Jahren ständig »perfekter« geworden sind. Ihr Einsatz würde ein Grauen schaffen, das nicht schrecklich genug gedacht werden kann. Um so dringlicher suchen wir mit allen Menschen guten Willens Wege aus dieser Gefahr. Auf der anderen Seite sehen wir nüchtern und illusionslos, wieviel Ungerechtigkeit, Unterdrükkung und totalitäre Erpressung in unserer Welt herrschen. Auch dies ist ein explosiver Gefahrenherd, den es einzudämmen gilt, damit alle Menschen und Völker in Freiheit zusammenleben können. Dabei übersehen wir nicht, daß beide Gefahrenherde, so unterschiedlich sie nach Ursachen und Auswirkungen auch sind, miteinander in Verbindung stehen und sich wechselseitig verstärken – eine Lage, die vielen als ausweglos erscheint.«

(Aus: Gerechtigkeit schafft Frieden, Wort der Deutschen Bischofskonferenz zum Frieden, 18. April 1983, hrsg. vom Sekretariat der Deutschen Bischofskonferenz, Kaiserstr. 163, 5300 Bonn 1).

Die amerikanischen Bischöfe und Eppler sind dem operativen Begriff des Pazifismus zuzuordnen; sie verfahren nach der dreifachen Unterscheidung und Einseitigkeit der Zielscheibe (Kampf gegen die Kernwaffen), der Handlung (einseitige »Erstschritte« in Richtung Abrüstung) und der eschatologischen Frage (es gibt nur einen höchsten Tod und der ist atomar). Das deutsche Episkopat dagegen mag noch so friedenswillig erscheinen, als pazifistisch läßt es sich nicht bezeichnen.

Kardinal Casaroli in: La Documentation catholique, n° 14, 24. 7. 83.

Niccolo Machiavelli, *Discorsi. Gedanken über Politik und Staatsführung*, Kröner, Stuttgart 1977.

Über Targume: P. Prigent, Le Millénium dans l'apocalypse johannique, (Das Millenium in der johanneischen Apokalypse), in: *L'Apocalyptique*, Geuthner, 1977, S. 143–144.

Teilhard de Chardin, *Ecrits du temps de la guerre* (Kriegsaufzeichnungen), 1916–1919, Grasset, Paris, S. 247.

J. Derida, *D'un ton apocalyptique adopté naguère en philosophie*, (Im apokalyptischen Ton, den man einst in der Philosophie pflegte), Galilée, 1983, S. 95.

Charles Baudelaire, *Das Skelett als Ackermann*, in: Sämtliche Werke, hrsg. v. Friedhelm Kemp und Claude Pichois, Heimeran, München 1975, Bd. 3, S. 246/247.

J. Ellul, *L'Apocalypse*, Desclée, 1974, S. 224.

Michel Montaigne, *Essays*, II, 3.

Pufendorf, *Le Droit de la nature et des gens*, trad. Barbeyrac, Amsterdam 1706, S. 228–229.

Warlam Schalamow, *Récits de la Kolyma* (Erzählungen von der Kolyma), Maspero, 1982.

Racine, *Andromaque*, III, 8.

Marcel Proust, *Auf der Suche nach der verlorenen Zeit*, Ausgabe in 10 Bd. Suhrkamp, Frankfurt 1979.

Marcel Proust, *a. a. O.*, Bd. 10, S. 3987.

Sigmund Freud, *Das Unbehagen in der Kultur*, a. a. O., Band 14, S. 506.

Zur Logik der Paradoxien, die »weitergeht als nur bis zur Infragestellung der Begründungsidee« und die »auf faßbare Weise zeigt, wie das Zurückweichen der Begründung vor sich geht«: »Das Bild von der Begründung ruft hier von selbst das passende Gegenbild hervor. Die Begründungsidee beruht auf der Metapher des Fundaments, welche das Bauwerk mit dem Untergrund fest verankert. Da, wo das Fundament fehlt, sinkt der Boden ein und es entsteht die Möglichkeit eines endlosen Sturzes in den ständig zurückweichenden Untergrund. Da, wo der Untergrund völlig fehlt, tut sich der Abgrund auf, die abgrundtiefe Schlucht, die in einen unergründlichen Schwindel ohne Grenze hinabführt.« Jean Lardrière, »L'abîme« (Der Abgrund), in: *Les limites de la raison* (Die Grenze der Vernunft), Bd. I, Brüssel, 1979.

Eine Reform des Begriffsvermögens

Entmystifizieren wir

G. Ball: in New York Review of Books, 21. Juli 1983.

Die europäische Erfahrung mit der Zerstörungsgewalt

G. Janouch, *Gespräche mit Kafka*, Fischer, Frankfurt 1981, S. 143.
Sigmund Freud, *Zeitgemäßes über Krieg und Tod, a. a.* O., Bd. 10, S. 328/329.
T. Tzara, *Le Surréalisme et l'Après-guerre* (Surrealismus und Nachkriegszeit), Nagel, 1966, S. 24.
Malewitsch, *Ecrits* (Schriften), Champ libre, S. 169.

Die neue Welt der Abschreckung

P. Valéry, *Œuvres*, Pléiade, Bd. II. S. 1027.
P. Valéry, *a. a. O.*, S. 1031–1032.

Das dreifache Verständnis der Abschreckung

René Descartes, *Lettres* (Briefe), Pléiade, Gallimard, Paris S. 1190.
Hugo Grotius, *Le Droit de la guerre et de la paix,* trad. Barbeyrac, Amsterdam 1729, 2 Bände
Platon, Laches, 193d-e, in: Sämtliche Dialoge, a. a. O., Bd. 1, S. 39.

Der nukleare Hamlet

Sigmund Freud, *Zeitgemäßes über Krieg und Tod*, a. a. O., Bd. 10, S. 329/330.
Über die Funktion der Krise: »Die Stunde der Wahrheit ist die Krise und nicht der Krieg«, Raymond Aron, *Le Grand Débat*, Calmann-Lévy, Paris 1963.
Zu Kissinger: siehe seine *Memoiren*, Bertelsmann, München 1982, die ich in »Débat« rezensiert habe, unter dem Titel: »Wie die Welt westlich wurde«, A. G.

Vom natürlichen Recht auf Abschreckung

Nach den Kreuzzügen – das Recht

Dorothee Sölle, Während der Weltversammlung des Ökumenischen Kirchenrats (Juli 1983), vgl. Dorothee Sölle, *Im Hause des Menschenfressers*, Rowohlt, Hamburg 1981, und Dorothee Sölle, *Aufrüstung tötet auch ohne Krieg*, Kreuz Verlag, Stuttgart 1982.
A. Michnik, *a. a. O.*, S. 52.

Die kopernikanische Revolution der Rechtsgelehrten

Francisco de Vitoria, *Leçon sur les Indiens* (S. 262) und *Leçon sur le droit de la guerre* (S. 32), Droz, 1966.

Hugo Grotius, *Le Droit de la guerre et de la paix*, trad. Barbeyrac, Amsterdam 1729, 2 Bände.

Domat, *Les Lois civiles dans leur ordre naturel* ... (Die Bürgerrechte in ihrer natürlichen Ordnung), Paris 1723.

Das *klassische* Naturrecht verschwand aus dem europäischen Wissen und aus den Schriften der Rechtsphilosophie unter dem Einfluß eines doppelten Angriffs: Erste Front: Kritik »von oben« im Namen einer »antiken« (sehr idealistischen) Konzeption (wie sie im 19. Jahrhundert an den deutschen Universitäten in Mode war – vgl. Leo Strauss). Oder mit einem höheren geschichtswissenschaftlichen Anspruch, indem sie sich auf das christliche Naturrecht berief, was auch die neothomistische Ablehnung des juristischen »Individualismus« im Sinne von Grotius erklärt: Michel Villey, *La formation de la pensée juridique moderne* (Die Herausbildung des modernen Rechtsdenkens), éd. Monchrestien, 1975, S. 596–634, und »Archives de la philosophie du droit« (Archiv der Rechtsphilosophie), Sirey, 1961, S. 75. Zweite Front: »Von unten« bemühte sich eine humanitaristische Konzeption von der menschlichen Natur im Geiste Rousseaus, die eisige Bewußtheit der Klassiker, die Denkweise Grotius' vor allem zu verurteilen, sowie dessen Mangel an Optimismus, der als Ausdruck einer Zeit ohne Revolution gewertet oder als die reaktionäre Seite des Denkers angesehen wurde. Dieser Standpunkt wurde klar herausgearbeitet von R. Derathée in *J.-J. Rousseau et la science politique de son temps* (Rousseau und die politische Wissenschaft seiner Zeit), PUF, 1950, und von V. Goldschmidt in *Anthropologie et Politique*, Vrin, 1974.

Vgl.: Th. Ruyssen *Les sources doctrinales de l'internationalisme* (Die weltanschaulichen Quellen des Internationalismus), PUF, Paris, 1960, Bd. 1, S. 411.

Bevor Hugo Grotius in Vergessenheit geriet, weil er nicht die Einsicht hatte, das Recht auf Gottes Güte oder auf dem Zartgefühl des Menschen zu gründen, hat ihm James Mackintosh (Widersacher und Freund Burkes, den die französischen Revolution zum Ehrenbürger der Republik ernannt hatte) folgende Würdigung erwiesen:

»Il était réservé à Grotius de systématiser le Droit des gens. Ce fut par les conseils de Bacon et de Peirsec qu'il entreprit cette tâche difficile. Son ouvrage, que nous regardons aujourd'hui avec raison comme imparfait, est néanmoins peut-être le plus complet qui ait jamais été produit dans l'enface d'aucune science. Telle est l'incertitude de la réputation après la mort: le nom des plus grands hommes est tellement sujet à perdre de son éclat par suite des changements successifs qui s'opèrent dans la manière de penser et d'écrire, que Grotius, qui tenait une si grande place dans son siècle, n'est peut-être connu que de nom d'une partie de nos lecteurs. Si néanmoins nous considérons justement son mérite et ses vertus, nous reconnaîtrons en lui un des hommes les plus remarquables des temps modernes. Il combinait l'accomplissement des devoirs les plus importants de la vie active et publique, avec cette perfection de science immense et variée qui n'est ordinairement le partage que des hommes qui se séparent du monde. C'était un avocat et un magistrat distingué; il a fait les meilleurs ouvrages sur le Droit de son pays; il était presque également célèbre comme historien, comme savant, comme poète, et comme canoniste; homme d'État désintéressé, jurisconsulte philosophe, patriote à la fois ferme et modéré, théologien aussi candide qu'éclairé. Un injuste exil de diminua pas son patriotisme; l'amertume de la controverse n'altéra point sa charité. L'inquisition de ses fiers et nombreux adversaires ne put faire voir la moindre tache à son caractère; et, au milieu des discussions pénibles et des cruels tourment d'une vie politique extrêmement agitée, il n'abandonna jamais ses amis dans leur malheur, il n'insulta jamais ses ennemis dans leur faiblesse. Dans le temps des plus grands troubles civils et religieux, il conserva son nom sans tache, et sut toujours allier la fidélité à son parti avec la modération à l'égard de ses adversaires. Tel était l'homme qui était destiné à donner une nouvelle forme au Droit des gens, ou plutôt à créer une scienc dont les éléments grossiers et les matériaux indegestes étaient seulement épars dans les écrits de ses devanciers. En élevant l'édifice des lois de son pays sur ces éternels fondements, il fut conduit à la contemplation de la loi naturelle, qu'il considérait avec raison comme la mère de toute loi civile. Peu d'ouvrages ont été aussi célébrés que celui de Grotius, non seulement de son temps, mais encore pendant le siècle suivant. Cependant, dans la seconde partie du siècle dernier, ce fut, pour ainsi dire, une mode de déprécier cet ouvrage, et de le présenter comme une compilation informe, dans laquelle la raison se trouvait ensevelie sous une masse d'autorités et de citations. [...] Il n'avait pas un esprit servile et stupide au point de citer les opinions des poètes et des orateurs, des historiens et de philosophes, comme des arrêts de juges sans appel. Il les cit, ainsi qu'il le dit lui-même, comme des témoins dont le concert unanime, fortifié d'ailleurs par leur dissentiment sur presque tous les autres points, est une preuve concluante de l'accord universel du genre humain sur les grandes règles des devoirs et sur les principes fondamentaux de la morale. En pareille matière, les poètes et les orateurs sont les moins reprochables de tous les témoins; car ils s'adressent aux sentiments et aux sympathies de tous les hommes; ils ne sont ni faussés par les systèmes, ni pervertis par les sophismes; ils ne peuvent atteindre aucune de leurs fins, ils ne peuvent ni plaire ni persuader, si les sentiments moraux qui'ils expriment ne sont pas en harmonie avec ceux de leurs lecteurs. On ne peut concevoir un système de philosophie morale qui ne serait pas en harmonie avec la conscience générale des hommes, et le jugement uniforme de tous les temps et de tous les lieux. Mais où trouvons-nous l'expression de cette conscience et de ce jugement? Précisément dans ces écrits, qu'on blâme Grotius d'avoir cités. Ls usages et les lois des Nations, le événements de l'histoire, les opinions des philosophes, les sentiments des orateurs et des poètes, de même que l'observation de la vie commune, sont réellement les matériaux dont se compose la science de la morale; et ceux qui les négligent encourent le juste reproche de visr follement à faire de la philosophie sans avoir aucun égard aux faits et à l'expérience, seuls fondements de la vraie philosphie.« (Abhandlung über das Studium des Naturrechts und des Völkerrechts.)

Die Grotius-Zitate sind wie folgt aus seinen Schriften entnommen: Bd I S. 13, 52, 249, Bd. II S. 350, 522, 189, 90.

Vom Krieg zum Recht

Hugo Grotius, *a. a.* O., Bd. II, S. 470
Pufendorf, *a. a.* O., Bd. I, S. 80
Pufendorf, *a. a.* O., Bd. II, S. 189
Hugo Grotius, *a. a.* O., Bd. II, S. 464
Immanuel Kant, *Zum ewigen Frieden*, in. Ges. Schriften, hrsg, von der Königl. Preuß. Akad. d. Wissenschaften, Bd. 8, S. 356/357 Berlin 1972.

Der Bürgerfrieden

John Locke, Die zweite Abhandlung über die Regierung, § 28 und 44; in: *Zwei Abhandlungen über die Regierung*, EVA, Frankfurt 1967, S. 218 und 229.
Pufendorf *a. a.* O., Band I, S. 453
Hugo Grotius, *a. a.* O., Bd. I, S. 368
Karl Marx, *Zur Judenfrage, Antisem. Schriften von Karl Marx.* Hrsg. v. H. Brandt, Reichmann, 1981.
»Erklärung der Menschen- und Bürgerrechte«, Art. 7, in: *Die Verfassung der Französischen Republik*, 24. Juni 1793, in: Die Französische Revolution, Eine Dokumentation, hrsg. von Walter Grab, Nymphenburger Texte zur Wissenschaft, München 1973, S. 151.
Immanuel Kant, *a. a.* O., S. 375, S. 360.

Wie der Anstand das Recht verzehrte

Blaise Pascal, *a. a.* O., Ged. 313.
Immanuel Kant, *a. a.* O., S. 385/386; S. 354/355.
Emer de Vattel, *Le Droit des gens ou Principes de la loi naturelle* (Das Völkerrecht oder Grundsätze des Naturrechts), éd. Royer-Collard, 1835.
Hugo Grotius, *a. a.* O., Bd. II, S. 495, 336.
Pufendorf, *a. a.* O., Bd. 1, S. 409 und Bd. 2, S. 410.
Emer de Vattel, *a. a.* O., Bd. 3, S. 436, 447, 456.
Hugo Grotius, *a. a.* O., S. 8 und 128.

Proust oder die innere Erfahrung der Abschreckung

Marcel Proust, *Auf der Suche nach der verlorenen Zeit*, Ausgabe in 10 Bänden, Suhrkamp, Frankfurt 1979.
Bd. 6, S. 2252; Bd. 10, S. 4171, Bd. 10, S. 3950; Bd. 10, S. 3976; Bd. 10, S. 3976; Bd. 6, S. 2250; Bd. 6, S. 2255; Bd. 6, S. 2255; Bd. 10, S. 3948; Bd. 10, S. 3991; Bd. 10, S. 3990; Bd. 10, S. 3994; Bd. 10, S. 3801; Bd. 10, S. 3889; Bd. 10, S. 3889f.; Bd. 10, S. 3889; Bd. 1, S. 156; Bd. 1, S. 156f.; Bd. 10, S. 3985; Bd. 10, S. 4009; Bd. 10,

S. 4008 f., Bd. 10, S. 4009; Bd. 10, S. 4015, 4025; 4023, 4105, 4015, 4015; Bd. 1, S. 290, 350; Bd. 2, S. 704; Bd. 1, S. 464; Bd. 10, S. 4162, 4162, 4159; Bd. 5, S. 2034, 2036; Bd. 10, S. 4184, 4184, 4180.

Henri Bergson, *La Pensée et le Mouvant*, PUF, S. 153.

Henri Bergson, *Matière et Mémoire*, PUF, Quadrige, S. 186.

G. Poulet, *L'Espace proustien* (Der Raum bei Proust), Nachtrag, Gallimard, 1963.

Die Kehrtwendungen der Angst

W. Pohrt, *Endstation*, Rotbuch Verlag, 1982

H. M. Enzensberger, *Bemerkungen zum Weltuntergang*, Kursbuch 52, 1978.

Anne-Marie Le Gloannec, »L'Allemagne en quête de sa jeunesse«, in *Les Allemands sans miracle* (Die Deutschen ohne Wunder), Armand Colin, 1983.

Erich Kuby, *Die Deutsche Angst*, Scherz Verlag, München 1970.

Pierre Hassner, »Pacifisme et Terreur« (Pazifismus und Schrecken), in Lelloche, *Pacifisme et Dissuasion* (Pazifismus und Abschreckung), *a. a. O.*

Nicole Gnesotto, *La France fille aînée de l'Alliance*, (Frankreich, älteste Tochter der Allianz), id.

Teilhard de Chardin, *a. a. O.*

P. Valéry, *Cahiers*, CNRS, II, S. 883.

Die Bedeutung strategischer Kategorien in »Auf der Suche nach der verlorenen Zeit« wurde von Giovanni Bottiroli hervorgehoben in *Problemi militari nella ›Ricerca del Tempo Perduto‹*, Aut-Aut, Nr. 193–194, S. 121.

Charlus, vgl. Marcel Muller, »Charlus dans le métro ou pastiche et cruauté chez Proust« (Charlus im Metro – Nachahmung und Grausamkeit bei Proust), in *Etudes proustiennes*, 9, Gallimard.

Patočka, *a. a. O.*, S. 141.

Pufendorf, *a. a. O.*, Bd. II, S. 195.

Die Proust-Apokalypse

HIGH Frontier, *a. a. O.*, S. 50, 18, 73. Siehe dazu die Kritik dieses Projekts durch General Gallois beim Kolloquium Krieg und Frieden, den Marie-France Garaud organisierte, veröffentl. in *Géopolitique*, Nr. 4, Oktober 1983.

J.-P. Richard, *Proust et le monde sensible* (Proust und die sinnliche Welt), Seuil, Paris 1974, S. 231.

Sigmund Freud, *Totem und Tabu, a. a. O.*, Bd. 9

G. Deleuze, *Proust et les signes* (Proust und die Zeichen), PUF, 1979, S. 190.

Platon, *Das Höhlengleichnis*, Der Staat VII, in: Werke in acht Bänden, Griech. u. Deutsch., a. a. O., 4. Bd. S. 555–563.